应用型本科汽车类专业系列教材

汽车构造与拆装实训教程

主编　姚美红　栾琪文
参编　李永和　周华伟　王昕彦　赵万胜　孙光辉
主审　王　建

机 械 工 业 出 版 社

本书分4篇14个单元32个实训项目，主要以保有量大、结构典型的桑塔纳轿车和东风、解放货车为主，新技术以大众速腾和奥迪为例，系统地介绍了现代汽车发动机、底盘及车身各总成及零部件的正确拆装及检查调整程序，并在各个项目中增加了常见车型的比较，扩大了该书的信息量。

本书在准备篇中介绍了汽车常用工、量具的正确选择使用，并介绍了拆装实训安全知识和评分标准，为拆装实训做好准备；在后续各篇中，每个实训项目都含有实训准备、考核目标、实训内容、操作方法及注意事项。格式统一、科学、有序，内容全面、准确。本书提供实训项目规范操作的多媒体资料下载，方便学生自学和教师讲授。

本书可作为普通院校应用型本科及高职高专的汽车运用、汽车制造、车辆工程、汽车服务工程、汽车保险、汽车电器、汽车检测与维修、汽车营销等专业的汽车构造配套教材，也可供汽车工业部门和汽车运输、检测、维修部门的工程技术人员参考。

图书在版编目（CIP）数据

汽车构造与拆装实训教程/姚美红，栾琪文主编．—北京：机械工业出版社，2013.5（2025.9重印）
ISBN 978-7-111-41952-5

Ⅰ.①汽… Ⅱ.①姚…②栾… Ⅲ.①汽车—构造—教材②汽车—装配（机械）—教材 Ⅳ.①U463②U472

中国版本图书馆CIP数据核字（2013）第061209号

机械工业出版社（北京市百万庄大街22号　邮政编码100037）
策划编辑：赵海青　责任编辑：赵海青
版式设计：霍永明　责任校对：刘秀芝
封面设计：马精明　责任印制：张　博
固安县铭成印刷有限公司印刷
2025年9月第1版第11次印刷
184mm×260mm · 18.25印张 · 449千字
标准书号：ISBN 978-7-111-41952-5
定价：45.00元

电话服务　　网络服务
客服电话：010-88361066　机　工　官　网：www.cmpbook.com
010-88379833　机　工　官　博：weibo.com/cmp1952
010-68326294　金　书　网：www.golden-book.com
封底无防伪标均为盗版　机工教育服务网：www.cmpedu.com

汽车服务工程专业教材编审委员会

车辆工程专业教材编审委员会

交通运输专业教材编审委员会

丛 书 序

进入21世纪，我国高等教育得到了迅猛发展，已经进入了大众化的发展阶段，全国高等教育的毛入学率已达到20%，上海、北京等高等教育发达地区的毛入学率已经超过50%，率先进入了高等教育大众化的发展阶段。

在高等教育大众化发展阶段，受教育者和社会对高等学校的要求趋向于多元化和复杂化，对人才的认识和评价标准趋向于多样化，它的发展必然要求高等教育理念、办学形式的多元化和高等学校办学层次、类型的多样化。我国传统的“精英式”高等教育理念、“研究型”高等学校办学模式和“学术性”人才培养模式在高等教育大众化阶段受到了严重挑战。也就是说，高等教育大众化在提高适龄青年接受高等教育比例的同时，使教育的对象、目标和教育结构发生了变化，接受高等教育的人具有了不同的类型和不同的特点，这就需要高等教育具有不同层次和不同类型，因此，产生了学校设置的不同类型和不同定位。应用型本科人才的培养正是在这种情况下，越来越得到社会的重视。

为适应社会对应用型人才的需求，对高等学校尤其是新建本科院校来说，应用型本科人才的培养工作重任在肩。应用型本科如何定位、分类和发展，是国内教育界非常关注的问题。定位于职业取向的应用型大学，既有普通本科教育的共性，又有区别于普通本科的自身特点，它更加注重的是实践性、应用性和技术性。有人认为，“后劲足、上手快”，即基础知识比高职高专学生深厚、实践能力比传统本科生强，是本科应用型人才最本质的特征，但是由于类型多而复杂，应用型本科院校之间缺乏横向交流和适用于应用型人才培养的针对性教材一直是制约院校发展的瓶颈。

2011年12月，围绕应用型本科人才培养和教材开发，机械工业出版社牵头在上海建桥学院召开了“汽车类专业应用型本科示范教材”开发研讨会。上海建桥学院、上海电机学院、鲁东大学、九江学院、长安大学、河南科技大学、南昌工程学院、黑龙江工程学院、武汉科技大学、山东交通学院、河南工业大学、长春工业大学、哈尔滨理工大学、沈阳理工大学、浙江师范大学、吉林农业大学、金陵科技学院等来自全国20多所设有汽车类专业的应用型本科院校的30多位汽车专业系主任、骨干教师参加了此次会议。此次会议组建成立了“全国汽车类专业应用型本科院校联盟”，审议并通过了“全国汽车类专业应用型本科院校联盟”章程和联盟理事会工作细则，确定了教材联编共同的思路。

在此次会议上，与会代表对汽车类专业应用型本科的培养方案、专业建设、教材建设等问题进行了深入而广泛的探讨，并成立了教材编审专家委员会，对教材编例、内容组织、教材体系等多方面问题进行了探讨。

本套教材具有如下特点：

● 强调以知识为基础，以能力为重点，知识、能力、素质协调发展。具体培养目标强调学生综合素质和专业核心能力的培养。

- 内容组织和体现形式符合学生认知和技能养成规律，体现以应用为主线。
- 体现行业需求、职业要求和岗位规范，尤其是要注意紧跟技术更新。
- 注重学生分析能力、判断能力、创新能力和沟通能力的综合能力培养。
- 配套开发课程设计指导、实训教学指导书，配备多媒体教学课件，打造立体化教材。

本套教材附赠多媒体课件、练习题答案等教学资料供任课老师采用，可在机械工业出版社教材服务网（www. cmpedu. com）免费下载或拨打编辑热线获取（010-88379353）。

虽然本套教材的各参编院校在应用型本科人才培养和教学改革方面进行了有益的探索，但限于认识水平和工作经历，教材中难免仍有许多不足之处，恳请各位专家、同行和广大使用本套教材的师生给予批评指正。

应用型本科汽车类专业系列教材编委会

前　　言

“汽车构造”是汽车类各专业的一门专业必修课，是学习后续课程的基础。汽车零部件数量多、设计精巧、结构复杂，需要密切联系实物和实践操作，才能有效掌握。针对该门课实践性强的特点，学校开设了实验教学和拆装实习环节，以促进知识的掌握和操作技能的提高。我们通过多年来的教学实践认识到，一本好的实训教材是提高学生学习兴趣的一个重要因素。因此，我们紧密结合高等院校和高职高专汽车类专业的教材大纲，总结实践教学环节中的丰富经验，吸收前人的优点编写了本书。

我们精心设计了本书的体系结构，按照“系统的结构认识—总成的车上拆卸—部件的分解与组装—总成的装配—总成的车上安装”这一思路进行编写，力求完整、有序、清晰、易懂。

本书主要以保有量大、结构典型的桑塔纳轿车为例，系统地介绍了现代汽车发动机、底盘及车身各总成及零部件的正确拆装及检查调整程序。为了让学生们更全面地掌握各类汽车的构造，对于桑塔纳不具备的结构，我们还增加了东风、解放货车的相关总成部件的拆装，新技术以大众速腾和奥迪为例，并在各个项目中增加了常见车型的比较，扩大了该书的信息量。学生参照该教材进行实训，既能从理论和实践上掌握现代轿车典型结构，又能较为全面地了解其他车型的结构和汽车新技术，为更好地适应社会工作做好知识的储备。

本书分4篇14个单元32个实训项目，在准备篇中介绍了汽车常用工、量具的正确选择使用，并介绍了拆装实训安全知识和基本考核评分标准，为拆装实训做好准备；在后续各篇中，每个实训项目都含有实训准备、考核目标、实训内容、操作方法及注意事项。格式统一、科学、有序，内容全面、准确。本书提供实训规范操作多媒体资料下载，方便学生自学和教师讲授。下载地址：www. cmpedu. com.

本书可作为普通院校应用型本科及高职高专的汽车运用、汽车制造、车辆工程、汽车服务工程、汽车保险、汽车电器、汽车检测与维修、汽车营销等专业的汽车构造配套教材，也可供汽车工业部门和汽车运输、检测、维修部门的工程技术人员参考。

本教材由姚美红、栾琪文主编，李永和、周华伟、王昕彦、赵万胜、孙光辉参编，王建教授主审。在编写过程中得到了于京诺、宋进桂教授和杨琰工程师的指导和帮助，并参考一些文献资料，特在此向老师朋友们表示衷心的感谢！

由于水平有限，书中若有不当之处，敬请同行专家和广大读者批评指正。

目　　录

实训单元5 柴油机燃料供给系统拆装实训

实训单元6 发动机冷却、润滑系统拆装实训

实训单元7 发动机增压系统拆装实训

实训单元8　发动机起动系统拆装实训

实训单元9　汽油机点火系统拆装实训

第三篇　底　盘　篇

实训单元10　汽车传动系统拆装实训

实训单元 11　汽车行驶系统拆装实训

实训单元12　汽车转向系统拆装实训

实训单元13　汽车制动系统拆装实训

第四篇　汽车车身、仪表、照明及附属装置篇

实训单元 14　汽车车身及附属装置拆装实训

第一篇

准 备 篇

实训单元 1　实训前准备

项目一　汽车拆装的基本知识

1.1　实训目标和准备

项目		要点
目标	知识目标	了解常用工具的种类和功用 了解拆装实训安全知识和评分标准
	技能目标	学会各种汽车常用拆装通用工具、常用举升设备、常用拆装专用工具、常用量具的正确选用
设备和工具		常用拆装通用工具 1 套，常用量具 1 套，常用举升设备 1 套，汽车拆装常见专用工具 1 套，多媒体设备 1 套
实训安排		实训课时：2 学时 实训组织：每组 3 ~5 位同学，老师指导，学生动手操作

1.2　实训内容、方法及注意事项

1.2.1　常用拆装通用工具及使用方法

1. 扳手

常见的扳手有活扳手、呆扳手（开口扳手）、梅花扳手、套筒扳手、扭力扳手和内六角扳手等。

（1）活扳手（图 1-1）。活扳手又称活动扳手，其开口宽度能在一定范围内调节，其规格是以最大开口宽度（mm）×扳手长度（mm）来表示。常用的尺寸型号有 24mm × 200mm、36mm × 300mm 等多种规格。活扳手操作不太方便，需要旋转蜗杆才能使开口张开及缩小，且容易从螺栓上滑移，应尽量少用。

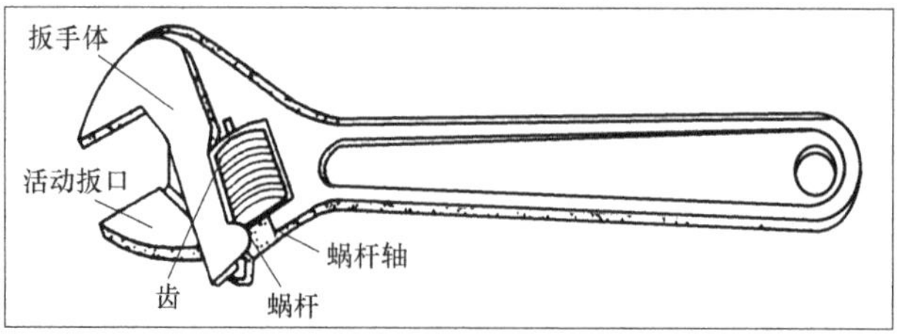

图 1-1　活扳手

使用方法：

根据螺栓螺母的尺寸先调好活扳手的开口大小。

将扳手固定部分置于受力大的一侧，垂直或水平插入螺栓头部。

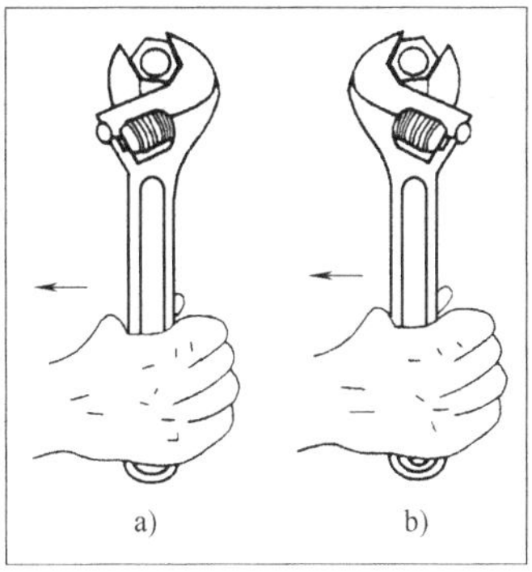

图1-2 活扳手的使用

注意：

① 使用时应使拉力作用在开口较厚的一边（图1-2）。

② 使用时，不准在活扳手的手柄上随意加套管或锤击，以免损坏扳手或螺栓。

③ 禁止将活扳手当锤子使用。

（2）呆扳手（又称开口扳手）（图1-3）。按其开口的宽度 *s* 大小分为5～7mm、8～10mm、9～11mm、12～14mm、13～15mm、14～17mm、17～19mm、21～23mm、22～24mm等规格，通常是成套装备，有8件一套、10件一套等。国外有些呆扳手采用英制单位，适用于英制螺栓的拆装。

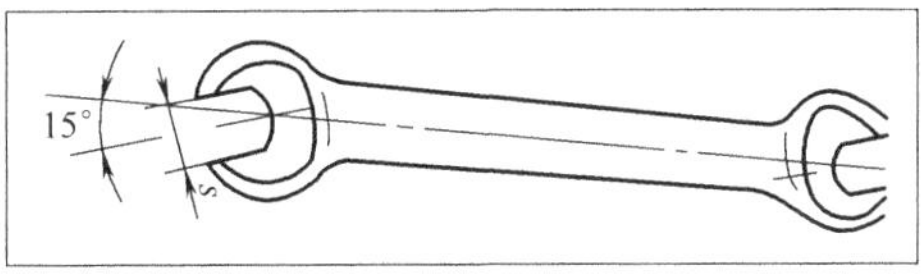

图1-3 呆扳手

使用方法：

① 根据螺栓或螺母的尺寸，选择相应尺寸的呆扳手。

② 将扳手的开口垂直或水平插入螺栓头部。

③ 将扳手较厚的一边置于受力大的一侧，扳动扳手。

注意：

① 不能用于拧紧力矩较大的螺栓和螺母。

② 为了防止扳手损坏或滑脱，应使拉力作用在开口较厚的一边（图1-4）。

③ 使用时，应将扳手手柄往身边拉，切不可向外推，以免将手碰伤。

④ 使用时，不准在呆扳手上随意加套管或锤击，以免损坏扳手或螺栓。

⑤ 不能将呆扳手当撬棒使用。

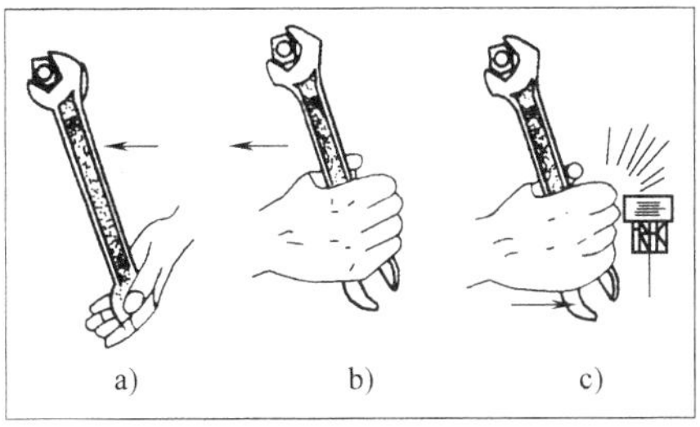

图1-4 呆扳手的使用

（3）梅花扳手（图 1-5）。梅花扳手两端内孔为正六边形，按其闭口尺寸 s 的大小分为 5.5 ~7mm、8 ~ 10mm、9 ~ 11mm、12 ~ 14mm、13 ~ 15mm、14 ~ 17mm、17 ~ 19mm、21 ~ 23mm、22 ~ 24mm 等规格。通常是成套装备，有 8 件一套、10 件一套等。

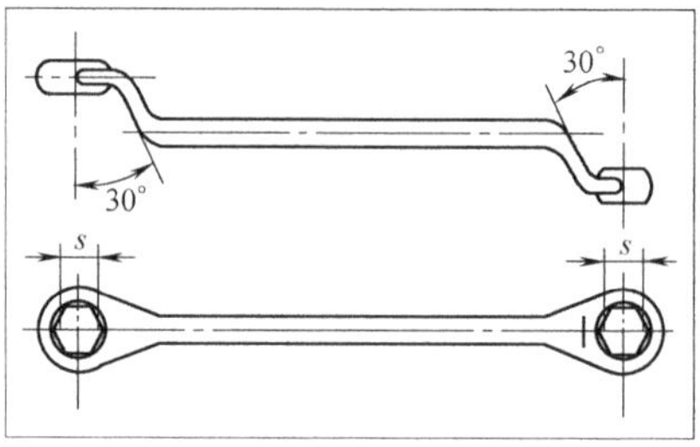

图 1-5　梅花扳手

与呆扳手相比，梅花扳手扳动 30°后，即可换位再套，适于狭窄场合下操作，而且具有强度高、不易滑脱等优点，应优先使用。

使用方法：

① 根据螺栓或螺母的尺寸，选择相应尺寸的梅花扳手。

② 将扳手垂直套入螺栓头部。

③ 轻扳转时，手势与呆扳手相同；用力扳转时，四指拇指应上下握紧扳手手柄，往身边扳转。

注意：

① 使用时，不准在梅花扳手上随意加套管或锤击。

② 禁止使用内孔磨损过甚的梅花扳手。

③ 不能将梅花扳手当撬棒使用。

有的扳手一头是开口扳手，另一头是梅花扳手，被称为两用扳手（图 1-6）。

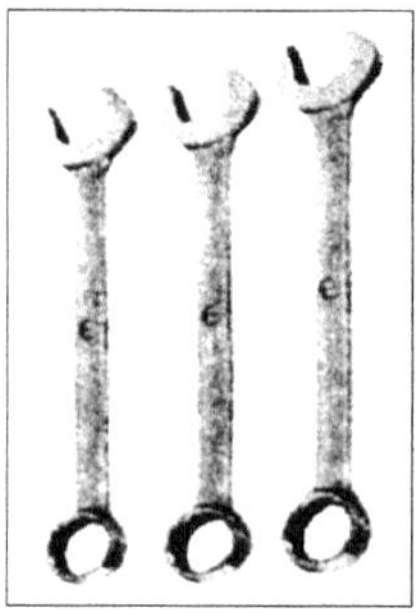

图 1-6　两用扳手

（4）套筒扳手（图 1-7）。套筒扳手的内孔形状与梅花扳手相同（正六边形）。常用的套筒扳手有 24 件套和 32 件套，套筒规格有 6 ~ 24mm 和 6 ~ 32mm 两种，配有滑头手柄、棘轮手柄、快速摇柄、接头和接杆等，以方便操作和提高效率。套筒扳手除了具有一般扳手的用途外，特别适用于拆装位置狭小或隐蔽较深处的六角螺母或螺栓，比梅花扳手更方便快捷，应优先使用。

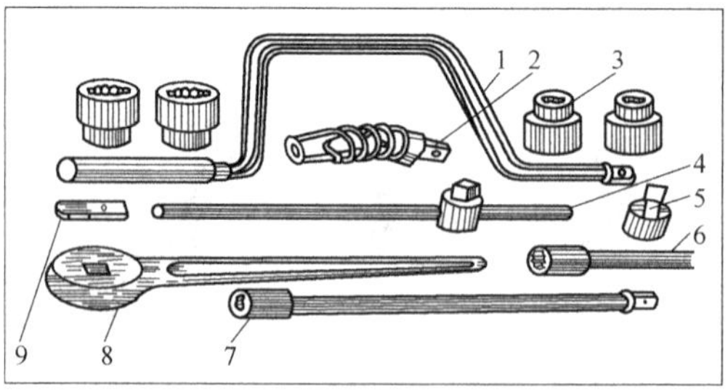

图 1-7　套筒扳手

1—快速摇柄　2—万向接头　3—套筒头　4—滑头手柄　5—旋具接头
6—短接杆　7—长接杆　8—棘轮手柄　9—直接管

使用方法：

① 使用时根据螺栓、螺母的尺寸选好套筒。

② 将套筒套在快速摇柄的方形端头上（视需要可与长接杆或短接杆配合使用）。

③ 再将套筒套在螺栓或螺母上，转动快速摇柄进行拆装。

注意：

① 不准拆装过紧的螺栓、螺母。

② 拆装时，握摇柄的手切勿摇晃，以免套筒滑出或损坏螺栓、螺母的六角头。

③ 禁止用锤子将套筒击入变形的螺栓、螺母的六角头进行拆装，以免损坏套筒。

④ 禁止使用内孔磨损过甚的套筒。

还有一些专用的T形套筒扳手（图1-8），用于特定部位螺栓螺母的拆装。

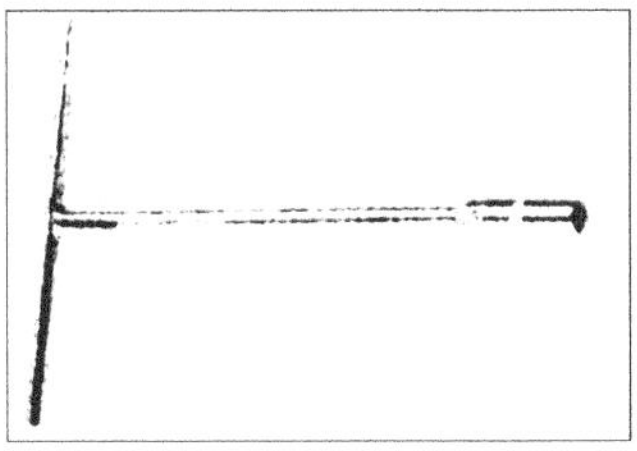

图1-8　T形套筒扳手

（5）扭力扳手（图1-9）。扭力扳手与套筒扳手中的套筒头配合使用，可以直接读取力矩的大小，适用于有明确力矩规定的重要部位的螺栓和螺母（如发动机连杆螺栓、气缸盖螺栓、曲轴主轴承螺栓等）的紧固。在扭紧时，指针可以表示出扭矩数值，通常使用的规格是0～300N·m。扭力扳手常用的形式有刻度盘式和预置式。

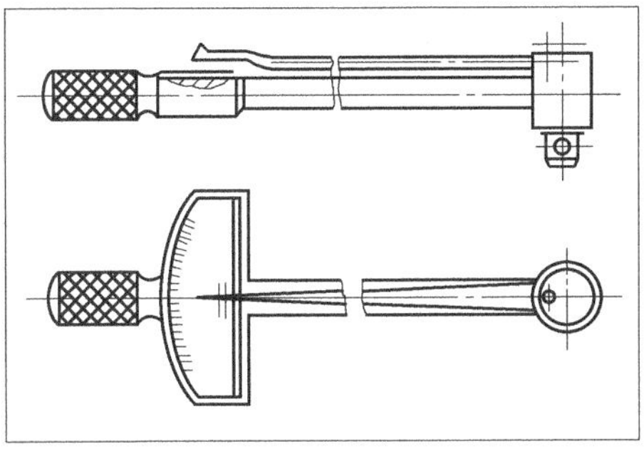

图1-9　扭力扳手

使用方法：

① 将套筒插入扭力扳手的方芯。

② 用左手把住套筒，右手握紧扭力扳手手柄往身边扳转。

③ 预调式扭力扳手使用前应先将力矩调校至规定值。

注意：

① 禁止往外推扭力扳手手柄，以免滑脱而损伤身体。

② 对要求拧紧力矩较大、工件较大、螺栓数较多的螺栓、螺母，应按一定顺序分次拧紧。

③ 拧紧螺栓、螺母时，不能用力过猛，以免损坏螺纹。

④ 禁止使用无刻度盘或刻度线不清的扭力扳手。

⑤ 拆装时，禁止在扭力扳手的手柄上再加套管或用锤子锤击。

（6）内六角扳手（图1-10）。内六角扳手用来拆装内六角头螺栓，以六角形对边尺寸 s 表示，有3~27mm尺寸13种。

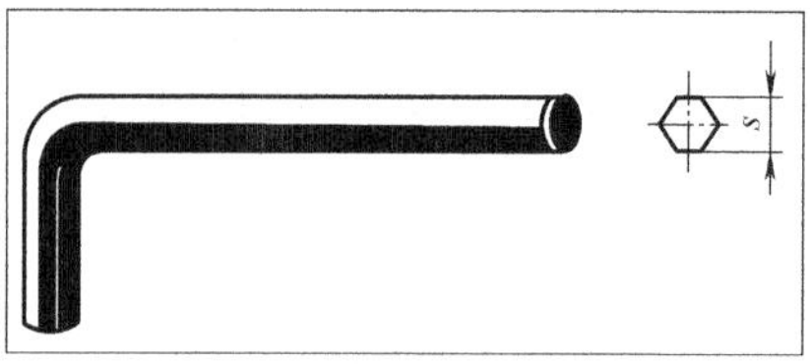

图1-10 内六角扳手

2. 螺钉旋具

螺钉旋具主要有一字槽螺钉旋具和十字槽螺钉旋具两种。螺钉旋具由手柄、刀体和刃口组成（图1-11），其规格以刀体部分的长度来表示。常用的规格有100mm、150mm、200mm和300mm等几种。

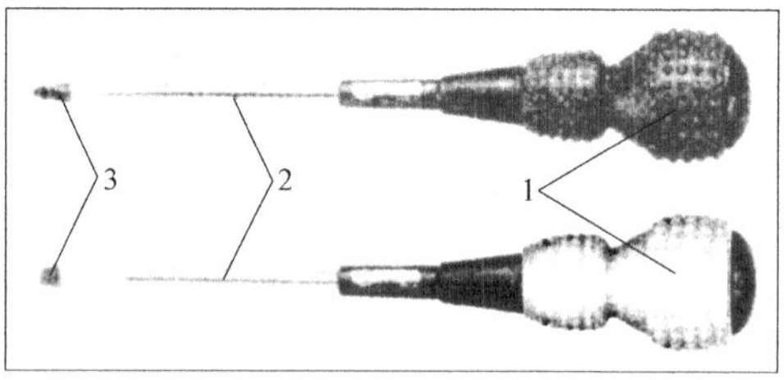

图1-11 螺钉旋具

1—手柄 2—刀体 3—刃口

使用方法：

① 使用时，右手握住螺钉旋具，手心抵住柄端，螺钉旋具与螺钉同轴心，压紧后用手腕扭转。松动后用手心轻压螺钉旋具，用拇指、中指、食指快速扭转。

② 使用长杆螺钉旋具，可用左手协助压紧和拧动手柄。

注意：

① 刃口应与螺钉槽口大小、宽窄相适应，刃口不得有残缺，以免损坏螺钉的槽口。

② 不准用锤子敲击螺钉旋具柄当錾子使用。

③ 不准将螺钉旋具当撬棒使用。

④ 不可在螺钉旋具口端用扳手或钳子增加扭力，以免损伤螺钉旋具杆。

3. 钳子

汽车拆装中常用的钳子有钢丝钳（图1-12）、尖嘴钳和鲤鱼钳等，一般用于切断金属丝、夹持或弯曲小零件。

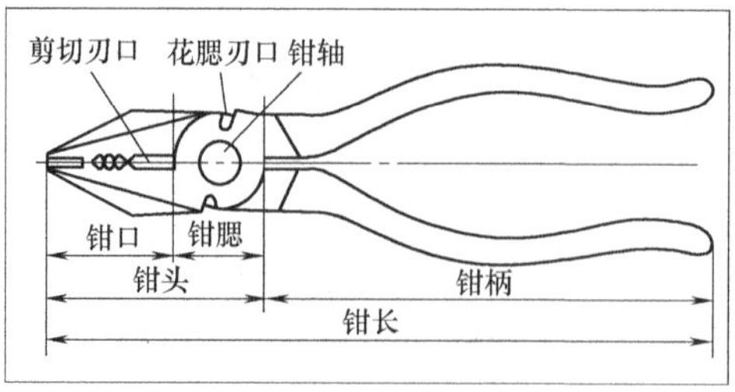

图1-12 钢丝钳

钢丝钳：按其钳长分为150mm、175mm、200mm三种。钢丝钳主要用于夹持圆柱形零件，也可以代替扳手旋小螺栓或小螺母，钳口后部的刃口可剪切金属丝。

鲤鱼钳：按其钳长分为165mm、200mm两种。鲤鱼钳作用与钢丝钳相同，其中部凹口粗长，便于夹持圆柱形零件，由于一片钳体上有两个互相贯通的孔，可以方便地改变钳口大小，以适应夹持不同大小的零件，是汽车维修中使用较多。

尖嘴钳：汽车拆装常用的尖嘴钳，其钳长是160mm。尖嘴钳因其头部细长而得名，能在较小的空间使用，其刃口也能剪切细小金属丝，使用时不能用力太大，否则钳口头部会变形或断裂。

使用方法：

① 根据需要选用钢丝钳、鲤鱼钳或尖嘴钳，擦净油污。

② 用手握住钳柄后端，使钳口闭合夹紧工件。

注意：

① 禁止用钳子当扳手、撬棒或锤子使用。

② 不准用锤子击打钳子。

③ 禁止用钳子夹持高温零件。

④ 不要用钳子代替扳手松紧M5以上的螺纹连接件，以免损坏螺栓或螺母。

挡圈钳（图1-13）：挡圈钳又称卡簧钳，有多种结构形式，用于拆装发动机中的各种挡圈（卡簧）。使用时根据挡圈（卡簧）的结构形式，选择相应的挡圈钳。

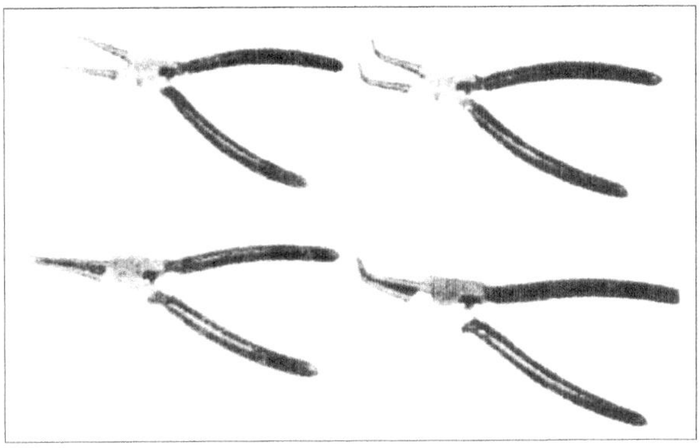

图1-13　挡圈钳

4. 锤子

锤子按锤头形状分有圆头、扁头及尖头三种（图1-14）。按材料分有铁锤、木槌和橡胶锤等。锤子主要用于敲击工件，使工件变形、位移、振动，并可用于工件的校正和整形。一端平面略有弧形的是基本工作面，另一端是球面，用来敲击凹凸形状的工件，规格以锤头质量表示，以0.5~0.75kg最为常用。

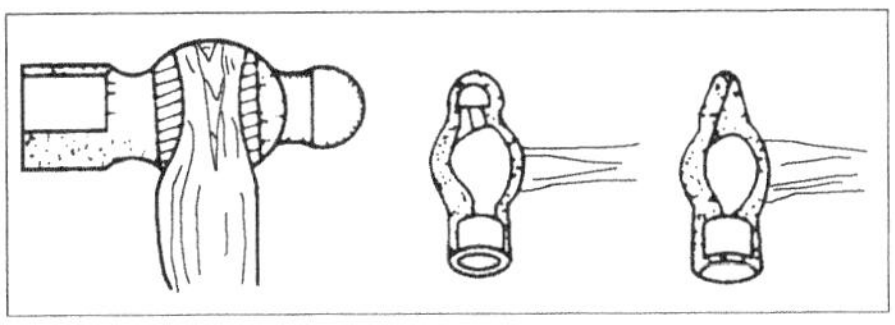

图1-14　锤子

使用方法：

① 敲击时，右手握住锤柄后端留出约10mm处，握力适度，眼睛注视工件。

② 挥锤方式（图1-15）有手腕挥、小臂挥、大臂挥三种。

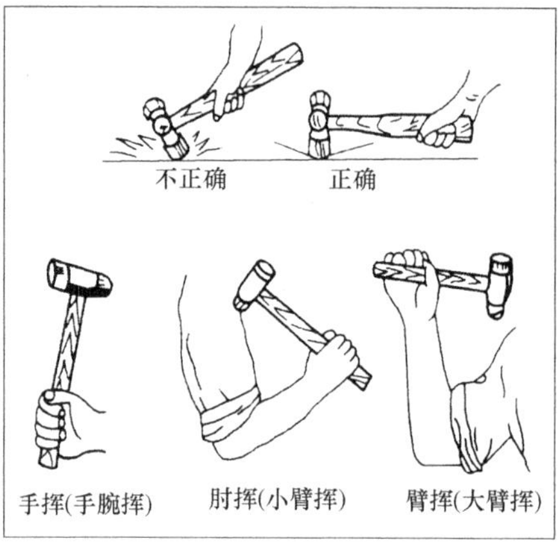

图1-15　锤子的正确使用

注意：

① 手柄应安装牢固，用楔塞牢，防止锤头脱出伤人。

② 锤头应平整地击打在工件上，不得歪斜，防止破坏工件表面形状。

③ 拆卸零部件时，禁止直接锤击重要表面或易损部位，以防出现表面破坏或损伤。

5. 铜棒

铜棒用于敲击不允许直接锤击的工件表面，使用时不得用力太大。

使用方法：

使用时一般和锤子共用，一手握住铜棒，将其一端置于工件表面，一手用锤锤击铜棒另一端。

注意：

不可代替锤子或当撬棒使用。

1.2.2　常用拆装专用工具及使用方法

1. 顶拔器

常用的顶拔器有C形万向节顶拔器、分离轴承顶拔器、横直拉杆球头顶拔器、液压式顶拔器、通用顶拔器和专用顶拔器6种（图1-16）。顶拔器一般用于拆卸配合比较紧的轴承、齿轮等零件。

使用方法：

根据轴端与被拉工件的距离转动顶拔器的螺杆，至螺杆顶端顶住轴端，拉爪钩住工件（轴承或齿轮）的边缘，然后慢慢转动螺杆将工件拉出。

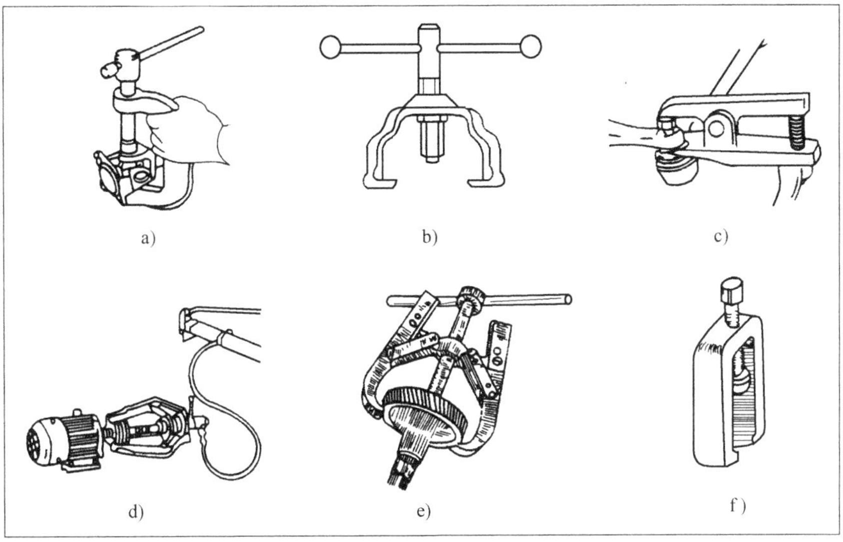

图 1-16　顶拔器

a）C形万向节顶拔器　b）分离轴承顶拔器　c）横直拉杆球头顶拔器　d）液压式顶拔器　e）通用顶拔器　f）专用顶拔器

注意：

① 拉工件时，不能在手柄上随意加装套管，更不能用锤子敲击手柄，以免损坏顶拔器。

② 顶拔器工作时，其中心线应与被拉件轴线保持同轴，以免损坏顶拔器。如果拉件过紧，可边转动螺杆，边用木锤轴向轻轻敲击螺杆尾部，将其拉出。

2. 火花塞套筒扳手

火花塞套筒扳手（图 1-17）是一种薄壁长套筒扳手，是用于拆除火花塞的专用工具。

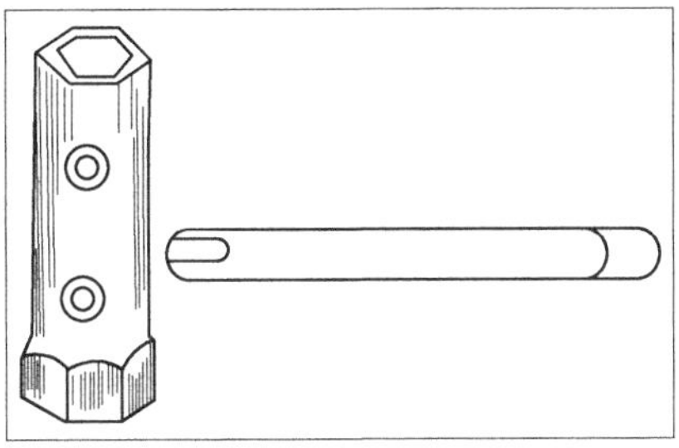

图 1-17　火花塞套筒扳手

使用方法：

① 根据火花塞的装配位置和火花塞六角的尺寸选用不同高度和径向尺寸的火花塞套筒。

② 对准火花塞孔，并与火花塞六角套接可靠，用力转动套筒，使火花塞旋入或旋出。

注意：

① 拆装火花塞时，火花塞套筒不得歪斜，以免套筒滑脱。

② 扳转火花塞套筒时，不准随意加长手柄，以免损坏套筒。

3. 活塞环拆装钳

活塞环拆装钳（图 1-18）是一种专门用于拆装活塞环的工具。

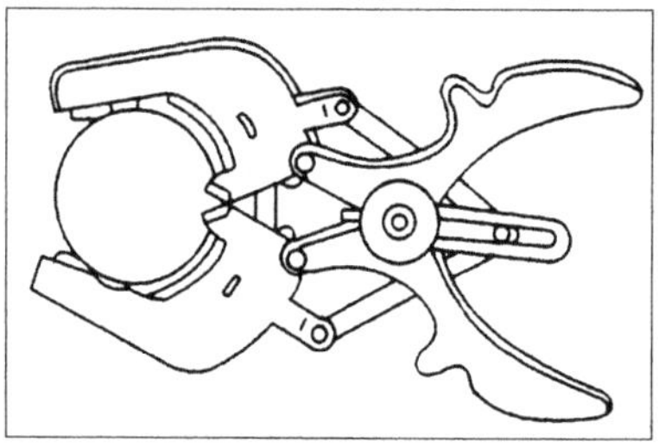

图 1-18 活塞环拆装钳

使用方法：

使用活塞环拆装钳时，将拆装钳上的环卡卡住活塞环开口，握住手把稍稍均匀地用力，使拆装钳手把慢慢地收缩，环卡将活塞环徐徐地张开，使活塞环能从活塞环槽中取出或装入。

注意：

① 操作时应垂直上下移动活塞环，不得扳转，以免滑脱或损坏活塞环。

② 操作时用力要适度，以免折断活塞环。

4. 滤清器扳手

滤清器扳手（图 1-19）是拆装滤清器的专用工具，有直径可调式和固定式两种。在拆装机油滤清器、柴油滤清器时都可使用。

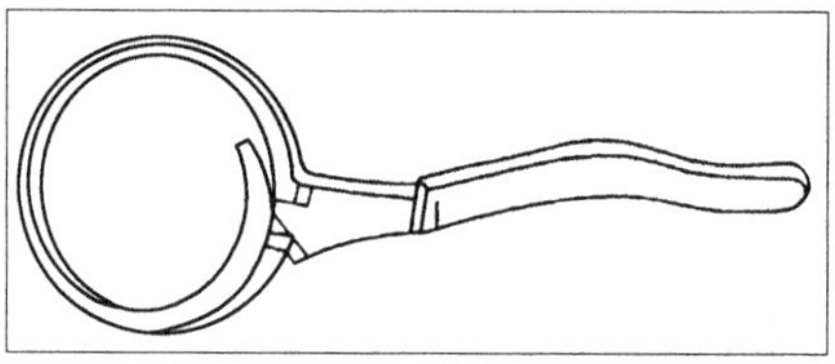

图 1-19 滤清器扳手

使用方法：

① 选择尺寸合适的滤清器扳手（可调式滤清器扳手使用前应根据滤清器的直径调节好尺寸）。

② 将扳手套入滤清器，转动滤清器将滤清器旋紧或旋松。

注意：

① 使用时尽量将扳手套在滤清器根部，以免损坏滤清器。

② 安装前应在滤清器螺纹口处涂上润滑油。

③ 安装时不可用力过大，以免损坏滤清器。

5. 气门弹簧钳

气门弹簧钳（图 1-20）是一种专门用于拆装顶置气门弹簧的工具。

使用方法：

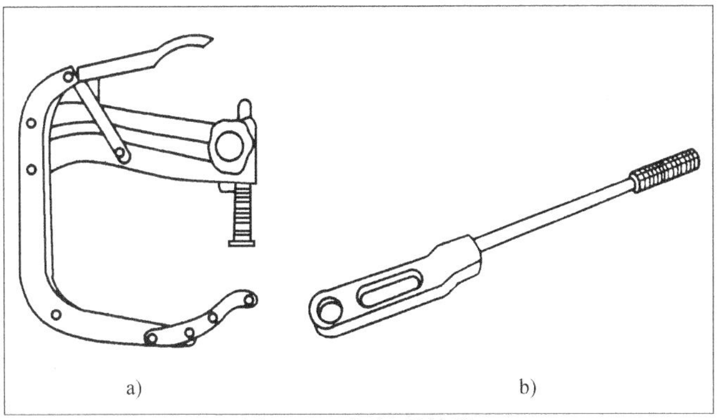

图 1-20 气门弹簧钳

a）弓形气门弹簧钳 b）杠杆式气门弹簧钳

使用时，将拆装架托架抵住气门，压环对正气门弹簧座，然后压下手柄，使得气门弹簧被压缩，这时可取下气门弹簧锁销或锁片，慢慢地松抬手柄，即可取出气门弹簧座、气门弹簧和气门等。

注意：

① 气门弹簧钳与弹簧座接触要可靠，以防滑出。

② 气门弹簧钳的活动部分应保持良好的润滑。

6. 油封取出装置

油封取出装置（图 1-21）用于油封的取出。

使用方法：

将油封取出器置于油封中，旋转使之张开，将油封拉出即可。

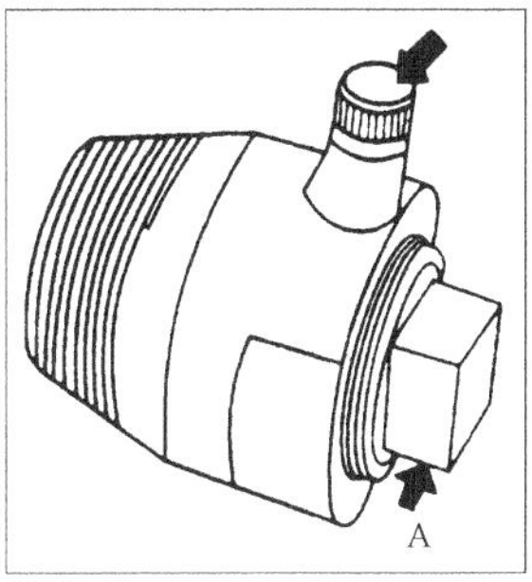

图 1-21 油封取出装置

注意：

用力和张开的程度不宜太大，以免损伤油封。

7. 滑脂枪

滑脂枪又称黄油枪（图 1-22），是一种专门用来加注润滑脂的工具。

使用方法：

① 填装润滑脂：拉出拉杆使柱塞后移，拧下滑脂枪缸筒前盖。把干净润滑脂分成团状，徐徐装入缸筒内，且使润滑脂团之间尽量相互贴紧，便于缸筒内的空气排出。装回前盖，推回拉杆，柱塞在弹簧作用下前移，使润滑脂处于压缩状态。

② 注油方法：把滑脂枪接头对正被润滑的润滑脂嘴，直进直出，不能偏斜，以免影响润滑脂加注，减少润滑脂的浪费。加注时，如注不进油，应立即停止，并查明堵塞的原因，排除后再进行注油。

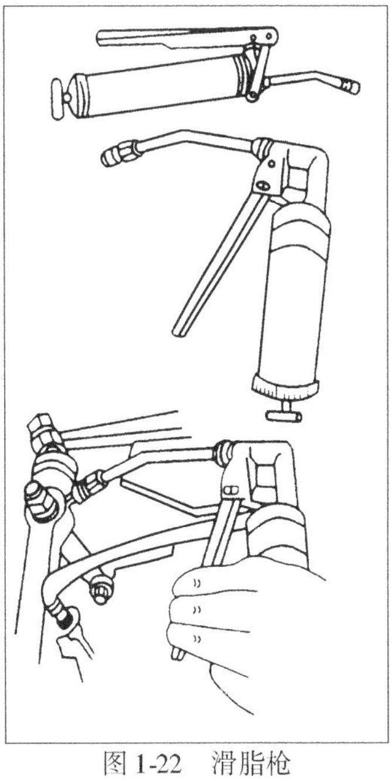

图 1-22 滑脂枪

③ 加注润滑脂时，不进油的主要原因如下：

a. 滑脂枪缸筒内无润滑脂或压力缸筒内的润滑脂间有

空气。

b. 滑脂枪压油阀堵塞或注油接头堵塞。

c. 滑脂枪弹簧疲劳过软而造成弹力不足或弹簧折断而失效。

d. 柱塞磨损过甚而导致漏油。

e. 润滑脂嘴被污泥堵塞而不能注入润滑脂等。

8. 离合器的拆装专用工具

离合器拆装专用工具（图 1-23）由夹板、螺杆、手柄等组成，是离合器分解和组装的专用工具。

使用方法：

① 使用时将离合器总成放在两夹板之间，板上装一个推力球轴承，以使转动螺杆手柄时省力。

② 转动螺杆手柄使离合器弹簧压缩，拆下或装上离合器盖与压盘的连接螺栓。

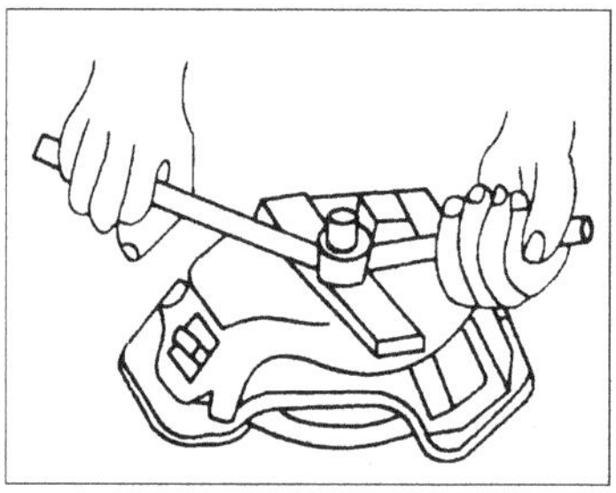

图 1-23　离合器拆装专用工具

注意：

① 使用时，不准在螺杆手柄上加装套管或用锤子锤击，以免损坏工具。

② 使用后应将其清洗干净，涂一层薄薄的润滑脂，以防生锈。

9. 衬套、轴承、密封圈安装器

安装衬套、轴承、密封圈时，要求它们必须正确定位，应该采用专用安装器。如图 1-24 所示是衬套、轴承、密封圈安装器套件，由各种不同内径的衬套、压盘、手柄和隔板等组成。

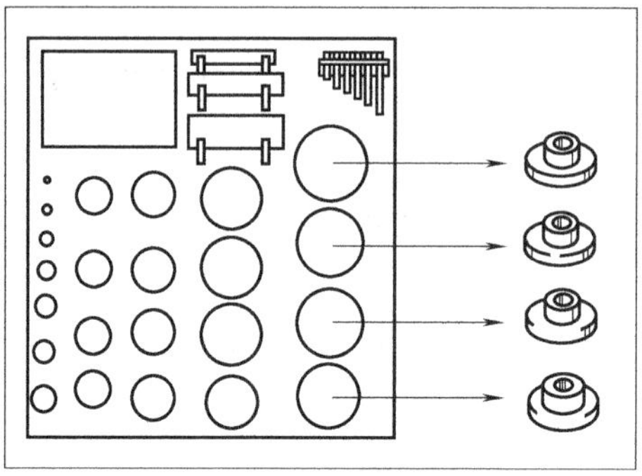

图 1-24　衬套、轴承、密封圈安装器套件

使用方法：

根据衬套、轴承和密封圈大小选择合适尺寸的安装器部件，组装成驱动工具，再将衬套、轴承或密封圈压入（图 1-25）。

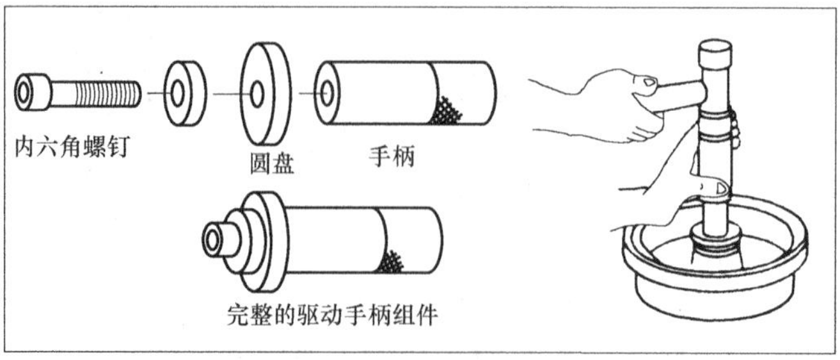

图 1-25　衬套、轴承和密封圈安装器使用

1.2.3　常用举升设备及使用方法

1. 千斤顶

千斤顶按照其工作原理分为机械式和液压式两大类。按照所能顶起的重量分3000kg、5000kg、10000kg等几种规格。目前普遍使用液压式千斤顶。以下介绍几种常用千斤顶的使用方法。

(1) 立式千斤顶。其结构如图1-26所示。

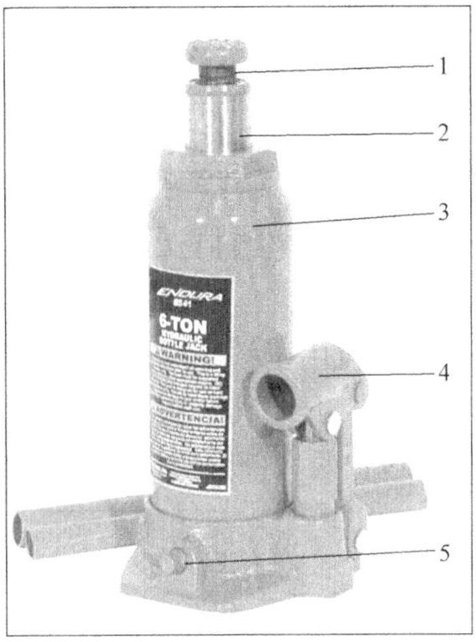

图1-26　立式千斤顶

1—调节螺杆　2—活塞杆　3—千斤顶体　4—手柄套孔　5—回油阀杆

使用方法：

① 使用时先把千斤顶手柄的开槽端套入回油阀杆5，并将回油阀杆按顺时针方向旋紧，再将手柄插入手柄套孔4，用手上下撳动手柄，活塞杆2即平稳上升顶起重物。

② 要使活塞下降，只需用手柄开槽端将回油阀按逆时针方向微微旋松，活塞杆即渐渐下降。如有载荷，回油阀杆旋转不能太快，否则下降速度过大将产生危险。

注意：

① 千斤顶起重前必须估计重物的质量，切忌超载使用。

② 使用时需要确定重心，选择千斤顶的着力点，放置平稳，同时还必须考虑地面的软硬程度，必要时应垫以坚硬的木板，以防起重时产生歪斜甚至倾倒。

③ 千斤顶仅供顶升之用，重物顶起以后应立即采用坚韧的物体支撑，以防万一千斤顶失灵而造成危险。

④ 使用时应避免急剧的振动。

(2) 卧式千斤顶。结构如图1-27所示。

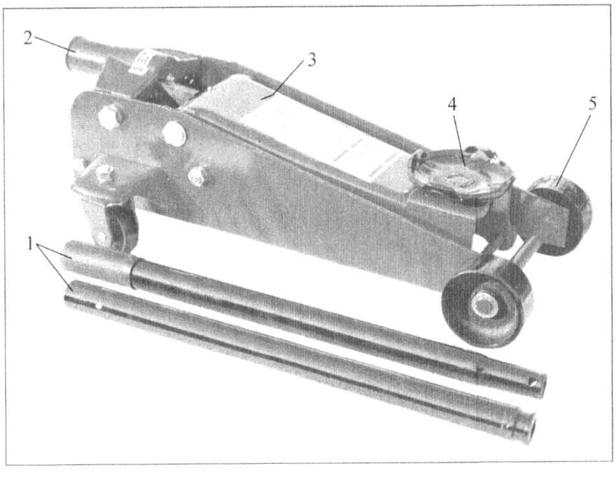

图1-27　卧式千斤顶

1—手柄　2—手柄套筒　3—摇臂　4—托盘　5—轮子

使用方法：

① 使用时先将手柄1的末端插入手柄套筒2中，顺时针旋转手柄套筒到回油阀开关关闭，再用手上下揿动手柄，托盘4即平稳地上升顶起重物。

② 要使托盘下降，只需用手柄按逆时针方向慢慢转动手柄套筒，下降速度取决于回油开关开启的程度，不要使下降速度过大，以免产生危险。

注意：

使用注意事项同立式千斤顶。

2. 举升机

举升机用于举升汽车。其种类较多，但基本原理是采用液压举升原理，以下以平台式举升机为例，介绍其结构及使用方法。举升机由平台式举升机（图1-28）和举升机控制箱（图1-29）两大部分组成。

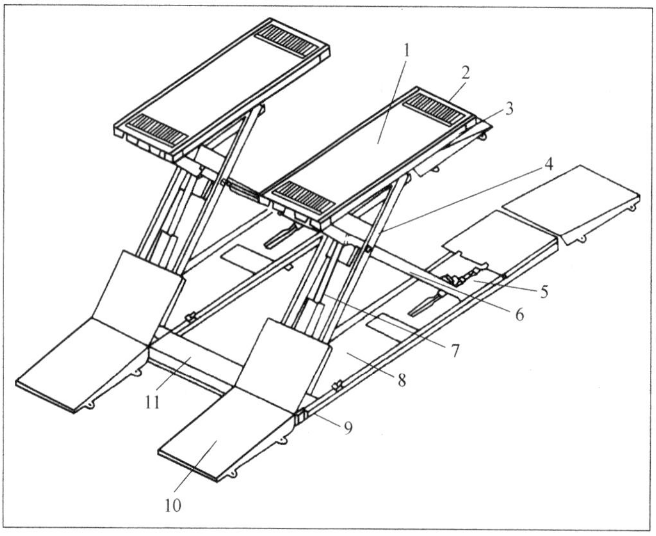

图1-28　平台式举升机

1—平台板　2—止滑垫　3—斑马线或负载能力标签　4—外侧力臂　5—安全排齿　6—内侧力臂　7—液压缸　8—底座　9—连杆固定座　10—跑板　11—连杆护盖

使用方法：

① 车辆入位前检查举升机工作是否平顺、各保险锁止装置是否起作用、各管路是否泄漏、声音是否正常。

② 车辆按规定方向驶入举升机平台中央，熄火、拉紧驻车制动器操纵杆，根据需要放好橡胶垫。

③ 按下操纵台上的上升按钮，将车辆举起至车轮刚离开地面时停止，检查车辆是否水平、支点是否合适以及车辆是否稳定。

④ 举升车辆至所需位置，进行车辆维修作业（有的举升机此时需要操纵手动安全锁止装置，此类举升机自动锁止）。

⑤ 下降前确保举升机下和四周无异物。

⑥ 先按下上升按钮使举升机上升一小段距离，使锁止卡榫脱离排齿，再按下下降按钮降下举升机。

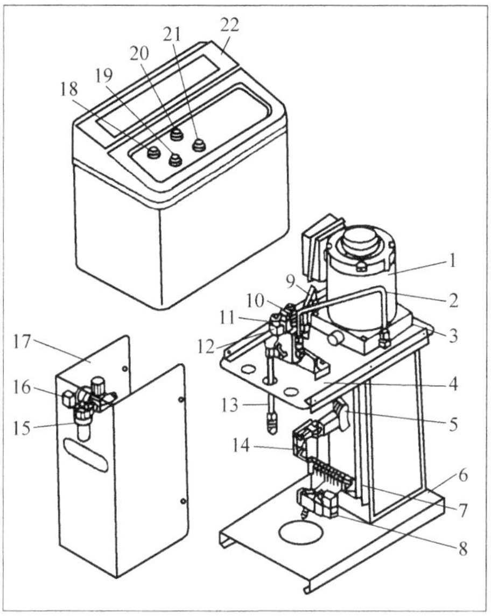

图 1-29　平台式举升机控制箱

1—液压马达　2—回油管　3—油路板　4—回油管接头　5—定时器座　6—控制箱底座　7—端子盘　8—电磁阀　9、13—出油管　10—注油口　11—下降速度调节阀　12—升降阀　14—电磁开关　15—二点组合　16—切换开关　17—控制箱侧盖　18—上升按钮　19—下降按钮　20—紧急停止按钮　21—电源灯　22—控制箱上盖

注意：

① 未经老师许可不得操作举升机。

② 确保汽车在举升机上停放平稳、熄火、拉紧驻车制动器操纵杆。

③ 举升机举升时，驾驶室内不得坐人。

1.2.4　常用拆装设备及使用方法

1. 发动机翻转拆装台

发动机翻转拆装台（图 1-30）由座架、蜗杆减速器、轮子、手轮及凸缘盘等组成。翻转装拆台是用来拆装发动机的专用工具，可使发动机做 180°翻转，以方便拆装。

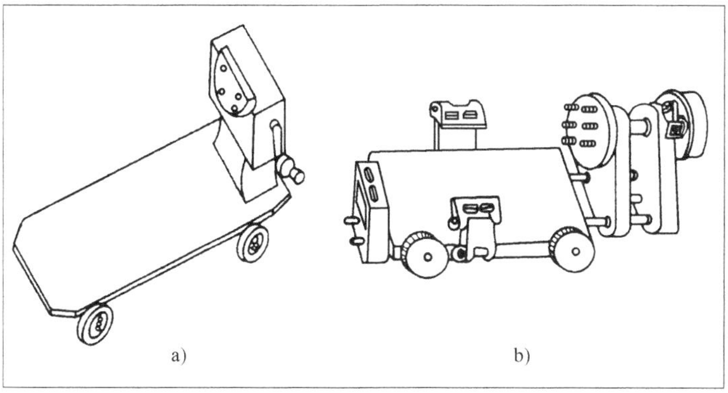

图 1-30　发动机翻转拆装台

a）样式一　b）样式二

使用方法：

① 将发动机安装在翻转拆装台上，并使重心尽量靠近翻转台转轴中心。

② 使用时，根据需要慢慢摇转手轮使发动机翻转到适合位置。

注意：

① 翻转时，应慢慢摇转手轮。

② 发动机翻转拆装台的轴承、蜗杆副等处应保持良好的润滑。

2. 主减速器翻转拆装台

主减速器翻转拆装台（图 1-31）是拆装主减速器的专用工具，由座架、转盘、凸缘盘、定位锁止装置等组成，在拆装中可作任意角度翻转。

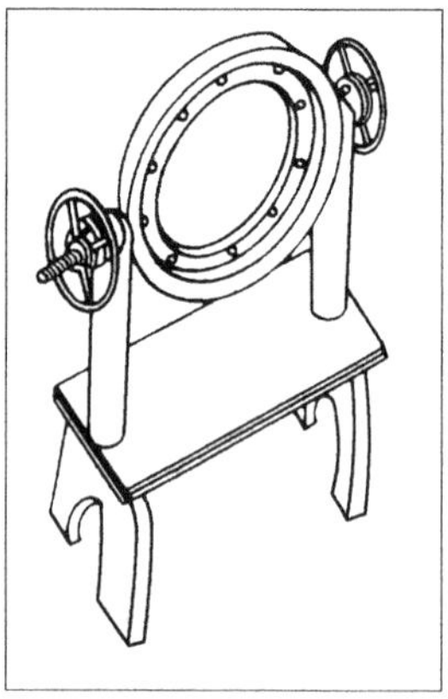

图 1-31　主减速器翻转拆装台

使用方法：

① 使用时先将主减速器总成吊装在翻转拆装台上，用螺栓将其固定。

② 根据拆装的需要，将定位锁止装置的手轮旋出，使凸缘盘轴转过一定角度，然后转进手轮予以固定，再松开转盘锁止装置，绕转盘中心转过一定角度，使主减速器处于最佳拆装位置。

注意：

① 拆装时必须将两锁止装置锁紧，以免影响安全。

② 拆装台的转轴和转盘应保持良好的润滑。

3. 轮胎螺母拆装机

轮胎螺母拆装机（图 1-32）是拆装轮胎螺母的专用工具。

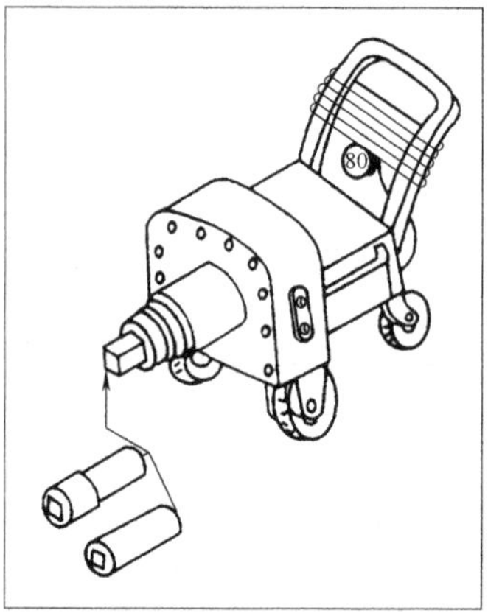

图 1-32　轮胎螺母拆装机

使用方法：

① 根据螺母的尺寸选择套筒，装在拆装机上。

② 根据轮胎螺母的旋向，选择电动机的转动方向。

③ 如螺母过紧，可先使电动机反方向旋转后再正转，利用起动惯性进行敲击使其松开。

注意：

① 使用前应先检查电源插接器和导线绝缘是否可靠，以防触电。

② 拆装时套筒与螺母不能偏斜，以免滑脱而损坏螺母。

③ 最初旋松螺母时，可利用起动惯性进行敲击。紧固螺母时，敲击力切勿过大，以免损伤轮胎螺栓、螺母的螺纹。

④ 使用后应妥善保管。

4. 全自动轮胎拆装机

全自动轮胎拆装机（图 1-33）是专用于安装和分解汽车轮胎和轮毂的设备，主要由控制踏板、轮胎固定装置、拆装头、轮胎充气装置等组成。

使用方法：

① 拆开胎唇

a. 将已放气的轮胎置于轮胎拆装机右边的橡胶支撑靠板上。

b. 将拆卸铲顶在胎唇上。

c. 踩下轮胎拆卸铲控制踏板，使拆卸铲工作。

d. 当胎唇撬开时，松开轮胎拆卸铲控制踏板。

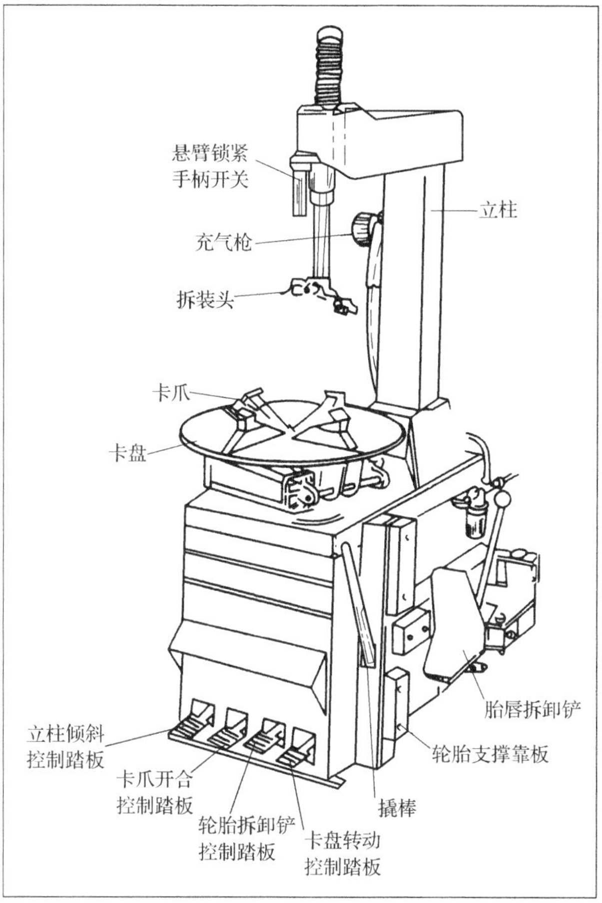

图 1-33 全自动轮胎拆装机

② 分解轮胎

a. 将轮胎放在卡盘上，踩下卡爪开合控制踏板，使卡爪将轮毂卡紧。

b. 踩下立柱倾斜控制踏板，移动拆装头，使拆装头插到胎唇和轮毂之间，并使之与轮毂相距 2mm。

c. 将撬棒插到胎唇与拆装头之间。

d. 踩下卡盘转动控制踏板，使卡盘转动，直到轮辋与轮胎分离。

e. 用同样的方法拆下另一侧胎唇。

③ 组装轮胎

a. 在卡盘上固定好轮毂。

b. 将轮胎放在轮毂上，在胎唇上涂特殊润滑油。

c. 将胎唇移到拆装头边缘，压下拆装头，将胎缘压入轮毂。

d. 踩下卡盘转动控制踏板，使卡盘转动一圈，使胎唇到位。

e. 将轮胎换一边，装入内胎，重复以上操作，装好另一面胎唇。

④ 轮胎充气

a. 将充气枪接到轮胎气嘴上。

b. 扣动充气枪扳机给轮胎充气至规定压力。

注意：

① 操作前应先放气，并取下所有平衡块。

② 拆装前应在胎唇上涂上厂家提供的润滑油。

③ 安装时应确保轮胎与轮辋直径相同。

④ 拆装过程中应注意防止轮辋变形。

5. 离车式车轮动平衡机

离车式车轮动平衡机（图1-34）一般由驱动装置、转轴与支撑装置、显示与控制装置、制动装置、机箱和车轮防护罩等组成。

离车式车轮动平衡机，具有自动诊断和自动功能，能将传感器的电信号通过微机运算、分析、判断后显示出不平衡量及相位。在测量前，必须将测得的轮辋直径 d、轮辋宽度 b 和轮辋边缘至动平衡机机箱的距离 a（轮辋外悬尺寸），通过键盘或选择器旋钮输入平衡机微机。

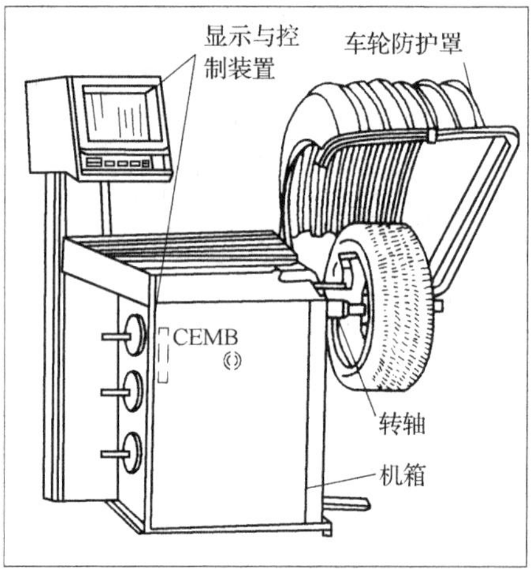

图1-34　离车式车轮动平衡机

使用方法：

① 清除被测车轮上的泥土、石子和旧平衡块。检查轮胎气压，必须要充气至规定值。

② 根据轮辋中心孔的大小选择锥体，仔细将车轮装在动平衡机的转轴上，用大螺距螺母拧紧。

③ 打开电源开关，检查指示与控制装置的面板是否指示正确。

④ 用专用卡尺（图1-35）测量轮辋直径 d、轮辋宽度 b（也可由胎侧读出），用动平衡机上的标尺测量轮辋边缘至动平衡机机箱距离 a，用键入或选择器旋钮对准测量值的方法，

将 a、b、d 直接输入显示与控制装置中。

⑤ 放下车轮防护罩，按下起动键，车轮旋转，平衡测试开始，微机自动采集数据。

⑥ 车轮自动停转或听到“笛”声，按下停止键并操纵装置使车轮停转后，从指示装置读取车轮内、外不平衡量和不平衡位置。

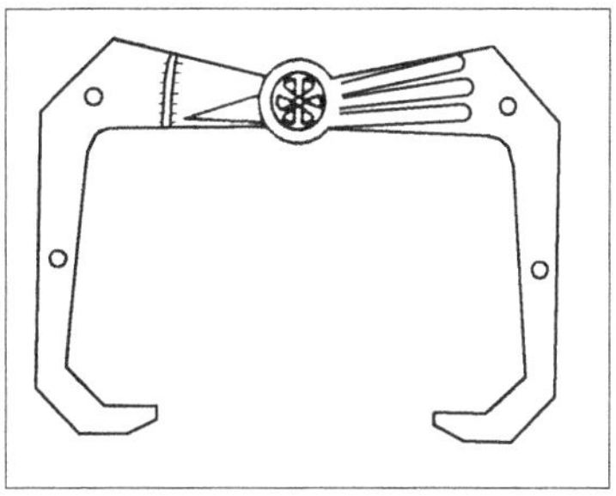

图 1-35　离车式车轮动平衡机专用卡尺

⑦ 抬起车轮防护罩，用手慢慢转动车轮。当显示装置发出指示（音响、指示灯亮、制动、显示点阵或显示检测数据等）时停止转动。在轮辋的内侧或外侧的上部（时钟 12 时位置）加装指示显示的该平衡块质量。内、外侧要分别进行，平衡块装卡要牢固。

⑧ 安装平衡块后有可能产生新的不平衡，应重新进行平衡试验，直至不平衡量小于 5g，指示装置显示“00”或“OK”。当不平衡量相差 10g 左右时，如能沿轮辋边缘左右移动平衡块一定角度，将可获得满意的效果。

1.2.5　常用量具及使用方法

1. 简单量具

（1）钢直尺。钢直尺用薄钢板制成，是一种简单的测量长度的直接读数量具，常用它粗测工件长度、宽度和厚度，常见钢直尺的规格有 150mm、300mm、500mm、1000mm 等。

注意：*测量时眼睛要正对钢直尺的刻度线，以免产生视读误差。*

（2）卡钳　卡钳是一种间接读数量具，其必须与钢直尺或其他刻线量具配合使用，常见的有内、外卡钳两种（图 1-36），内卡钳用来测量内径、凹槽等，外卡钳又来测量外径和平行面等。

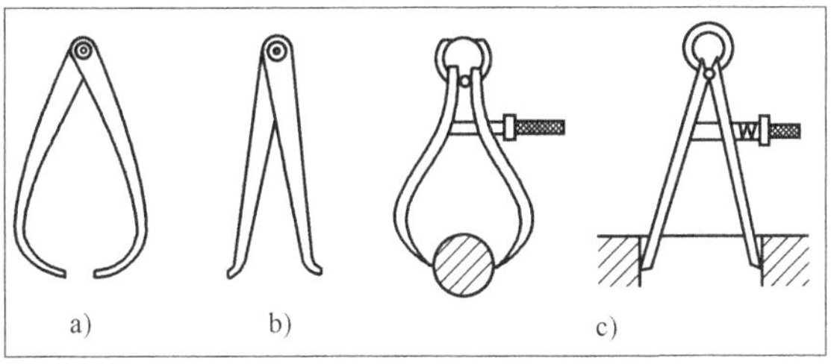

图 1-36　卡钳

a）外卡钳　b）内卡钳　c）用卡钳来测量零件

2. 游标卡尺

游标卡尺用来较准确地测量物体的长度、厚度、深度或孔距等。其种类和结构较多，规格常用测量范围和测量精度表示，常用测量范围有 0～125mm 和 0～150mm 两种，常用测量精度有 0.1mm、0.02mm 和 0.05mm 几种。

（1）游标卡尺的结构。游标卡尺主要由尺身和游标等组成（图 1-37），尺身刻线间距为 1mm。游标上有 n 个分度格，如 $n=10$，表明该游标卡尺精度是 0.1mm；如 $n=20$、50，表明该游标卡尺精度分别是0.05mm、0.02mm。

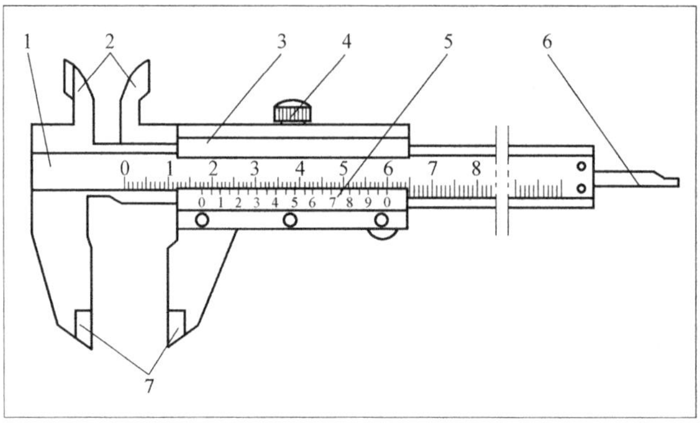

图1-37　游标卡尺的结构

1—尺身　2—刀口内测量爪　3—尺框　4—紧固螺钉　5—游标　6—深度尺　7—外测量爪

（2）游标卡尺读数方法。先读出游标的零刻度所对应尺身左边的毫米整数，图1-38所示为10mm；再根据游标尺与尺身对齐的刻线读出毫米以下的小数部分，图1-38中为8.5，乘以游标卡尺测量精度0.1得0.85mm。再加上前面的10mm就是被测物体的测量值10.85mm。

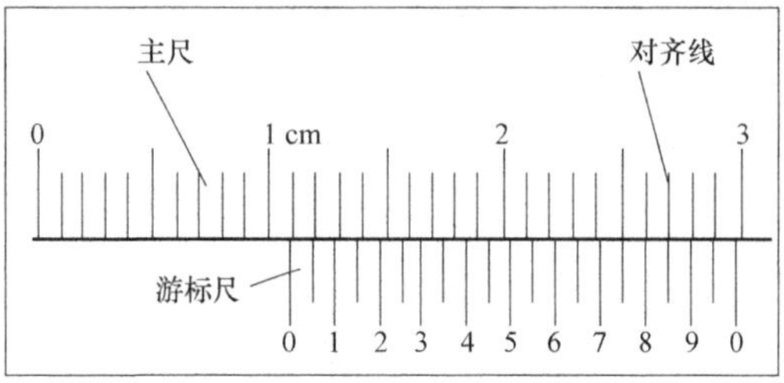

图1-38　游标卡尺读数

注意：游标卡尺测量前应用软布将测量爪擦干净，使其并拢，查看游标和尺身上的零刻线是否对齐。如果对齐就可以进行测量，如没有对齐，则要记取零误差，在实测中加以修正。

3. 千分尺

千分尺又称螺旋测微器，其测量精度比游标卡尺高，可以达0.01mm。

千分尺按其用途分为外径千分尺、内径千分尺、杠杆千分尺、深度千分尺、壁厚千分尺、公法线千分尺等。

（1）千分尺的结构。以外径千分尺为例，如图1-39所示，它主要由尺架、砧座、测微螺杆、固定套管、微分筒、测力装置和锁紧装置等组成，在千分尺的固定套管6的轴向刻有一条基线，基线上下方都刻有间距为1mm的刻线，上、下刻线错开0.50mm。微分筒的圆锥面上刻有50等分格。由于测微螺杆和固定套管的螺距都是0.50mm，所以当微分筒转动一圈时，测微螺杆就移动0.50mm，同时微分筒就遮住或露出固定套管上的一条刻线；当微分筒转动一格时，测微螺杆就移动0.5/50mm = 0.01mm，即千分尺的测量精度为0.01mm。

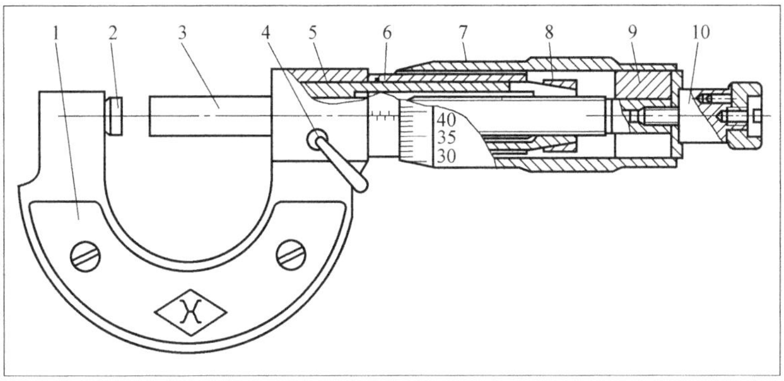

图1-39　千分尺的结构

1—尺架　2—砧座　3—测微螺杆　4—锁紧装置　5—螺纹轴套　6—固定套管　7—微分筒　8—螺母　9—接头　10—测力装置

千分尺规格按测量范围分，常用的有0～25mm、25～50mm、50～75mm、75～100mm、100～125mm、125～150mm六种。

（2）千分尺读数方法。读数时，先从固定套管上读出毫米数与半毫米数，再看基线对准微分筒上哪格及其数值，即多少个0.01mm，再把两次读数相加就是测量的完整数值。如图1-40所示固定套管上露出来的读数为8mm + 34.7 × 0.01mm = 8.347mm。

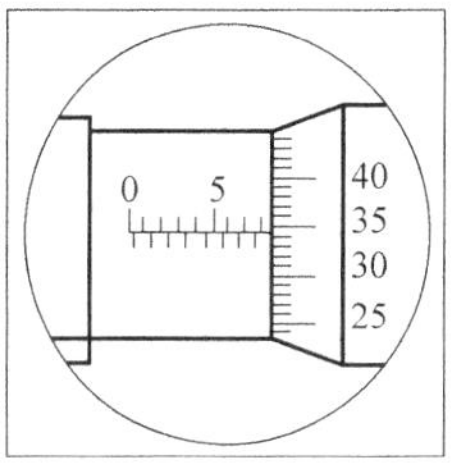

图1-40　千分尺读数方法

注意：

① 千分尺测量前应用软布将测量端面擦干净。

② 校准零刻线是否对齐（测量下限不为零的千分尺附有用于调整零位的标准棒）。如果对齐就可以进行测量；如没有对齐，可以用千分尺附带的调零专用小扳手调整。

4. 塞尺

塞尺（图1-41）主要用来测量两平面之间的间隙，塞尺上标有厚度的尺寸值，塞尺的规格以长度和每组片数来表示，长度常见的有100mm、150mm、200mm、300mm四种，每组片数有11～17片等多种。

使用时根据两平面之间的间隙要求数值，选择相应的塞尺厚度，塞入两平面之间，用手轻轻来回拉动，感觉略有阻力即可。

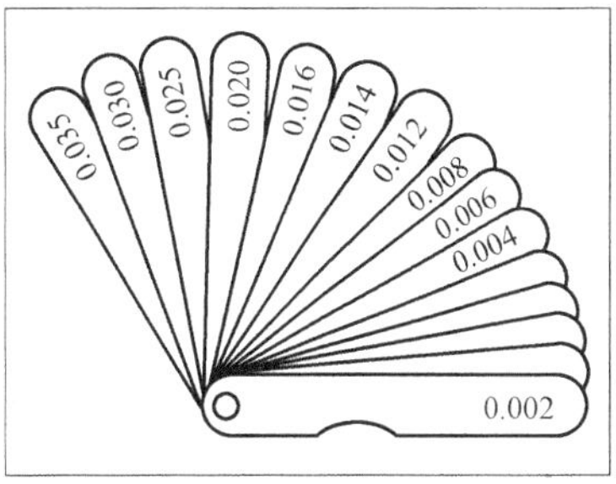

图1-41　塞尺

5. 百分表

百分表常用来测量机器零件的各种几何形状偏差和表面相互位置偏差，也可以测量部件的长度尺寸。常见百分表的测量范围有0～3mm、0～5mm、0～10mm等。

（1）百分表的结构。百分表主要由表盘、指针、量杆和测量头等组成（图 1-42），刻度盘圆周刻成 100 等分，分度值为 0.01mm，当大指针转动一周时，测量杆的位移为 1mm。表盘和表圈是一体的，可任意转动，以便使指针对零位，小指针用以指示大指针的回转圈数。

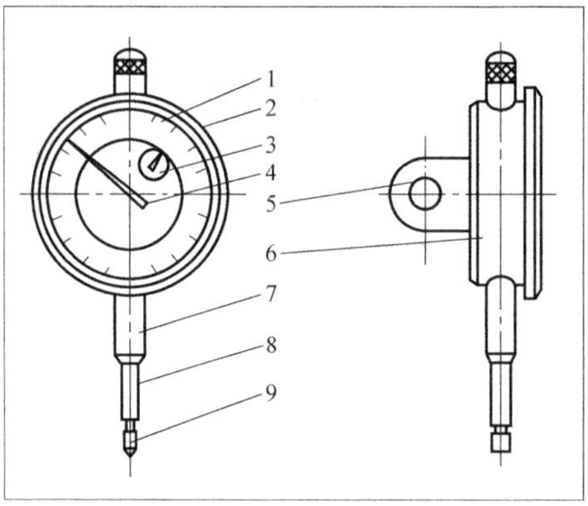

图 1-42　百分表的结构

1—表盘　2—表圈　3—小指针转数指示盘　4—大指针　5—耳环　6—表体
7—轴套　8—测量杆　9—测量头

（2）百分表的使用。使用前，要检查百分表是否正常，用手轻轻推动和放松测量杆时，测量杆在轴套内的移动应平稳、灵活、无卡滞或跳动现象；主指针与表盘应无摩擦现象。

使用时必须将其可靠固定在表座（万能表座、磁性表座）或其他支架上，如果是采用夹持轴套的方法来固定百分表时，夹紧力要适当，以免造成测量杆卡住或移动不灵活现象。

使测量头与被测表面接触时，测量杆应预先有 0.3 ~ 1mm 的压缩量，再把百分表紧固住。然后用两手捏住测量杆上端的挡帽 1 ~ 2mm，再轻轻放下，反复提拉 2 ~ 3 次，观察主指针是否回到原位。为了读数方便，测量前一般都把百分表的大指针指到表盘的零位。

测量时，眼睛的视线要垂直于表盘，正对大指针来读数，大指针每转过一格为 0.01mm。要在主指针停止摆动后再开始读数。

注意：

① 不应使用百分表测量毛坯或有明显凸凹表面的工件，否则容易损坏百分表。

② 测量时，测量杆的行程不要超出它的测量范围，以免损坏表内零件。

③ 百分表测量头和待测物体表面应保持干净。

④ 测量圆柱工件时，测量杆的轴线应与工件的直径方向一致并垂直于工件轴线。

6. 数字万用表使用

万用表被广泛用来测量电压、电流、电容、电感和晶体管等基本参数。根据万用表显示方式不同分指针式和数字式，目前广泛使用的是数字式万用表。不同数字万用表，其功能和结构有所不同，下面以 HONEYTEK A830L 型数字万用表(图 1-43)为例介绍数字万用表的使用方法。

（1）测量准备。使用前，应认真阅读使用说明书，熟悉电源开关、量程开关、插孔、特殊插口的作用和使用的注意事项。在测量各种参数之前，先将电源开关打开。

（2）直流电压的测量。将黑表笔插入 COM 孔，红表笔插入 V/Ω 孔，量程开关拨至$\underline{V}$的合适量程，将表笔与被测电路并联，读数即显示，红表笔所连接的极性也同时显示。

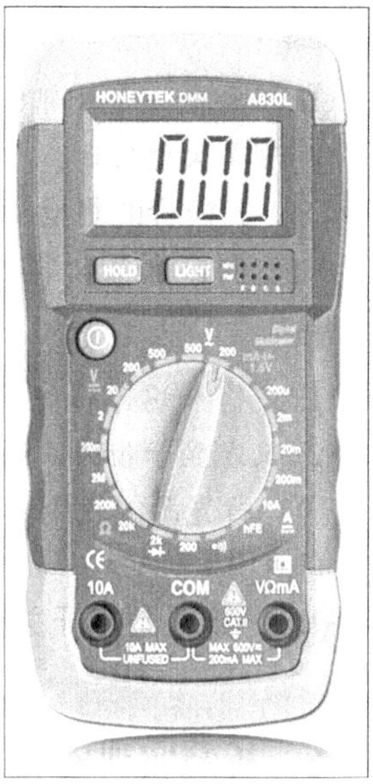

图 1-43　数字万用表

注意：

① 不要输入高于 1000V 的电压，以免损坏仪表。

② 测量时，如果不知道测量电压范围，应将量程置于最高档，再逐渐调低。

（3）交流电压的测量。将黑表笔插入 COM 孔，红表笔插入 V/Ω 孔，量程开关拨至 $\underset{\sim}{V}$ 的合适量程，将表笔与被测线路并联，读数即显示。

注意：

① 不要输入高于 700V 的电压，以免损坏仪表。

② 测量时，如果不知道测量电压范围，应将量程置于最高档，再逐渐调低。

（4）直流电流的测量。将黑表笔插入 COM 孔，当被测电流小于 200mA 时，红表笔插入 mA 孔；当被测电流在 200mA ~ 10A 之间时，红表笔插入 10A 孔。

将量程开关置于直流$\underline{A}$量程范围，测试笔串入被测线路中，读数即显示，红表笔所接的极性也同时显示。

注意：

① 不要接入高于测量值的电流，以免损坏仪表。

② 测量时，如果不知道测量电流的范围，应将量程置于最高档，再逐渐调低。

③ 10A 插孔无熔丝，测量时间应小于 10s，以免线路发热，影响准确度。

（5）交流电流的测量。测量步骤及注意事项与直流电流的测量相似，测量时注意把量程开关置于交流$\underset{\sim}{A}$量程范围。

（6）电阻的测量。将量程开关拨至 Ω 的合适量程，黑表笔插入 COM 孔，红表笔插入 V/Ω 孔，将测试笔跨接在待测的电阻上，读数即显示。

注意：

① 在线测量时，务必请确认被测电路已经关断电源，同时电容已经放电完毕，方可以测量电阻。

② 如果被测电阻值超出所选择量程的最大值，万能表将显示“1”，这时应选择更高档的量程。

③ 测量高电阻时，尽可能将电阻插入 COM 孔和 V/Ω 孔，以免干扰。当电阻值大于 1MΩ 时，仪表需要数秒后才能稳定读数，属于正常现象。

（7）电容的测量。将量程开关拨至 F 档的合适量程，将被测电容插入 C× 插口，有必要时注意极性的连接。

注意：

① 不要把一个外部已充电的电容插入测量。

② 测量大电容时，仪表需要数秒后才能稳定读数。

（8）二极管的测量。将黑表笔插入 COM 孔，红表笔插入 V/Ω 孔（红表笔为 +）；将量程开关置于➜⊢位置，将测试笔跨接在被测二极管两端。

注意：

① 当输入端开路（或二极管断路）时，仪表显示为过量程状态。

② 仪表显示值为正向电压降伏特值，当二极管反接时，显示过量程状态。

（9）背光源的使用。在光线较暗时，可按下背光源按钮 LIGHT。背光源耗电大，不宜长时间使用。

（10）数据保持开关的使用。在测量时要保持数据，可以按下数据保持开关 HOLD 按钮。

1.2.6　拆装实训安全知识

1）学习汽车实验室工作规则，树立安全第一的理念。

2）按要求穿戴合身的工作服和工作鞋，不得穿凉鞋、短裤、背心等。

3）注意用电、用油安全，工作场地不得吸烟。

4）保持工作场地的清洁，避免润滑油溅洒在地面上，拆装工具和零部件放在专用的盆器里。实训完成后要全面清理和清洁工作场地和工具，关闭油、水、电开关。

5）搬运重物应戴手套，采用专用设备进行。大件零部件应放置平稳，以防倾倒伤人。

6）正确选用拆装工具，注意各种螺钉的拆装力矩，避免用力过大伤及周围人员或将螺钉拧断。

7）使用举升机和千斤顶时，应确保车辆固定牢固和支撑牢固，确保车辆、人员和设备的安全。

1.2.7　拆装实训考核与评分标准

拆装实训考核与评分标准按照表 1-1 所示进行，总分为 100 分，根据实训的项目合计计算。

表 1-1　拆装实训考核与评分标准

序　号	考核内容	评分标准
1	各组成部分的认识	认识错误每项扣 2 分
2	正确使用工具、设备	工具或设备使用错误每次扣 2 分
3	总成的车上拆装	拆装错误每项扣 2 分
4	零部件的拆装	拆装错误每项扣 2 分
5	总成、零部件的检查与调整	检查与调整错误每项扣 5 分
6	操作规范、有序、不超时	操作欠规范或超时每项扣 2 分
7	整理工具、清洁现场	每项扣 2 分
8	遵守相关操作规范	出现人身、设备事故的，此项按 0 分计算

项目二　汽车及发动机总体结构认识

2.1　实训目标和准备

项目		要点
目标	知识目标	理解汽车总体结构和布置形式 理解四冲程发动机的结构和工作过程
	技能目标	了解汽车各组成部分的相互运动关系 了解汽车发动机各机构、各系统在汽车上的位置
设备和工具	汽车视教台1台，上海桑塔纳2000GSi轿车1辆，相关的教具，录像片，多媒体教室1间	
实训安排	实训课时：1学时 实训组织：每组3～5位同学，老师与学生互动学习	

2.2　实训内容、方法及注意事项

2.2.1　汽车总体结构和布置形式认识

（1）在解剖的汽车整车模型上讲解汽车的总体结构。汽车（图2-1）通常由发动机、底盘（传动系统、行驶系统、转向系统和制动系统）、车身和电气设备四大部分组成。

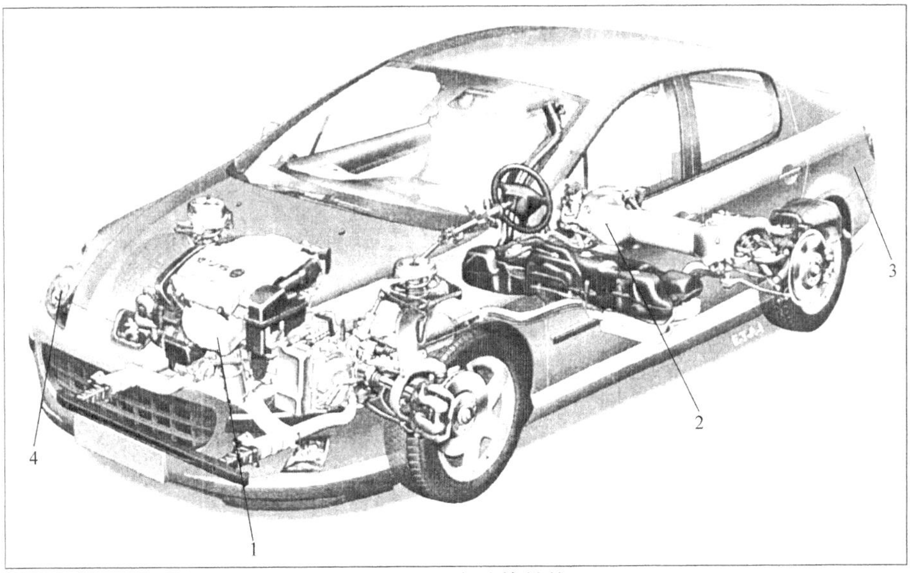

图2-1　汽车总体结构

1—发动机　2—底盘　3—车身　4—电气设备

（2）在解剖的汽车整车模型上接通电源，使发动机运转，并带动传动系统工作，演示汽车的布置形式（FR、FF、RR、MR、AWD）。

2.2.2　汽车外部结构认识

以上海桑塔纳 2000GSi 轿车为例，其外部结构如图 2-2 所示，驾驶室内部总体结构如图 2-3 所示，车内仪表板结构如图 2-4 所示。

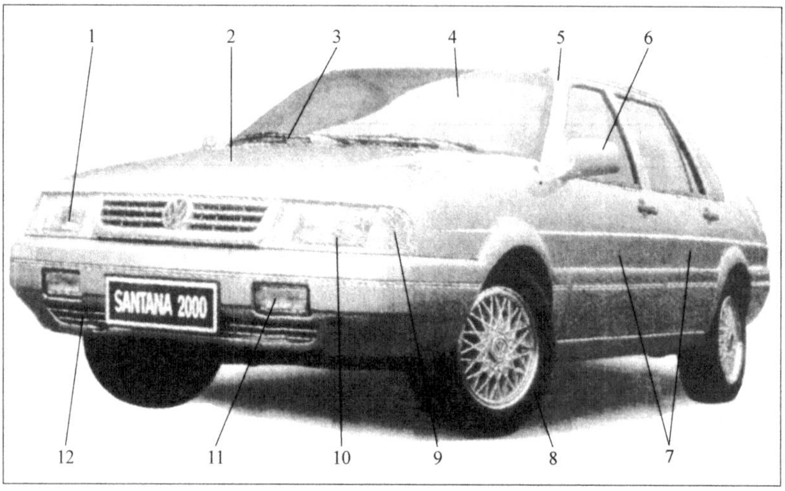

图 2-2　上海桑塔纳 2000GSi 轿车外部结构

1、10—前照灯　2—发动机舱罩　3—刮水器　4—前风窗玻璃　5—车顶　6—外后视镜　7—车门　8—车轮　9—转向灯　11—前雾灯　12—前保险杠

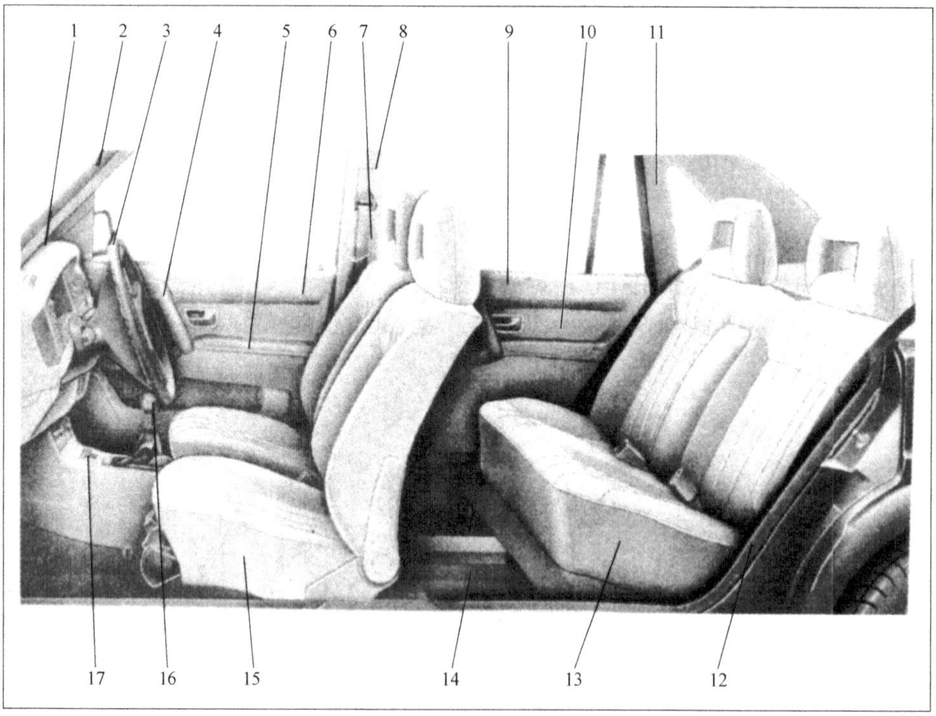

图 2-3　上海桑塔纳 2000GSi 轿车驾驶室内部结构

1—仪表板　2—前柱内饰板　3—转向盘　4—前车门内拉手　5—前车门扶手　6—前车门内饰板　7—安全带　8—中柱内饰板　9—后车门内饰板　10—后车门扶手　11—后三角窗内饰板　12—门/窗密封条　13—后座　14—地毯　15—前座　16—变速杆　17—车门摇窗机控制开关组

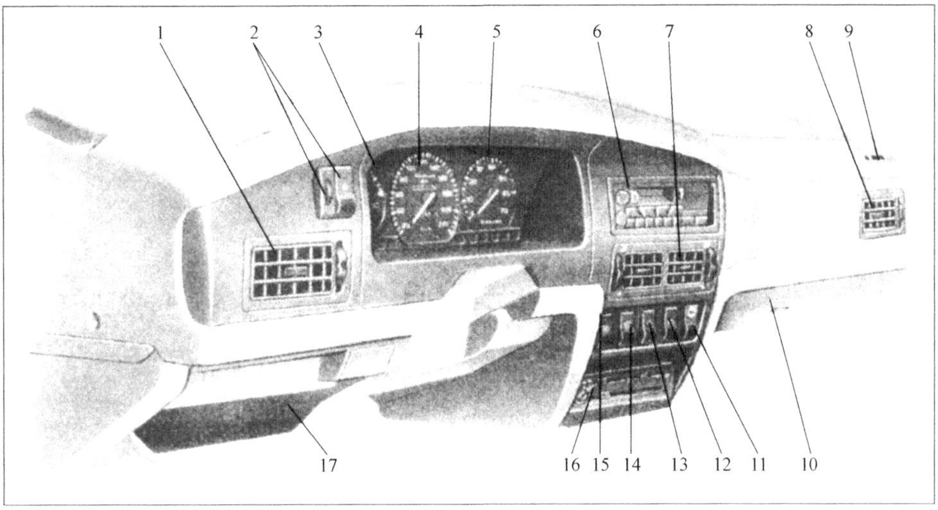

图2-4　上海桑塔纳2000GSi轿车车内仪表板结构

1、7、8—通风口　2—灯光及仪表板照明开关　3—燃油表及冷却液温度表等　4—车速表/里程表　5—发动机转速表　6—收放机　9—除霜风口　10—杂物箱　11—ABS指示灯　12—防盗器指示灯　13—危险警告灯开关　14—后风窗电加热器开关　15—雾灯开关　16—空调调节开关　17—小杂物箱

2.2.3　四冲程发动机结构认识及工作过程演示

1. 四冲程汽油机结构认识及工作过程演示

（1）在解剖的汽车发动机工作原理示教台上，了解汽油机的基本结构（机体组、曲柄连杆机构、配气机构、燃油供给系统、进排气系统及排气净化装置、冷却系统、润滑系统、点火系统、起动系统等）。

（2）接通电源，使发动机缓慢运转，演示发动机工作过程，理解四冲程汽油机的工作原理。

2. 四冲程柴油机结构认识及工作过程演示

（1）在解剖的汽车发动机工作原理示教台上，了解柴油机的基本结构（机体组、曲柄连杆机构、配气机构、燃油供给系统、进排气系统及排气净化装置、冷却系统、润滑系统、起动系统、增压系统等）。

（2）接通电源，使发动机缓慢运转，演示发动机工作过程，理解四冲程柴油机的工作原理。

第二篇

发动机篇

实训单元2　发动机总成拆装实训

项目三　发动机总成的车上拆装及外部零部件的拆装

3.1　实训目标和准备

项　　目		要　　点
目标	知识目标	掌握发动机的支撑方式及各部件的相互连接关系
	技能目标	学会发动机总成的车上拆装方法
设备和工具		上海桑塔纳2000GSi轿车1辆，发动机常用拆装工具1套，常用举升设备1套，清洗工具1套，多媒体设备1套
实训安排		实训课时：2学时 实训组织：每组3~5位同学，老师指导，学生动手操作

3.2　实训内容、方法及注意事项

3.2.1　发动机总成的车上拆装

拆卸前注意事项：

① 拆卸发动机前，应断开或松开与汽车其他系统联系的所有电路、气路、油路，并将发动机与变速器总成脱离，然后从汽车前面将发动机拆卸下来。

② 各总成润滑油应在热态时放净，并收集在专用容器内。放冷却液时，应注意避免烫伤。

③ 将汽车停在拆卸工位上（地沟或举升器），安全地将车支起。

④ 将工具及装零散小零件的盛具放在汽车周围，准备数块保护汽车面漆的垫布。

⑤ 注意观察汽车各总成、部件间的相互关系、安装位置、调整部位及拆装顺序等。

以上海桑塔纳2000GSi轿车AJR发动机的拆卸为例，具体拆卸顺序可以各不相同，但原则是先拆最外围的、相对独立的，即对其他部位干涉少的附件。这里推荐如下拆卸方法：

（1）在点火开关切断的情况下拔下蓄电池搭铁电缆，拆下蓄电池，注意先向外拉出后再取下。旋松蓄电池支架紧固螺栓，拆下蓄电池支架。

（2）在发动机下放置一个收集盘，打开冷却液储液罐盖，松开散热器下水管夹箍，拔下散热器下水管，放出冷却液，用干净的容器收集。

（3）拔下电动散热风扇的导线插头。

（4）拔下散热器左侧的热敏开关导线插头。松开散热器上的水管夹箍，拔下散热器上

的水管。

(5) 旋松电动散热器风扇的4个紧固螺栓，拆下风扇和散热器。

(6) 拔下空气流量计的导线插头。

(7) 拔下活性炭罐电磁阀（ACF阀）的导线插头，从空气滤清器上取下活性炭罐电磁阀。

(8) 拆下空气滤清器至节气门控制器之间的空气管路，拆下空气滤清器罩壳。

(9) 拔下燃油分配管上的供油管和回油管。

注意：燃油系统内有压力，在打开系统之前先在开口处放置抹布，然后小心地松开插头以降低压力。

(10) 松开节气门拉索（图3-1），拔下通向活性炭罐电磁阀的真空管1和通向制动系统真空助力器的真空管2。

(11) 拔下位于发动机底部通向暖风热交换器的冷却液管。

(12) 拔下气缸盖通向暖风热交换器的冷却液管（图3-2）。

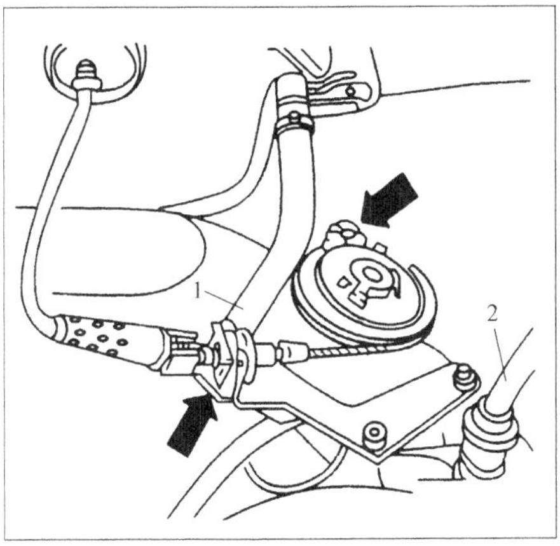

图3-1　松开节气门拉索

1—通向活性炭罐电磁阀的真空管

2—通向真空助力器的真空管

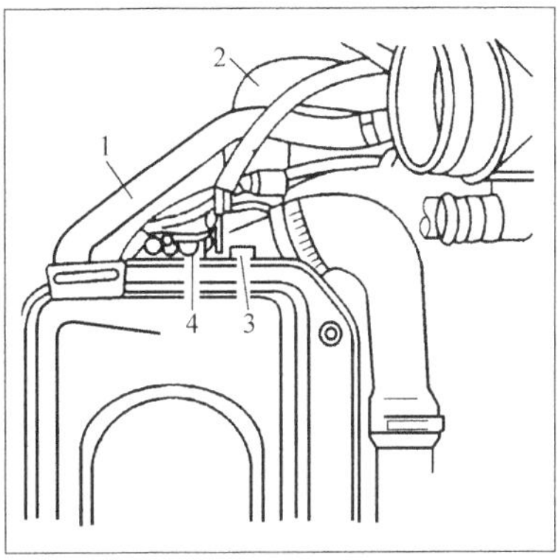

图3-2　拔下气缸盖通向暖风热交换器的冷却液管

1—通向膨胀水箱的软管　2—通向暖风热交换器的软管

3—空调控制开关　4—冷却液温度传感器

(13) 拔下变速器上的车速传感器导线插头、倒车灯开关。

(14) 松开空调压缩机与支架的连接螺栓，取下V带。

注意：在拆卸V带前一定要做好方向标记，以防重新使用时安错方向，损坏V带。

(15) 移开空调压缩机并使用导线将其悬挂在副梁上。

注意：此时不要打开空调管路。

(16) 使用专用工具按图3-3所示的方向扳动张紧轮，使V带松开。用专用销钉固定住张紧轮，从发电机上取下V带，再取下专用销钉。

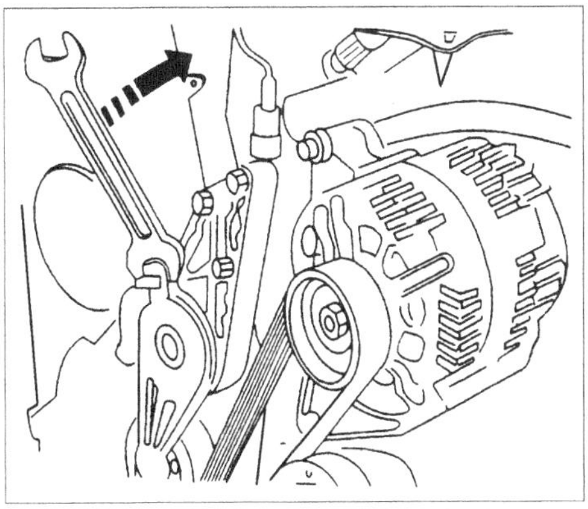

图3-3　用专用工具拆卸张紧轮

（17）松开动力转向油泵 V 带轮的螺栓，拆下 V 带轮（图 3-4）。从支架上拆下动力转向油泵，并将其固定在发动机舱内的一侧。

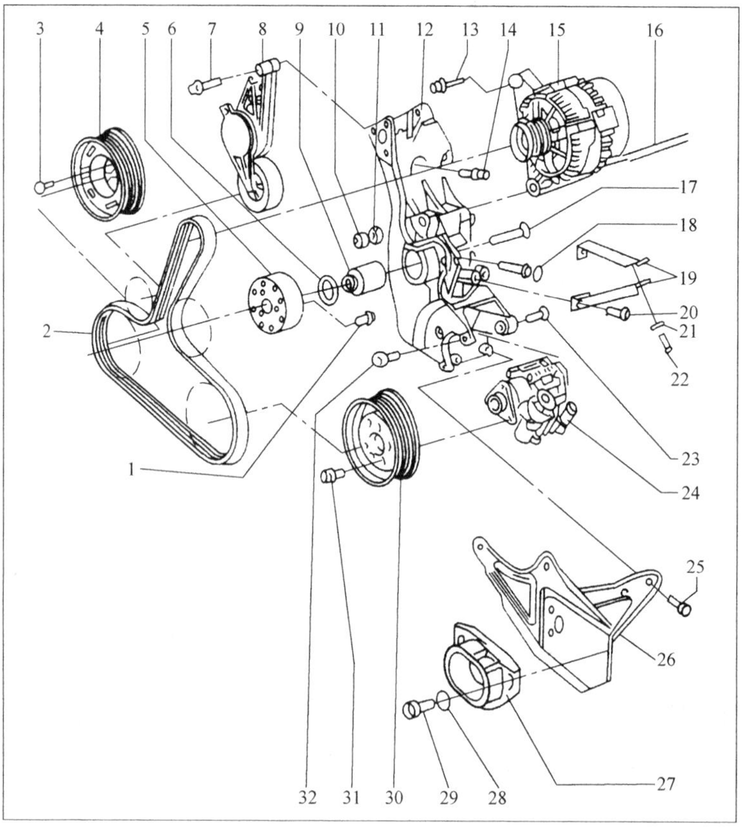

图 3-4 拆卸动力转向油泵 V 带轮

1—螺栓（10N · m） 2—V 带 3—螺栓（40N · m） 4—V 带轮 5—曲轴 V 带轮 6—保持夹
7、13、23、25、29、31、32—螺栓（25N · m） 8—V 带张紧轮 9—过渡轮 10、14、16、17、18—螺栓（45N · m）
11、21、28—垫圈 12、19、26—支架 15—发电机 20、22—螺栓（20N · m） 24—动力转向油泵
27—扭力臂止位块 30—动力转向油泵 V 带轮

（18）旋下排气歧管和前排气管的连接螺栓。

（19）拔下起动机导线，并从变速器壳体上拆下起动机。

（20）松开车身上的搭铁线。

（21）旋下所有发动机与车身的连接螺栓。

（22）使用变速器托架托住变速器的底部，或者将专用支撑固定在车身两侧，使用变速器吊装工具吊住变速器。

（23）旋下发动机与变速器的紧固螺栓，留下一个螺栓定位。

（24）使用小吊车和发动机吊架吊住发动机的吊耳。

（25）松开最后一个紧固螺栓，小心地将发动机吊离发动机舱。

发动机的安装顺序基本上与拆卸顺序相反，但也可以有局部顺序不同的几种安装顺序。

注意：

① 在安装时应检查发动机和变速器之间的定位销是否安装好。

② 正式修理的汽车，应更换所有的自锁螺母、密封圈、衬垫。

③ 在变速器输入轴上涂薄薄的一层润滑脂，分离轴承的导向套不必润滑。

④ 检查曲轴后部滚针轴承是否安装上，必要时检查离合器压盘的对中程度。

⑤ 安装发动机支架后，摇动发动机使其安装到位。

⑥ 调整节气门拉索，使其活动灵活。

⑦ 在不拧紧螺栓的情况下，调整排气管的位置。

⑧ 查询故障存储器（当拔下接头时，会导致故障的存储），必要时删除故障存储。

3.2.2　发动机外部零部件的拆装

上海桑塔纳2000GSi轿车AJR发动机其他外部零部件的拆卸无明显的顺序，但应注意不发生干涉及遵循从小到大的原则。

注意：将拆卸下来的发动机稳定地放置在拆装台架上。

(1) 抽出油尺。

(2) 旋松发电机的固定螺钉，拆卸发电机。

(3) 旋松曲轴带轮的固定螺钉，拆下曲轴带轮。

(4) 拆卸点火线圈组件及其外部连线。

(5) 拆卸燃油分配管的各连接油管及固定螺钉，拆卸燃油分配管和喷油器。

(6) 旋松进气歧管的固定螺钉，拆卸进气歧管，取下进气歧管垫片。

(7) 旋松排气歧管的固定螺钉，拆卸排气歧管，取下排气歧管垫片。

(8) 用专用工具拆卸机油滤清器。

(9) 拆卸发动机外部各进出水连接管。

(10) 按照与拆卸相反的顺序进行发动机外部零部件的安装。

注意：安装前应清洗零部件。安装时按规定的拧紧力矩拧紧各紧固螺栓。

3.2.3　发动机重要螺栓的拧紧力矩

上海桑塔纳2000GSi轿车AJR发动机重要螺栓的拧紧力矩见表3-1。

表3-1　发动机重要螺栓的拧紧力矩　（单位：N·m）

部位	规定值	部位		规定值
发动机支撑与副梁连接螺栓	40 ±5	一般螺栓、螺母	M6	10
发动机支架与发动机支撑螺栓	40 ±5		M8	20
发动机扭力臂	23 ±3		M10	45
前排气管与排气歧管连接螺栓	25 ±2.5		M12	65
管子支撑与车头连接螺栓	65 ±6			

3.3 常见车型的比较

1. 一般车型的拆卸

注意：

① 首先检查是否为装有防盗码收录机的车，如果有，需要得到防盗密码。

② 拆卸发动机时松开或剪开导线扎带，装发动机时要在相同位置再扎上。

不同车型，从车架上拆下的方法不同，通常来说，都必须进行下列作业：

(1) 拆下发动机舱盖。

(2) 从蓄电池上拆下其搭铁电缆。

(3) 拆下散热器上、下水管（先放掉冷却液），拆下散热器。

(4) 拆下暖风装置进、回水管。

(5) 拆下各种拉索、如节气门拉索、阻风门拉索、离合器拉索、里程表软轴等。

(6) 拆下各类电器配线，如冷却液温度传感器、机油压力传感器、发电机、起动机、分电器等的配线。注意拉开电器插座时，应牵拉插座本体，不能拉引线部分，如图 3-5 所示。

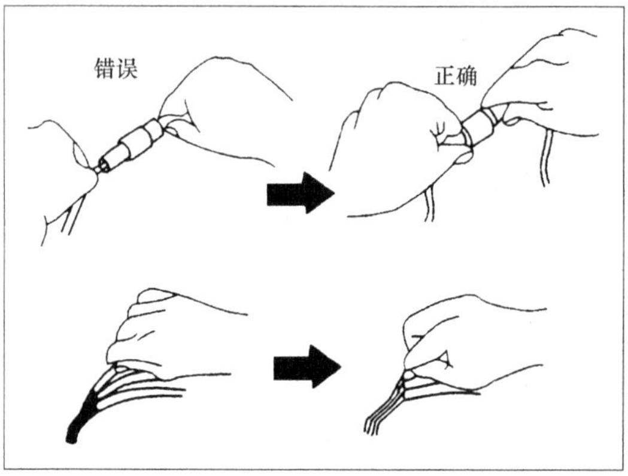

图 3-5 拉插座时的方法

(7) 拆下燃油管、真空软管等，对易发生错误的软管，要做好标记。

(8) 拆下与发动机相连接的总成和部件，如空调压缩机、变速器、排气歧管、发动机支脚等。

(9) 吊下发动机时，应从前侧吊出，要向各个方向摆动一下发动机，看其是否完全与车体及插接件脱离，然后缓缓吊起，勿让车身及附件受到损伤。

2. 一般车型的安装

发动机的安装顺序基本上与拆卸顺序相反。

安装前应注意的事项除了上述桑塔纳轿车的内容之外，还有以下几点：

① 查询故障存储器，如有故障记忆，查明原因，排除故障。

② 对发动机电控单元和节气门体进行基本设定。

③ 如有必要，重新匹配钥匙，使发动机电控单元和防盗器电控单元相匹配。

实训单元3 机体组、曲柄连杆机构和配气机构拆装实训

项目四 机体组、曲柄连杆机构和配气机构的拆装

4.1 实训目标和准备

项目		要点
目标	知识目标	掌握机体组、曲柄连杆机构和配气机构的结构特点及装配关系
	技能目标	学会机体组、曲柄连杆机构和配气机构的拆装方法及相关的检测调整
设备和工具	桑塔纳2000AJR发动机总成1台，发动机常用拆装工具1套，桑塔纳2000轿车发动机专用拆装工具，发动机翻转架，活塞环拆装钳，活塞销专用冲棒，常用量具1套、清洗工具各1套，多媒体设备1套	
实训安排	实训课时：2学时 实训组织：每组3~5位同学，老师指导，学生动手操作	

4.2 实训内容、方法及注意事项

4.2.1 发动机机体组、曲柄连杆机构和配气机构的拆卸

1. 同步带的拆卸

桑塔纳2000GSi轿车AJR发动机同步带的分解图如图4-1所示，其拆卸过程如下：

（1）将发动机安装在发动机拆装翻转架上。

（2）转动曲轴，使第1缸活塞处于压缩行程上止点位置。此时，曲轴驱动带轮上的标记应与同步带下防护罩上的标记对齐，如图4-2所示。

（3）拆下同步带上防护罩。

（4）将凸轮轴同步带轮上的标记对准同步带后上防护罩上的标记，如图4-3所示。

（5）拆下曲轴驱动带轮。

（6）分别拆卸同步带中间防护罩和下防护罩。

（7）用记号笔在同步带上做好方向记号。

（8）用专用工具松开半自动张紧轮，拆下同步带。

注意：

① 在拆卸同步带之前，用记号笔在同步带上做好方向标记。若按相反方向安装使用同步带，可能会造成同步带损坏。

② 拆下的同步带不得有磨损、扭曲现象，否则应更换。

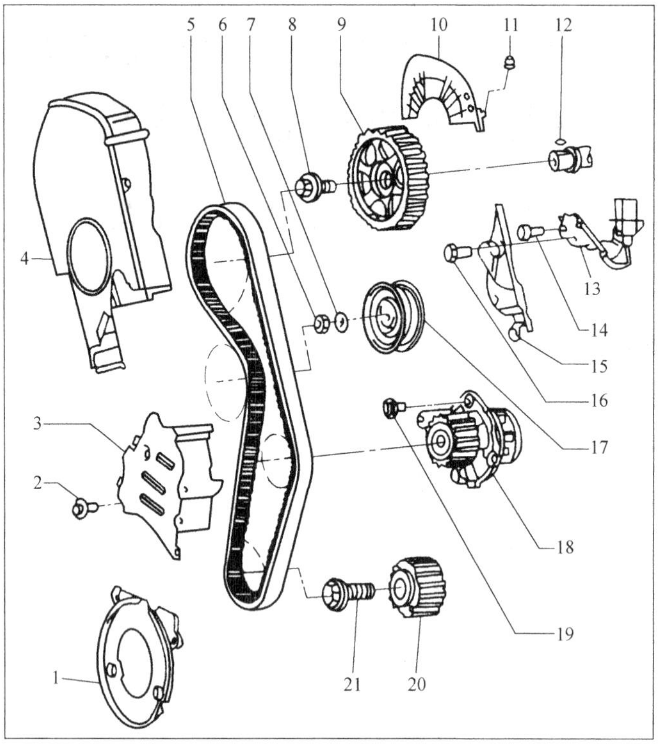

图 4-1　同步带的分解图

1—同步带下防护罩　2—中间防护罩螺栓（10N·m）　3—同步带中间防护罩　4—同步带上防护罩　5—同步带
6—张紧轮固定螺母（15N·m）　7—弹簧垫圈　8—凸轮轴同步带轮固定螺栓（100N·m）　9—凸轮轴同步带轮
10—同步带后上防护罩　11—后上防护罩固定螺栓（10N·m）　12—半圆键　13—霍尔传感器　14—螺栓（10N·m）
15—同步带后防护罩　16—螺栓（20N·m）　17—半自动张紧轮　18—冷却液泵　19—螺栓（15N·m）
20—曲轴同步带轮　21—曲轴同步带轮固定螺栓（90N·m+90°）

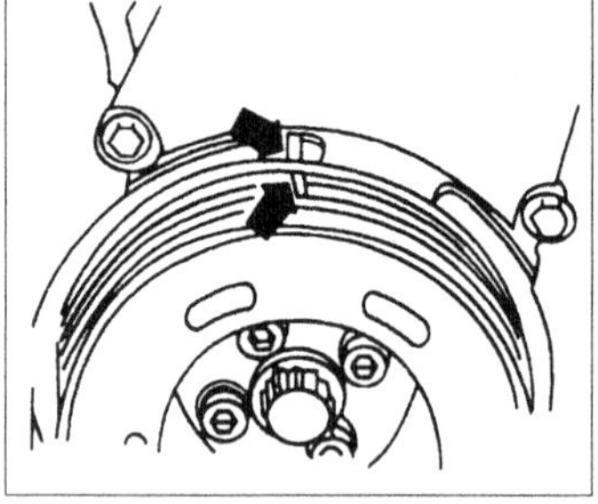

图 4-2　曲轴驱动带轮与同步带下防护罩上的标记

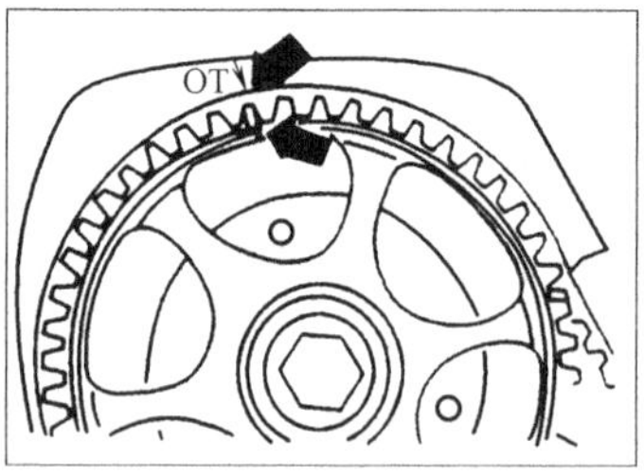

图 4-3　凸轮轴同步带轮与同步带后上防护罩上的标记

2. 进、排气歧管的拆卸

进气歧管及气缸盖的分解图如图 4-4 所示。进、排气歧管的拆卸过程如下：

（1）拔下各缸喷油器上的插接器，从燃油分配管上拆下各缸喷油器。

（2）拔下各缸的高压分缸线。

（3）拔下空气进气软管和曲轴箱通风管，如图 4-5 所示。

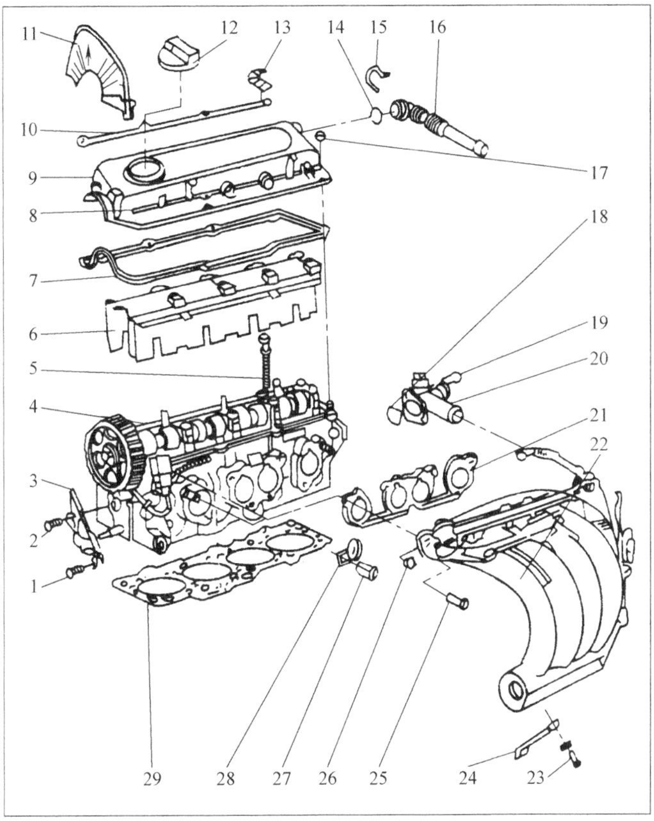

图4-4　进气歧管及气缸盖的分解图

1—螺栓（15N·m）　2、25、27—螺栓（20N·m）　3—同步带后护板　4—气缸盖总成　5—气缸盖螺栓　6—机油反射罩　7—罩盖衬垫　8—紧固压条　9—气缸盖罩　10—压条　11—同步带防护罩　12—机油加注口盖　13—支架　14、18—O形密封圈　15—夹箍　16—曲轴箱通气软管　17—螺母（12N·m）　19—螺栓（10N·m）　20—法兰　21—进气歧管衬垫　22—进气歧管　23—排气歧管支架紧固螺栓　24—进气歧管支架　26—螺母（20N·m）　28—吊耳　29—气缸垫

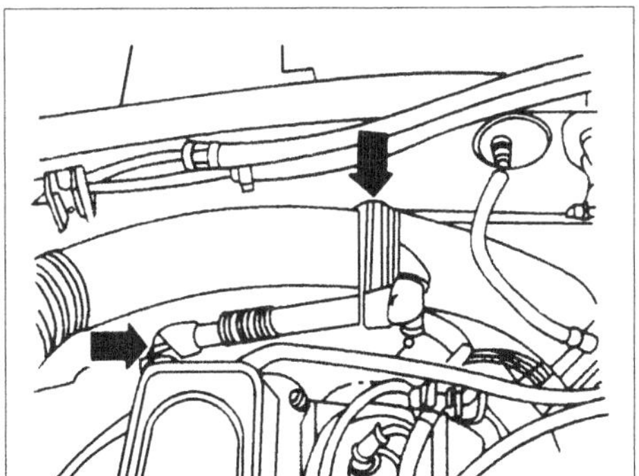

图4-5　拔下空气进气软管和曲轴箱通风管

（4）拔下气缸盖后的小软管。

(5) 拔下气缸盖后冷却液管凸缘和上冷却液管之间的冷却液软管。

(6) 拔下上冷却液管与散热器之间的冷却液软管。

(7) 松开进气歧管支架的紧固螺栓，如图 4-6 所示。

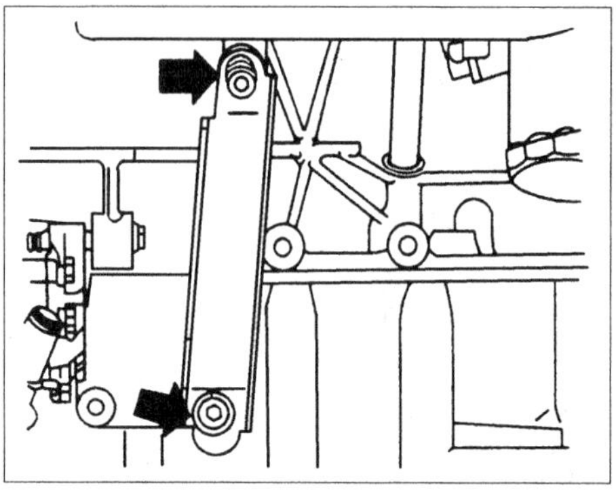

图 4-6　松开进气歧管支架的紧固螺栓

(8) 拆下进气歧管和气缸盖之间的连接螺栓，拆下进气歧管及密封衬垫。

(9) 拆下排气歧管和气缸盖之间的连接螺栓，拆下排气歧管及密封衬垫。

注意：

① 拆卸进、排气歧管时，应对称交叉、分次拧松连接螺栓。

② 拆下进、排气歧管后，应及时用干净的布盖住气缸盖上的进、排气口。

3. 气缸盖的拆卸

(1) 拆下同步带后上防护罩，拆下气门罩盖上的连接螺母。

(2) 取下压条、支架和气门罩盖。

(3) 分别拔下冷却液温度传感器、机油压力传感器和霍尔传感器的插接器。

(4) 按图 4-7 所示顺序，对称交叉分 2 ~ 3 次拧松气缸盖螺栓。

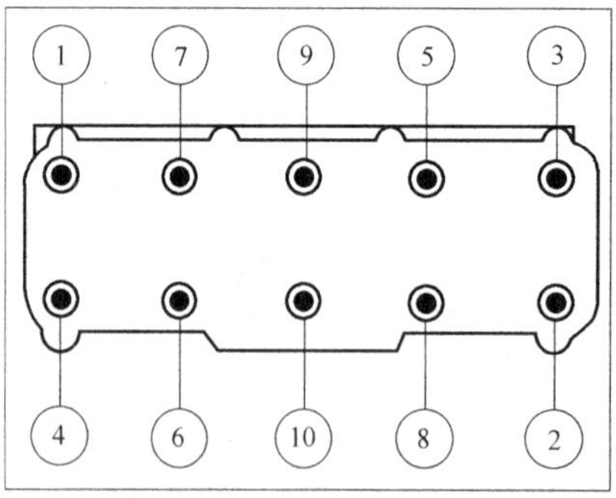

图 4-7　气缸盖螺栓拆卸顺序

(5) 抬下气缸盖总成，取下气缸垫。

4. 活塞连杆组的拆卸

活塞连杆组的分解图如图 4-8 所示，其拆卸过程如下：

(1) 摇转发动机拆装翻转架，将发动机侧置。

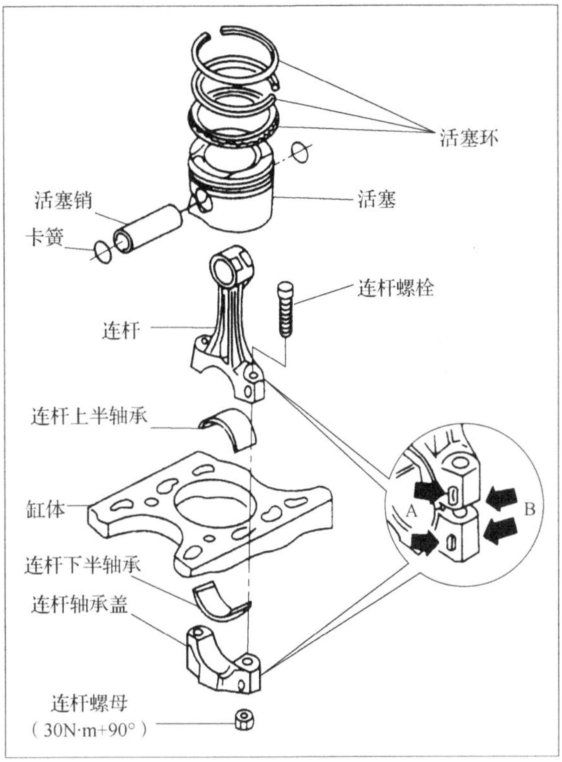

图 4-8　活塞连杆组的分解图

(2) 转动曲轴，使 1、4 缸的活塞处于下止点位置。

(3) 分次拧松 1 缸的连接螺栓，取下连杆盖。

(4) 用锤子木柄顶住连杆体一侧，推出活塞连杆组。

(5) 取出活塞连杆组后，将连杆盖、连杆螺栓按原位装复。

(6) 用同样的方法拆下 4 缸的活塞连杆组。

(7) 转动曲轴，使 2、3 缸的活塞处于下止点位置，分别拆下 2、3 缸的活塞连杆组。

5. 活塞连杆组的分解

(1) 用活塞环拆装钳从上向下依次拆下活塞环，如图 4-9 所示。

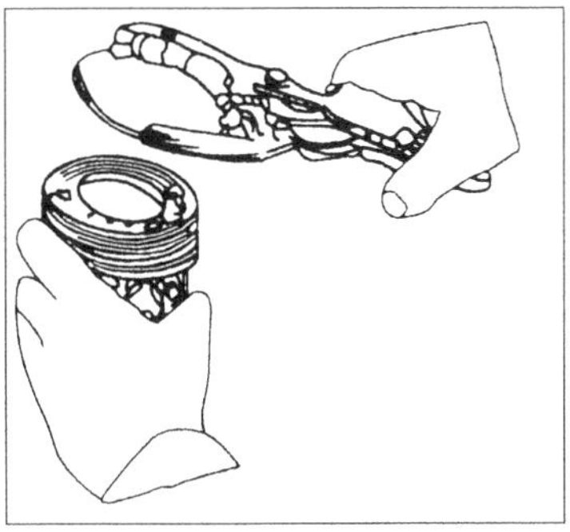

图 4-9　拆卸活塞环

(2) 用孔用挡圈卡钳拆下活塞销两端的卡簧。

(3) 用专用冲棒拆出活塞销。

(4) 拆下连杆螺栓、连杆盖，拆下连杆轴承。

6. 曲轴飞轮组的拆卸

曲轴飞轮组的分解图如图 4-10 所示，其拆卸过程如下：

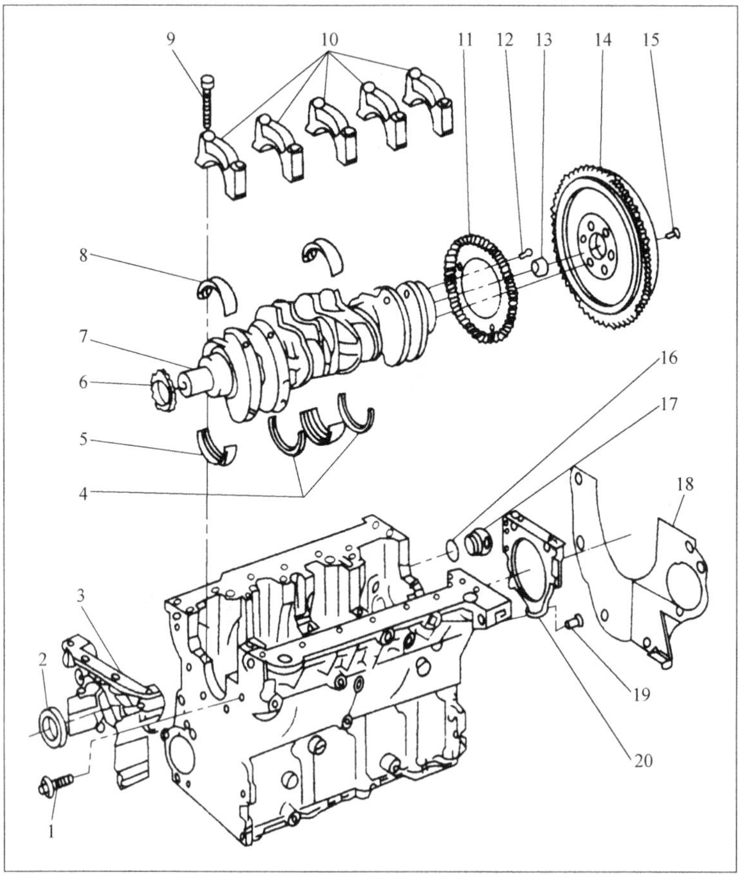

图 4-10　曲轴飞轮组的分解图

1—前油封凸缘螺栓（16N · m）　2、16—O 形密封圈　3—前密封法兰　4—止推环　5—主轴承　6—链轮　7—曲轴　8—主轴承　9—主轴承盖螺栓　10—轴承盖　11—发动机转速传感器脉冲轮　12—发动机转速传感器螺栓（65N · m + 90°）　13—滚针轴承　14—飞轮　15—飞轮紧固螺栓（60N · m + 90°）　17—螺塞（100N · m）　18—中间支板　19—后油封凸缘螺栓（16N · m）　20—曲轴后油封法兰

（1）摇转发动机拆装翻转架，将发动机倒置。

（2）从两端向中间对称、交叉分次拧松油底壳连接螺栓，取下油底壳及密封衬垫。

（3）拧下机油泵固定螺栓，拆下机油泵及链轮总成（图 4-11）。

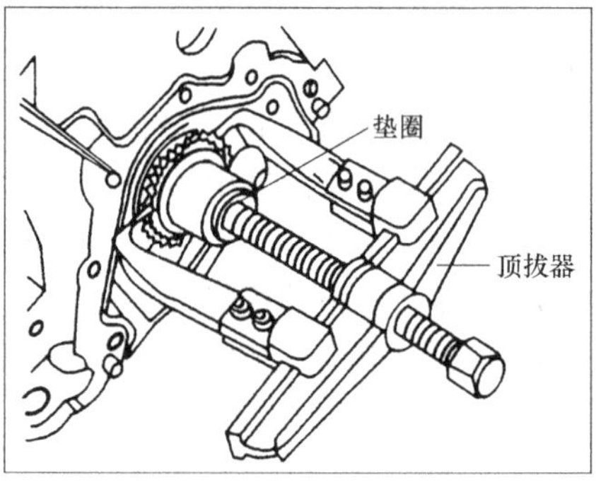

图 4-11　拉出曲轴链轮

（4）用专用工具固定曲轴，对角、交叉、分次拧松离合器固定螺栓，拆下离合器总成。

（5）用专用工具固定飞轮，拆下飞轮固定螺栓，拆下飞轮（图 4-12）。

（6）用专用工具固定曲轴，拧下曲轴同步带轮固定螺栓，拆下曲轴同步带轮。

（7）分别拆下曲轴前、后油封法兰，从曲轴前、后油封法兰上取下油封。

（8）从两端向中间分次拧松曲轴主轴承连接螺栓，依次取出各主轴承盖。

（9）抬下曲轴，取下第3道主轴承处的止推垫片。

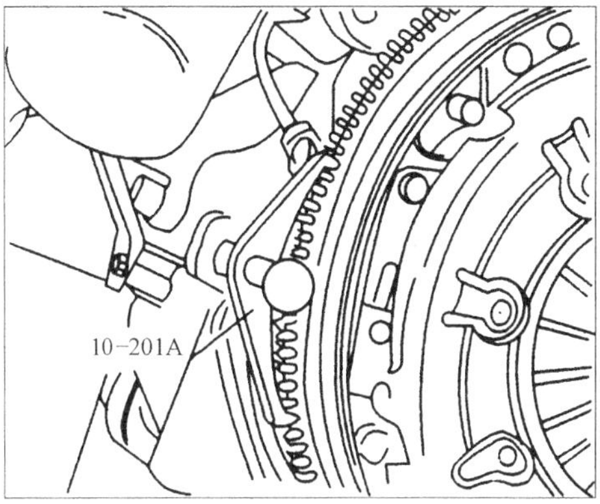

图4-12　用专用工具固定飞轮

注意：

① 拆卸油底壳时，必要时可用橡胶锤或木槌敲击、振松油底壳。

② 拆卸主轴承盖前，应检查主轴承盖上是否有安装标记。若无安装标记，应做上安装标记，以免装错。

7. 配气机构的拆卸

配气机构由凸轮轴总成、气门组件、液力挺柱等组成，其分解图如图4-13所示。配气机构的拆卸过程如下：

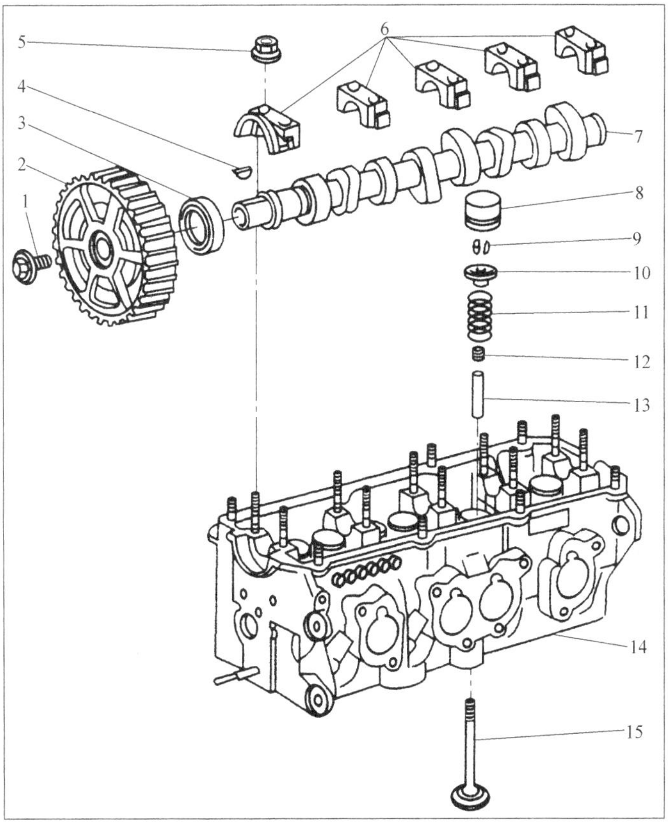

图4-13　凸轮轴总成、气门组件、液力挺柱的分解图

1—凸轮轴同步带轮螺栓（100N · m）　2—凸轮轴同步带轮（带霍尔传感器的脉冲轮）　3—O形密封圈　4—半圆键　5—螺母（20N · m）　6—轴承盖　7—凸轮轴　8—液力挺柱　9—气门锁片　10—气门弹簧座　11—气门弹簧　12—气门油封　13—气门导管　14—气缸盖　15—气门

（1）将气缸盖总成放置在拆装平台上。

（2）固定凸轮轴，拆下凸轮轴同步带轮固定螺栓，用顶拔器拉出凸轮轴同步带轮，从凸轮轴上取下半圆键。

（3）先对角、交叉、分次松开第 1、3、5 轴承盖连接螺母，再对角、交叉、分次松开第 2、4 轴承盖连接螺母，依次取下各道凸轮轴轴承盖，按顺序放好。

（4）取下凸轮轴。

（5）用磁性棒依次吸出各液力挺柱，按顺序放好。

（6）用专用气门弹簧压具压下气门弹簧，取出气门锁片，取下气门弹簧座、气门弹簧，取出气门，从气门导管上拆下气门油封。拆卸气门油封如图 4-14 所示。

（7）按顺序依次拆下各气门组零件，按顺序放好，以免错乱。

（8）用锤子和专用冲棒依次冲出气门导管，或用专用顶拔器拉出气门导管。

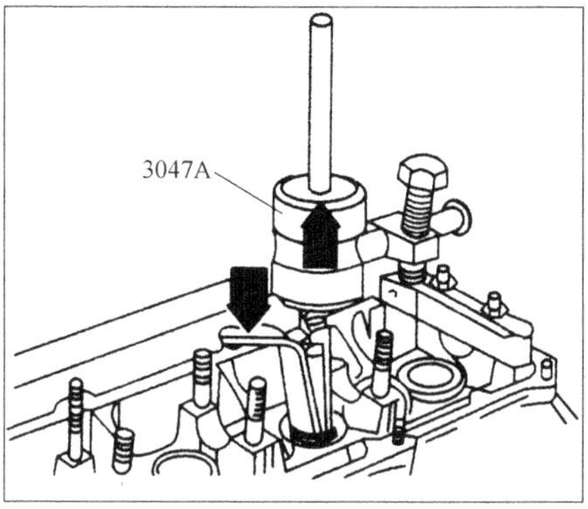

图 4-14　拆卸气门油封

注意：

① 必须按照规定的顺序拆卸凸轮轴轴承盖固定螺母。

② 拆下凸轮轴轴承盖、液力挺柱、气门必须按顺序放好，以便装复原位。

4.2.2　发动机机体组、曲柄连杆机构和配气机构的安装

1. 曲轴飞轮组的安装

（1）将发动机机体安装在发动机拆装翻转架上，摇转翻转架，将发动机倒置。

（2）用压缩空气疏通各润滑油道。

（3）清洁机体平面、气缸、曲轴主轴承孔、凸轮轴轴承孔等主要装配面。

（4）在轴承座上依次装复各道上主轴承，清洁后在工作表面涂机油。

（5）在第 3 道主轴承承孔的两侧面装上两片止推片。

（6）清洁曲轴各道轴颈表面并涂上机油，将曲轴安装在机体上。

（7）在主轴承盖上依次装复各道下主轴承，如图 4-15 所示，清洁后在工作表面涂机油，依次装复到各主轴承座上，装上主轴承盖连接螺栓。

（8）用扭力扳手按从中间向两边的顺序（3、2、4、1、5）分 2～3 次拧紧各道主轴承盖的螺栓，最后拧紧至规定力矩 65N · m，再加转 90°。

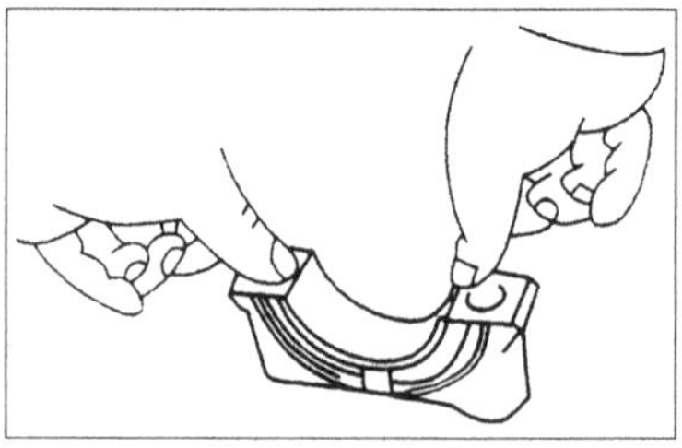
图 4-15　将下主轴承装入主轴承盖中

（9）将曲轴前油封装入前油封法兰的承孔中，将曲轴后油封装入后油封法兰的承孔中（装油封前在油封外表面涂一层密封胶，油封装入后在油封法兰与机体接触的一面上涂上密封胶，在油封刃口涂一薄层机油）。

（10）装上前、后油封法兰，以 16N · m 的力矩拧紧前、后油封法兰固定螺栓。

（11）检测曲轴的轴向间隙，如图 4-16 所示。检测时，用撬棒将曲轴撬到后端极限位置，在曲轴前端面安装一只百分表，将百分表调零，再将曲轴撬向前端极限位置，百分表的摆动量即为曲轴的轴向间隙。装配新止推片的间隙为 0.07 ~0.21mm，磨损极限为 0.30mm。若曲轴轴向间隙过大，应更换止推垫片。

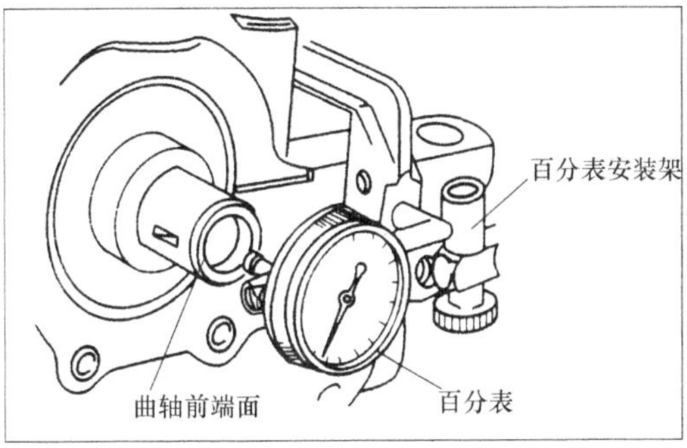

图 4-16　检查曲轴的轴向间隙

（12）装上曲轴后滚针轴承和中间支板。

（13）装上飞轮，对角、交叉、分次拧紧飞轮紧固螺栓，最后拧紧至规定力矩 60N · m，再加转 90°，并予以锁止。

（14）用专用工具固定曲轴，用专用工具将从动盘定位在离合器压盘和飞轮的中心，对角、交叉、分次拧紧离合器固定螺栓，最后拧紧至规定力矩 25N · m。

注意：

① 发动机在装配前必须疏通润滑油道，以免润滑油道堵塞，造成发动机工作后润滑不良，导致运动零件损坏。

② 装复各道主轴承时，必须使主轴承的凸起与主轴承承孔的凹槽对齐。第 1、2、4、5 道装在轴承座上的轴承上有油孔和油槽，装在轴承盖上的轴承上无油孔和油槽；第 3 道上、下轴承上都有油孔和油槽。

③ 装止推垫片时，应使止推垫片有润滑油槽的一面（有减磨合金层表面）朝外。

④ 装复主轴承盖时，按原装配记号对号入座，并使主轴承盖上的凸点朝前，同时上、下主轴承上的定位槽在同一侧。

⑤ 主轴承盖螺栓为一次使用件，拆卸后必须更换。

⑥ 每拧紧一道主轴承盖连接螺栓，都应转动曲轴几圈，转动中不得有忽重忽轻现象，否则应查明原因，及时排除。

⑦ 装复油封法兰时，必须小心，不能使油封扭曲。

2. 活塞连杆组的安装

（1）组装活塞连杆组。将活塞销座孔、活塞销、连杆小头衬套内涂抹机油。将活塞销推入活塞销座孔并稍微露出，将连杆小头伸入活塞销座之间，使连杆小头孔对准活塞销，大拇指用力将活塞销推到底，在活塞销座孔两端装入限位卡簧。

（2）用活塞环拆装钳依次装入组合式油环、第二道气环（锥形环）、第一道气环（矩形环），使活塞环的开口错开一定的角度，如图 4-17 所示，形成“迷宫式”密封。

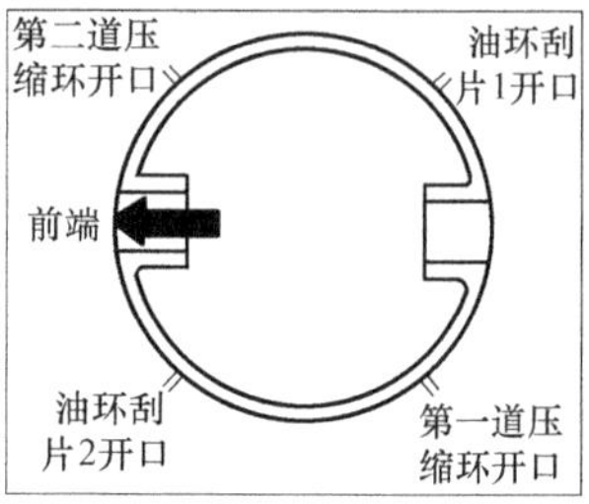

图 4-17　活塞环开口的安装方向

（3）摇转翻转架，将发动机侧置。

（4）清洁气缸内壁、活塞连杆组，在各气缸内壁、活塞裙部、连杆轴承表面涂抹机油。

（5）转动曲轴，使 1、4 缸连杆轴颈处于上止点位置。

（6）用活塞环卡箍夹紧第 1 缸活塞环，用锤子木柄将活塞推入气缸，使连杆大头落在连杆轴颈上。继续用锤子木柄顶住活塞，转动曲轴，使曲轴连杆轴颈转到下止点位置。装上连杆盖，拧上连杆螺栓，分 2 次拧紧连杆螺栓，最后拧紧至规定力矩 30N · m，再加转 90°。

（7）用同样方法装复 4 缸的活塞连杆组。

（8）转动曲轴，使 2、3 缸的连杆轴颈处于上止点位置，用同样的方法分别装复 2、3 缸活塞连杆组。

注意：

① 组装活塞连杆组时，活塞裙部的箭头和连杆上的凸点应在同一侧，并朝向发动机的前端。

② 活塞销为“全浮式”，在常温下，活塞销与活塞销座孔为过渡配合，若活塞销安装困难，可采用热装法。

③ 活塞环的“TOP”标记必须朝上（活塞顶部），第 1 道气环开口与活塞销轴线呈 45° 且不在活塞的主承压面一侧，各道活塞环的开口相互错开 120°，油环的两刮片的开口方向互相错开 180°。

④ 装复连杆盖时，按原装配记号对号入座，连杆盖与连杆体上的凸点在同一侧，并朝向发动机的前端，同时连杆轴承上定位槽也必须在同一侧。安装时不要使用密封剂。

⑤ 连杆螺栓一经拆卸，必须更换，安装时先润滑螺纹和接触表面。

⑥ 每拧紧一道连杆螺栓，都应转动曲轴几圈，转动中不得有卡滞现象，否则应查明原因，及时排除。

⑦ 在测量连杆径向间隙时，连杆螺栓拧紧力矩为 30N · m，不要再加转 90°。

3. 配气机构的安装

（1）将气缸盖放置在拆装平台上。

（2）将新气门导管外表面涂抹机油，从气缸盖上端将气门导管压入气缸盖。

（3）用专用工具装上气门油封，装上气门、气门弹簧、气门弹簧座。

（4）用专用气门弹簧压具压下气门弹簧，将两个锁片安装在气门杆尾部的环槽内。松开专用弹簧压具，用橡胶锤轻轻敲击气门杆顶端，以保证锁片锁止到位。

（5）用同样的方法依次装复其他气门组零件，检查气门密封性。

（6）装上各缸火花塞。

（7）清洁、润滑液力挺柱、凸轮轴轴承、凸轮轴轴颈表面。

（8）按原位置装回液力挺柱，保证对号入座。

（9）将凸轮轴装回气缸盖上，转动凸轮轴，使第 1 缸进、排气凸轮朝上。

（10）依次装复各凸轮轴轴承盖，保证对号入座，拧上凸轮轴轴承盖连接螺母。

（11）先对角、交替、分次拧紧第 2、4 轴承盖连接螺母，拧紧至规定力矩 20N · m；再对角、交替、分次拧紧第 5、1、3 道轴承盖连接螺母，拧紧至规定力矩 20N · m，如图 4-18 所示。

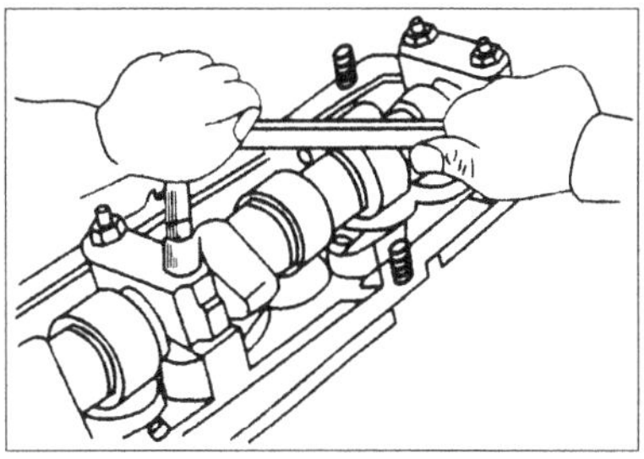

图 4-18　安装凸轮轴

（12）装上凸轮轴密封圈。

（13）将半圆键装到凸轮轴上，压回凸轮轴同步带轮，以 100N · m 的力矩拧紧紧固螺栓。

（14）装上霍尔传感器，以 10N · m 的力矩拧紧霍尔传感器的固定螺栓。

（15）安装好同步带轮后上防护罩。

注意：

① 气门、液力挺柱、凸轮轴轴承盖必须装复原位。

② 安装液力挺柱之前，应检查凸轮轴的轴向间隙，磨损极限为 0.15mm。

③ 气门装入后，必须检查气门密封性。气门只能进行研磨，若研磨后仍然漏气，必须更换气门。

④ 必须按规定的顺序拧紧凸轮轴轴承盖连接螺母。

⑤ 安装凸轮轴轴承盖时，必须保证中心对准。

⑥ 凸轮轴密封圈一经拆卸，必须更换。

⑦ 安装好凸轮轴后，发动机在 30min 内不得起动，否则液力挺柱液压补偿元件没有进入工作状态，会出现气门敲击活塞现象。

4. 气缸盖的安装

（1）摇转翻转架，将发动机正置。

（2）转动曲轴，使第 1 缸活塞处于上止点位置。

（3）安装气缸垫，必须使有标号（配件号）的一面朝上。

（4）安装气缸盖。对称、交叉分 2 ~ 3 次拧紧气缸盖螺栓，如图 4-19 所示，最后拧紧至规定力矩 40N · m，再加转 180°。

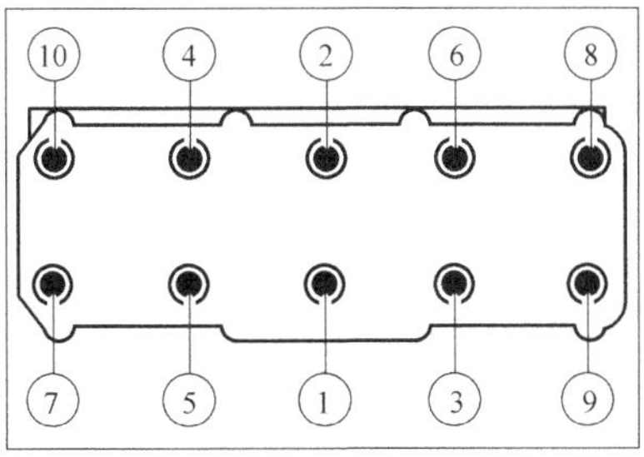

图 4-19　气缸盖螺栓拧紧顺序

（5）安装霍尔传感器、机油压力传感器、冷却液温度传感器的插接器。

（6）安装气门罩盖，装上压条和支架，拧紧气门罩盖固定螺母，拧紧力矩为 10N · m。

注意：

① 在安装气缸盖之前，要将曲轴转到第 1 缸上止点位置。

② 气缸垫若有损坏，必须更换。

③ 安装气缸垫时，有配件号的一面必须朝上，并保证气缸垫与气缸盖上的所有水道孔、油孔、螺栓孔对准。

④ 气缸盖螺栓一经拆卸，必须更换。

⑤ 装上气缸盖螺栓前，必须清洁气缸盖螺栓孔，保证孔内没有异物，并在气缸盖螺栓螺纹处涂抹机油。

5. 进排气歧管的安装

（1）装上排气歧管密封衬垫和排气歧管，以 20N · m 的力矩拧紧排气歧管固定螺栓。

（2）装上进气歧管密封衬垫和进气歧管，以 20N · m 的力矩拧紧进气歧管固定螺栓。

（3）装上进气歧管支架，拧紧支架紧固螺栓。

（4）将喷油器装在燃油分配管上，并使导线插接器朝外，卡上卡簧。

（5）将喷油器和燃油分配管一起安装在进气歧管相应位置上，以 15N · m 的力矩紧固燃油分配管固定螺栓。

（6）插上各缸喷油器上的插接器。

（7）插上各缸的高压分缸线。

（8）装上上冷却液管与散热器之间的冷却液软管。

（9）装上气缸盖后冷却液管凸缘和上冷却液管之间的冷却液软管。

（10）装上气缸盖后的小软管。

（11）装上曲轴箱通风管。

注意：

① 进、排气歧管密封衬垫一经拆卸，必须更换。

② 应对称、交叉拧紧进、排气歧管连接螺栓。

6. 同步带的安装

（1）转动曲轴，使所有活塞都不在上止点位置，以免损坏气门及活塞。

（2）转动凸轮轴，使凸轮轴同步带轮上的标记对准同步带后上防护罩上的标记。

（3）转动曲轴，使曲轴同步带轮上止点标记与参考标记对齐。

（4）将同步带安装到曲轴同步带轮和水泵同步带轮上。

（5）调整半自动张紧轮的位置，使定位块嵌入气缸盖上的缺口内，如图 4-20 所示。

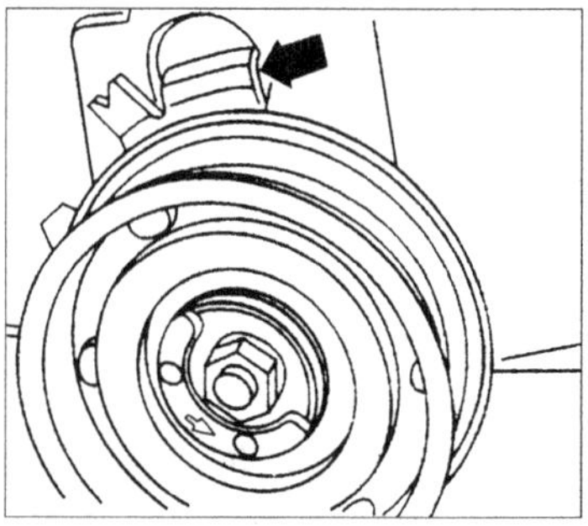

图 4-20　半自动张紧轮的位置

（6）将同步带安装到张紧轮和凸轮轴同步带轮上。

（7）逆时针转动张紧轮，直到可以使用专用工具，如图 4-21 所示。

（8）松开张紧轮，直到指针位于缺口下方约 10mm 处。旋紧张紧轮，直到指针和缺口对齐，以 15N · m 的力矩拧紧张紧轮上的锁紧螺母。

（9）检查同步带张紧力，如图 4-22 所示。用拇指用力按压同步带，指针应移向一侧；放松同步带，张紧轮应回到初始位置（指针和缺口对齐）。

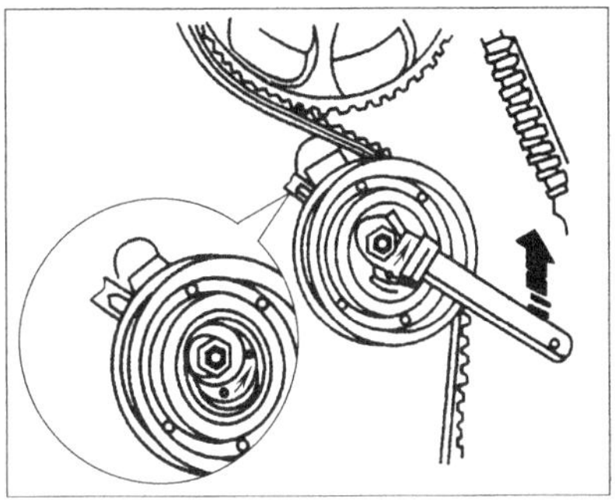

图 4-21 使用专用工具

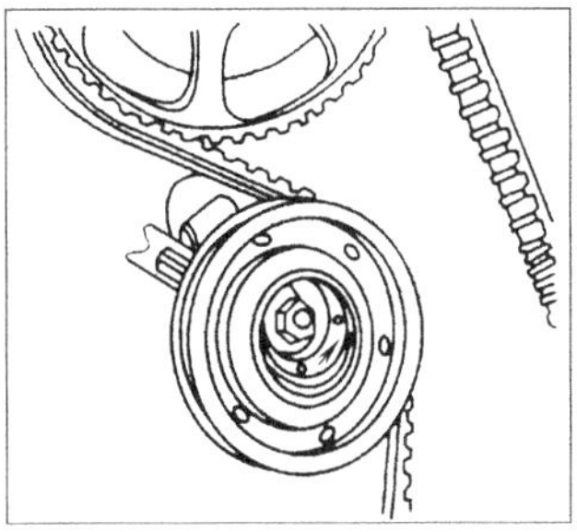

图 4-22 检查同步带张紧力

（10）转动曲轴，检查曲轴同步带轮、凸轮轴同步带轮上的正时标记是否同时与相应的参考标记对准，若不对准，应重新安装同步带。

（11）安装同步带下防护罩。

（12）安装曲轴驱动带轮。

（13）安装同步带中间防护罩和上防护罩。

注意：

① 转动凸轮轴前，必须转动曲轴，使所有活塞都不在上止点位置，以免损坏气门及活塞。

② 安装同步带时，必须调整张紧轮的位置，使定位块嵌入气缸盖上的缺口内。

③ 注意不要将同步带轮装反，安装时保证同步带正确地啮合进各同步带轮，以免损坏同步带。

4.3 常见车型的比较

现代汽车发动机为了提高发动机的动力性和经济性，采用各种新技术，表 4-1 所示为凸轮轴传动机构、配气机构的结构比较。

表 4-1 凸轮轴传动机构、配气机构的结构比较

新技术		特点与应用
凸轮轴传动机构（均要注意记号的对正）	同步带传动	广泛应用于现代高速发动机上置式凸轮轴配气机构，如克莱斯勒 A452、本田 B20A、CA4880-3、奥迪、捷达、马自达 6 等
	齿轮传动	对于转速较低的发动机，如 CA6102、EQ6100-1、BJ492Q 等发动机均采用凸轮轴下置式或中置式配气机构，下置凸轮轴由定时齿轮驱动
	链传动	链传动机构用于中置式和上置式凸轮轴的传动，尤其是上置式凸轮轴的高速汽油机，如通用的君威、凯迪拉克、赛欧等车型，一汽大众高尔夫、速腾等车型
多气门机构（注意观察其安装形式和燃烧室形状）		现代高速发动机广泛采用多气门，如 3 气门（丰田 A2E、斯巴鲁 J12 等）、4 气门（欧宝 V6、奥迪 A8 等）、5 气门（捷达 EA113、三菱 3G81、一汽奥迪 A6 等）

（续）

新　技　术	特点与应用
可变配气定时机构 VVTi（注意记号的对正）	如马自达6 L3 型发动机、BMW M3 3.0 发动机、一汽丰田花冠轿车等，在进气凸轮轴上安装可变配气定时器，还有机油控制阀、传感器、ECU 等，可以改变进气提前角和进气迟后角。一汽丰田卡罗拉轿车在进排气凸轮轴上都设置可变配气定时器
可变气门定时和可变气门行程 VVTL-i（VTEC）	如本田轿车，在进排气凸轮轴上均设有高速凸轮和低速凸轮，还有第一摇臂、第二摇臂、中间摇臂、空气弹簧、液压活塞、限位活塞、传感器、ECU 等，既可改变气门定时，又可改变气门行程

实训单元4　汽油机燃油供给系统拆装实训

项目五　电控汽油喷射系统的拆装

5.1　实训目标和准备

项　　目		要　　点
目标	知识目标	理解汽油机电控燃油喷射系统的组成及各组成部件的结构
	技能目标	学会汽油机电控燃油喷射系统各组成部件的拆装方法
设备和工具	桑塔纳2000GSi轿车1辆，桑塔纳2000GSi轿车AJR发动机台架1台，常用拆装工具1套，桑塔纳2000GSi轿车专用工具1套，零部件盆、清洗工具各1套，多媒体设备1套	
实训安排	实训课时：4学时 实训组织：每组3~5位同学，老师指导，学生动手操作	

5.2　实训内容、方法及注意事项

5.2.1　桑塔纳2000GSi轿车电控燃油喷射系统的组成认识

桑塔纳2000GSi轿车AJR发动机采用M3.8.2电控燃油喷射系统，主要由燃油供给系统、空气供给系统、电控系统三部分组成，系统的基本组成和布置如图5-1所示。

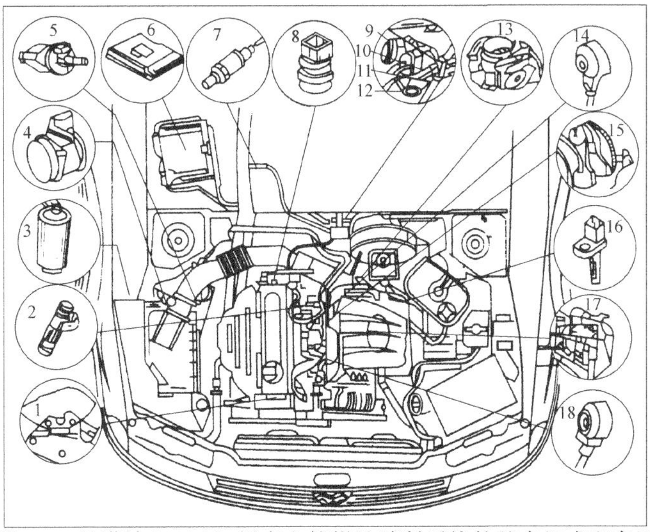

图5-1　桑塔纳2000GSi轿车电控燃油喷射系统的基本组成和布置

1—霍尔传感器(G40)　2—喷油器(N30~N33)　3—活性炭罐　4—热膜式空气流量传感器(G70)　5—活性炭罐电磁阀(N80)　6—发动机ECU（J220）　7—氧传感器（G39）　8—冷却液温度传感器（G62）　9—发动机转速传感器插接器（灰色）　10—1号爆燃传感器插接器（白色）　11—氧传感器插接器（黑色）　12—2号爆燃传感器插接器（蓝色）　13—节气门体（J338）　14—2号爆燃传感器（G66）　15—发动机转速传感器（G28）　16—进气温度传感器（G72）　17—点火线圈（N152）　18—1号爆燃传感器（G61）

5.2.2　空气供给系统的拆装

1. 空气供给系统的拆卸

空气供给系统如图 5-2 所示。

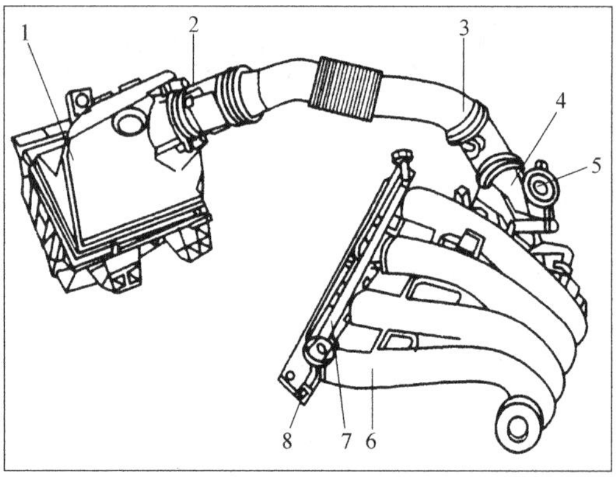

图 5-2　空气供给系统

1—空气滤清器　2—空气流量传感器　3—进气管　4—节气门体　5—节气门操纵臂
6—进气歧管　7—燃油分配管　8—油压调节器

（1）空气滤清器、空气流量传感器、进气管的拆卸

1）断开点火开关，拆下蓄电池搭铁电缆，放净冷却液。

2）拧松进气软管两端的卡箍。

3）拔下进气软管。

4）拔下空气流量传感器的导线插接器。

5）用专用外花扳手拆下空气流量传感器固定螺栓，从空气滤清器上向后取下空气流量传感器。空气流量传感器结构如图 5-3 所示。

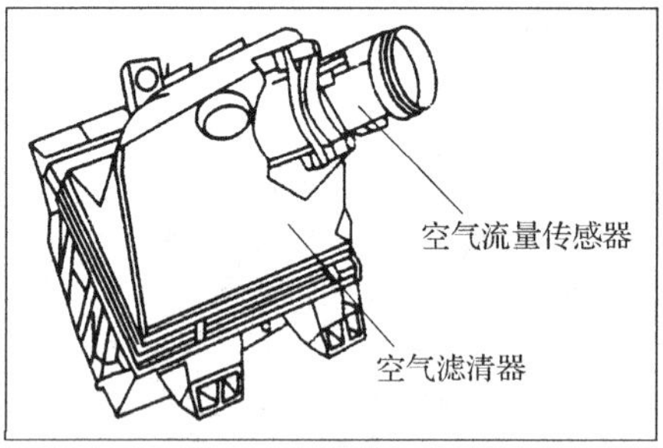

图 5-3　空气流量传感器的结构

6）拔下活性炭罐电磁阀的导线插接器，拔下与活性炭罐相连的真空管，从空气滤清器侧面拔下活性炭罐电磁阀连接管，取下活性炭罐电磁阀。

7）拆下空气滤清器上盖，取出空气滤清器滤芯，如图 5-4 所示。

8）拆下滤清器壳体固定螺栓，取下隔套和橡胶套，拆下隔热板，拆下滤清器体，取下垫块。

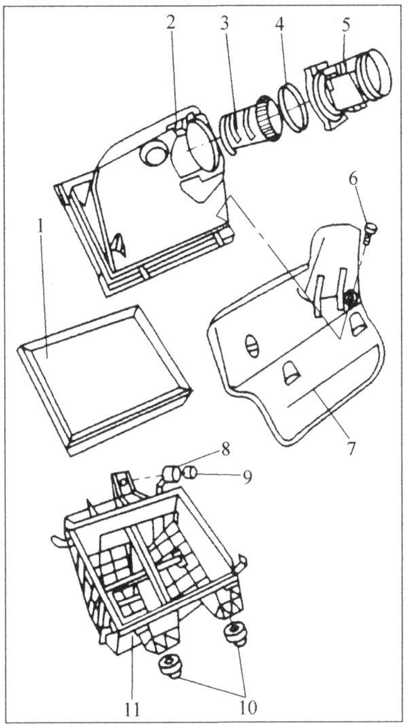

图5-4　空气滤清器分解图

1—滤芯　2—滤清器盖　3—空气管　4—卡箍　5—空气流量计　6—螺栓　7—隔热板　8—橡胶套　9—隔套　10—垫块　11—滤清器体

（2）汽油蒸发控制系统的拆卸（图5-5）

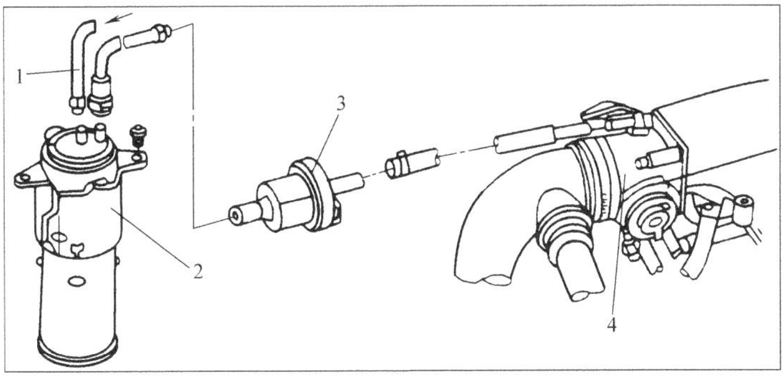

图5-5　汽油蒸发控制系统的拆卸

1—油箱蒸气管　2—活性炭罐　3—活性炭罐电磁阀　4—节气门体

1）按上述方法拆下活性炭罐电磁阀。

2）拆下左前轮罩的挡泥板。

3）从活性炭罐上拔下汽油箱蒸气管、拔下与活性炭罐电磁阀相连的真空管。

4）松开活性炭罐卡箍，拆下活性炭罐，活性炭罐位置如图5-6所示。

（3）节气门体的拆卸（图5-7）

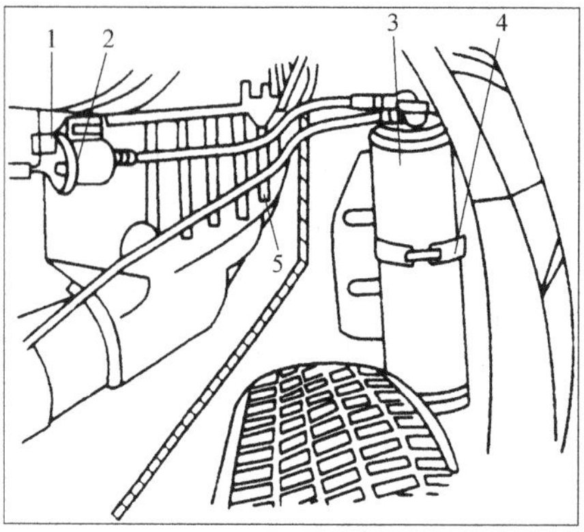

图5-6　活性炭罐位置

1—真空管（通向进气歧管）　2—活性炭罐电磁阀　3—活性炭罐　4—卡箍　5—油箱蒸气管

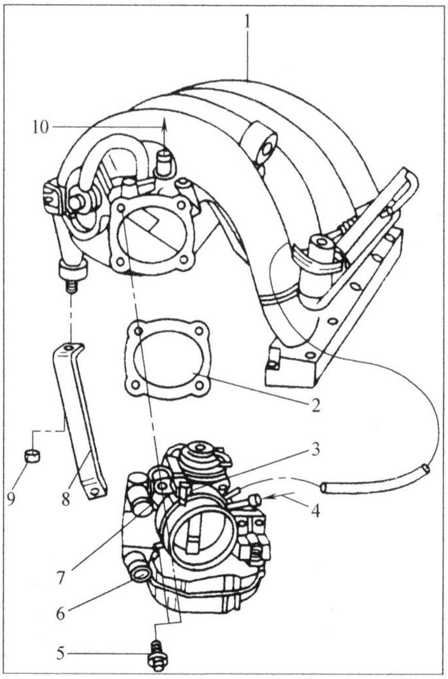

图5-7　节气门体的拆卸

1—进气歧管　2—密封垫　3—节气门体　4—通活性炭罐电磁阀真空管接头　5—螺栓　6—水管接头1　7—水管接头2　8—支架　9—螺母　10—通真空助力器真空管接头

1）拆下曲轴箱通风管。

2）拆下气缸盖后的小软管。

3）拆下气缸盖后冷却液管凸缘和上冷却液管之间的冷却液软管。

4）拆下上冷却液管与散热器之间的冷却液软管。

5）拔下真空助力器真空管。

6）拔下进气温度传感器的导线插接器，拆下进气温度传感器。

7）从节气门体上拆下节气门控制拉索，如图5-8所示，拆下节气门拉索支架。

8）拔下节气门体的导线插接器。

9）从节气门体上拆下两根冷却液旁通管。

10）拆下节气门体与进气管的连接螺栓，取下节气门体总成及密封衬垫。

（4）进气歧管的拆卸

1）拔下各缸喷油器上的导线插接器，从燃油分配管上拆下各缸喷油器。

2）拔下各缸的高压分缸线。

3）拆下进气歧管支架的紧固螺栓。

4）拆下进气歧管和气缸盖之间的连接螺栓和螺母，拆下进气歧管及密封衬垫。

5）从进气管上拆下点火线圈总成。

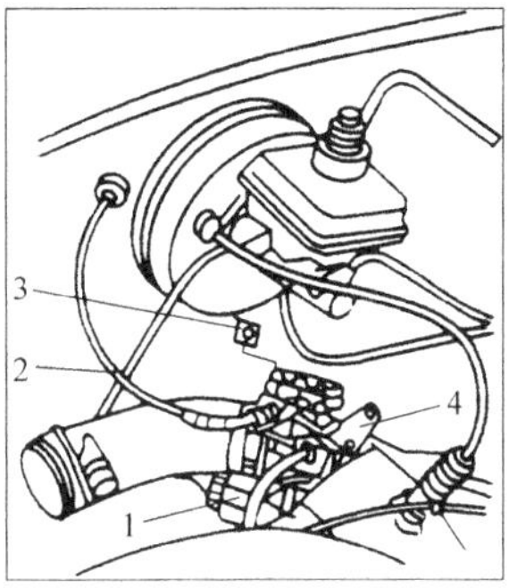

图5-8　拆下节气门控制拉索
1—导线插接器　2—节气门控制拉索
3—调整卡簧片　4—节气门拉索支架

2. 空气供给系统的装复

（1）装复进气歧管

1）将点火线圈总成装到进气歧管上。

2）装上进气歧管密封衬垫。

3）装上进气歧管，用20N·m的力矩拧紧进气歧管连接螺母。

4）插上各缸的高压分缸线。

5）将各缸喷油器装到燃油分配管上，装好卡簧。

6）将燃油分配器总成装到进气歧管上，拧紧进气歧管支架的紧固螺栓。

7）插上喷油器上的导线插接器。

注意：

① 进气歧管的密封衬垫凸起的一面朝向进气歧管。

② 各缸的高压分缸线不要插错。

（2）装复节气门体

1）装上密封衬垫及节气门体，如图5-9所示，用20N·m的力矩拧紧节气门体连接螺栓。

2）装上冷却液旁通管。

3）插上节气门体的导线插接器。

4）装上节气门拉索支架，将节气门控制拉索装到节气门体的节气门控制臂上，插上节气门拉索调整卡簧片。

5）装上进气温度传感器，插上进气温度传感器的导线插接器。

6）装回真空助力器真空管。

7）装回冷却液管与散热器之间的冷却液软管，装回气缸盖后冷却液管凸缘和上冷却液管之间的冷却液软管。

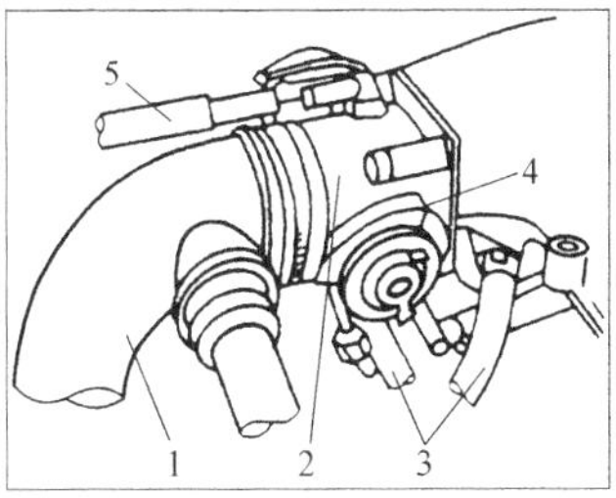

图5-9　装复节气门体
1—进气软管　2—节气门体　3—冷却液管
4—节气门控制臂　5—活性炭罐电磁阀真空管

8）装上气缸盖后的小软管和曲轴箱通风管。

注意：

① 节气门拉索不能弯折，以免产生运动阻滞或折断。

② 安装节气门拉索时，应使节气门拉索在各个支撑座和紧固点之间保持平直，通过变换支架上的卡板的位置来调整节气门拉索，使节气门杠杆能够达到节气门全开的位置。

③ 搞清进气管、气缸盖上各软管的连接，不要装错。

（3）装复空气滤清器、空气流量传感器、进气管

1）装上隔套和橡胶套，装上隔热板，装回垫块，装上滤清器壳体。拧紧滤清器壳体固定螺栓。

2）装回空气滤清器滤芯，装上空气滤清器上盖。

3）装上空气流量传感器，用专用外花扳手拧紧空气流量传感器固定螺栓，插上空气流量传感器的导线插接器。

4）装上进气软管，拧紧进气软管两端的卡箍。

5）装上进气软管。

注意：

① 空气滤清器滤芯若过分脏污或有破碎，应更换新滤芯。

② 拧紧空气流量传感器固定螺栓必须用专用扳手，不能用其他扳手代替，以免损坏固定螺栓。

（4）装复汽油蒸发控制系统

1）将活性炭罐电磁阀装回空气滤清器侧面。

2）插上真空管，插上活性炭罐电磁阀的导线插接器。

3）装上活性炭罐，拧紧活性炭罐卡箍。

4）插上与活性炭罐相连的真空管，插上汽油箱蒸气管。

5）装上左前轮罩的挡泥板。

5.2.3 燃油供给系统的拆装

进行燃油系统拆装时的安全注意事项：

① 燃油箱内的燃油的容量不能超过2/3，必要时使用专用设备抽取燃油。

② 在重新开始工作前，收集软管必须放在系统开口处的附近，以便收集燃油蒸汽。

③ 如果没有收集设备，可以使用排风扇。

④ 皮肤不要直接接触燃油，记住要戴手套。

1. 燃油供给系统的拆卸

（1）汽油箱的拆卸。汽油箱及附件分解如图5-10所示，其拆卸过程如下：

1）断开点火开关，拔下蓄电池的搭铁电缆，用专用的设备抽出汽油箱内的汽油。

2）拆下位于行李舱内地毯下的汽油箱密封法兰。

3）拔下导线插接器3，如图5-11所示。

4）打开加油口盖板，撬出环绕在加油口颈部的橡胶件的夹环，将橡胶件推入。

5）旋下在车底部的加油颈固定螺栓，拔下位于车辆底部的进油管1、回油管2和通气

管3，如图5-12所示。

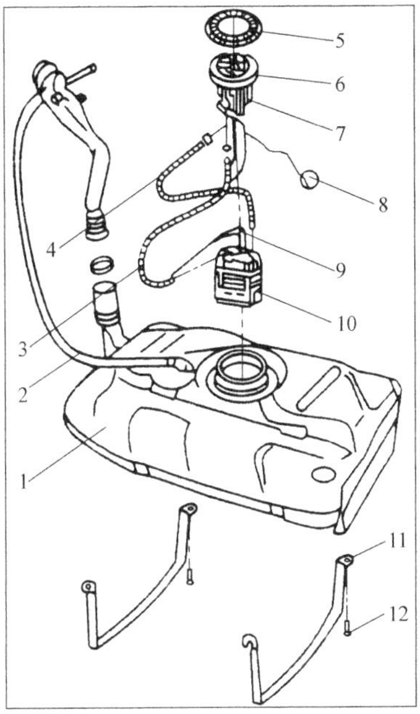

图5-10　汽油箱及附件分解图

1—汽油箱　2—加油口通气管　3—回油管（来自燃油分配器）　4—进油管（接到燃油分配器）　5—塑料紧固螺母　6—汽油蒸气管（接到活性炭罐）　7—密封法兰　8—浮子（用于燃油表传感器）　9—导线　10—汽油泵总成　11—汽油箱夹带　12—夹带螺栓

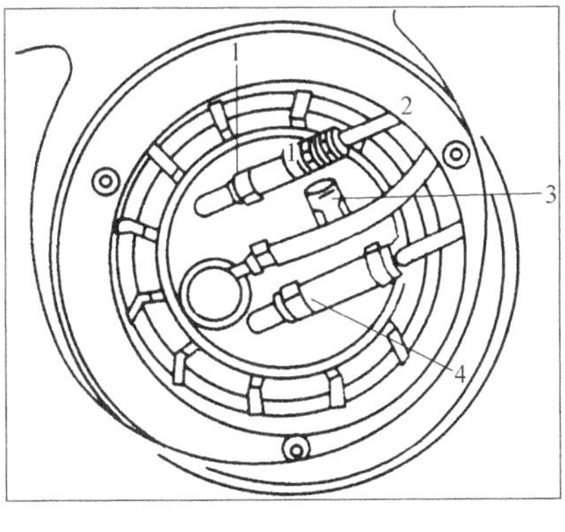

图5-11　拆下管路及导线

1—回油管　2—通气管　3—导线插接器　4—进油管

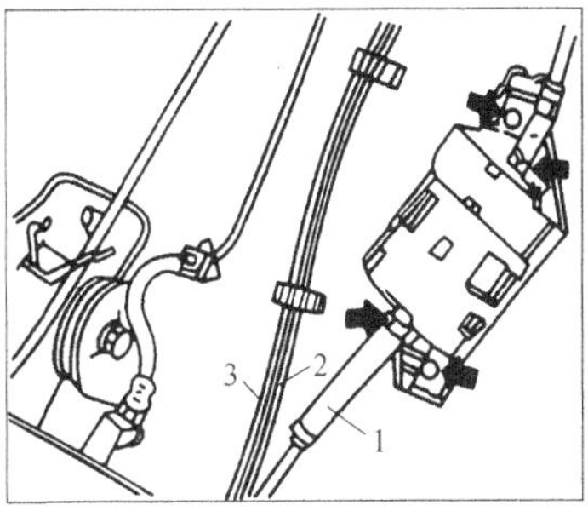

图5-12　拔下车底部的管路

1—进油管　2—回油管　3—通气管

6）将发动机（及变速器）托架放置在汽油箱下。

7）拧下汽油箱夹带固定螺栓，拆下两根汽油箱夹带，取出汽油箱。

（2）汽油泵的拆卸

1）断开点火开关，拔下蓄电池的搭铁电缆。

2）拆下位于行李舱内地毯下的汽油箱密封法兰的盖板。

3）从密封法兰上拔下输油管、回油管和通气管，拔下汽油泵导线插接器，如图5-11

所示。

4）用专用工具旋下塑料紧固大螺母，如图 5-13 所示。

5）从汽油箱开口处拉出密封法兰和橡胶密封件。

6）拔下密封法兰内的油量传感器导线插接器。

7）将专用工具插入到汽油泵 3 个拆装缺口内，旋松汽油泵，如图 5-14 所示。

8）从汽油箱内取出汽油泵。

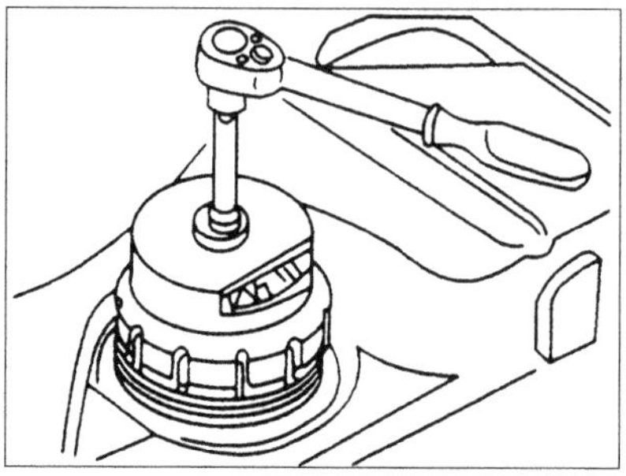

图 5-13　用专用工具旋下大螺母

注意：

① 拆卸汽油泵时，必须断开点火开关，拔下蓄电池的搭铁电缆，以免引起火灾。

② 拆卸汽油箱上各管路前，必须搞清各管路的连接位置及流向，以免装错。

③ 拆汽油泵出油管时，先用布包住接头，慢慢从接头拔下软管，进行卸压，以防汽油飞溅。

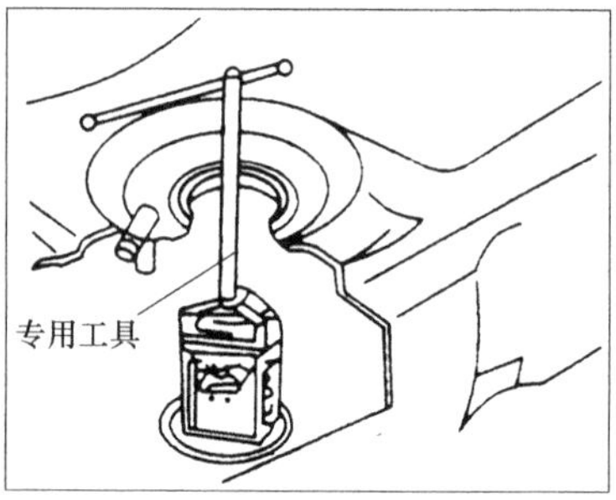

图 5-14　拆卸汽油泵

（3）汽油滤清器的拆卸如图 5-14 所示，拆卸过程如下：

1）松开车辆底部汽油滤清器托架紧固螺栓（图 5-12 箭头处），取下汽油滤清器托架。

2）松开卡箍，拔下汽油滤清器的油管。

3）取下汽油滤清器。

注意：

① 拆卸汽油滤清器前，应注意观察汽油滤清器上油管接头的流向标记，以免装错。

② 拔下汽油滤清器的进、出油管前，先用布包住接头，慢慢从接头上拔下软管，以防汽油飞溅。

（4）油压调节器的拆卸如图 5-15 所示，拆卸过程如下：

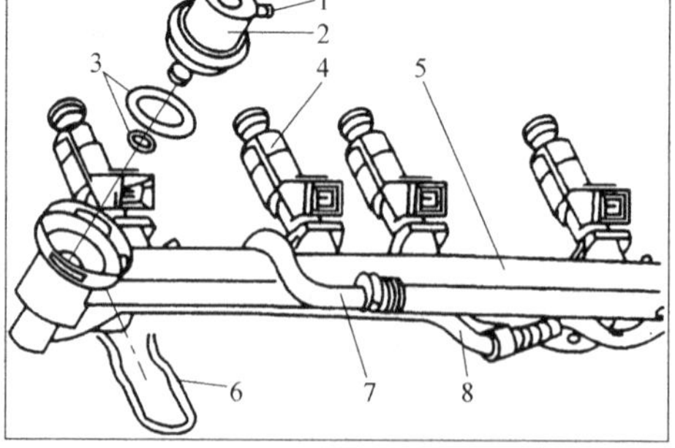

图 5-15　油压调节器的拆卸

1—真空管接头　2—油压调节器　3—O 形密封圈　4—喷油器

5—燃油分配管　6—卡簧　7—进油管　8—回油管

1）从油压调节器上拔下真空软管。

2）用尖嘴钳拆下油压调节器卡簧。

3）取下油压调节器，从油压调节器上取下两只O形密封圈。

注意：拆卸油压调节器前，先用布包住进油管接头，松开进油管接头，将燃油分配管卸压，以防汽油飞溅。

（5）喷油器的拆卸如图5-16所示，拆卸过程如下：

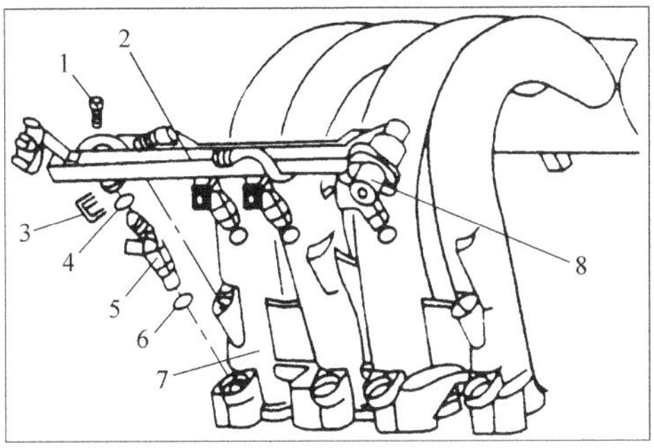

图5-16 喷油器的拆卸

1—固定螺栓 2—燃油分配管 3—卡簧 4、6—O形密封圈 5—喷油器 7—进气歧管 8—油压调节器

1）拔下喷油器上的导线插接器。

2）拆下燃油分配管与进气歧管的固定螺栓，拆下燃油分配管。

3）用尖嘴钳拔下喷油器卡簧，从拆下的燃油分配管上拔下喷油器。

4）分别从喷油器、进气歧管上取下O形密封圈。

2. 燃油供给系统的装复

（1）喷油器的装复

1）将喷油器插入燃油分配管，左右转动喷油器，使喷油器装配到位，并使喷油器导线插座朝外。

2）用尖嘴钳卡上喷油器卡簧。

3）依次装入各喷油器。

4）在进气歧管相应位置装上O形密封圈。

5）将喷油器连同燃油分配管装到进气歧管上。

6）以20N·m的力矩拧紧燃油分配管与进气歧管的固定螺栓。

7）分别插上喷油器的导线插接器。

（2）油压调节器的装复

1）将两只O形密封圈装到油压调节器上。

2）将油压调节器装到燃油分配管上。

3）用尖嘴钳卡上油压调节器卡簧。

4）将真空软管插到油压调节器上。

（3）汽油滤清器的装复

1）装上汽油滤清器。

2）分别插上汽油滤清器的进、出油管，夹紧油管卡箍。

3）装上汽油滤清器托架，拧紧汽油滤清器托架紧固螺栓。

注意：汽油滤清器油管接头的箭头应指向汽油流动的方向。

（4）汽油泵及汽油箱的装复

1）将从密封法兰下引出的进油管、回油管、通气管及汽油泵导线插接器插到汽油泵上，并保证连接可靠。

2）将汽油泵总成插入到汽油箱内。

3）用专用工具将汽油泵拧紧在汽油箱底部的固定位置上。

4）在汽油箱开口处安装好橡胶密封圈。

5）将密封法兰连同浮子总成插入到汽油箱，并压装到底。

6）用专用工具拧紧塑料大螺母。

7）分别将进油管、回油管和通气管插到密封法兰上，插上汽油泵导线插接器。

8）将汽油箱连同汽油泵总成安装到汽油箱托架上。

9）安装2根汽油箱夹带，拧紧汽油箱夹带固定螺栓。

10）安装汽油箱密封法兰的盖板。

注意：

① 安装橡胶密封圈时，用汽油将橡胶密封圈湿润。在实际维修作业中，这些O形密封圈应更换新的。

② 安装密封法兰时，必须使密封法兰上的箭头对准汽油箱上的箭头，如图5-17所示。

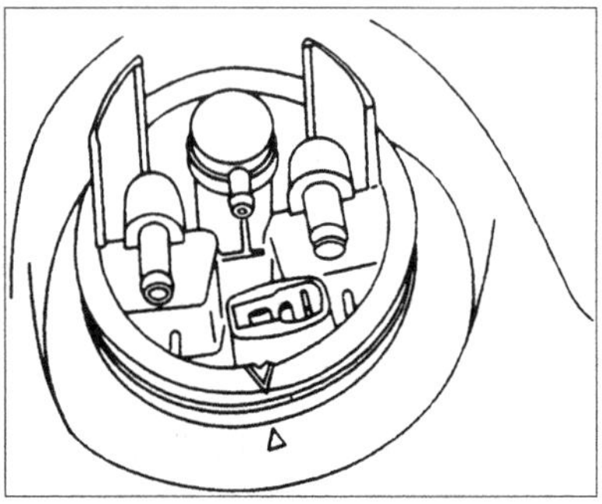

图5-17　密封法兰与汽油箱上的箭头标记

5.2.4　电控系统的拆装

1. 电控系统的拆卸

（1）冷却液温度传感器的拆卸如图5-18所示，拆卸过程如下：

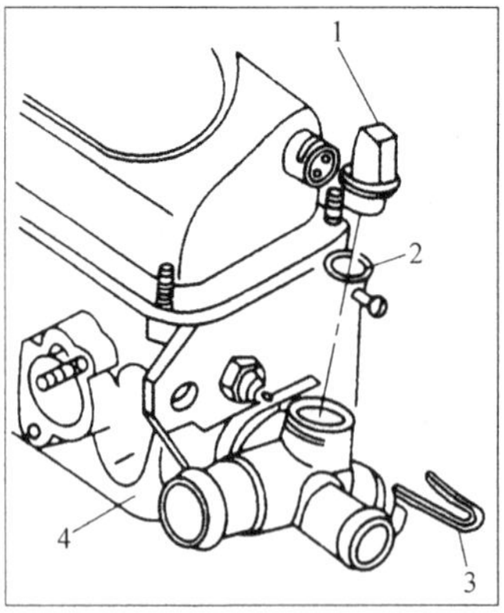

图5-18　冷却液温度传感器的拆卸

1—冷却液温度传感器　2—O形密封圈　3—卡簧　4—气缸盖

1）放出发动机冷却液。

2）拔下冷却液温度传感器导线插接器。

3）拔下卡簧，拆下冷却液温度传感器，取出 O 形密封圈。

（2）进气温度传感器的拆卸如图 5-19 所示，拆卸过程如下：

1）拔下进气温度传感器的导线插接器。

2）拆下进气温度传感器的固定螺栓。

3）拆下进气温度传感器，从进气温度传感器上取下 O 形密封圈。

（3）发动机转速传感器的拆卸如图 5-20 所示，拆卸过程如下：

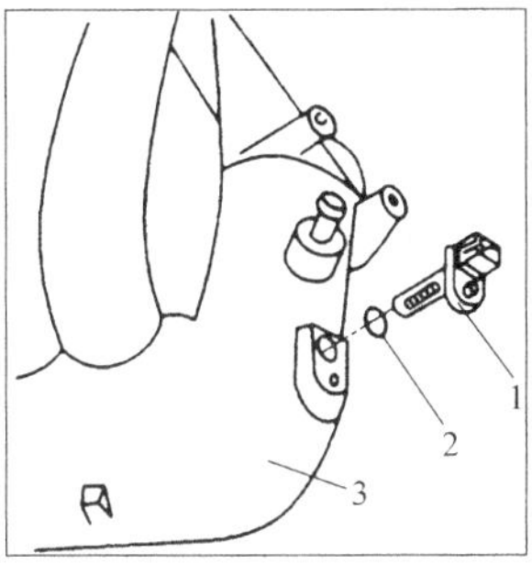

图 5-19　进气温度传感器的拆卸

1—进气温度传感器　2—O 形密封圈　3—进气歧管

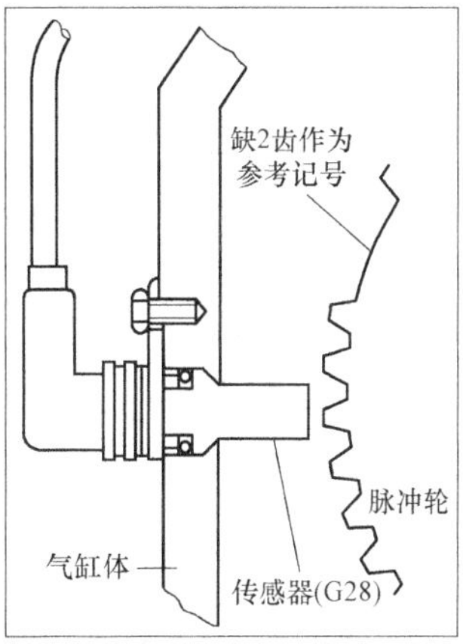

图 5-20　发动机转速传感器的拆卸

1）拔下发动机转速传感器导线插接器。

2）拧下发动机转速传感器的紧固螺栓。

3）取出发动机转速传感器。

（4）霍尔传感器的拆卸如图 5-21 所示，拆卸过程如下：

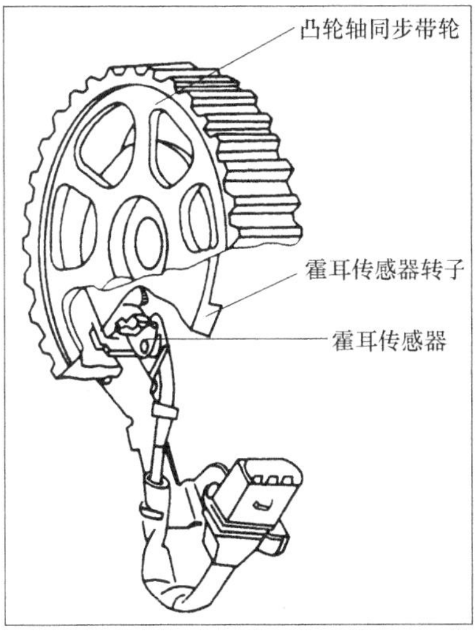

图 5-21　霍尔传感器的拆卸

1）拆下同步带。

2）拔下霍尔传感器的插接器。

3）拧下霍尔传感器的固定螺栓。

4）取出霍尔传感器。

（5）氧传感器的拆卸如图 5-22 所示，拆卸过程如下：

1）拔下氧传感器的插接器。

2）从车辆底部的排气管上拆下氧传感器。

（6）爆燃传感器的拆卸如图 5-23 所示，拆卸过程如下：

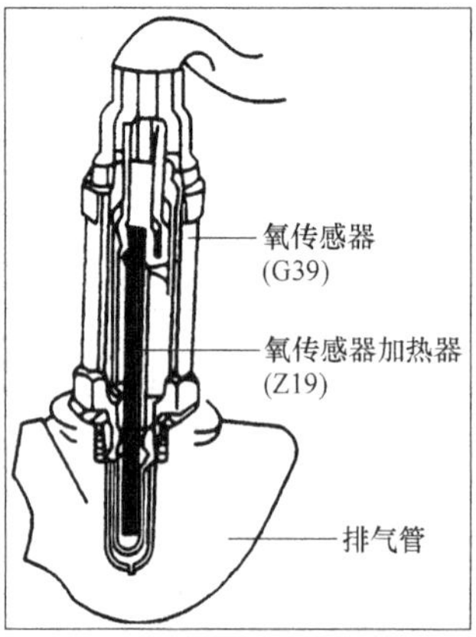

图 5-22　氧传感器的拆卸

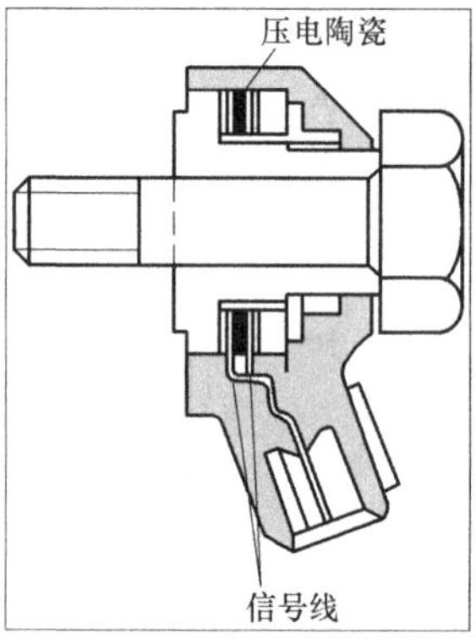

图 5-23　爆燃传感器的拆卸

1）拆下进气歧管。

2）拔下爆燃传感器导线插接器。

3）分别从缸体上拆下 1 号、2 号爆燃传感器。

（7）发动机 ECU 的拆卸如图 5-24 所示，拆卸过程如下：

1）拔出发动机 ECU 上两插接器卡簧手柄，分别拔下两导线插接器（一个 52 端子，一个 28 端子）。

2）撬开发动机 ECU 固定夹。

3）取出发动机 ECU。

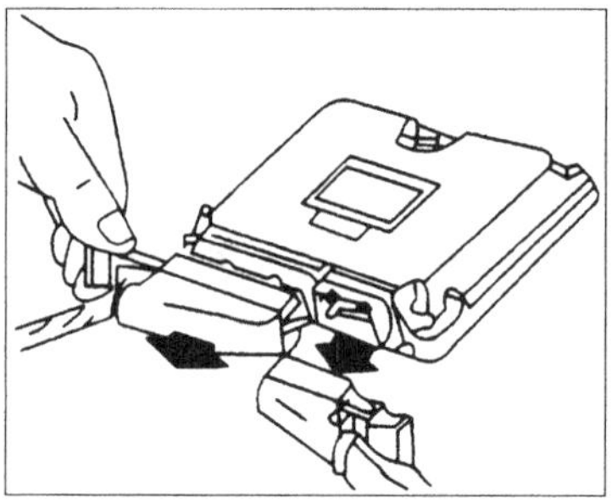

图 5-24　发动机 ECU 的拆卸

注意：在拆卸传感器、发动机 ECU 前，必须断开点火开关，拆下蓄电池搭铁电缆。

2. 相关传感器及发动机 ECU 的装复

（1）冷却液温度传感器的装复

1）装复冷却液温度传感器及 O 形密封圈，卡上卡簧。

2）插上冷却液温度传感器导线插接器。

3）加注发动机冷却液。

（2）进气温度传感器的装复

1）装复进气温度传感器及 O 形密封圈。

2）拧紧进气温度传感器固定螺栓。

3）插上进气温度传感器导线插接器。

（3）发动机转速传感器的装复

1）装复发动机转速传感器。

2）拧紧发动机转速传感器的固定螺栓。

3）插上发动机转速传感器的导线插接器。

（4）霍尔传感器的装复

1）装复霍尔传感器。

2）以10N·m的力矩拧紧霍尔传感器的固定螺栓。

3）插上霍尔传感器的导线插接器。

（5）氧传感器的装复

1）装复氧传感器。

2）拧紧氧传感器。

3）插上氧传感器的导线插接器。

（6）爆燃传感器的装复

1）分别装上1、2号爆燃传感器。

2）以44N·m的力矩拧紧1、2号爆燃传感器的固定螺栓。

3）分别插上1、2号爆燃传感器的导线插接器。

4）装上进气歧管。

（7）发动机ECU的装复

1）装上发动机ECU。

2）卡好发动机ECU的固定夹。

3）分别插上两导线插接器，推入两插接器的卡簧手柄。

4）装上发动机ECU保护盒的罩盖。

5）装上蓄电池搭铁电缆。

5.3　常见车型的比较

为了提高发动机的动力性、经济性和排放性，现代汽车发动机的电控燃油喷射系统进行了一系列的技术改进，表5-1所示为常见车型汽油机电控燃油喷射系统的结构比较。

表5-1　常见车型汽油机电控燃油喷射系统的结构比较

系　统		特点与应用
燃油供给系统	缸外喷射	多点喷射（进气道喷射）：由与缸数相同数量的喷油器、ECU、各种传感器、执行器等组成，现代汽车发动机普遍采用
	缸内喷射	汽油直接喷入气缸内：这项技术用于稀薄燃烧的汽油机，需要较高的喷射压力（3～4MPa），所以要采用带有压力调节器的高压油泵。如速腾1.4L四缸四气阀增压直喷发动机
空气供给系统		为了增加进气量，设计安装了谐振进气系统。为了增强发动机的谐振进气效果，有很长的进气导流管
		采用可变进气系统，以改善中、低速和中、小负荷时的经济性和动力性，如一汽奥迪A6轿车

（续）

系　　统	特点与应用
电控系统	很多现代发动机采用电子节气门，如速腾 1.4T 发动机的加速踏板模块集成加速踏板位置传感器 1（G79）及加速踏板位置传感器 2（G185）
	有的现代发动机排气管上的尾气催化净化器前后安装有两个氧传感器，如速腾 1.4T 发动机、标致 307 汽车有前氧传感器和后氧传感器

项目六　电控汽油机新结构的拆装

6.1　实训目标和准备

项　目		要　点
目标	知识目标	理解电子节气门系统、高压泵、带有喷油阀的燃油分配器的结构原理
	技能目标	学会电子节气门系统、高压泵、带有喷油阀的燃油分配器的拆装方法
设备和工具	大众速腾 1.4T 发动机 1 台，专用工具 1 套，常用拆装工具 1 套，零部件盆、清洗工具各 1 套，多媒体设备 1 套	
实训安排	实训课时：2 学时 实训组织：每组 3 ~5 位同学，老师指导，学生动手操作	

6.2　实训内容、方法及注意事项

6.2.1　发动机功率电子控制系统（电子节气门）的结构与拆装

1. 电子节气门系统的结构

在电子节气门系统中，节气门不是通过加速踏板的拉线来控制的。节气门与加速踏板之间无机械式连接装置。加速踏板位置由两个加速踏板位置传感器（这两个传感器与加速踏板一体，是可变电阻，且包在一个壳体内）传递给发动机控制单元。节气门是由节气门控制单元内的一个电机（即节气门控制器）来控制的，在整个转速及负荷范围均有效。大众速腾 1.4T 四缸四气阀增压直喷发动机的电子节气门系统如图 6-1 所示。

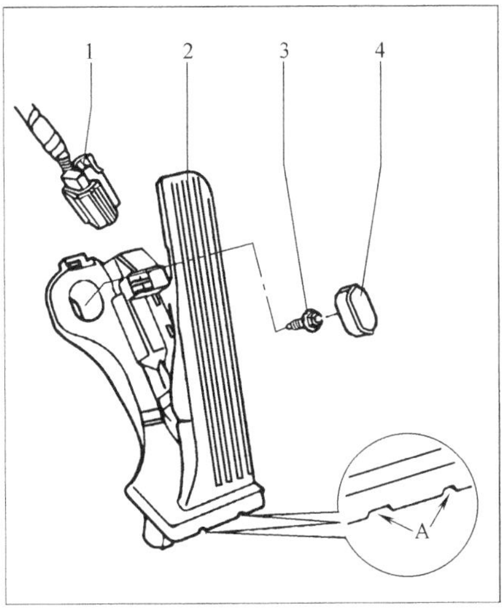

图 6-1　发动机功率电子控制系统（电子节气门系统）

1—连接插头　2—加速踏板模块（集成加速踏板位置传感器 G79 及加速踏板位置传感器 2G185）

3—螺栓（10N · m）　4—盖罩

2. 加速踏板模块的拆装

（1）拆卸

1）如图6-2所示，将转向柱的盖板拆下（箭头），用一把一字螺钉旋具撬出盖罩，拧出紧固螺栓。

2）将松脱工具T10238推入图6-3所示的开口至极限位置，取下加速踏板模块。

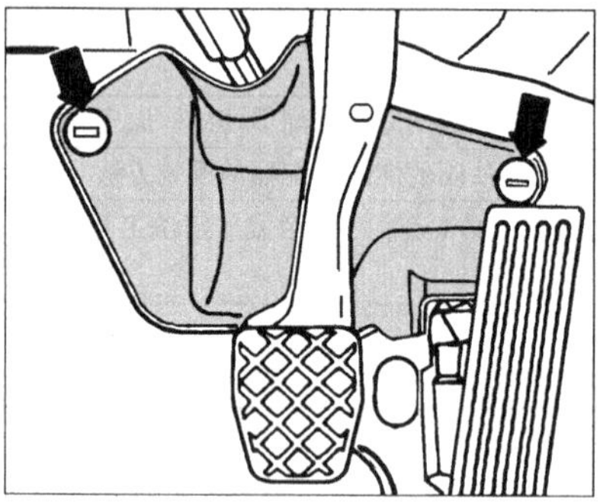

图6-2　拆下转向柱的盖板、盖罩和紧固螺栓

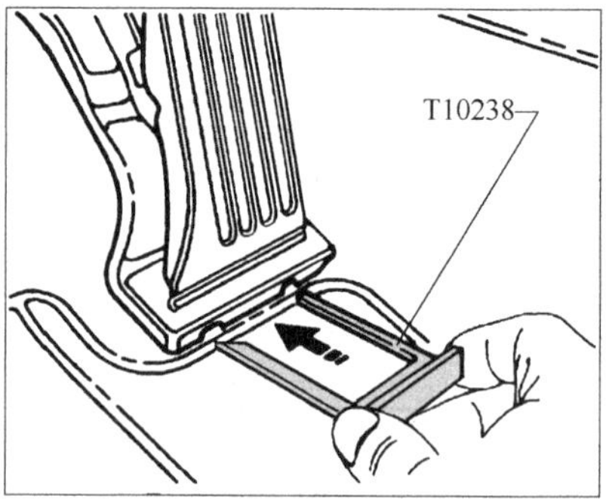

图6-3　安装专用工具并取下加速踏板模块

3）从加速踏板模块上拔下连接插头，取出加速踏板模块。

（2）安装

1）如图6-4所示，将连接插头2插入加速踏板模块5，将锁止件1推入连接插头中。

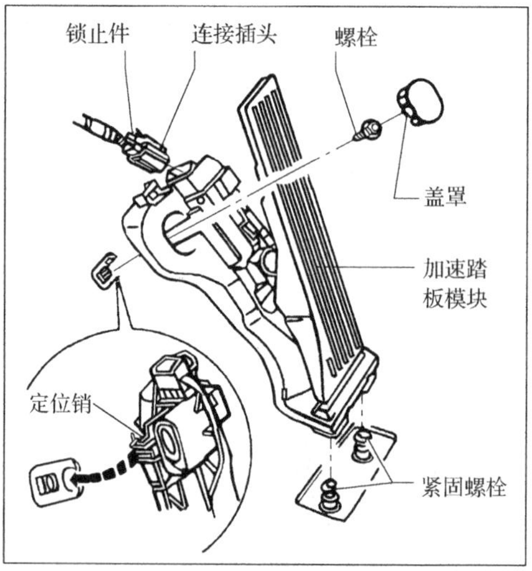

图6-4　安装加速踏板模块

2）将加速踏板模块按到紧固螺栓6（10N · m）上。

3）将定位销7装入汽车底板的孔中。

4）用螺栓3固定加速踏板模块，并装上盖罩4。

5）重新装上转向柱盖板。

6.2.2 高压泵的结构与拆装

1. 高压泵的结构

缸内直喷技术用于稀薄燃烧的汽油机，需要较高的喷射压力（3～4MPa），所以要采用带有压力调节阀的高压油泵。大众速腾 1.4T 四缸四气阀增压直喷发动机高压泵的结构如图 6-5 所示。

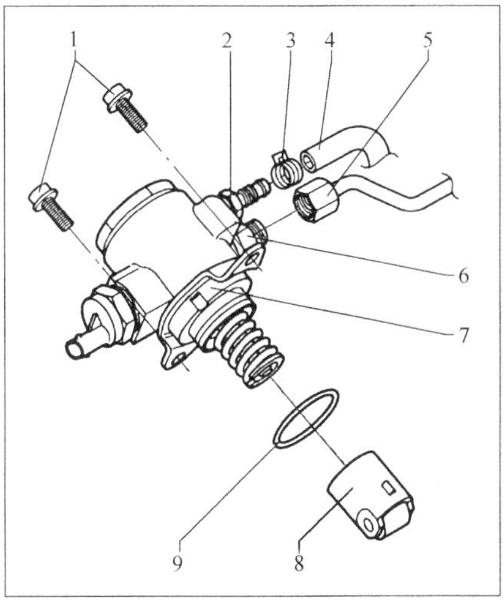

图 6-5 高压泵的结构

1—螺栓（15N·m） 2—管接头（低压） 3—弹簧卡箍 4—燃油软管（低压） 5—锁紧螺母（18N·m） 6—管接头 7—带燃油压力调节阀 N276 的高压泵 8—滚轮挺杆 9—O 形环

2. 高压泵的拆装

（1）拆卸

注意：喷射装置由一个高压部分（最大约为 12MPa）和一个低压部分（大约为 0.6MPa）构成。在打开高压范围，比如拆卸高压泵、燃油分配器、喷油阀、燃油管或燃油压力传感器 G247 之前，高压范围内的燃油压力必须被降低到剩余压力（大约为 0.6MPa）。

1）卸掉燃油系统高压范围内的压力。

2）拆卸节气门控制单元 J338。

3）如图 6-6 所示，将连接插头 1 和燃油供油管路 2 从高压泵上拔下。**提示：用一块抹布收集流出的燃油，并密封供油管路。**

4）如图 6-7 所示，拆卸高压管路导向件的紧固螺栓 2。松开高压管路的锁紧螺母 1 和 3，取下高压管路。**提示：松开锁紧螺母时，用一把扳手固定住高压泵和进气管下部件上的管接头。**

5）如图 6-8 所示均匀地拧出紧固螺栓 1。

6）如图 6-9 所示，将高压泵 3 和滚轮挺杆 1 从凸轮轴箱中取出。

（2）安装

提示：① 用干净的发动机机油浸润高压泵的滚轮挺杆。② 更换高压泵的 O 形环。

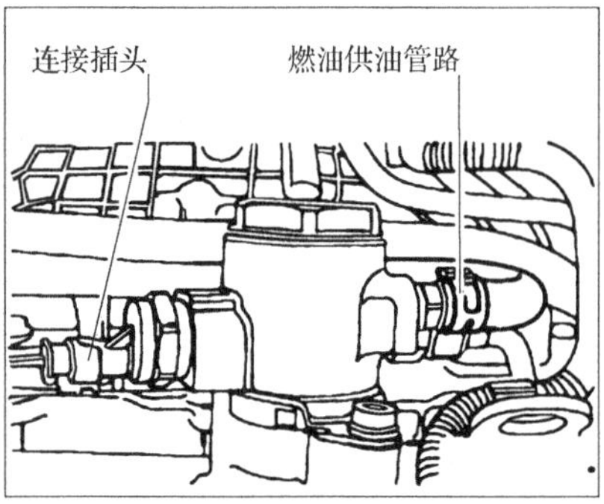

图 6-6 拔下连接插头和燃油供油管路

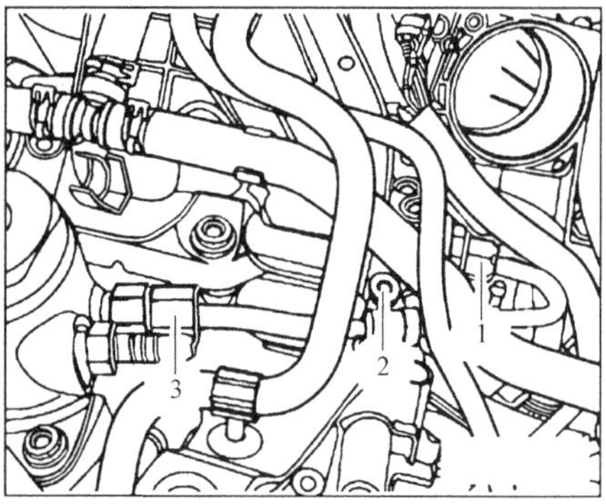

图 6-7 拆卸高压管路

1、3—高压管路的锁紧螺母 2—高压管路导向件的紧固螺栓

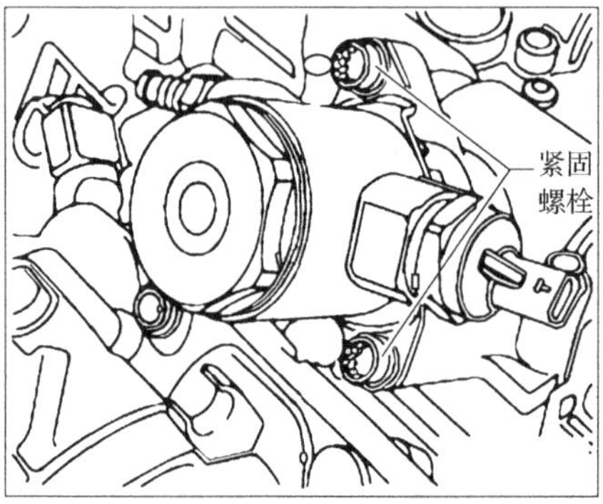

图 6-8 均匀地拧出紧固螺栓

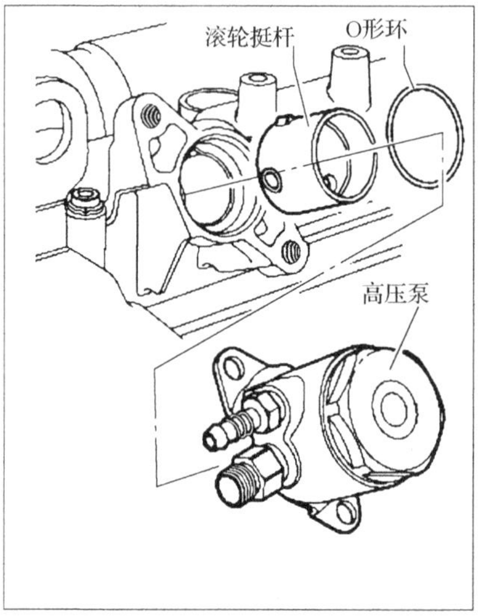

图 6-9 取出高压泵和滚轮挺杆

1）如图 6-9 所示，将滚轮挺杆 1 推入凸轮轴箱。将一个新的、涂过油的 O 形环 2 安装到高压泵 3 的凹槽中。将高压泵 3 安装到凸轮轴箱上。

2）如图 6-8 所示，用手拧入紧固螺栓 1，直到螺栓头接触到法兰。然后均匀地拧紧紧固螺栓 1，直到接触到凸轮轴箱上的法兰，拧紧力矩为 20N · m。

3）如图 6-7 所示，用手拧入高压管路的锁紧螺母 1 和 3。安装管路导向件并以 8N · m 的力矩拧紧紧固螺栓 2。用 18N · m 的力矩拧紧高压管路的锁紧螺母 1 和 3。**提示：拧紧锁紧螺母时，用一把扳手固定住高压泵和进气管下部件上的管接头。**

4）如图 6-6 所示，将燃油供油管路 2 和连接插头 1 安装到高压泵上并固定。

5）其他安装步骤按照与拆卸相反的顺序进行。

6.2.3　进气管下部件、带有喷油阀的燃油分配器的结构与拆装

1. 进气管下部件、带有喷油器的燃油分配器的结构（图6-10）

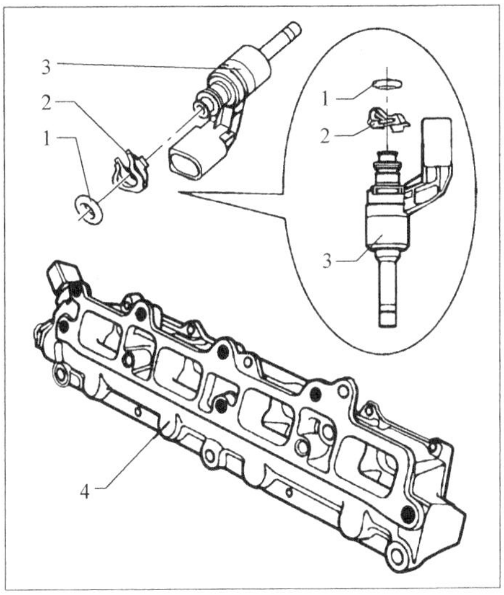

图6-10　进气管下部件、带有喷油器的燃油分配器的结构

1—O形环　2—弹性零件　3—气缸4的喷油器N33（气缸1的喷油器N30、气缸2的喷油器N31、气缸3的喷油器N32）
4—进气管下部件

2. 喷油阀的拆装

在开始工作之前，为避免人员受伤和喷射装置和点火装置损坏，必须注意以下事项：

① 为安全起见，在打开燃油系统之前必须从熔丝夹中取下27号熔丝，因为燃油泵可能被驾驶员侧车门的触点开关激活。② 在发动机运转时或起动时，不得接触或拔出点火导线。③ 只有在点火开关关闭时，才能连接和断开喷射装置和点火装置的导线以及测量导线。

（1）拆卸

1）拆下进气管下部件。

2）如图6-11所示，用手将O形环（箭头）向上推并将其从喷油器上取下。

3）将锤子T10133/3与起拔器T10133/15拧装在一起。如图6-12所示，将起拔器T10133/15装入喷油器上的凹槽（箭头）中。

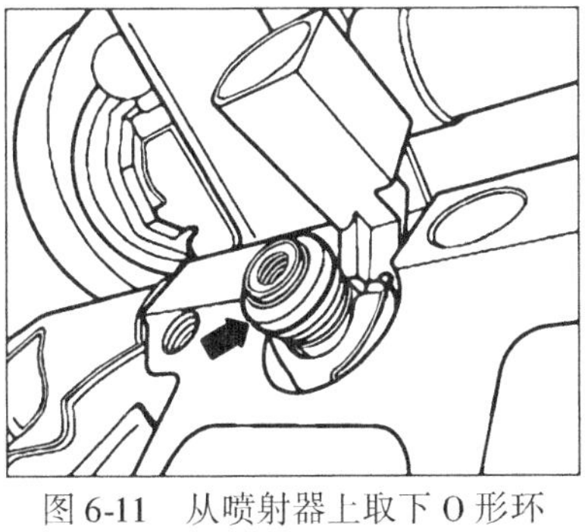

图6-11　从喷射器上取下O形环

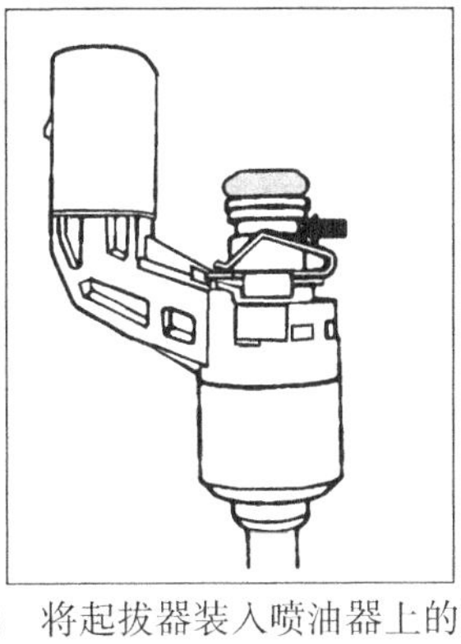

图6-12　将起拔器装入喷油器上的凹槽中

4）如图6-13所示，用锤子T10133/3小心地敲击，将喷油器拔出。

（2）安装

1）如图6-14所示，用尼龙刷T10133/4彻底清洁气缸盖内喷油器的安装孔。

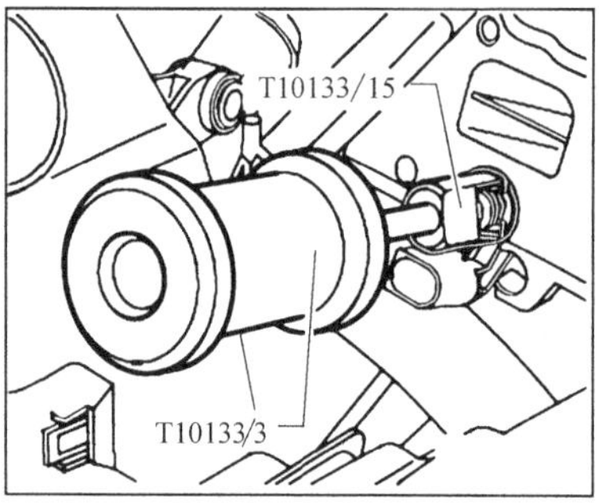

图6-13　拔出喷油器

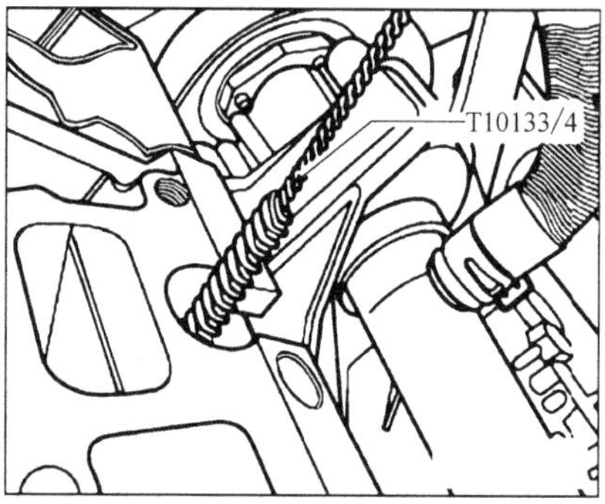

图6-14　用尼龙刷T10133/4清洁气缸盖内喷油器的安装孔

2）检查塑料支撑垫片是否损坏，必要时更换。

3）如图6-15所示，每次拆卸喷油器后更换弹性零件（箭头）以及特氟隆密封环。

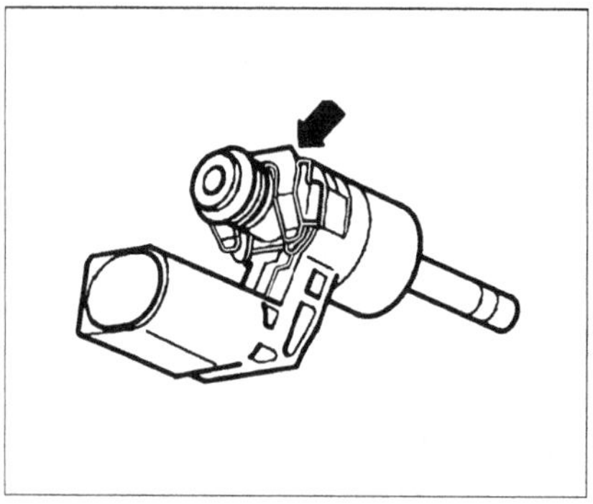

图6-15　更换弹性零件（箭头）以及特氟隆密封环

4）更换喷油器和进气管下部件之间的O形环并用干净的发动机机油略微浸润。**提示：喷油器的特氟隆密封环不得上油或涂抹油脂。**

5）手压喷油器，直到将其压入气缸盖的安装孔内的极限位置。**提示：喷油器必须稍微插入，必要时还要等到密封环足够牢固地被拧紧。**

6）注意气缸盖内喷射阀的正确安装位置。

7）小心地将进气管下部件安装到喷油器上并用20N · m的力矩拧紧紧固螺栓。

8）安装进气管。

实训单元 5　柴油机燃料供给系统拆装实训

项目七　柴油机燃油供给系统（柱塞式喷油泵）的拆装

7.1　实训目标和准备

项　　目		要　　点
目标	知识目标	理解柴油机燃油系统（柱塞式喷油泵）总体组成及各组成部件的结构
	技能目标	学会柴油机（柱塞式喷油泵）低压油路各组成部件的车上拆装和分解装配；学会喷油泵、喷油器的拆装方法
设备和工具		汽车柴油机（带柱塞式喷油泵）1 台，柴油滤清器、输油泵、喷油器各 1 套，常用拆装工具 1 套、专用拆装工具 1 套，清洗设备、零部件存放盘各 1 套，多媒体设备 1 套
实训安排		实训课时：4 学时 实训组织：每组 3 ~5 位同学，老师指导，学生动手操作

7.2　实训内容、方法及注意事项

7.2.1　柴油机燃油供给系统（柱塞式喷油泵）总体结构认识

柴油机燃油供给系统由柴油箱、油水分离器、柴油滤清器、输油泵、柱塞式喷油泵、喷油器、喷油提前器和高低压油管等部件组成。其中低压油路为柴油箱→油水分离器→输油泵→柴油滤清器→柱塞式喷油泵；高压油路为柱塞式喷油泵→高压油管→喷油器，如图 7-1 所示。

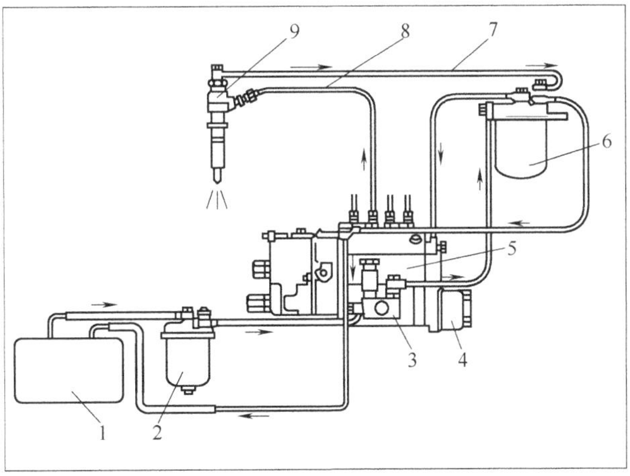

图 7-1　柴油机燃油系统总体组成

1—柴油箱　2—油水分离器　3—输油泵　4—喷油泵提前器　5—柱塞式喷油泵　6—柴油滤清器　7—回油管　8—高压油管　9—喷油器

7.2.2 柴油机低压油路主要零部件的拆装

1. 柴油机低压油路主要零部件的车上拆装

(1) 在车上观察燃油供给系统的组成，指导教师讲解其油路的流向。

(2) 拆下输油泵的进油管，拆下输油泵与柴油滤清器之间的油管，拆下柴油滤清器与喷油泵进油接头之间的低压油管。

(3) 将柴油滤清器、油水分离器、输油泵从发动机上拆卸下来。

注意：

① 拆下各低压油管、回油管后，应及时将各油管接头及纯铜密封垫圈装回。

② 拆下各油管接头后，应用防污盖或干净的布包住各油管接头，防止灰尘或杂物进入油路。

(4) 按照拆卸相反的顺序安装低压油路主要零部件。

2. 输油泵的分解和组装

YC6105QC 型柴油机活塞式输油泵的结构如图 7-2 所示。

(1) 活塞式输油泵的分解

1) 拆下轴向定位卡环，拧下滚轮挺柱体限位螺栓，拔出滚轮挺柱体，取出滚轮弹簧，抽出顶杆。

2) 拆下进油管接头螺栓，取下两个紫铜垫圈，从接头螺栓中取出进油滤网。

3) 拆下手油泵总成，取出紫铜垫圈，再依次取出进油阀弹簧、进油阀、进油阀座。

4) 拆下出油管接头螺栓，取下两个紫铜垫圈，拆下出油管接头和紫铜垫圈，再依次取出出油阀弹簧、出油阀、出油阀座。

5) 旋下大螺塞，取下紫铜垫圈，取出活塞弹簧，用尖嘴钳夹出活塞。

6) 分解手油泵总成

① 旋下手油泵上盖，抽出手油泵活塞组件。

② 拔出手油泵活塞杆销，取下手油泵手柄、手油泵弹簧。

③ 从手油泵体中取出 O 形密封圈。

注意：

① 输油泵分解时没有固定的分解顺序，根据方便进行即可。

② 输油泵在拆卸前应推压滚轮，检查滚轮、活塞运动的灵活性、行程大小以及活塞弹簧的弹性强弱，初步判断输油泵的工作性能。

③ 输油泵总成拆下后，用经验法检查输油泵的性能，若运动灵活无卡滞，密封良好，则不需要进一步分解。

(2) 活塞式输油泵的组装

1) 安装手油泵总成：依次装入进油阀座、进油阀、进油阀弹簧，装上紫铜垫圈，装入手油泵总成并拧紧。

2) 将进油滤网装入进油管接头螺栓，在进油管接头螺栓上装上两个紫铜垫圈，拧紧进油管接头螺栓。

3) 依次装入出油阀座、出油阀、出油阀弹簧，在出油管接头上套上紫铜垫圈，拧紧出

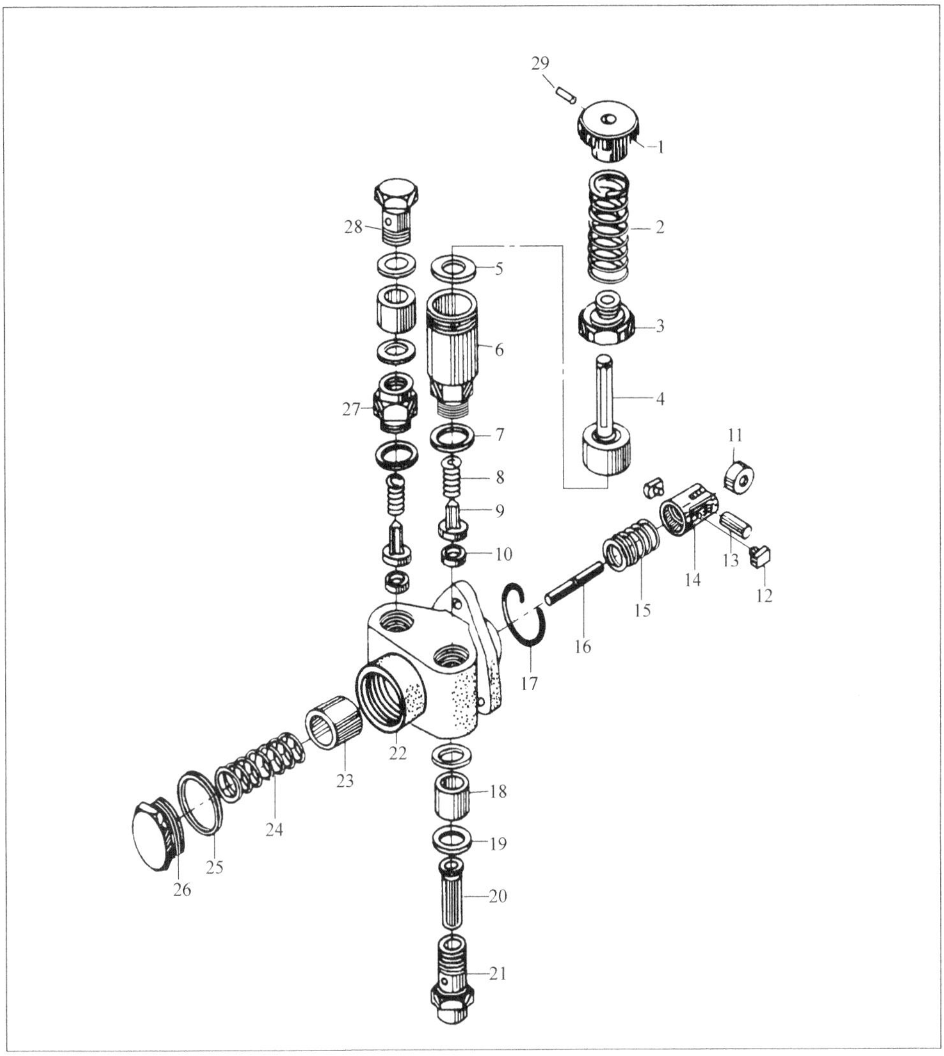

图 7-2 YC6105QC 型柴油机活塞式输油泵的结构图

1—手油泵手柄 2—手油泵弹簧 3—手油泵上盖 4—手油泵活塞部件 5—O 形密封圈 6—手油泵体 7、19、25—紫铜垫圈 8—进油阀弹簧 9—进油阀 10—进油阀座 11—滚轮 12—滑块 13—滚轮销 14—挺柱 15—滚轮弹簧 16—顶杆 17—卡环 18—防污套 20—进油滤网 21—进油管接头螺栓 22—输油泵体 23—活塞 24—活塞弹簧 26—螺塞 27—出油管接头 28—出油管螺塞 29—输油泵活塞杆销钉

油管接头，在出油管接头螺栓上装上两个紫铜垫圈，拧紧出油管接头螺栓。

4）装入活塞、活塞弹簧，在大螺塞上套上紫铜垫圈，拧紧大螺塞。

5）装入顶杆、滚轮弹簧，压入滚轮挺柱体，拧紧滚轮挺柱体限位螺钉，装入卡环。

注意：

① 更换所有的紫铜垫圈。

② 装入活塞、顶杆、滚轮体时，应将表面及相应的泵体内壁涂抹干净的机油。

③ 进、出油管接头螺栓上都应装两个紫铜垫圈。

3. 柴油滤清器的拆装

柴油滤清器的结构如图 7-3 所示。

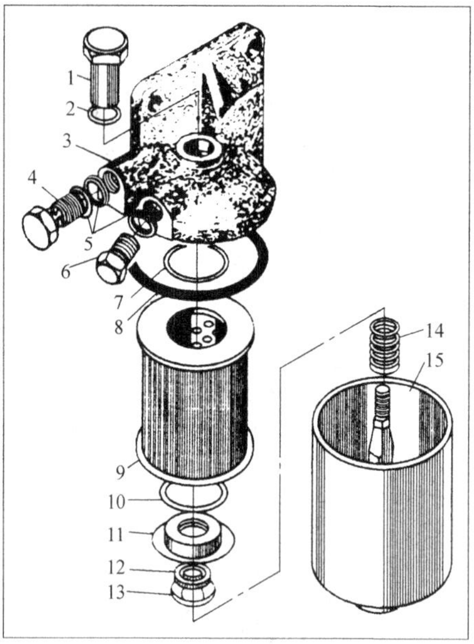

图 7-3　柴油滤清器的结构图

1—一级拉紧螺母　2—密封垫圈　3—柴油滤清器体　4—油管螺栓　5—垫圈　6—放气螺钉　7、10—密封圈　8—密封环　9—滤芯组件　11—滤芯座　12—密封垫托　13—托盘　14—弹簧　15—壳体组件

(1) 将柴油滤清器安装在台虎钳上，旋松拉紧螺母 1，取出壳体组件 15，即可取下柴油滤芯组件 9 等所有零部件。注意按顺序放置各零部件。

(2) 检查柴油滤芯组件 9 是否有破损、凹瘪、阻塞，如有应更换；如滤芯完好，可用干净柴油清洗滤芯继续使用。

(3) 按照拆卸相反的顺序安装柴油滤清器。

注意：

① 分解时，各零部件要按顺序放置。

② 检查各密封垫圈是否破损、老化，酌情更换，并注意安装位置正确，以防漏油。

7.2.3　柱塞式喷油泵的拆装

1. 柱塞式喷油泵的结构认识

柱塞式喷油泵总成由喷油泵、调速器和喷油提前器等组成。A 型喷油泵主要由泵体、泵油机构、油量调节机构、传动机构和润滑冷却系统等组成，其分解图如图 7-4 所示。

2. 柱塞式喷油泵总成的车上拆装

(1) 柱塞式喷油泵总成的车上拆卸

1) 拆下输油泵上进油管，拆下输油泵与柴油滤清器之间的油管，拆下柴油滤清器与喷油泵进油接头之间的低压油管，拆下各分泵与喷油器之间的高压油管，拆下回油管。

2) 转动曲轴，找到一缸的供油正时位置。

3) 从油门拉杆上拆下复位弹簧，取下连接销。

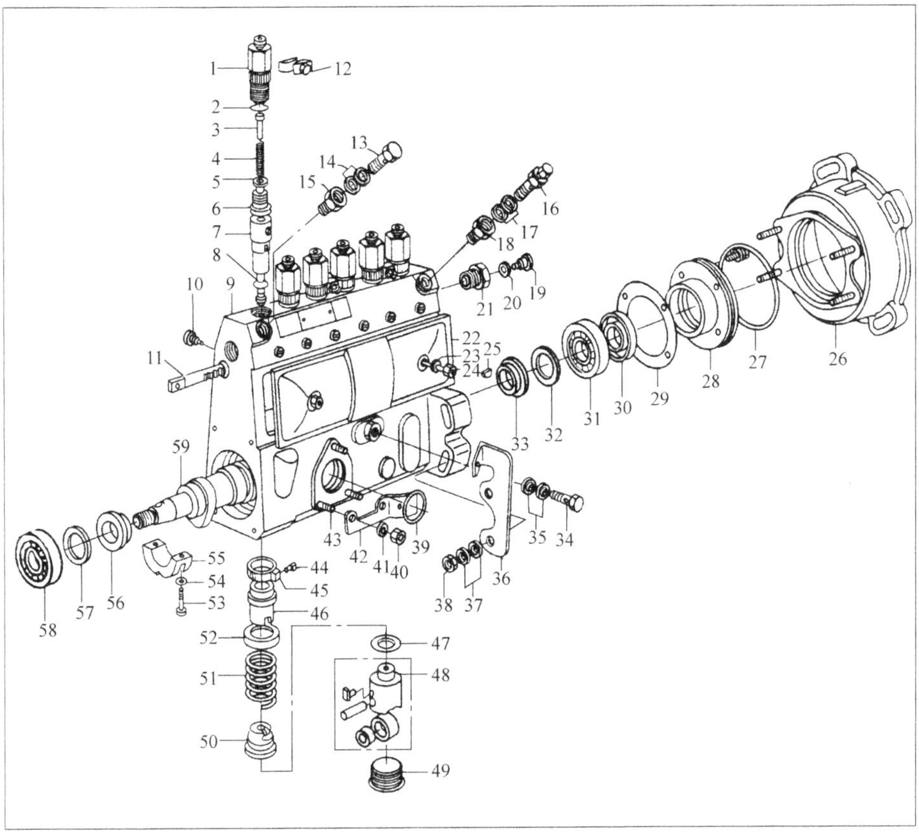

图 7-4　A 型柱塞式喷油泵分解图

1—出油阀紧座　2、27、39—O 形密封圈　3—减容器　4—出油阀弹簧　5—出油阀　6—出油阀座　7—柱塞套　8—柱塞　9—泵体　10—齿杆固定螺钉　11—供油齿杆　12—出油阀紧座夹片总成　13—放气螺钉　14、17、20、23、29、32、35、37、41、54、57—垫片　15、18、21—螺钉座　16、19、24、34、53—螺钉　22—检视窗盖板　25—键　26、33、56—支座　28—凸轮轴前轴承盖　30—油封　31、58—轴承　36、42—支架　38、40—螺母　43—螺栓　44—齿圈夹紧螺钉　45—齿圈　46—套筒　47—调整垫片　48—滚轮总成　49—螺塞　50—柱塞座　51—柱塞弹簧　52—弹簧上座　55—凸轮轴轴承座　59—凸轮轴

4）从停油拉杆上拆下控制拉索。

5）拆下喷油泵体与联轴器间的连接螺栓。

6）拆下喷油泵体与托架的连接螺栓，从发动机上抬下喷油泵总成。

注意：

① 拆下各低压油管、回油管后，及时将各油管接头及紫铜密封垫圈装回。

② 拆 6 根高压油管时，不能硬拉硬拽，以免拉弯甚至拉断高压油管。

③ 拆下各油管接头后，应用防污盖或干净的布包住各油管接头，防止灰尘或杂物进入油路。

④ 当第 1 缸处于供油正时位置时，第 1 缸活塞接近压缩上止点位置，第 1 缸分泵出油管接头处有油冒出，喷油泵联轴器上正时记号与泵体前轴承盖上的正时记号对齐。

（2）柱塞式喷油泵总成的车上安装

1）摇转曲轴，找到第 1 缸的压缩上止点，使曲轴带轮上的供油提前角记号与机体上的记号对齐。

2）转动喷油泵凸轮轴，使联轴器上的正时记号刻线与前轴承盖上的记号刻线对齐。

3）向前推动喷油泵总成，使喷油泵从动凸缘盘与联轴器接合，拧紧连接螺栓。

4）装上输油泵与柴油滤清器之间的油管，装上柴油滤清器与喷油泵进油接头之间的低压油管，装上喷油泵与喷油器之间的高压油管，装上回油管。

5）装上回油控制拉杆、连接销和复位弹簧。

6）装上停油控制拉索。

3. 柱塞式喷油泵的分解与装配

（1）柱塞式喷油泵的分解

1）清洁。用柴油清洗泵体外部。旋下调速器底部的放油螺塞，放尽油泵内的润滑油。

2）拆卸外部附件。将柱塞式喷油泵固定在拆装架上，拆下输油泵、检视窗盖板、油尺等外部附件。

3）拆卸提前器固定螺钉。用专用工具拆卸提前器固定螺钉，取下供油提前器。

4）固定滚轮总成（图 7-5a）。转动凸轮轴，使第 1 缸滚轮总成处于上止点，将滚轮插销插入滚轮总成锁孔中。同样方法固定所有滚轮总成，使滚轮体和凸轮轴脱离接触。

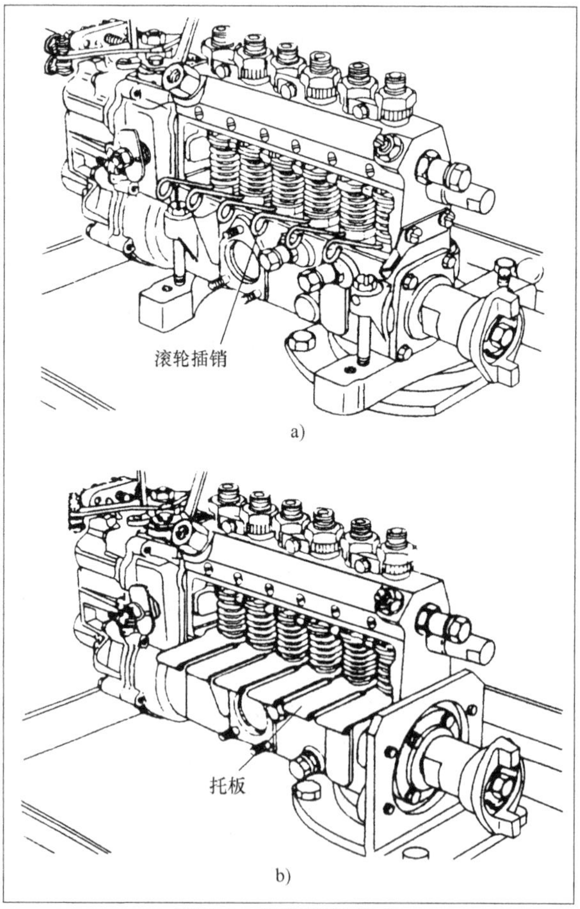

图 7-5　固定滚轮总成

a）用插销固定滚轮体总成　b）用托板固定滚轮体总成

有的柱塞泵滚轮总成不是用插销固定，而是用托板固定（图7-5b），也是采用同样方法将各缸滚轮顶起，并用托板塞入柱塞弹簧下座进行固定。

5）拆卸调速器总成。拆下调速器后盖固定螺钉，将调速器壳体后移并倾斜适当角度，拔开连接杆上的销夹和卡销，使供油齿杆和连接杆脱离。用尖嘴钳取下起动弹簧、取下调速器总成。

6）拆下调速器飞块。固定凸轮轴，用专用工具拆下调速器飞块支座固定螺母，用顶拔器拉出飞块支座总成。

7）拆卸油泵底部螺塞。用套筒弯柄拆卸油泵底部螺塞。

8）拆卸凸轮轴。拆卸凸轮轴中间轴承固定螺钉、前轴承盖固定螺钉、拆卸前轴承盖调整垫片，用木槌从调速器一端敲击凸轮轴，将凸轮轴和轴承一起从泵体前端取下。

9）拆卸柱塞等零部件。将泵体检视窗一侧向上放平。从油泵底部塞孔中装入滚轮挺柱顶持器，顶起滚轮体部件，拔出滚轮体插销，取出滚轮体总成，按上述方法，依次取出各缸滚轮体总成。

用专用工具取出柱塞、柱塞弹簧、弹簧上下座、供油量调节装置（包括油量控制套筒、油量调节齿圈、夹紧螺钉等）等。

10）拆卸出油阀。旋松出油阀压紧座，取出减容器、出油阀偶件、出油阀弹簧、垫片和柱塞套等，按顺序放在专用盆中。

11）拆卸供油齿杆。旋松供油齿杆固定螺钉，取出供油齿杆。

12）柱塞式喷油泵主要零部件检查。

① 柱塞偶件检查。用干净柴油清洗柱塞偶件后，用眼睛观察柱塞表面不得有明显的划痕或磨损发白的痕迹，否则应报废。然后使它们倾斜60°放置，将柱塞从柱塞套中拉出2/3长度放手，不管在什么方向柱塞均能借自重缓缓下落，下落过快或有阻滞现象都不合要求。

② 出油阀偶件检查。用清洁柴油清洗后，先用眼睛观察出油阀座及出油阀锥形表面不得有可见划痕和磨损痕迹，否则应更换。然后用手拿出油阀座，用食指尖端堵塞油口，将出油阀放入阀座内，当向下压时有回弹感觉，放手后，阀门会回弹为正常，否则说明磨损或变形严重，应更换。

（2）柱塞式喷油泵的装配。按照与拆卸相反的顺序进行装配。

注意：

① 装配时应在高度清洁的柴油中清洗柱塞偶件、出油阀偶件，其配合间隙极小，稍有不慎，就会卡死。

② 柱塞偶件、出油阀偶件不得互换。

③ 应该按照安装标记进行安装，如柱塞套筒定位槽应恰好卡在油泵体的定位销上，供油齿圈和油量控制套筒的记号要对准。

④ 采用喷油泵专用工具进行安装。

⑤ 每个紧固螺钉的力矩应符合规定值，如出油阀压紧座为25~35N·m，过大会引起泵体开裂、柱塞咬死及齿杆阻滞、柱塞套变形，加剧柱塞偶件的磨损。

⑥ 装回凸轮轴时应与中间支撑轴承同时安装，否则凸轮轴装合后无法装上中间支撑轴承。

⑦ 装配完毕后，拉动供油齿杆，应轻松灵活，不得有任何阻滞现象。

4. 调速器的结构认识

柴油机的调速器为机械离心式，能随负荷与转速的变化自动调节喷油泵的循环供油量，以限制高速、稳定转速。图 7-6 为 RAD 型两极调速器分解图。

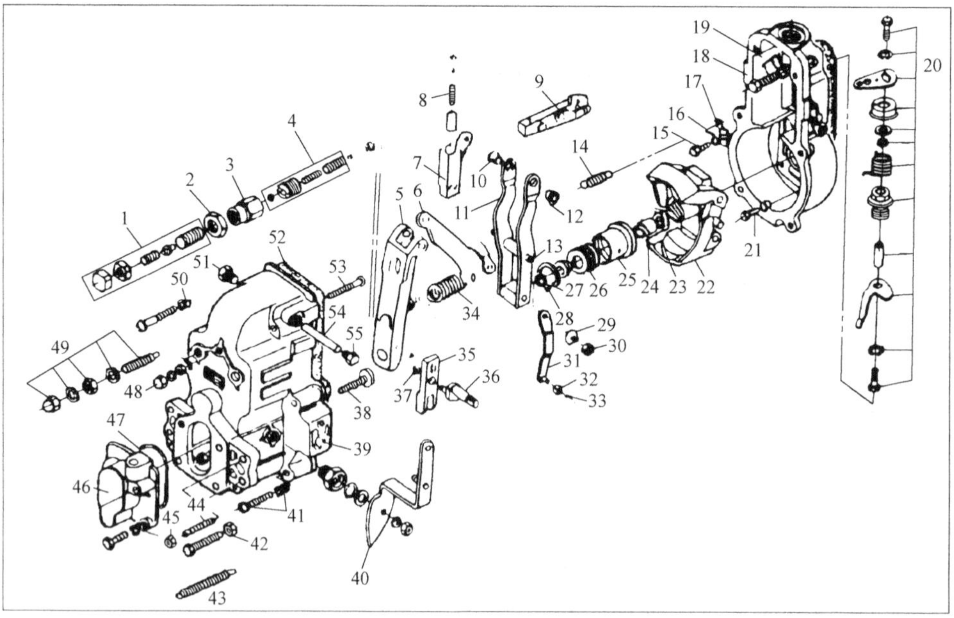

图 7-6　RAD 型两极调速器分解图

1—校正弹簧组件　2、30、42、45—螺母　3—螺套　4—怠速弹簧组件　5—调速杠杆组件　6—调速弹簧拉杆　7—上拨杆　8—定位柱部件　9—齿杆连接杆组件　10—衬套　11—支架焊接件　12、29—止动垫圈　13—转轴　14—起动弹簧　15、43、51、55—螺栓　16、23—垫圈　17—起动弹簧挂耳　18—前壳　19、21、41、50—螺栓组件　20—停车手柄组件　22—飞锤支架组件　24—凸轮轴后端螺母　25—调速套筒　26—推力球轴承组件　27、33、37—挡圈　28—调整垫圈　31—下拨杆铆焊件　32—滑块　34—调速弹簧　35—拨叉　36—拨叉轴　38—调节螺钉　39—后壳　40—操纵手柄部件　44、53—螺钉　46—后盖　47—O 形密封圈　48—螺母组件　49—怠速稳定装置组件　52—垫片　54—销钉

调速器一般不进行拆装，可以将其从喷油泵上拆下来（如前），学生进行整体结构认识，并分析其工作原理。

7.2.4　喷油器的拆装

1. 喷油器的结构认识

汽车柴油机喷油器有孔式和轴针式两种，孔式喷油器的分解图如图 7-7 所示。

2. 喷油器的车上拆装

以凸缘固定式喷油器为例，拆卸过程如下（图 7-8）：

（1）拆卸回油管螺钉，取下回油管。

（2）拆卸各缸喷油器高压油管紧固螺钉。

（3）拆卸各缸喷油器紧固螺钉。

（4）拆卸喷油器。

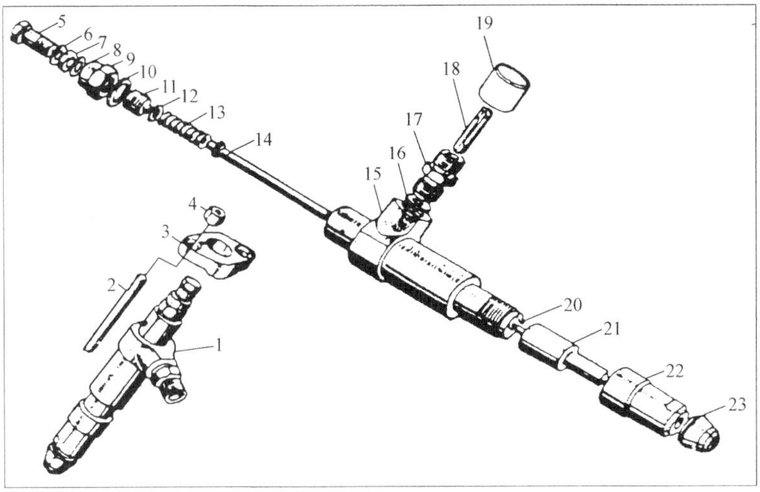

图 7-7　喷油器分解图

1—喷油器总成　2—螺栓　3—压板　4—螺母　5—回油螺钉　6、8、10、16—垫圈　7—防尘套　9—紧固螺母　11—调压螺钉　12—垫片　13—调压弹簧　14—顶杆　15—喷油器体　17—接头　18—滤芯　19—防污盖　20—销　21—针阀偶件　22—螺套　23—铜锥体

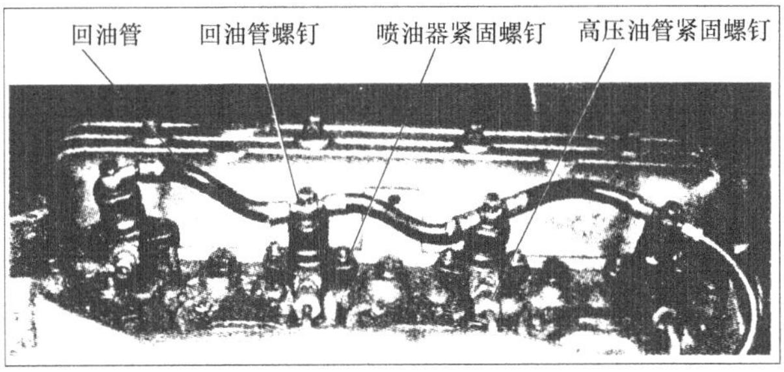

图 7-8　喷油器的拆卸

注意：拆卸喷油器有困难时，可先用铜棒振松喷油器，视需要可用专用顶拔器拉出。

（5）按照拆卸相反的顺序将喷油器安装到发动机上。

注意：

① 安装前应先清洗喷油器座孔内的积炭、污垢。

② 有的喷油器采用压板固定，压板的圆弧状凸起面应朝向喷油器的凸肩。

③ 按要求多次均匀拧紧喷油器的两个紧固螺钉。

④ 检查喷油器伸出气缸底部的高度（图 7-9，如 YC6105QC 喷油器为 3.5 ~ 3.7mm）。安装高度不符合规定时，可拆下锥形垫圈，在喷油器紧固螺套与锥形垫圈之间加垫片调整，或更换锥形垫圈。

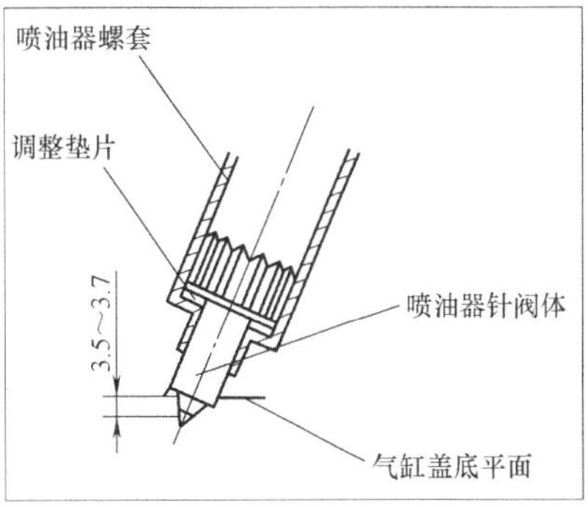

图 7-9　喷油器的安装

3. 喷油器的分解与装配

（1）在柴油中清洗喷油器外部污垢。

（2）将喷油器支持架固定在台虎钳上，放置喷油器，旋松调压螺钉紧固螺母，拧出调压螺钉、取出调压弹簧和顶件。

（3）将喷油器倒夹在台虎钳上，拆卸油嘴垫，旋松紧固螺套，取下针阀和针阀体。

注意：如果针阀与针阀体难以分开，可用钳子垫上橡胶片夹在针阀尾端拉出。针阀偶件清洗干净后应成对浸泡在清洁的柴油里。

（4）喷油器的装配按分解的相反顺序进行。

注意：

① 针阀偶件需要在高度清洁的柴油中清洗后装配。

② 针阀体定位销孔应准确与喷油器体的定位销钉对准。

③ 紧固螺套的拧紧力矩较大，一般为 60 ~ 80N · m。

7.3 常见车型的比较

柴油机燃油供给系统（柱塞式喷油泵）各部件结构特点见表 7-1。

表 7-1 柴油机燃油供给系统（柱塞式喷油泵）各部件结构特点

部件		特点
喷油器		孔式喷油器：适用于统一式燃烧室，喷孔数目 1 ~ 7 个 轴针式喷油器：适用分隔式燃烧室，有圆柱形、截锥形 低惯量喷油器：调压弹簧下置，顶杆缩短
喷油泵	供油量调节机构	齿杆齿圈式（A 型泵）：旋转衬套、齿圈、齿杆等 拨叉拉杆式（Ⅱ号泵）：调节拉杆、调节臂、调节叉等 钢球式（P 型泵）：钢球、调节拉杆、柱塞套筒等
	喷油泵体	整体式（A 型泵）：泵体侧面开有窗口，底部用盖板封闭 箱形封闭式（P 型泵）：泵体不开侧窗口
	柱塞套	分体式：出油阀、出油阀座偶件在柱塞、柱塞套偶件的上方 吊挂式：喷油泵柱塞和出油阀偶件都装在有连接凸缘的柱塞套内
	柱塞上油槽	直槽，螺旋槽
	润滑方式	压力润滑：利用柴油机润滑系统主油道内的机油润滑 润滑油润滑：单独加注润滑油润滑
	驱动机构	挺柱组件上调整各缸供油提前角不均匀度的部件有调整螺母和调节垫片
输油泵		膜片式和滑片式：分别作为分配泵的一级和二级输油泵 活塞式：与柱塞式喷油泵配套使用

项目八　柴油机燃油供给系统（分配式喷油泵）的拆装

8.1　实训目标和准备

项目		要点
目标	知识目标	理解柴油机燃油系统（分配式喷油泵）总体组成及各组成部件的结构
	技能目标	学会分配式喷油泵的拆装方法
设备和工具	汽车柴油机（带分配式喷油泵）1台，分配式喷油泵总成各1个，常用拆装工具1套、专用拆装工具1套，清洗设备、零部件存放盘各1套，多媒体设备1套	
实训安排	实训课时：2学时 实训组织：每组3～5位同学，老师指导，学生动手操作	

8.2　实训内容、方法及注意事项

8.2.1　柴油机燃油供给系统（分配式喷油泵）总体结构认识

柴油机燃油供给系统（分配式喷油泵）由柴油箱、油水分离器、一级输油泵、二级输油泵、柴油滤清器、分配式喷油泵、喷油器、调速器、喷油提前器、高低压油管、回油管等部件组成。其中低压油路为柴油箱→油水分离器→一级输油泵→柴油滤清器→二级输油泵→分配式喷油泵；高压油路为分配式喷油泵→高压油管→喷油器，如图8-1所示。

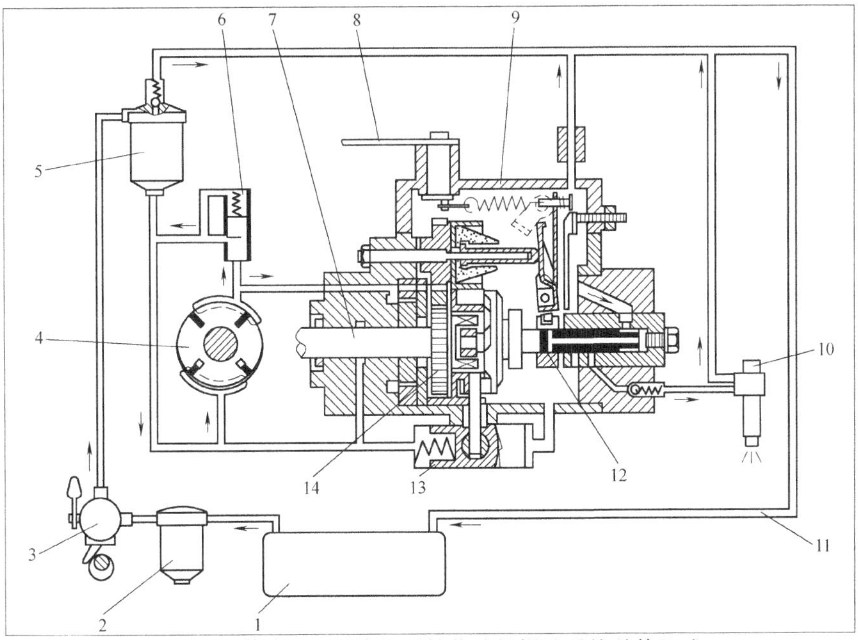

图8-1　装有VE型分配泵的柴油机燃油系统总体组成

1—柴油箱　2—油水分离器　3—一级输油泵　4—二级输油泵　5—柴油滤清器　6—调压阀　7—分配式喷油泵传动轴　8—调速手柄　9—分配式喷油泵体　10—喷油器　11—回油管　12—分配式喷油泵　13—喷油提前器　14—调速器传动齿轮

8.2.2 分配式喷油泵的拆装

分配式喷油泵总成由喷油泵、调速器和液压式喷油提前器等组成。VE 型分配式喷油泵结构如图 8-2 所示，其分解图如图 8-3 所示。

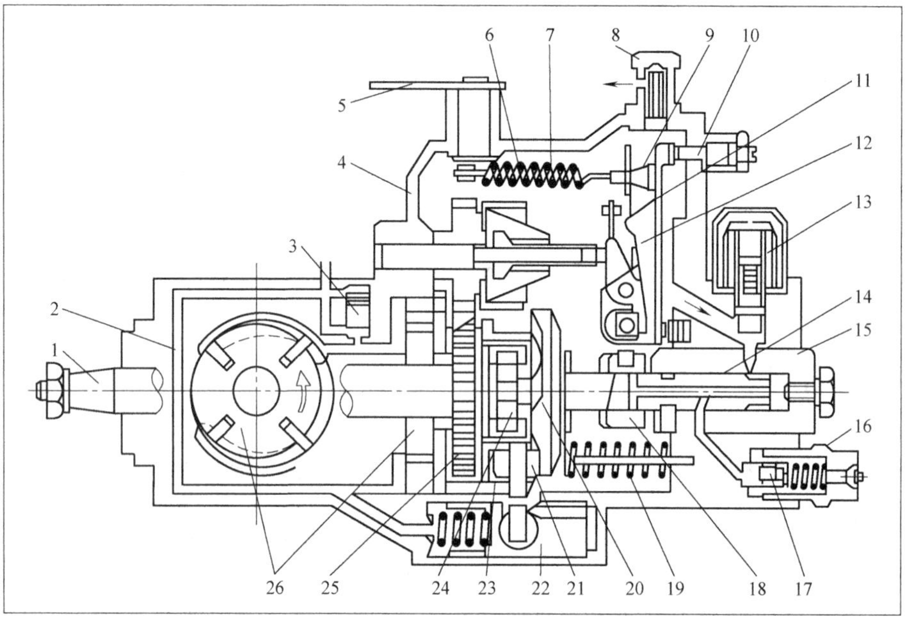

图 8-2 VE 型分配式喷油泵结构

1—驱动轴 2—泵体 3—调压阀 4—泵盖 5—调速手柄 6—飞锤 7—调速弹簧 8—回油电磁阀 9—稳定弹簧 10—最大油量调整螺钉 11—张力杆 12—调整杆 13—断油电磁阀 14—柱塞 15—柱塞套 16—出油阀紧座 17—出油阀 18—油量调节套筒 19—柱塞弹簧 20—平面凸轮盘 21—滚轮 22—正时提前器活塞 23—滚轮支架 24—联轴器 25—调速器驱动齿轮 26—滑片式输油泵

1. 分配式喷油泵的拆卸

(1) 清洁喷油泵泵体与拆卸外部附件。用柴油清洗喷油泵泵体外部。将分配式喷油泵固定在专用夹具上，拆下外部油管、支架等附件。

(2) 拆卸顶盖及调速弹簧部件（图 8-4）。拆卸泵盖固定螺钉，提起泵盖，脱开调速弹簧挂钩，拆卸调速弹簧、稳定弹簧及弹簧座等零件。

(3) 拆卸调速轴组件（图 8-5）。旋松调速轴紧固螺钉，旋出调速轴，取出调速器齿轮、飞块、调速滑套、垫片等零部件。

(4) 拆卸出油阀。拆卸出油阀紧座，取出出油阀偶件、出油阀弹簧、垫片，按顺序放好。

(5) 拆卸电磁阀。用扳手拆卸电磁阀，取出电磁阀芯。

(6) 拆卸泵头组件（图 8-6）。拆卸泵头的紧固螺钉，垂直向上提起泵头，从泵头上拆下导向销、垫片、弹簧座及支撑弹簧。取出柱塞、油量控制套筒、弹簧下座、减摩垫圈及柱塞调整垫片。

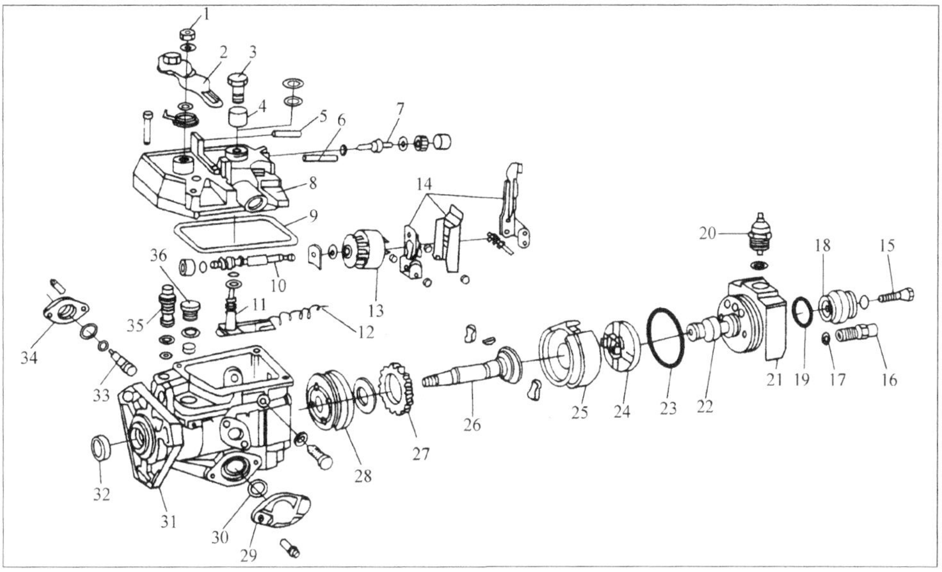

图 8-3　分配式喷油泵分解图

1—螺母　2—控制手柄　3—回油螺钉　4—回油管　5—高速限制螺钉　6—怠速限制螺钉　7—最大油量调节螺钉　8—泵盖　9—密封垫　10—调速器轴　11—控制手柄轴　12—调速弹簧　13—调速齿轮　14—调速摇架总成　15—螺钉　16—出油阀紧座　17—出油阀垫　18—泵头螺塞　19、23、30—O 形密封圈　20—电磁阀　21—泵头　22—柱塞偶件　24—平面凸轮盘　25—滚轮座总成　26—传动轴　27—传动齿轮　28—输油泵　29、34—提前器端盖　31—泵体　32—油封　33—提前器活塞　35—调压阀总成　36—进油螺钉

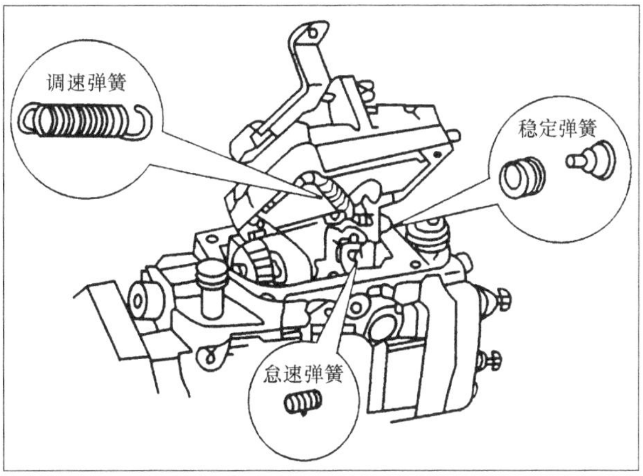

图 8-4　拆卸顶盖及调速弹簧部件

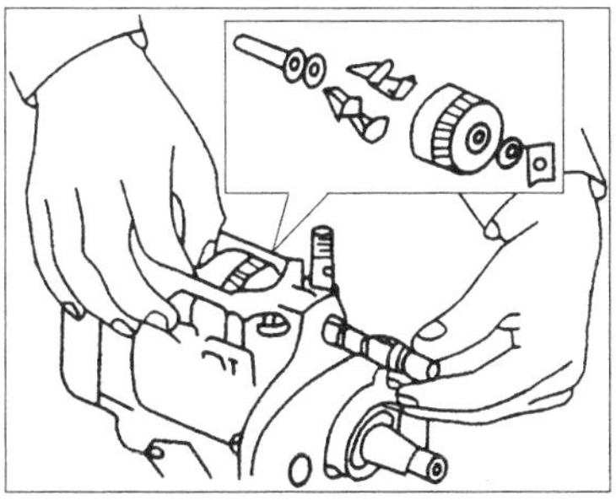

图 8-5　拆卸调速轴组件

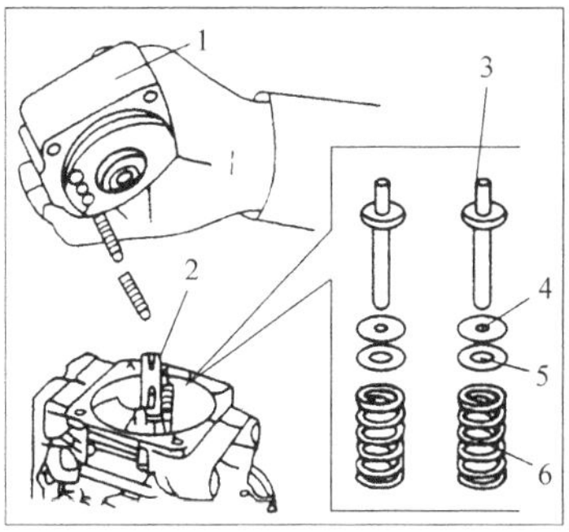

图 8-6　拆卸泵头组件

1—泵头　2—柱塞　3—导向销　4—垫片　5—弹簧座　6—支撑弹簧

（7）拆卸调速摇架。用专用工具拆卸油泵壳体两侧的三角支撑螺钉，取出调速摇架。

（8）拆卸平面凸轮盘等部件（图 8-7）。从泵体内取出平面凸轮盘、联轴器和弹簧。

（9）拆卸提前器活塞（图 8-8）。旋松提前器端盖紧固螺钉，取下提前器端盖、提前器弹簧和 O 形密封圈。用尖嘴钳取出弹簧夹、定位销，用镊子将滚轮座销向油泵中心拉，使它脱开提前器活塞孔，再取出滚轮总成和提前器活塞，取出传动轴、垫片、齿圈和橡胶减振块。

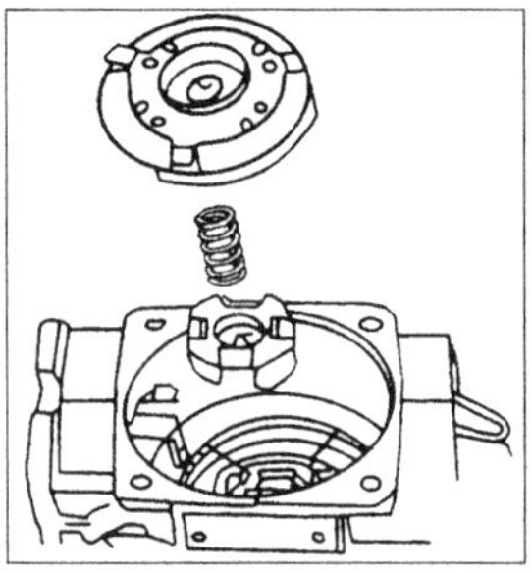

图 8-7 拆卸平面凸轮盘等部件

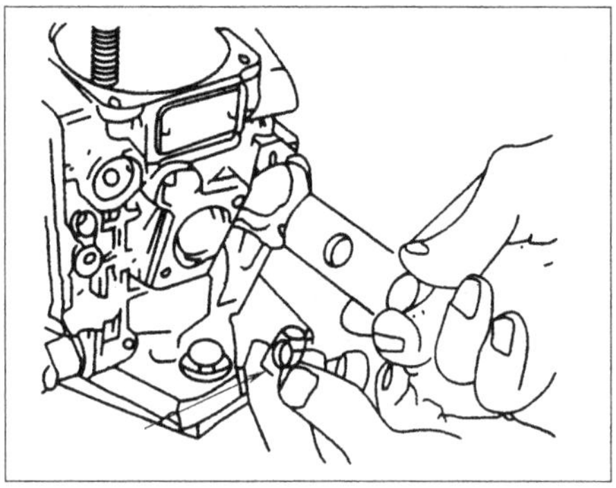

图 8-8 拆卸提前器活塞

（10）拆卸滑片式输油泵。用螺钉旋具拆下输油泵固定螺钉，取出输油泵零部件。

注意：输油泵零部件与泵体配合间隙较小，不可硬拉输油泵零部件，可以将传动轴连同齿轮插入输油泵孔，托住输油泵，将油泵倒置，用木槌轻轻敲打泵体，慢慢放下传动轴使输油泵总成随轴一起拉出。

（11）拆卸调压阀总成（图 8-9）。用专用工具拆卸调压阀总成，取出调压阀、调压阀套、调压阀弹簧和 O 形密封圈。

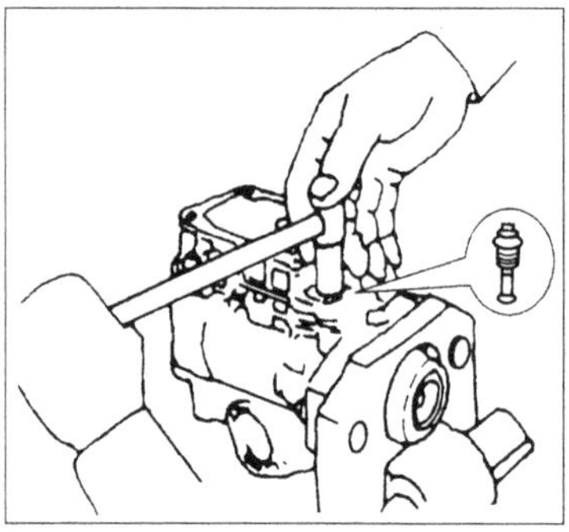

图 8-9 拆卸调压阀总成

2. 分配式喷油泵的装配

分配式喷油泵的装配顺序与拆卸相反。

在装配过程中注意以下几点：

① 在安装柱塞部件时（图 8-10）应注意油量控制套筒的小孔应朝向柱塞大端，柱塞的定位槽应卡在平面凸轮盘的定位销上，柱塞垫块应在柱塞底部的凹坑内。

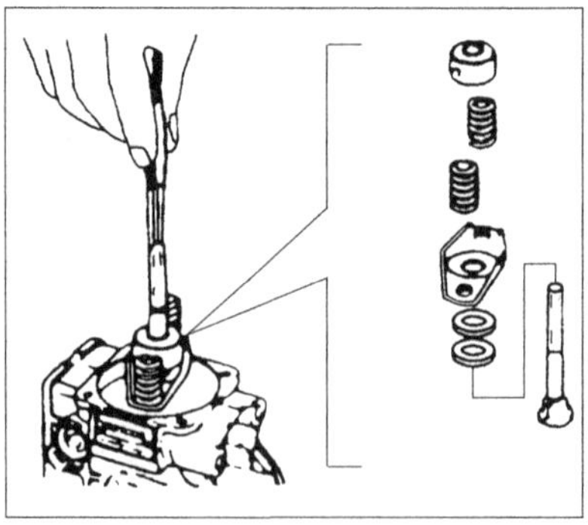

图 8-10 安装柱塞部件

② 在安装泵头时，应在支撑弹簧及弹簧导向销上涂上润滑脂，以防脱落。

③ 在安装调速器摇架时应注意将其下部球头对准油量控制套筒的孔。

④ 各紧固螺钉的力矩应符合要求值。

8.3　常见车型的比较

机械式喷油系统（分配式喷油泵）采用机械方式进行喷油量和喷油时间的调节和控制。现代柴油发动机越来越多地采用电控柴油喷射系统，类型见表 8-1。

表 8-1　现代柴油发动机电控柴油喷射系统

类　型	特　点
位置控制式	不改变传统喷油系统的结构和工作原理（如捷达电控柴油机采用轴向压缩式分配泵），只采用电控组件代替调速器和供油提前角调节器
时间控制式	在高压油路中，利用电磁阀直接控制喷油开始时间和结束时间，所以能自由控制喷油量和喷油定时，而且喷油压力可以达到很高（240MPa）。但无法实现喷油压力的灵活调节，且较难实现预喷射或分段喷射。如宝来轿车的 TDI 发动机所采用的电控泵喷嘴系统（UIS）
时间压力控制式（高压共轨式）	不再采用喷油系统柱塞泵分缸脉动供油原理，而是用一个设置在喷油泵和喷油器之间的、具有较大容积的共轨管，把喷油泵输出的燃油蓄积起来并稳定压力，再通过高压油管输送到每个喷油器上，由喷油器上的电磁阀控制喷射的开始和终止。这种系统由于其喷油压力、时间、油量及喷油规律柔性可调，性能优越，广泛应用与现代电控柴油机上。如一汽大众奥迪 A6 轿车柴油机电控共轨燃油系统，如图 8-11 所示

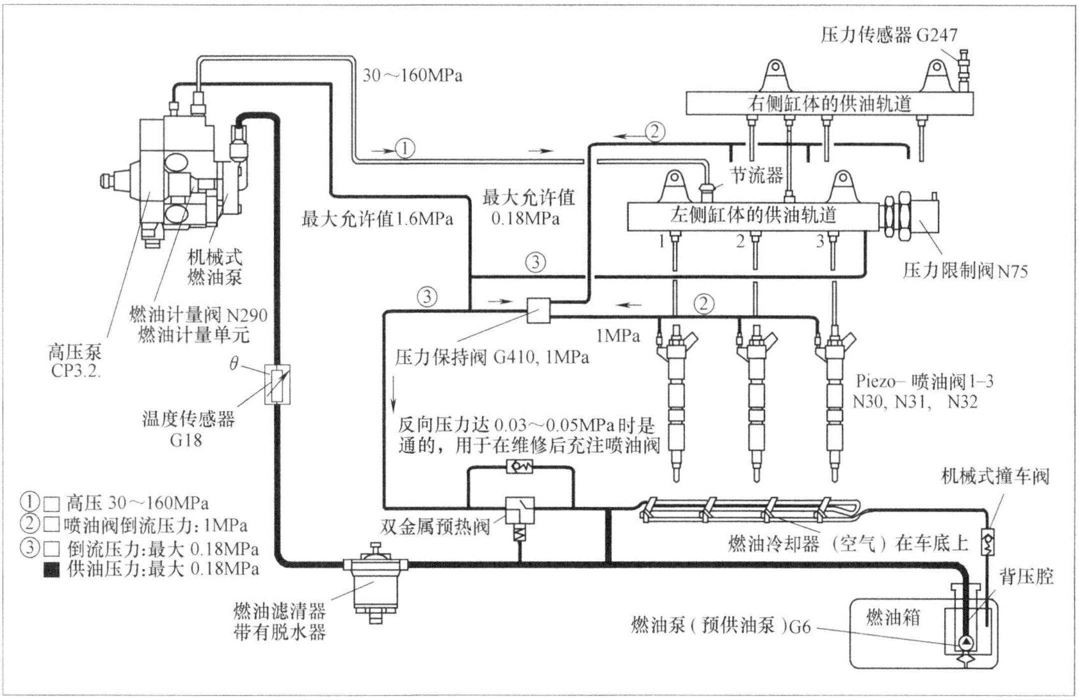

图 8-11　高压共轨电控柴油喷射系统

实训单元6　发动机冷却、润滑系统拆装实训

项目九　发动机冷却系统的拆装

9.1　实训目标和准备

项　　目		要　　点
目标	知识目标	理解发动机冷却系统的组成及各组成部件的构造
	技能目标	学会发动机冷却系统各主要零件的拆装、检查方法
设备和工具		桑塔纳2000GSi轿车2000AJR发动机1台，水泵、节温器各1只，冷却液温度计、加热装置、常用工具、常用量具各1套，零部件盆、清洗工具各1套，多媒体设备1套
实训安排		实训课时：2学时 实训组织：每组3~5位同学，老师指导，学生动手操作

9.2　实训内容、方法及注意事项

9.2.1　桑塔纳2000GSi轿车AJR发动机冷却系统的组成认识

汽车发动机的冷却系统为强制循环水冷却系统，一般由水泵、散热器、百叶窗、冷却风扇、节温器、冷却液温度传感器、膨胀水箱、发动机机体和气缸盖中的水套以及附属装置等组成，如图9-1所示。

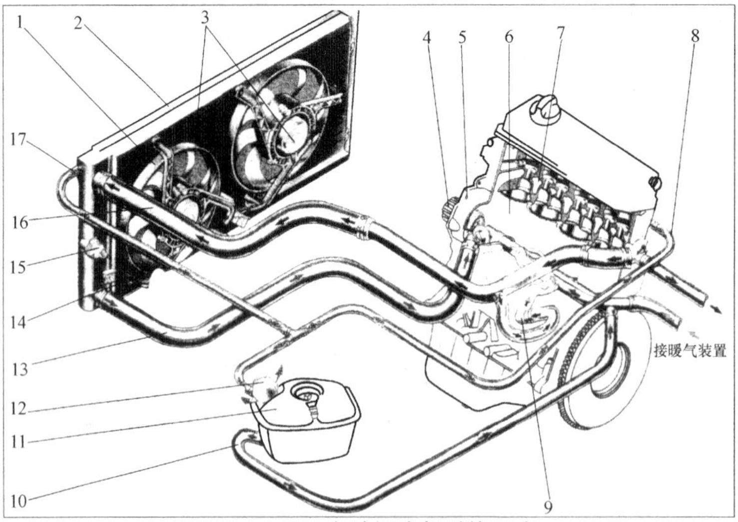

图9-1　AJR发动机冷却系统组成

1—护罩　2—散热器　3—电动风扇　4—同步带轮　5—水泵　6—气缸体水套　7—气缸盖水套　8—水套排气管　9—节气门热水管　10—膨胀水箱管　11—膨胀水箱　12—膨胀水箱盖　13—冷却液下橡胶软管　14—散热器排气管　15—电动风扇双速热敏开关　16—冷却液上橡胶软管　17—过热蒸汽管

9.2.2　冷却液排放与加注

以桑塔纳2000GSi轿车AJR发动机冷却系统为例来说明冷却液的排放与加注。

1. 排放

(1) 将仪表板上的暖风开关拨至右端，打开暖风控制阀。

(2) 在盖子上盖一块抹布，小心地旋开盖子。

(3) 在发动机下放置一个干净的收集盘。

(4) 松开夹箍，拔下散热器的下水管，放出冷却液。

2. 加注

冷却系统中必须常年加注一种具有防冻、防沸、防腐、防垢功能的冷却液，加注时应按以下步骤进行：

(1) 加注冷却液至冷却液储液罐最高点标志处。

(2) 旋紧储液罐盖子。

(3) 使发动机运转5~7min。

(4) 检查冷却液面高度，必要时加注冷却液到最高标志。

注意：

① 在热态时不可立即取下冷却液储液罐的盖子，防止蒸汽喷出。

② 切勿混用不同牌号的冷却液。禁止使用磷酸盐和亚硝酸盐作为防腐剂的冷却液。

9.2.3　发动机冷却系统各部件的车上拆装

1. 水泵总成的拆装

桑塔纳2000GSi轿车AJR发动机采用叶片式水泵，其结构如图9-2所示。

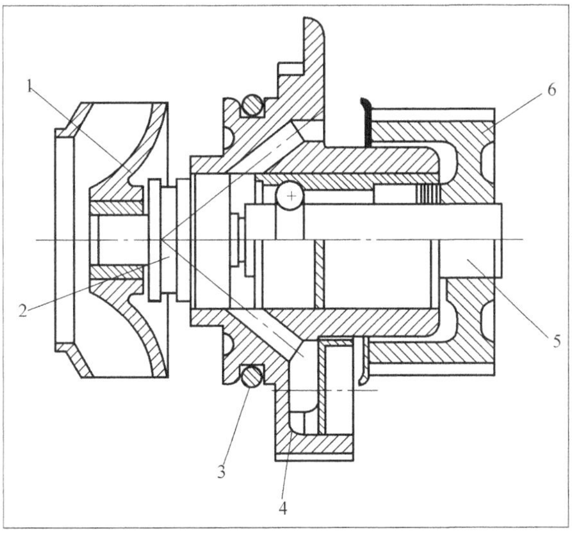

图9-2　2000GSi轿车AJR发动机叶片式水泵

1—叶轮　2—水封　3—O形密封圈　4—轴承座　5—水泵轴承　6—V带轮

（1）拆卸

1）使发动机位于维修工作台上，排放冷却液。

2）拆卸驱动水泵的 V 带。拆卸散热器的风扇电动机。

3）拆下同步带的上、下防护罩。将曲轴调整到一缸压缩行程上止点位置。

4）拆下凸轮轴上的同步带，但不必拆下曲轴 V 带轮。保持同步带在曲轴同步带轮上的位置。

5）旋下螺栓，拆下同步带后防护罩。

6）拆下水泵，小心地将其拉出，如图 9-3 所示。

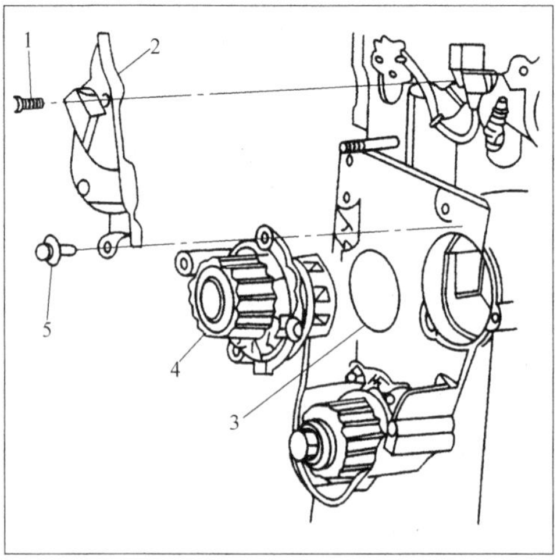

图 9-3　AJR 发动机冷却水泵的拆卸

1、5—螺栓（15N · m）　2—同步带后防护罩　3—O 形密封圈　4—水泵

（2）安装

按照拆卸相反的顺序安装水泵各部件。

1）清洁 O 形密封圈的表面，用冷却液浸湿新的 O 形密封圈。

2）安装水泵（罩壳上的凸缘朝下）。

3）安装同步带后防护罩。

4）拧紧水泵螺栓。

5）安装同步带（调整配气相位），安装驱动 V 形带。

6）加装冷却液。

注意：

① 拆卸后应清洗所有零部件并检查测量，磨损严重的，必须更换新件，各零部件检查合格才能装配。

② 装配时应更换所有衬垫及密封圈。

③ 安装时，特别注意水泵叶轮与水泵壳体的轴向间隙、水泵叶轮与壳体的径向密封处的间隙，并注意轴承的润滑条件。

④ 安装同步带要注意调整配气相位。

2. 节温器的拆装

蜡式节温器主要由主阀门2、副阀门6、推杆3、节温器壳体7、弹簧8和石蜡4等组成。推杆3的一端固定在支架1上，另一端插入橡胶管5的中心孔内。石蜡4装在胶管与节温器壳体7之间的腔体内，如图9-4所示。

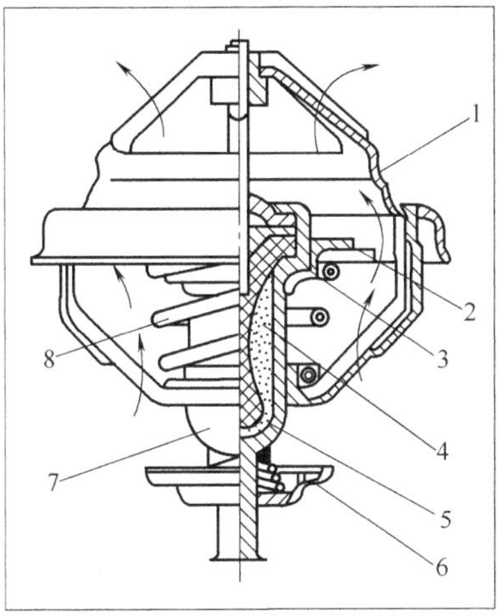

图9-4　节温器的结构

1—支架　2—主阀门　3—推杆　4—石蜡　5—橡胶管　6—副阀门　7—节温器壳体　8—弹簧

(1) 拆卸

以桑塔纳2000GSi型轿车AJR型发动机为例，其节温器的拆卸过程如图9-5所示。

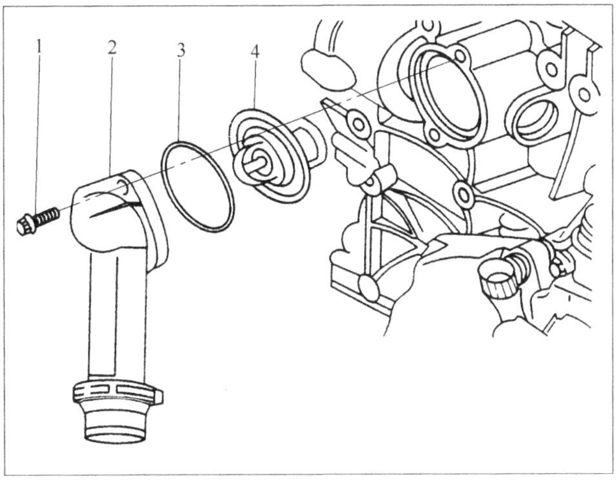

图9-5　节温器的拆卸

1—螺栓　2—节温器盖　3—O形密封圈　4—节温器

1）使发动机前端位于维修工作台上。在点火开关切断的情况下，拔下蓄电池搭铁电缆。排放冷却液。

2）拆卸V带及发动机。从连接体上拆下冷却液管。

3）松开螺栓，取出节温器盖、O形密封圈和节温器。

(2) 节温器的检查

检查节温器的功能是否正常，可将节温器置于热水中，观察温度变化时节温器的动作（图9-6）。桑塔纳轿车的节温器在87℃ ±2℃时开始打开，温度达到102℃ ±3℃时，其升程大于7mm。若达不到要求，就应更换节温器。

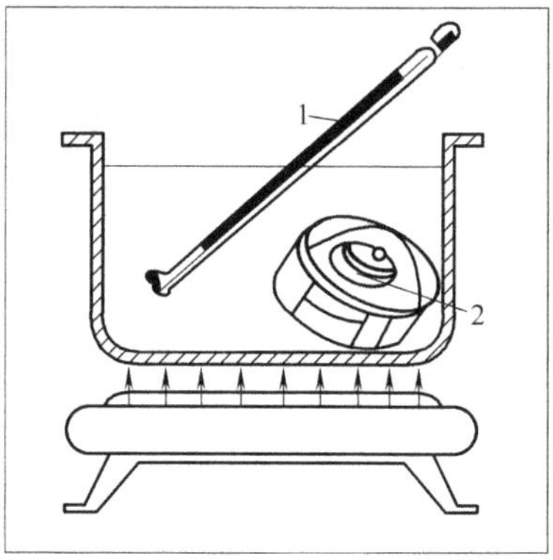

图9-6　节温器的检查

1—温度计　2—节温器

(3) 安装

按拆卸相反的顺序安装节温器。

1) 清洁O形密封圈的密封表面。

2) 安装节温器，节温器的感温部分必须在气缸内。

3) 用冷却液浸湿新的O形密封圈。

4) 拧紧螺栓，安装发电机。

5) 加注冷却液。

注意：

① 节温器安装前应清洗所有零件，更换新的O形密封圈。

② 安装节温器时应把壳体与其在发动机上的位置对准。

③ 节温器安装后应添加冷却液到合适的位置。

3. 散热器的拆装

散热器一般用铜或铝制成，在散热器后面装有风扇与散热器配合工作。散热器由上水室、散热器芯和下水室等组成（图9-7）。散热器上水室顶部有加水口，冷却液由此注入整

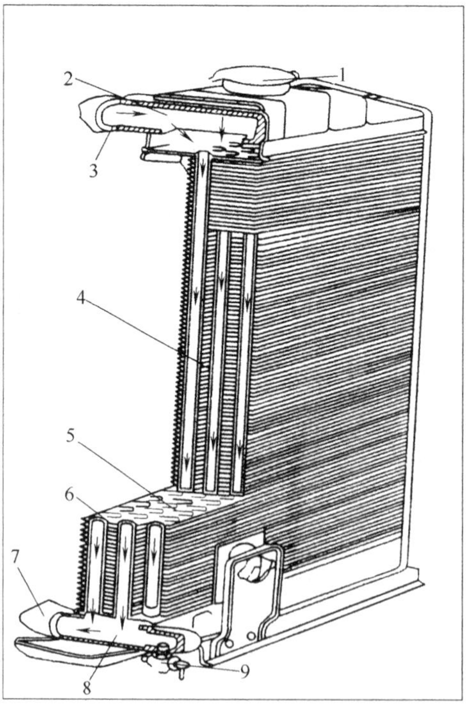

图9-7　散热器

1—散热器盖　2—上水室　3—散热器进水管　4—散热器芯　5—冷却管

6—散热片　7—散热器出水管　8—下水室　9—放水开关

个冷却系统并用散热器盖盖住。在上水室2和下水室8分别装有进水管3和出水管7，进水管和出水管分别用橡胶软管与气缸盖的出水管和水泵的进水管相连。在散热器下面一般装有减振垫，防止散热器受振动损坏。在散热器出水管7上还有放水开关9，必要时可将散热器内的冷却液放掉。

以桑塔纳2000GSi型轿车AJR型发动机冷却系统为例，其拆卸步骤如下：

（1）断开蓄电池负极电缆。待发动机及冷却系统冷却，排放出冷却液。

（2）松开冷却液管上的夹箍，从散热器上卸下上部管路和储水箱的管路。

（3）拔下位于冷却风扇罩壳上的热敏开关插头，卸下冷却风扇。

（4）抬起车身并牢固的支撑住。从散热器上拆下下部管路。卸下固定支架，抬出散热器。

（5）按照拆卸相反的顺序安装散热器。

注意：

① 由于散热器和冷凝器位置很接近，为防止损坏冷凝器及制冷管路，不要压迫、扭曲及弯曲制冷剂管路。

② 拆卸后清洗所有零部件，检查散热器管路有否硬化、裂纹、膨胀变形后流动不畅的迹象。若有应更换。

③ 安装后按要求加注冷却液。

9.2.4　离心式水泵的分解与组装

1. 离心式水泵的结构认识

以解放CA6102发动机水冷系统的离心式水泵为例，其结构如图9-8所示。

2. 离心式水泵的分解

1）将水泵固定在台虎钳上。

2）拆下水泵轴前端的螺母12，取下弹簧垫圈13和平垫圈11，拆下带轮。

3）拆下水泵盖上的沉头螺钉20，取下水泵盖板17。

4）拆下叶轮15，取出水封总成14，取出弹性挡圈4，取出水泵轴3。

3. 离心式水泵的组装

按照与拆卸相反的顺序进行安装，具体步骤如下：

1）将弹性挡圈安装到水泵轴上，装上水封。

2）将水泵轴装入水泵体，安装叶轮。

3）装复水泵盖，并交叉拧紧沉头螺钉。

4）装复带轮，装复弹簧垫圈、平垫圈和紧固螺母，最后按照规定力矩拧紧紧固螺母。

注意：

① 拆卸水泵轴承时，应使用专用工具。

② 冲出水泵轴时，应垫上铜棒，不能用锤子直接敲击，以免损坏水泵轴上的螺纹。

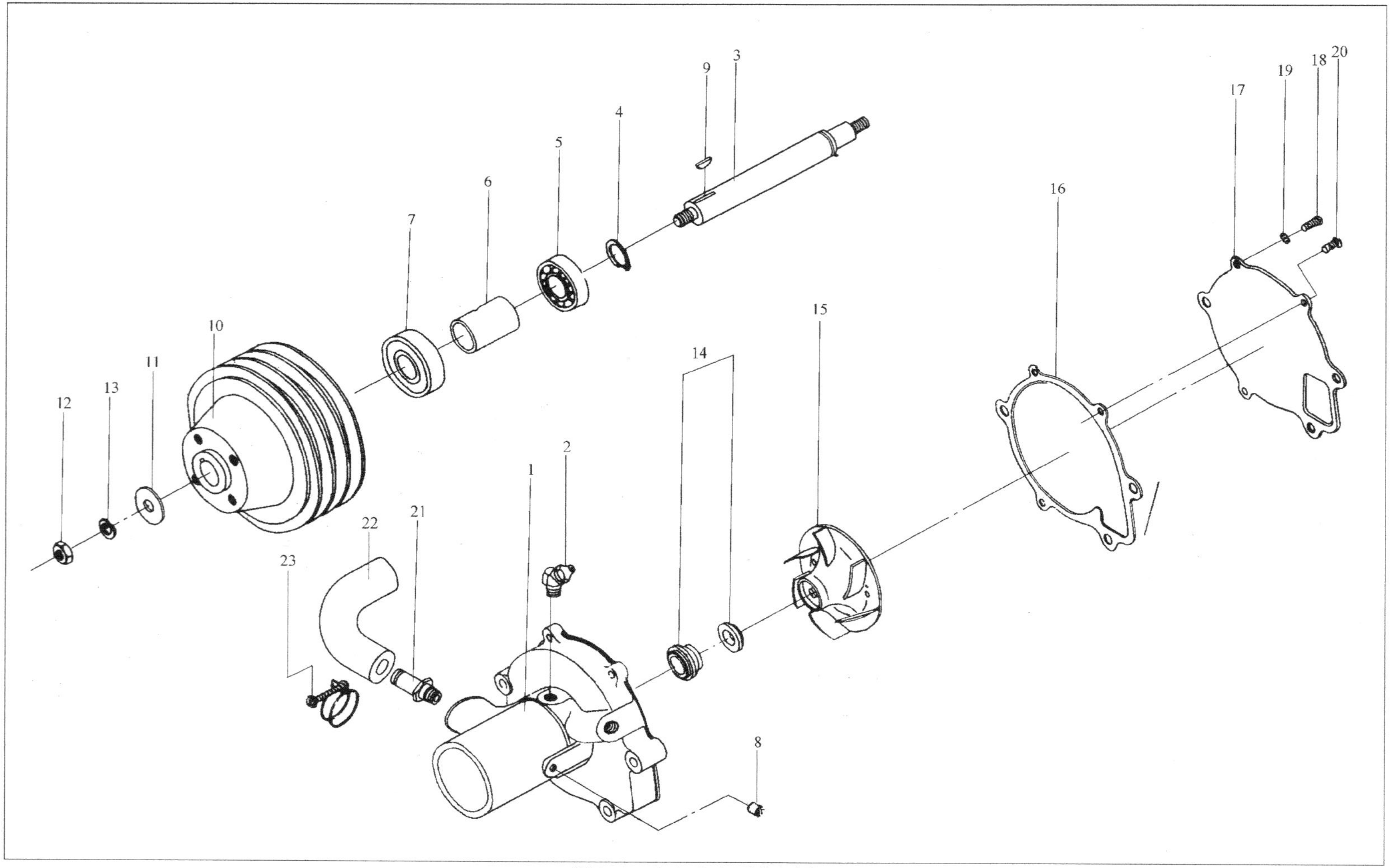

图 9-8 离心式水泵分解图

1—水泵体 2—滑脂嘴 3—水泵轴 4—弹性挡圈 5—水泵轴后轴承 6—隔管 7—水泵轴前轴承 8—螺钉 9—半圆键 10—带轮 11—平垫圈 12—螺母 13—弹簧垫圈 14—水封总成 15—叶轮 16—垫片 17—水泵盖板 18—螺栓 19—弹簧垫圈 20—沉头螺钉 21—管接头 22—连接软管 23—双钢丝环箍

9.3　常见车型的比较

发动机水冷系统组成结构的比较见表9-1。

表9-1　发动机水冷系统组成结构的比较

<table>
<tr><th>部　件</th><th colspan="2">应　用</th></tr>
<tr><td rowspan="2">冷却风扇</td><td colspan="2">一个风扇（曲轴带轮带动运转）：东风货车EQ6100-1发动机</td></tr>
<tr><td colspan="2">两个风扇（电动风扇）：大多数轿车发动机采用，其中一个是冷凝器辅助风扇。电动风扇由风扇电动机驱动，由蓄电池供电。只要空调系统控制开关打开，电动风扇就会连续不停地工作</td></tr>
<tr><td rowspan="2">冷却风扇的调节</td><td>风扇离合器</td><td>硅油风扇离合器：解放CA1091型载货汽车采用</td></tr>
<tr><td>电动风扇</td><td>温控热敏开关控制：红旗CA7220、奥迪100、捷达等
电控单元控制（冷却液温度传感器）：速腾1.4T等</td></tr>
<tr><td rowspan="2">节温器的布置</td><td colspan="2">布置在气缸盖出水管路中：大多数节温器，如东风、解放、切诺基等</td></tr>
<tr><td colspan="2">布置在散热器出口的管路中（避免节温器振荡）：大众车系汽车，如奥迪100、捷达、桑塔纳等</td></tr>
</table>

项目十　发动机润滑系统的拆装

10.1　实训目标和准备

项目		要点
目标	知识目标	理解发动机润滑系统的组成及各组成部件的构造
	技能目标	学会润滑系统主要零件的拆装方法
设备和工具		桑塔纳 2000GSi 型轿车 AJR 发动机总成 1 台，CA6102 型汽油机齿轮式机油泵 1 只，YC6106QC 型柴油机转子式机油泵 1 只，EQ6100-1 型汽油机机油粗滤器、离心式机油细滤器各 1 只，常用拆装工具、清洗工具各 1 套，多媒体教室 1 间
实训安排		实训课时：2 学时 实训组织：每组 3 ~ 5 位同学，老师指导，学生动手操作

10.2　实训内容、方法及注意事项

10.2.1　发动机润滑系统的组成认识

汽车发动机的润滑系统一般由油底壳、机油集滤器、机油泵、机油滤清器、机油冷却器等组成。桑塔纳 2000GSi 型轿车 AJR 发动机润滑系统如图 10-1 所示。

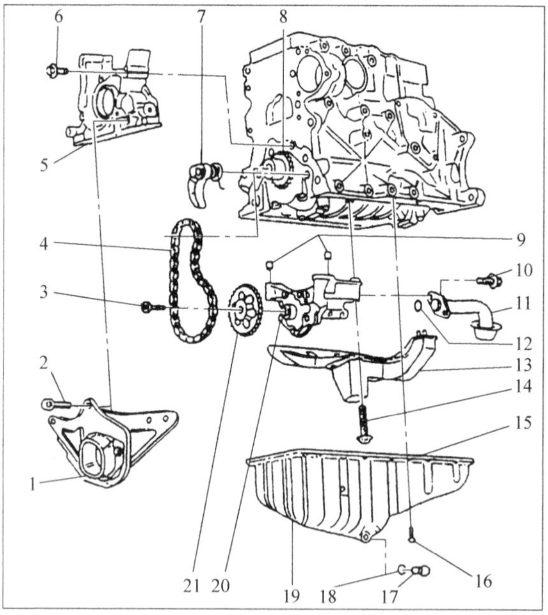

图 10-1　桑塔纳 2000GSi 型轿车 AJR 发动机润滑系统图

1—扭力臂　2—螺栓（25N · m）　3—螺栓（22N · m ± 3N · m）　4—机油泵传动链　5—曲轴前油封凸缘
6—油封凸缘固定螺栓（15N · m）　7—链条张紧器　8—曲轴链轮　9—销钉　10、14、16—螺栓（14.4 ~ 16.6N · m）
11—吸油管　12—O 形密封圈　13—挡油板　15—衬垫　17—放油螺塞　18—放油螺塞密封圈
19—油底壳　20—机油泵　21—机油泵链轮

10.2.2　发动机润滑系统各部件的车上拆装

1. 油底壳的拆装

（1）油底壳的拆卸

1）举升汽车，放出发动机机油。

2）拆下离合器防尘罩板。

3）拆下副梁螺栓和发动机橡胶支撑，缓慢放下副梁。

4）旋下油底壳上的所有连接螺栓，拆下油底壳。

注意：

① 汽车停驶后，趁热放出机油。

② 从两边向中间交叉拧下油底壳连接螺栓。

③ 若油底壳与发动机机体下平面粘接较紧，可用橡胶锤轻轻敲击油底壳四周，待活动后再将油底壳取下。

（2）油底壳的安装

1）在油底壳接合面上涂抹密封胶。

2）对正放平油底壳衬垫，在衬垫上涂抹密封胶。

3）托起油底壳，拧紧油底壳连接螺栓。

4）安装好副梁，拧紧发动机橡胶支撑。

5）装上离合器防尘罩板。

6）放下汽车，加注机油。

注意：

① 安装油底壳前，必须用汽油将油底壳内部清洗干净。

② 油底壳一经拆卸，必须更换油底壳衬垫。

③ 从中间向两边交叉拧紧油底壳连接螺栓，一般分两次拧紧，第一次拧到位即可，第二次拧紧到规定力矩。

④ 主要部件的连接螺栓必须按规定力矩拧紧（发动机支撑与副梁为40N·m±5N·m；发动机支撑与支架为40N·m±5N·m；扭力臂与发动机为23N·m±3N·m）。

⑤ 按使用说明书的要求选择机油，并加注到规定量。

2. 机油滤清器的拆装

桑塔纳2000GSi型轿车AJR发动机润滑系统采用复合式机油滤清器，如图10-2所示。

（1）用机油滤清器专用扳手旋下机油滤清器壳体总成18，拧紧力矩为20N·m。

（2）拆下旁通阀螺塞1，依次取出O形密封圈2、旁通阀弹簧3、旁通阀柱塞4。

（3）分别拆下机油压力高、低压开关10、12及O形密封圈13。

（4）用钳子拔出夹箍9，取出上盖8及O形密封圈7。

（5）拧下机油滤清器支架固定螺栓15，拆下机油滤清器支架14。

（6）按照拆卸相反的顺序安装机油滤清器。

注意：

① 在更换“三滤”时，只能更换机油滤清器壳体总成。

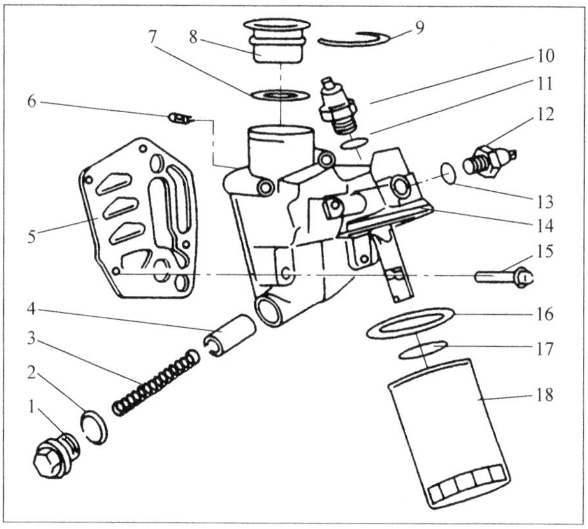

图 10-2 桑塔纳 2000GSi 型轿车 AJR 复合式机油滤清器分解图

1—螺塞 2、7、11、13、17—O 形密封圈 3—弹簧（用于旁通阀，约 0.4MPa） 4—柱塞 5、16—密封衬垫 6—压力单向阀（在机油滤清器支架内） 8—上盖 9—夹箍 10—0.025MPa 机油压力开关（15N·m） 12—0.18MPa 机油压力开关（25N·m） 14—机油滤清器机架 15—机油滤清器支架紧固螺栓（16N·m+90°） 18—机油滤清器壳体总成

② 对机油滤清器整体拆卸时，必须更换衬垫。若有漏油现象，所有密封圈都应更换。

③ 机油滤清器在装上发动机前必须加注适量的机油。

3. 机油泵的拆装

（1）放尽油底壳的机油，拆下油底壳。

（2）旋下机油泵与链轮紧固螺栓（22N·m ± 3N·m）、机油泵与机体的紧固螺栓(16N·m ± 1N·m)。

（3）将链轮和机油泵一起拆下。

（4）按拆卸相反的顺序安装机油泵。

注意：

① 安装机油泵时，应将销钉插入机油泵上端，机油泵轴与链轮只能有一个安装位置。

② 主要部件螺栓应按规定力矩拧紧。

10.2.3 EQ6100-1 型汽油机润滑系统主要零件的拆装

1. 机油粗滤器的拆装

EQ6100-1 型汽油机机油粗滤器的分解如图 10-3 所示，其拆卸过程如下：

（1）机油粗滤器的分解

1）放净滤清器中的机油。

2）将滤清器固定在台虎钳上。

3）旋下旁通阀座，依次取下密封圈、旁通阀弹簧和钢球。

4）旋下拉杆紧固螺母，依次取下紧固螺母密封圈、滤清器底座、外壳密封圈、滤芯密封圈。

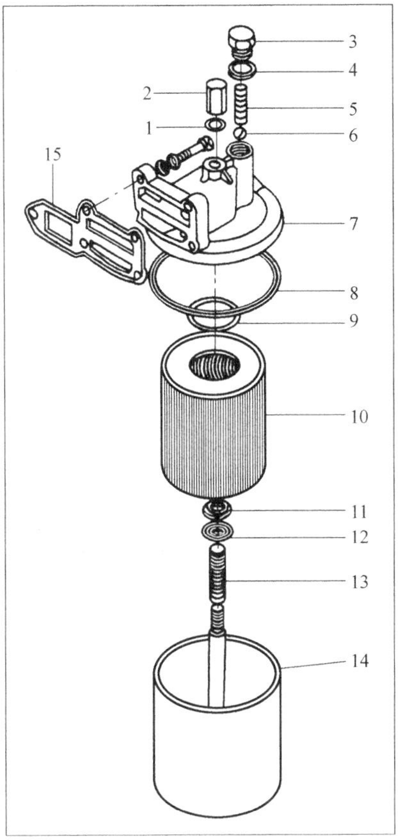

图 10-3　EQ6100-1 型汽油机机油粗滤器的分解图

1、4—密封圈　2—螺母　3—阀座　5—旁通阀弹簧　6—钢球　7—底座　8—外壳密封圈　9—滤芯密封圈　10—滤芯总成　11—拉杆密封圈　12—压紧弹簧垫圈　13—滤芯压紧弹簧　14—外壳拉杆总成　15—衬垫

5）从外壳及拉杆总成中依次取出滤芯、拉杆密封圈、压紧弹簧垫圈、滤芯压紧弹簧。

（2）机油粗滤器的装复

1）将滤清器的外壳固定在台虎钳上。

2）依次装入滤芯压紧弹簧、压紧弹簧垫圈、拉杆密封圈、滤芯。

3）将滤芯密封圈放正在滤芯中间，将外壳密封圈装在外壳接合口上，装合滤清器底座，在拉杆上套上拉杆密封圈，拧紧紧固螺母。

4）依次装入钢球、旁通阀弹簧、密封圈、拧紧旁通阀座。

注意：

① 装复前必须将滤清器所有零件清洗干净。

② 滤芯若过脏或损坏，必须更换新滤芯。

③ 必须更换所有密封圈。

④ 密封圈在安装时必须放平、放正。

⑤ 机油粗滤器在装回发动机前，必须将滤清器内加注 2/3 左右的机油量。

2. 离心式机油滤清器的拆装

EQ6100-1 型汽油机离心式机油滤清器的分解如图 10-4 所示，其拆卸过程如下：

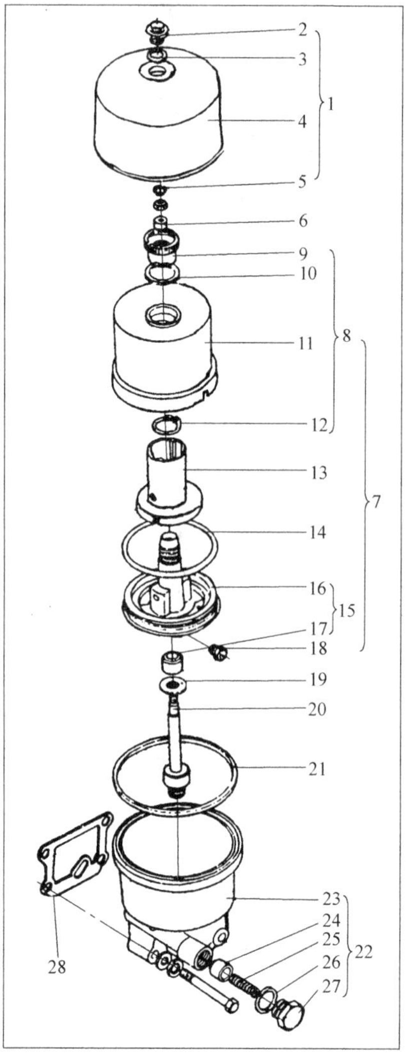

图 10-4　EQ6100-1 型汽油机离心式机油滤清器的分解图

1—外罩总成　2—六角盖形螺母　3—垫圈　4—外罩　5—弹性挡圈　6—六角扁螺母　7—转子总成　8—转子罩总成　9—紧固螺母　10—垫圈　11—转子罩　12—弹性挡圈　13—导流罩　14—转子罩密封圈　15—转子体总成　16—转子体　17—轴承　18—喷嘴　19—摩擦垫片　20—转子轴　21—外罩密封圈　22—底座总成　23—底座　24—柱塞　25—进油限压阀弹簧　26—进油限压阀密封圈　27—螺塞　28—阀座垫片

（1）离心式机油滤清器的分解

1）将滤清器固定在台虎钳上。

2）旋松六角盖形螺母，取下外罩。

3）拆下六角扁螺母和垫片，取出转子总成。

4）从台虎钳上取下滤清器底座总成。

5）分解转子总成。

① 将转子总成固定在台虎钳上。

② 拧松紧固螺母，将转子总成分解开（包括转子罩总成、导流罩、转子体总成）。

6）分解滤清器底座总成。

① 拆下进油限压阀螺塞，依次取出密封圈、进油限压阀弹簧、柱塞。

② 拆下旁通阀阀螺塞，依次取出密封圈、旁通阀弹簧、钢球。

注意：对转子总成的动平衡要求很高，各零件加工和装配精度较高，因此拆卸时用力不要过猛，要轻拿轻放。

（2）离心式机油细滤器的组装

按照与拆卸相反的顺序进行组装，具体步骤如下：

1）组装滤清器底座总成。

① 向底座进油限压阀中依次装入柱塞、进油限压阀弹簧、阀座垫圈，拧紧进油限压阀螺塞。

② 向底座旁通阀孔中依次装入钢球、旁通阀弹簧、密封圈，拧紧旁通阀螺塞。

2）装复转子总成。将导流罩装到转子总成上（注意孔要对正），装合转子罩总成与转子体总成（注意凸起标记应对准），拧紧转子罩紧固螺母。

3）装复垫片，装复六角扁螺母并拧紧。

4）安装外罩，拧紧六角盖形螺母。

注意：

① 用竹片清除转子罩内的油泥，不能用尖锐的金属器械清除，以免破坏转子的动平衡。

② 若喷嘴孔堵塞，只能用压缩空气吹通，不能用金属丝穿通，以免刮伤喷孔。

③ 更换所有密封圈，保证密封良好。

④ 装复转子总成时，应注意正确的安装定位关系：导流罩下部定位凸起应嵌入转子体的凹槽内，并使导流罩出油孔对准转子体出油孔；转子罩与转子体的凸起标记应对准，如图 10-5 所示。

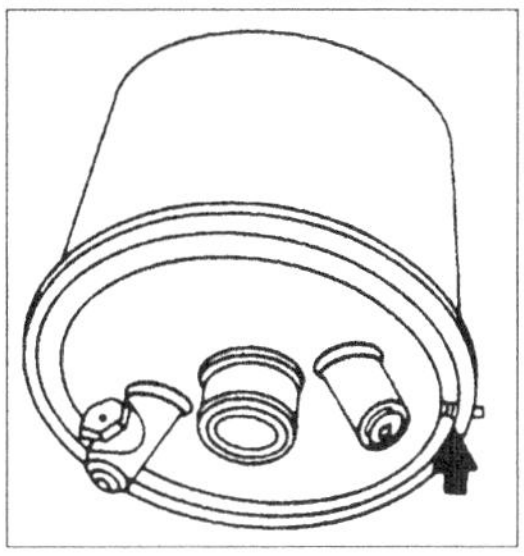

图 10-5　转子装配标记

⑤ 转子罩紧固螺母下支撑垫圈光面应朝向转子，不得装反。

⑥ 转子罩紧固螺母、盖形螺母都应按规定力矩拧紧，规定力矩为 29～49N·m。

⑦ 离心式机油细滤器装到车上后，在发动机熄火后 3～5min 内，应听到转子转动的“嗡嗡”声，若听不到响声，说明转子工作不良，应及时拆检，查找原因。

10.2.4　机油泵的拆装

1. 齿轮式机油泵的拆装

EQ6100 型汽油机齿轮式机油泵的分解如图 10-6 所示。

（1）齿轮式机油泵的分解

1）将机油泵固定在台虎钳上。

2）拆下集滤器和进油管的紧固螺栓，拆下带集滤器的进油管。

3）拆下出油管紧固螺母，拆下出油管。

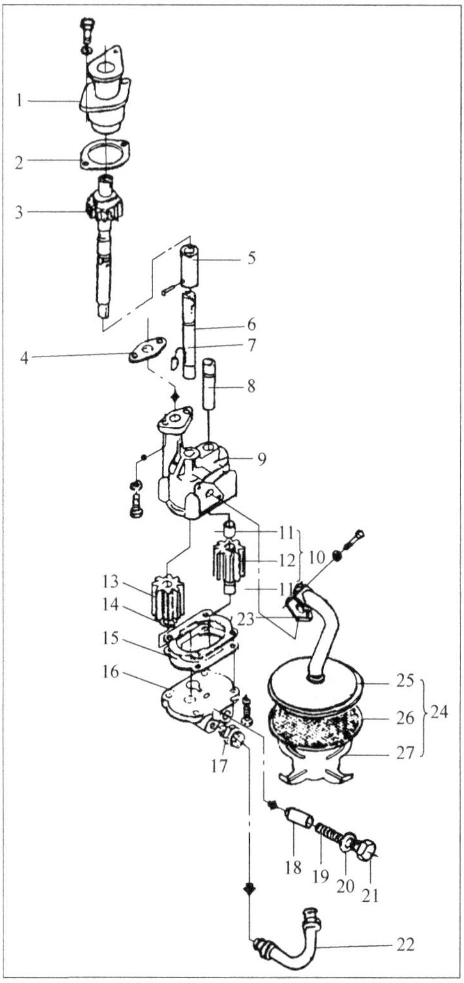

图 10-6　EQ6100 型汽油机齿轮式机油泵的分解图

1—分电器座　2—衬垫　3—机油泵分电器传动轴总成　4—机油泵衬垫　5—联轴套　6—主动轴　7—半圆键　8—从动轴　9—机油泵体　10—从动齿轮总成　11—从动齿轮衬套　12—从动齿轮　13—主动齿轮　14—钢丝挡圈　15—调整垫片　16—机油泵盖　17—管接头　18—限压阀柱塞　19—限压阀弹簧　20—限压阀垫圈　21—限压阀螺塞　22—机油泵出油管总成　23—衬垫　24—机油集滤器总成　25—机油集滤器油管总成　26—滤网　27—底盖

4）敲出传动齿轮轴与联轴套的连接销子，取出联轴套。

5）对角、交叉拆下机油泵盖上的四个紧固螺栓，取下泵盖和垫片。

6）取出从动齿轮、主动齿轮、主动齿轮轴和半圆键。

7）拆下限压阀螺塞，依次取出垫圈、限压阀弹簧和柱塞。

注意：

① 机油泵从动齿轮轴和泵体是过盈配合，一般不拆下。

② 机油泵分解后，必须清洗各部件，尤其要将集滤器滤网清洗干净。

（2）齿轮式机油泵的装复

按照与拆卸相反的顺序进行组装，具体步骤如下：

1）将泵体固定在台虎钳上。

2）将半圆键装入主动齿轮轴的键槽内，装入主动齿轮轴。

3）装上主动齿轮和从动齿轮。

4）装上调整垫片，装复泵盖。

5）对角、交叉拧紧四个紧固螺栓。

6）装复机油泵主动齿轮轴上的联轴套，将销子装入销孔中。

7）装上出油管螺母并拧紧。

8）装上进油管密封垫及带集滤器的进油管总成，拧紧两个紧固螺栓。

9）将柱塞、限压阀弹簧依次装入限压阀体中，拧紧限压阀螺塞。

注意：

① 装复时，更换所有的密封圈。

② 泵体与泵盖间调整垫片的厚度一般不要调整。

③ 主动齿轮、从动齿轮在安装时注意安装方向，不要装反。

2. 转子式机油泵的拆装

YC6105QC 型柴油机转子式机油泵的分解如图 10-7 所示。

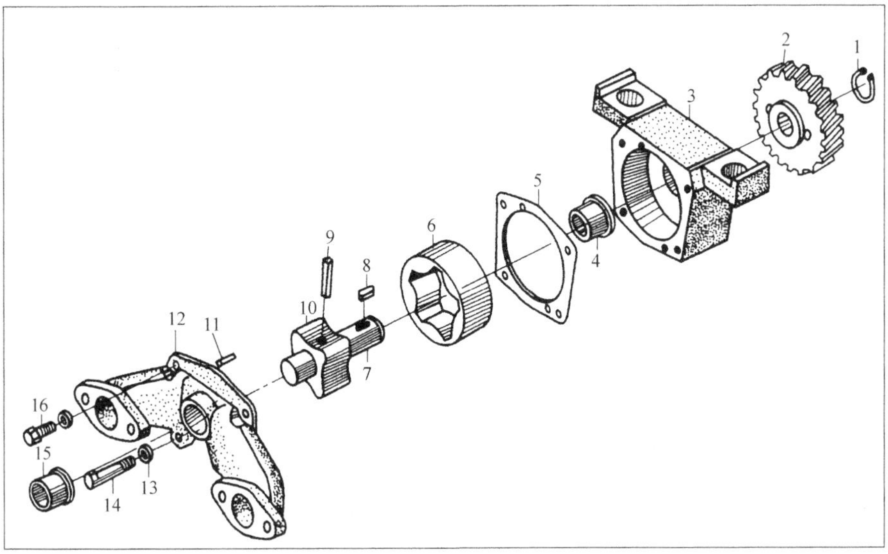

图 10-7　YC6105QC 型柴油机转子式机油泵的分解图

1—弹性挡圈　2—机油泵驱动齿轮　3—机油泵体　4、15—衬套　5—纸垫片　6—外转子　7—机油泵轴　8—键　9—圆柱销　10—内转子　11—定位销　12—机油泵盖　13—垫圈　14、16—螺栓

（1）转子式机油泵的分解

1）拆下集滤器。

2）将泵体固定在台虎钳上。

3）分别拆下进油管、出油管的紧固螺栓，拆下进油管和出油管。

4）拆下机油泵前端的卡环，拉出机油泵传动齿轮，取出键。

5）对角、交叉拆下机油泵盖紧固螺栓，取下机油泵盖和调整垫片。

6）拉出内转子及机油泵轴总成，从机油泵轴上取下前、后衬套。

7）取出转子。

注意：

① 内转子与机油泵轴通过圆柱销连接，一般不拆卸。

② 泵盖与泵体间的调整垫片应小心取下，若无损坏，一般不更换。

（2）转子式机油泵的装复。

1）把泵体固定在台虎钳上。

2）把外转子装入泵体内腔。

3）将内转子及机油泵轴总成一起装入泵体。

4）将机油泵轴装配到位，在轴的前、后端分别装上衬套。

5）在泵体的定位孔中装入定位销，装好调整垫片，将泵盖装到泵体上，对角、交叉拧紧四个紧固螺栓。

6）将键装入机油泵轴键槽中，压进机油泵传动齿轮，将卡环安装到位。

7）装上出油管密封垫圈及出油管总成，拧紧两个紧固螺栓。

8）装上进油管密封垫圈及进油管总成，拧紧两个紧固螺栓，装好集滤器。

注意：

① 装复时，更换所有密封垫圈。

② 将内、外转子清洗干净，保证装复后内、外转子转动自如。

10.3　常见车型的比较

发动机润滑系统组成结构的比较见表10-1。

表10-1　发动机润滑系统组成结构的比较

部　　件	特　　点
限压阀 （安全阀）	在机油泵端盖内：机油压力超过一定值时，多余的机油流回到机油泵的进油口 在主油道上：机油压力超过一定值时，多余的机油流回油底壳
机油冷却器	有机油散热器：马自达L3、货车等 无机油散热器：小型轿车，如捷达、桑塔纳等
机油滤清的方式	全流式（集滤器—机油滤清器—主油道）：桑塔纳、捷达、速腾等轿车 分流式（集滤器—机油滤清器—主油道；集滤器—细滤器—油底壳）：EQ6100-1发动机

实训单元 7　发动机增压系统拆装实训

项目十一　发动机增压系统的拆装

11.1　实训目标和准备

项　　目		要　　点
目标	知识目标	理解废气涡轮增压系统的组成及增压器的结构
	技能目标	学会废气涡轮增压系统的拆装方法
设备和工具	带废气涡轮增压系统的一汽大众发动机 1 台，专用拆装工具、清洗工具各 1 套，多媒体设备 1 套	
实训安排	实训课时：2 学时 实训组织：每组 3～5 位同学，老师指导，学生动手操作	

11.2　实训内容、方法及注意事项

11.2.1　发动机废气涡轮增压系统的结构认识

一汽大众迈腾、高尔夫、宝来等车型 1.4T 发动机废气涡轮增压系统的结构如图 11-1 和

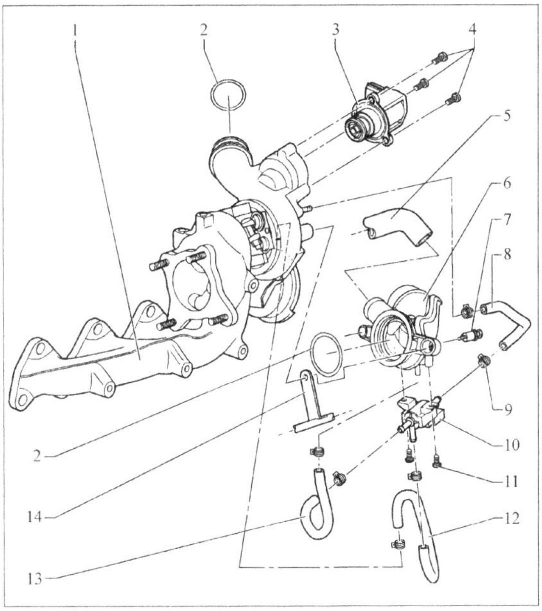

图 11-1　增压系统结构图（1）

1—带排气歧管的废气涡轮增压器　2—O 形环　3—涡轮增压器空气循环阀 N249　4—螺栓（3 个，11N · m）
5、8、12、13—连接软管　6—吸气管接头　7、11—螺栓（2 个，10N · m）　9—弹簧卡箍　10—增压压力限制电磁阀 N75
14—支架（在冷却液管路上）

图 11-2 所示。

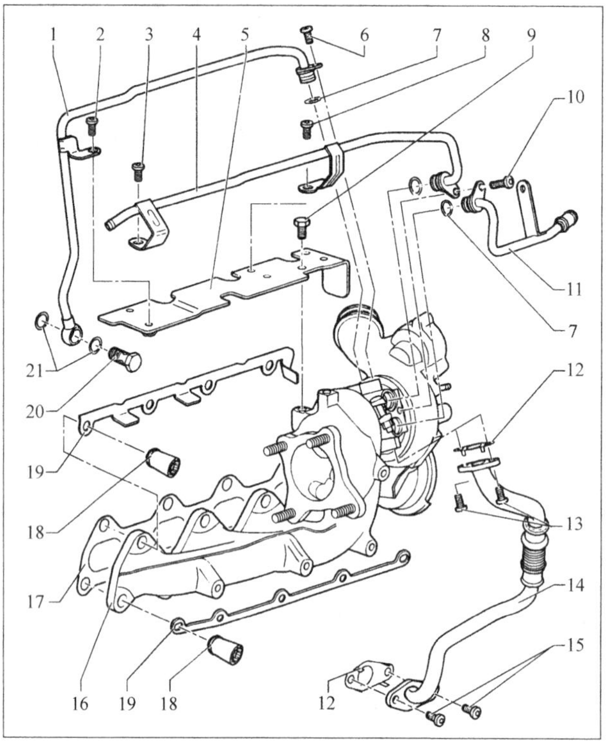

图 11-2　增压系统结构图（2）

1—进油管　2、3、6、8、10、13、15—螺栓（8N · m）　4—冷却液管（输出端）　5—支架　7—O 形环　9—螺栓（20N · m）　11—冷却液管（输入端）　12—密封件　14—回油管　16—带排气歧管的废气涡轮增压器（废气涡轮增压器只能与排气歧管一起更换）　17—密封垫　18—螺栓（16N · m）　19—支架　20—带孔螺栓（20N · m）　21—密封垫片

11.2.2　发动机废气涡轮增压系统的拆装

注意：检查是否安装了已编码的收音机设备，必要时，先查询防盗编码。

1. 拆卸

（1）断开蓄电池搭铁电缆，排放冷却液，拆卸发动机罩。

（2）如图 11-3 所示，松开弹簧卡箍 3 和 5，将进气软管 4 拆下。拔出涡轮增压器空气循环阀 N249 上的连接插头 6。脱开压力管上的软管 2 及其他软管。将带进气温度传感器 G299 的增压压力传感器 G31 的连接插头 1 拔下并拧下压力管紧固螺栓 7。

（3）如图 11-4 所示，将固定夹 1 向外压并将压力管 2 向上拉。将压力管 2 从废气涡轮增压器上拔下。

（4）如图 11-5 所示，脱开连接软管 2 和 3。松开螺栓 1 和 4。断开涡轮增压器进气管接头上的软管（箭头），取下曲轴箱通风管。

（5）如图 11-6 所示，拧下废气涡轮增压器的隔热板紧固螺栓（箭头），并取下隔热板。

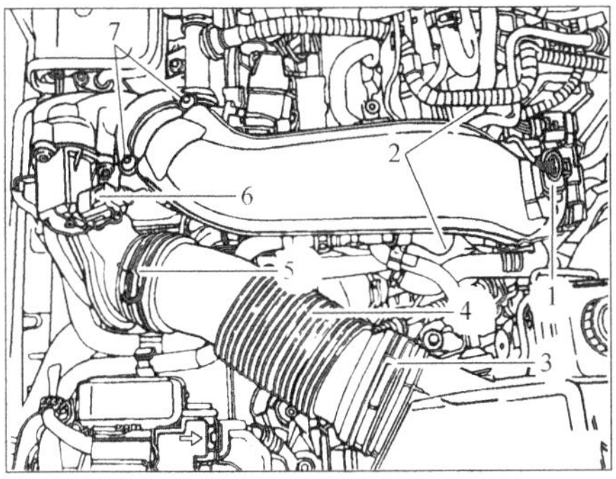

图 11-3　废气涡轮增压系统示意图（一）

1、6—连接插头　2—软管　3、5—弹簧卡箍

4—进气软管　7—紧固螺栓

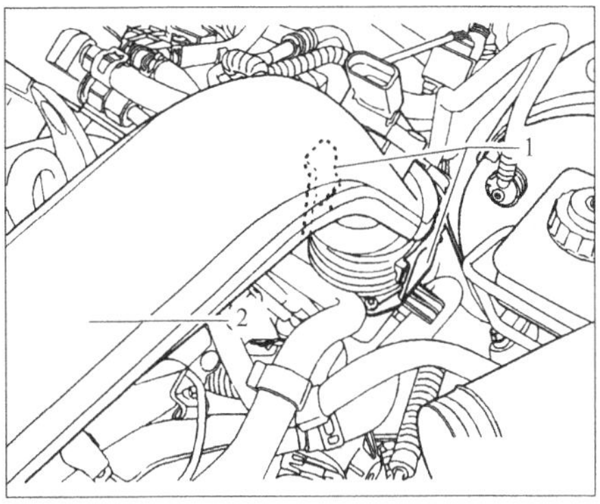

图 11-4　废气涡轮增压系统示意图（二）

1—固定夹　2—压力管

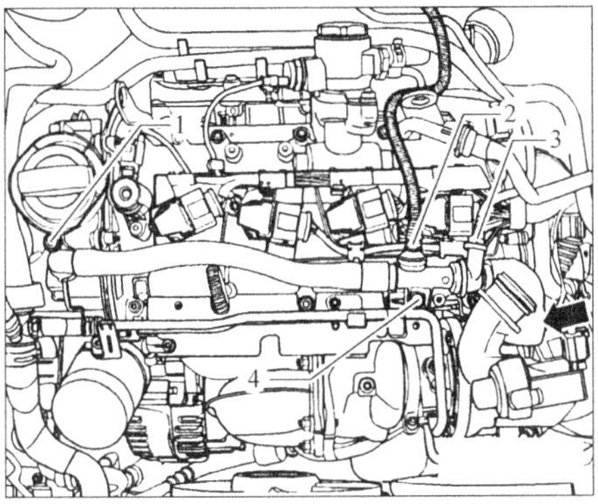

图 11-5　废气涡轮增压系统示意图（三）

1、4—螺栓　2、3—连接软管

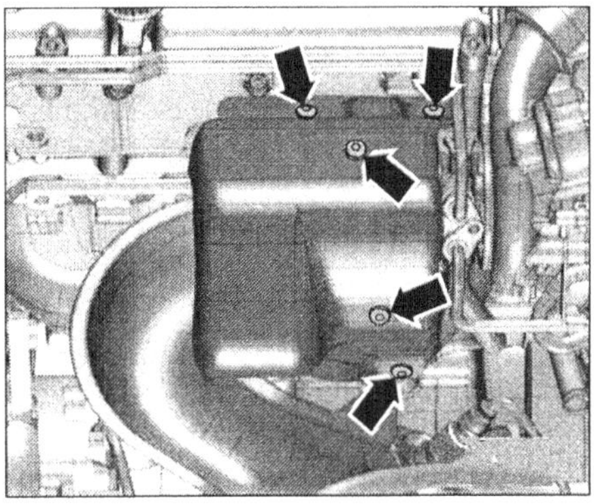

图 11-6　废气涡轮增压系统示意图（四）

（6）如图 11-7 所示，脱开冷却液软管 1。拧下紧固螺栓 2，取下冷却液管 3。拆卸带尾气催化净化器的排气管。

（7）如图 11-8 所示，拧下进油管的紧固螺栓 1。拧下正时齿轮箱罩上的带孔螺栓 5，并取下进油管 2。旋出紧固螺栓 3，并取下支架 4。

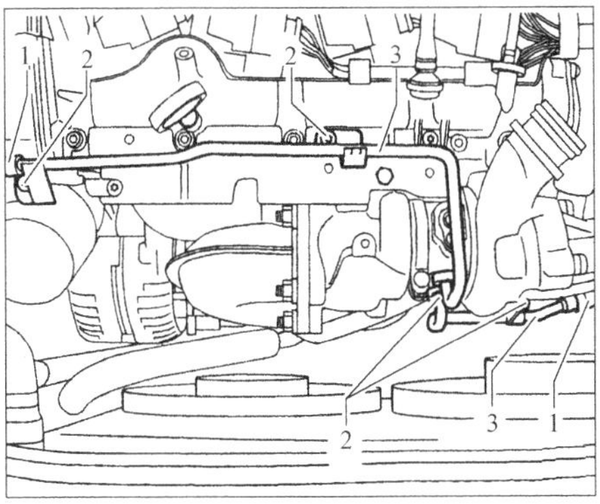

图 11-7　废气涡轮增压系统示意图（五）

1—冷却液软管　2—紧固螺栓　3—冷却液管

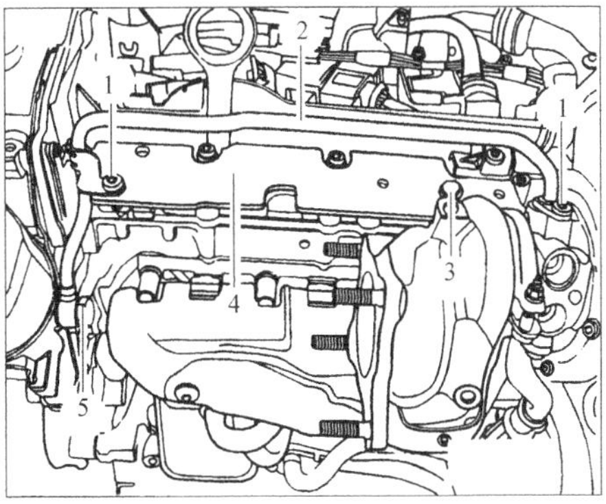

图 11-8　废气涡轮增压系统示意图（六）

1—紧固螺栓　2—进油管　3—紧固螺栓　4—支架　5—带孔螺栓

（8）如图 11-9 所示，拧下隔热板的紧固螺栓（箭头）并将排气歧管的隔垫板沿箭头方向取下。

（9）如图 11-10 所示，拧下紧固螺栓 1，并取下回油管 2。

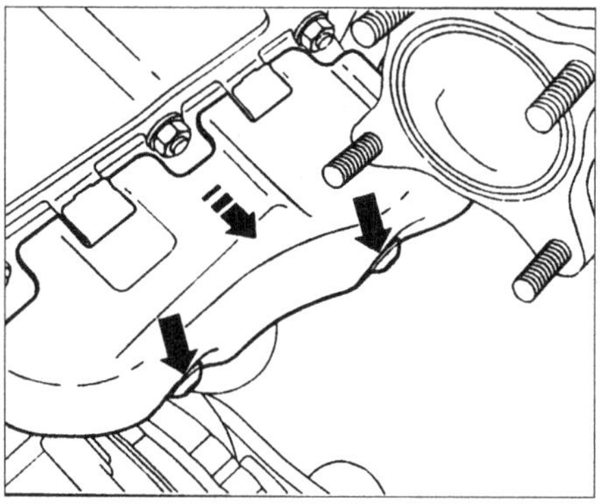

图 11-9　废气涡轮增压系统示意图（七）

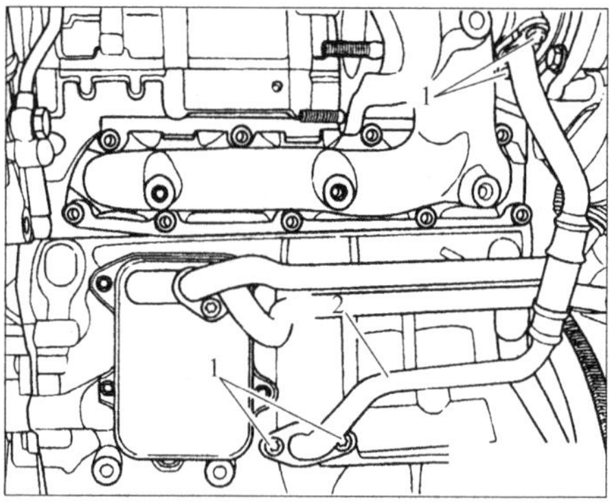

图 11-10　废气涡轮增压系统示意图（八）
1—紧固螺栓　2—回油管

（10）如图 11-11 所示，拧出排气歧管 2 上的所有紧固螺母，并取下支架 1 和 3。将排气歧管 2 连同涡轮增压器一起从气缸盖上脱开，脱开增压压力限制电磁阀的插头，并取下涡轮增压器。

2. 安装

（1）将带排气歧管的废气涡轮增压器和一个新的密封件安装到气缸盖上。如图 11-12 所示，按规定的顺序用 16N · m 的力矩拧紧紧固螺母。

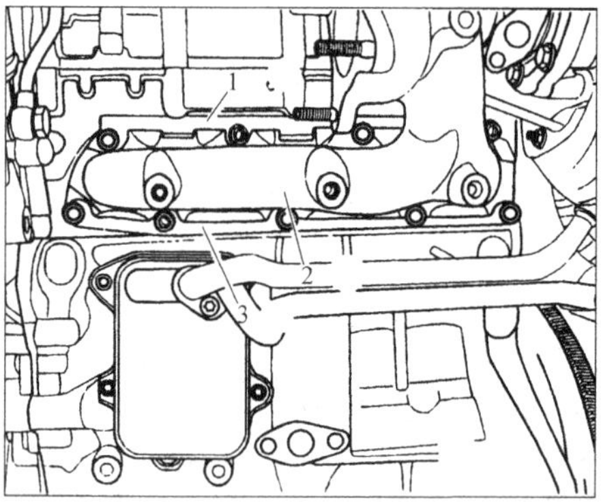

图 11-11　废气涡轮增压系统示意图（九）
1、3—支架　2—排气歧管

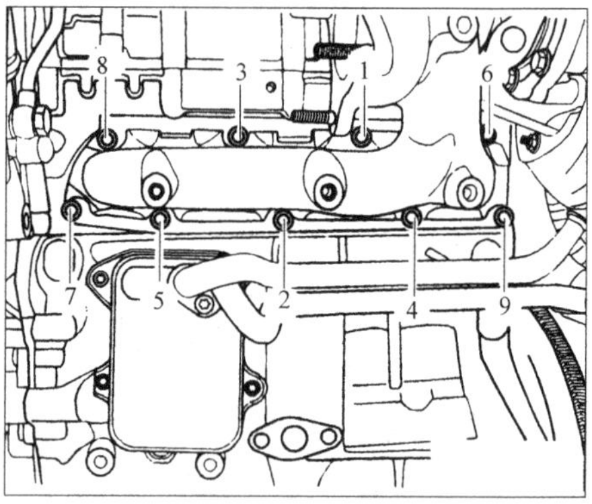

图 11-12　废气涡轮增压系统示意图（十）

（2）其他的安装步骤按照拆卸相反的顺序进行。

注意：

① 必须更换密封垫、密封环和自锁螺母。

② 通过进油管道的管接头给废气涡轮增压器注满机油。

③ 安装废气涡轮增压器后让发动机怠速运转约 1min，以确保涡轮增压器的供油。

④ 用符合标准的软管卡箍卡住所有软管连接。

11.3 常见车型的比较

发动机增压系统组成结构的比较见表 11-1。

表 11-1　发动机增压系统组成结构的比较

增压形式		结构与应用
废气涡轮增压	2 级废气涡轮增压系统	宝马轿车柴油发动机：由 1 个小涡轮和 1 个大涡轮、涡轮机调节翻板、增压空气温度传感器、增压空气冷却器、增压压力传感器、空气压缩机旁路翻板、减压装置阀门等组成
	单级废气涡轮增压系统	高尔夫 A6 汽油发动机：由废气涡轮增压器、增压压力调节单元、增压压力限制电磁阀 N75、涡轮增压器空气循环阀 N249、增压空气冷却系统等组成
机械增压		奇瑞瑞虎 1.6S 汽油发动机：采用节气门上游型布置（节气门体放在增压器进气口前和空气滤清器后），由机械增压器、自调节机械操纵真空膜片式旁通阀、中冷系统等组成
复合增压（废气涡轮与机械）		大众尚酷双增压 1.4TSI 发动机，是目前最先进的大众发动机，输出高达 118kW 的动力

实训单元8　发动机起动系统拆装实训

项目十二　发动机起动系统的拆装

12.1　实训目标和准备

项目		要点
目标	知识目标	理解汽车发动机起动系统的组成及起动机的结构
	技能目标	学会起动机的拆装方法
设备和工具		桑塔纳2000GSi轿车发动机1台，性能良好的起动机1台，蓄电池1对，电流表1个，常用拆装工具1套，多媒体设备1套
实训安排		实训课时：2学时 实训组织：每组3~5位同学，老师指导，学生动手操作

12.2　实训内容、方法及注意事项

12.2.1　汽车起动系统的组成认识

发动机起动系统用以起动发动机，主要由蓄电池、起动机总成、点火开关等组成。桑塔纳2000GSi型轿车起动系统组成及接线图如图12-1所示。

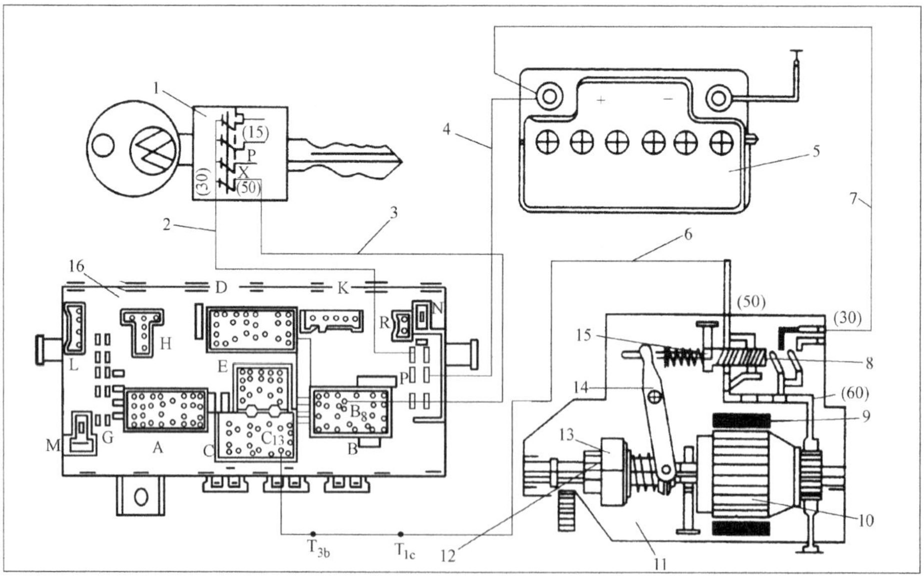

图12-1　桑塔纳2000GSi型轿车起动系统组成及接线图

1—点火开关　2、4—红线　3、6—红/黑线　5—蓄电池　7—黑线　8—电磁开关　9—定子　10—转子　11—起动机总成　12—小齿轮　13—单向滚柱离合器　14—传动叉　15—复位弹簧　16—中央电气装置电路板

12.2.2　起动机的拆装

起动机由直流电动机（包括磁场绕组6、电枢绕组2、换向器1及电刷3等）、电磁开关4及啮合驱动机构（包括小齿轮）等组成。桑塔纳2000GSi型轿车的起动机结构图如图12-2所示。

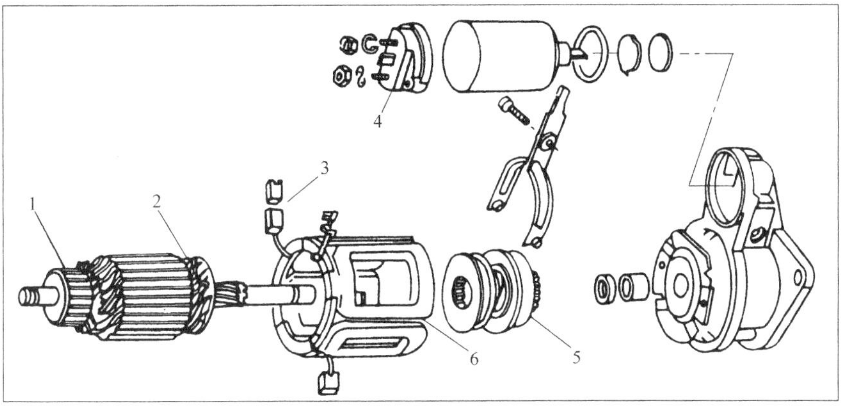

图12-2　桑塔纳2000GSi型轿车的起动机结构图

1—换向器　2—电枢绕组　3—电刷　4—电磁开关　5—单向离合器　6—磁场绕组

1. 起动机的拆卸

（1）电刷端端盖的拆卸（图12-3）

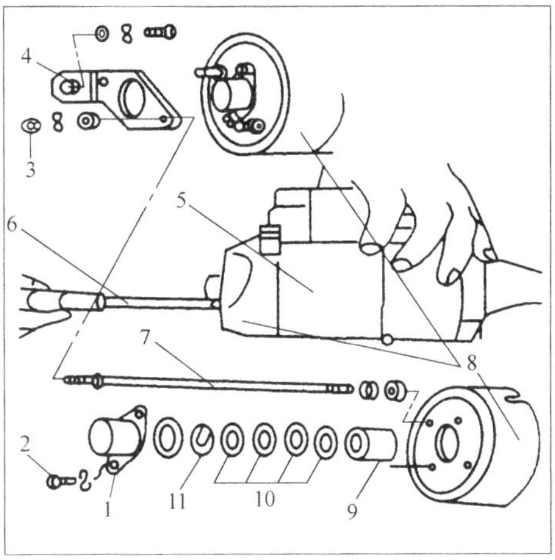

图12-3　电刷端端盖的拆卸

1—衬套座　2—螺栓　3—螺母　4—接线片　5—起动机　6—螺钉旋具　7—长螺栓　8—电刷端端盖　9—衬套　10—调整垫圈　11—挡圈

1）首先旋下螺栓2，从起动机电刷端端盖8拆下衬套座1。

2）从电枢上取下挡圈11后取出衬套9和调整垫圈10。

3）旋下螺母3，从起动机5上取下接线片4和电刷端端盖8，并旋下长螺栓7。

（2）电刷及电刷架的拆卸（图12-4）。用钳子4将电刷弹簧向上抬起，从起动机壳体3

上取出电刷及电刷架 5，取下起动机壳体。

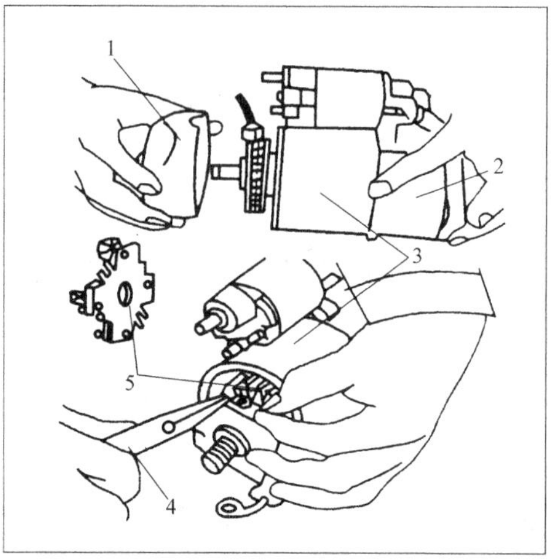

图 12-4　电刷及电刷架的拆卸

1—电刷端端盖　2—驱动端端盖　3—起动机壳体　4—钳子　5—电刷及电刷架

注意：拆卸起动机壳体前，在起动机壳体 3 与驱动端端盖 2 上做好标记。

（3）电磁开关的拆卸（图 12-5）

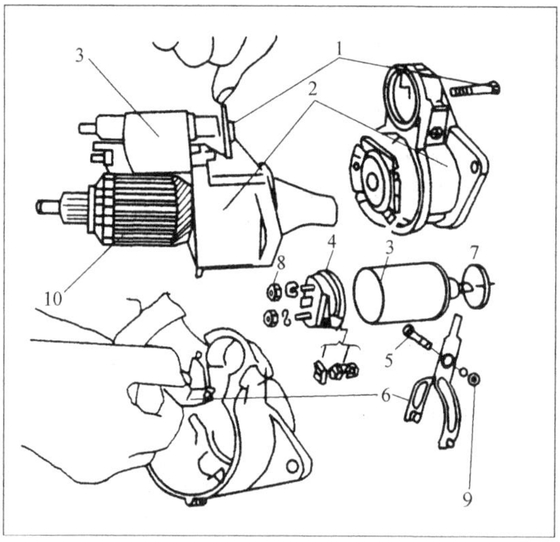

图 12-5　电磁开关的拆卸

1—螺栓　2—驱动端端盖　3—电磁开关　4—电磁开关端盖　5—拨叉销　6—拨叉　7—橡胶垫　8、9—螺母　10—电枢及小齿轮组件

1）旋下螺栓 1 并做好标记。

2）从驱动端端盖 2 上拆下电磁开关端盖 4 及电磁开关 3。

3）旋下拨叉销螺母 9，取下拨叉销 5 和拨叉 6。

4）将电枢及小齿轮组件 10 一起取出。

注意：电磁开关一般不需分解，如检测结果需要修理时，需要用50W电烙铁先将开关端盖和线圈引线焊点焊开后才能分解。

（4）小齿轮组件的拆卸。从电枢的驱动端拆下衬套、止推垫圈和小齿轮组件。

2. 起动机的安装

起动机的安装按照与拆卸相反的顺序进行。

注意：

① 小齿轮组件与电枢组装时，在电枢1（图12-6）的轴上涂上润滑脂后，装上小齿轮组件，并做以下检查：握住电枢1，当转动小齿轮组件外圈座2时，小齿轮组件应能沿电枢轴滑动自如。

② 电磁开关安装时，电磁开关4应以倾斜的角度装入，以便电磁开关4的滑阀组件3与拨叉1装在一起，最后旋上螺栓2，如图12-7所示。

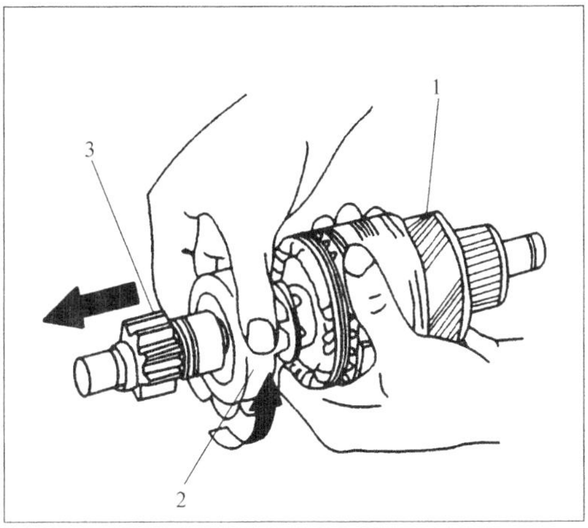

图12-6　小齿轮组件与电枢的安装

1—电枢　2—小齿轮组件外圈座　3—小齿轮

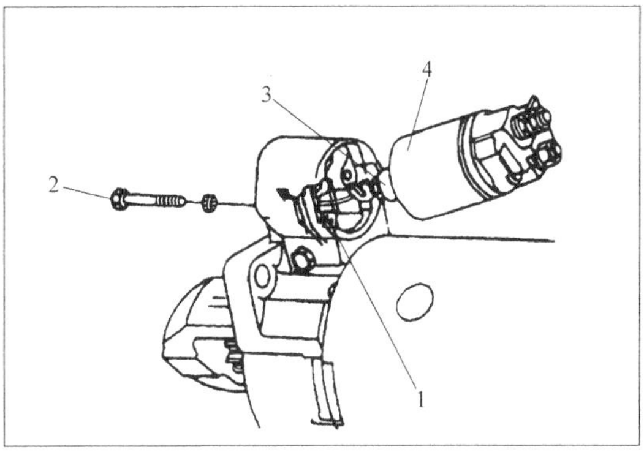

图12-7　电磁开关的安装

1—拨叉　2—螺栓　3—滑阀组件　4—电磁开关

③ 定子安装时，应将定子1上的标记与驱动端端盖2的标记对正后装入，如图12-8所示。

④ 电刷及电刷架安装时，在换向器1上安装电刷架2，将电刷架2装到适当的位置后，再在电刷架2上安装电刷3，如图12-9所示。

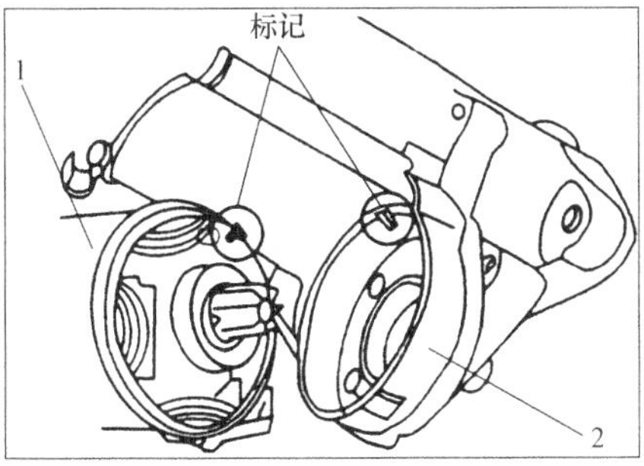

图12-8　定子的安装

1—定子　2—驱动端端盖

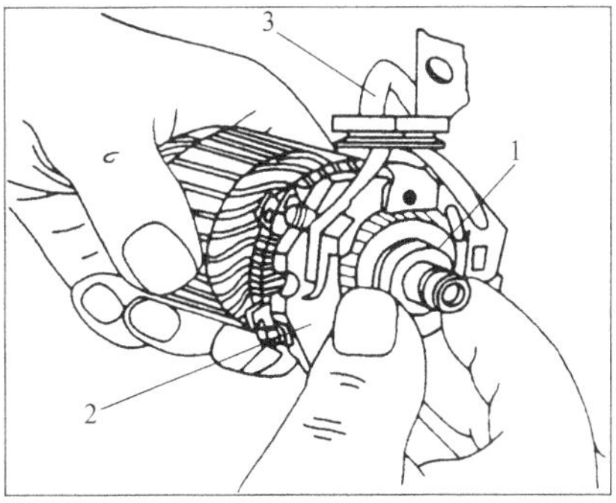

图12-9　电刷及电刷架的安装

1—换向器　2—电刷架　3—电刷

实训单元9　汽油机点火系统拆装实训

项目十三　点火系统的拆装

13.1　实训目标和准备

项　目		要　点
目标	知识目标	理解微机控制点火系统（有分电器和无分电器）的组成和工作原理
	技能目标	学会微机控制点火系统（有分电器和无分电器）各零部件的拆装
设备和工具	桑塔纳2000GLi和2000GSi型轿车各1辆，微机控制点火系统示教台1台，常用拆装工具1套，多媒体设备1套	
实训安排	实训课时：2学时 实训组织：每组3~5位同学，老师指导，学生动手操作	

13.2　实训内容、方法及注意事项

13.2.1　有分电器微机控制点火系统的拆装

桑塔纳2000GLi型轿车发动机采用有分电器的微机控制点火系统，它是Motrinic1.5.4电子控制燃油喷射系统的一个子系统。其突出特点是将点火系统与燃油喷射系统复合在一起，由一个电控单元（ECU）来控制。ECU控制的点火系统（图13-1）主要由蓄电池、点火开关、点火线圈、带霍尔传感器的分电器、火花塞、带抗干扰元件的插座、爆燃传感器、高低压导线等组成。

1. 分电器的车上拆装

桑塔纳2000GLi型轿车的分电器（图13-1）用压板装在发动机缸盖上，分电器转子直接装在凸轮轴的端头上，由凸轮轴驱动。

（1）分电器的车上拆卸

1）拆下蓄电池搭铁电缆。

2）拆下连接点火线圈的中央高压线和连接火花塞的分缸高压线。

3）拆下分电器上的其他电气连线。

4）拧下压板上的螺栓。

5）将分电器从缸盖上拆卸下来。

（2）分电器的车上安装

1）将飞轮A和同步带轮B调整到第1缸压缩行程上止点位置，如图13-2所示。

2）用扳手转动发动机，将V带轮调整到第1缸压缩行程上止点位置，如图13-3所示。

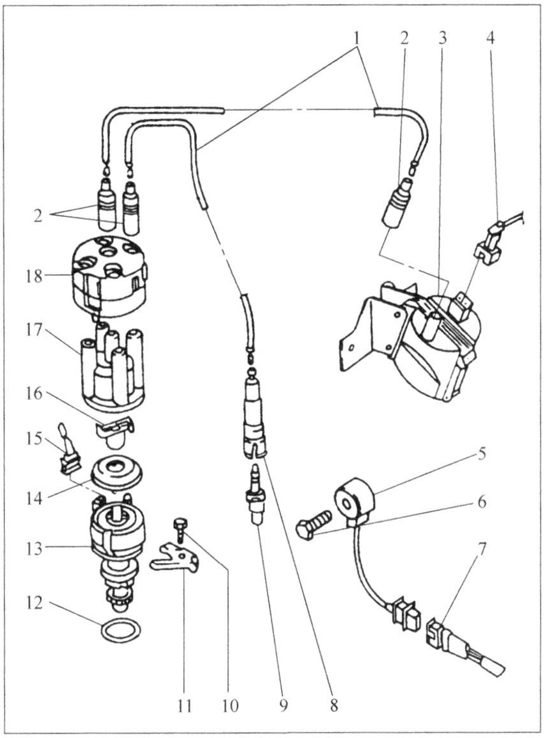

图 13-1　桑塔纳 2000GLi 型轿车有分电器的微机控制点火系统零部件图

1—点火导线　2—带抗干扰元件插座（电阻 0.9 ~ 1.1kΩ）　3—点火线圈　4—点火线圈插头　5—爆燃传感器（G61，位于发动机体上，6 ~ 20N · m）　6—螺栓（20N · m）　7—爆燃传感器插头　8—火花塞插头（电阻 4.5 ~ 5.5 kΩ）　9—火花塞（25N · m）　10—螺栓（25N · m）　11—分电器压板　12—O 形密封圈　13—带霍尔传感器的点火分电器（G40）　14—防尘盖　15—分电器盖卡扣　16—分火头（电阻 1.1kΩ）　17—分电器盖　18—屏蔽罩

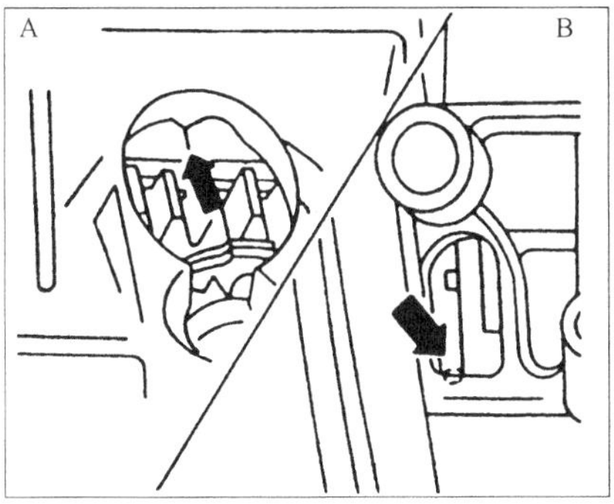

图 13-2　飞轮 A 和同步带轮 B 的标记

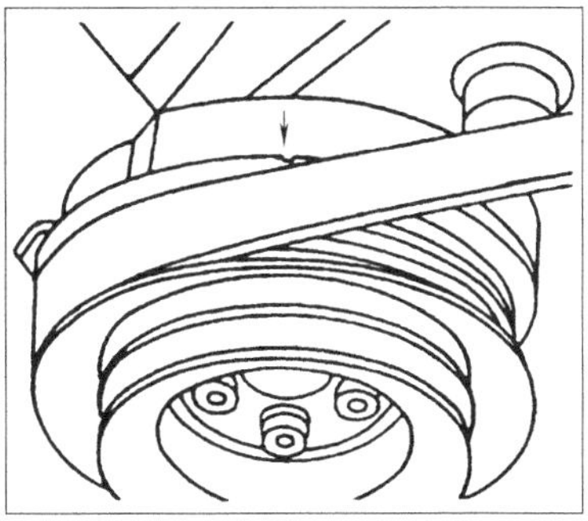

图 13-3　V 带轮上的正时记号

3）将凸轮轴同步带轮上的标记与气门罩盖上的箭头对齐，如图 13-4 所示。

4）将分电器装在凸轮轴端头上，装上压板，并用螺栓固定（25N · m）。

5）安装分电器盖。

6）将中央高压线和分缸高压线分别插接到点火线圈和火花塞上。

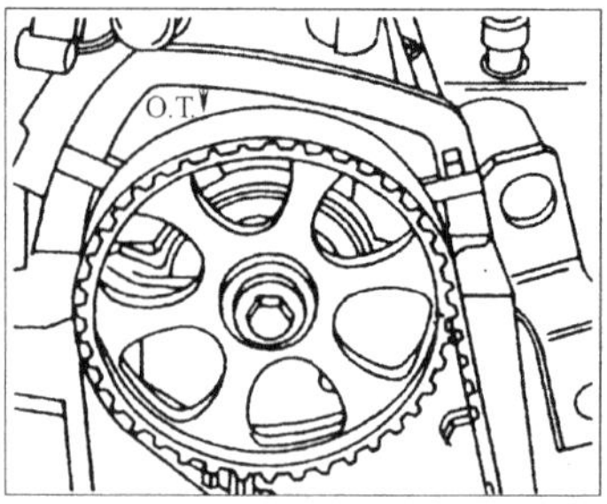

图 13-4　凸轮轴同步带轮上的正时标记

7）将连接分电器的电气连线连接到位。

注意：

① 装上分电器后，分火头的标记应与分电器壳体上的标记对齐，如图 13-5 所示。

② 安装前对分电器盖进行清洁，检测有无泄漏电流造成的裂纹和痕迹，必要时更换。

③ 按照点火顺序插接各缸高压线，不要接错。

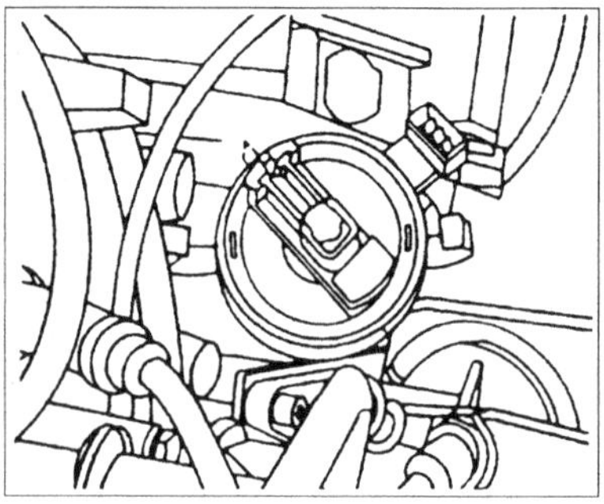

图 13-5　分火头与分电器壳体上的标记对齐

2. 分电器的分解与组装

（1）拆卸分电器盖，拔下分火头，取下防尘盖。

（2）用专用工具将触发叶轮上面的卡环拆下。

（3）取下触发叶轮定位销及触发叶轮，用专用工具拆下触发叶轮下面的卡环。

（4）取下传感器线束插头上的固定螺钉，再将传感器线束插头从分电器壳体的槽中拔出。

（5）用螺钉旋具拆下分电器壳体上固定霍尔传感器和霍尔传感器底板的螺钉，取出传感器底板和传感器。

（6）拆下真空提前器。

（7）用专用工具取下驱动齿轮与分电器轴的固定销，并取下固定齿轮。

（8）取出分电器轴。

（9）按照拆卸相反的顺序组装分电器。

3. 点火线圈的拆装

桑塔纳 2000GLi 型轿车的点火线圈有开磁路和闭磁路两种形式。其中闭磁路点火线圈（图 13-6）由初级绕组、次级绕组、铁心等组成。点火线圈在蓄电池侧，用螺栓固定在发动机前围板上。点火线圈拆装步骤如下：

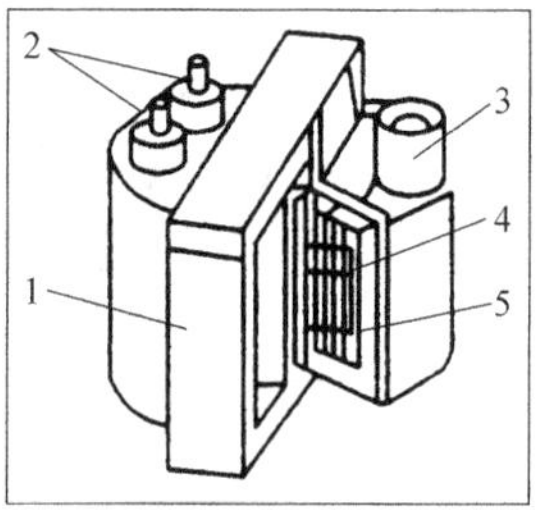

图 13-6　点火线圈的结构
1—日字形铁心　2—初级绕组接线柱
3—高压接线柱　4—初级绕组
5—次级绕组

（1）拆下蓄电池搭铁电缆。

（2）拆下连接点火线圈的电气连线。

（3）拆下与机体的固定螺栓。

（4）将点火线圈从机体上拆卸下来。

（5）按照拆卸相反的顺序安装点火线圈。

4. 火花塞的拆装

火花塞有多种结构形式，普通型火花塞结构如图 13-7 所示。火花塞的拆装步骤如下：

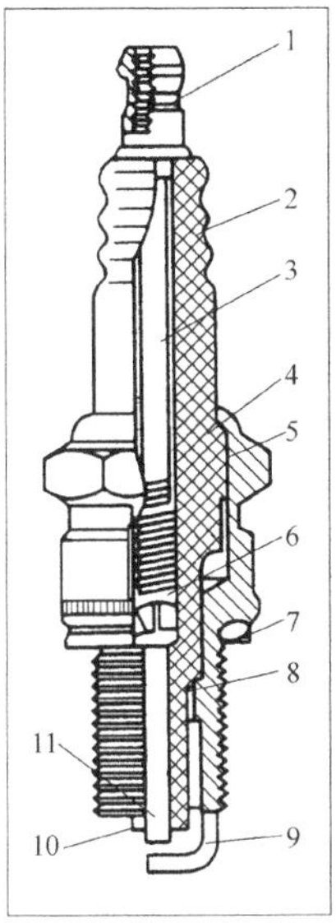

图 13-7　普通型火花塞的结构

1—接线螺母　2—绝缘体　3—接线螺杆　4—垫圈　5—火花塞壳体　6—密封剂
7—密封垫圈　8—纯铜垫圈　9—侧电极　10—绝缘体裙部　11—中心电极

1）拔去火花塞的高压线，用专用工具将火花塞从缸体上拆卸下来。

2）用专用工具将火花塞安装到缸体上，拧紧力矩为 25N · m。

3）按照点火顺序接上各缸高压线。

13.2.2　无分电器微机控制点火系统的拆装

1. 无分电器微机控制点火系统的组成认识

桑塔纳 2000GSi 型轿车发动机采用无分电器的微机控制点火系统，有两个点火线圈（每两个气缸共用一个点火线圈），它们与点火控制器装成一体，属于同时点火高压配电方式。其结构如图 13-8 所示，图 13-9 是桑塔纳 2000GSi 型轿车点火系统电路接线图。

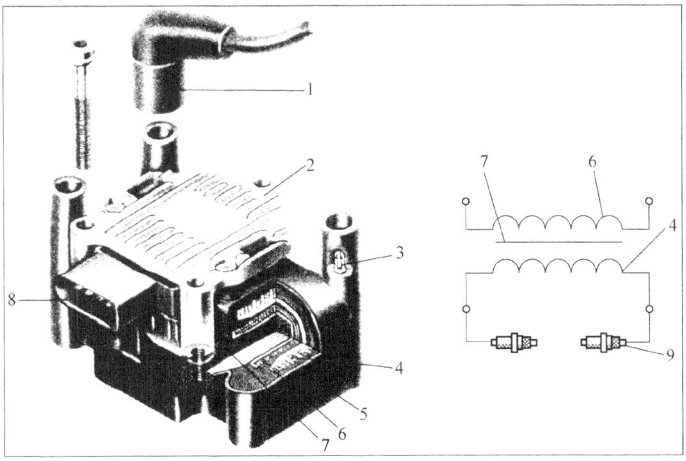

图 13-8　双火花点火线圈组件

1—第 3 缸点火线插头　2—功率输出驱动级　3—高压端头　4—次级绕组　5—点火线圈壳体
6—初级绕组　7—铁心　8—插头　9—火花塞

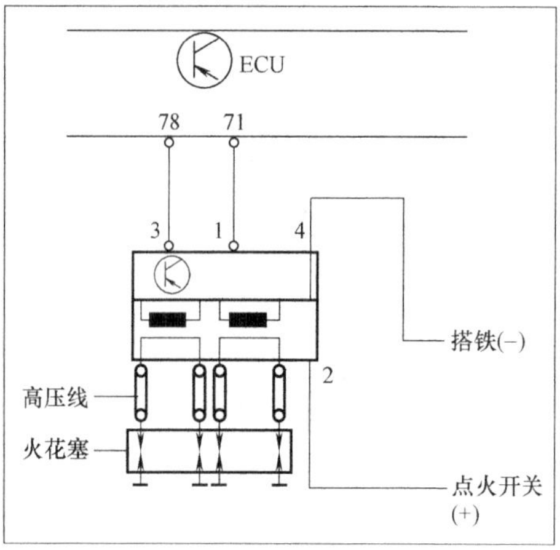

图 13-9　桑塔纳 2000GSi 型轿车点火系统电路接线图

2. 无分电器微机控制点火系统的拆装

双火花点火线圈组件用 4 个螺栓装在进气歧管的下方。其拆装步骤如下：

(1) 拔下电气插头。

(2) 拔下 4 个缸的高压线。

(3) 拆下连接进气歧管的 4 个螺栓。

(4) 取下双火花点火线圈组件。

(5) 按照拆卸相反的顺序安装。

注意：高压线和电气插头连接牢靠。

13.3　常见车型的比较

发动机点火系统类型与结构的比较见表 13-1。

表 13-1　发动机点火系统类型与结构的比较

<table>
<tr><th colspan="3">类　型</th><th>特　点</th></tr>
<tr><td colspan="3">普通点火系统</td><td>由点火信号发生器、分电器、点火线圈、点火控制器、火花塞等组成，分电器主要包括配电器和离心提前装置、真空提前装置，所以只能根据发动机转速和负荷的变化来调节点火提前角，且调节特性是线性的，而且有机械磨损。如桑塔纳 2000AFE 发动机、老款捷达等</td></tr>
<tr><td rowspan="3">微机控制点火系统</td><td colspan="2">有分电器</td><td>由各种传感器、ECU、分电器、点火线圈、点火控制器、火花塞等组成。可以通过各种传感器感知多种因素对点火提前角的影响，使发动机在各种工况和使用条件下的点火提前角都与相应的最佳点火提前角比较接近，没有机械磨损。如奥迪 200、桑塔纳 2000GLi 等</td></tr>
<tr><td rowspan="2">无分电器</td><td>同时点火</td><td>由各种传感器、ECU、点火线圈、点火控制器、火花塞等组成。其特点是无分电器，具有点火能量强、对无线电干扰小、避免一些机械故障、无需进行点火正时的调整等优点。如桑塔纳 2000GSi、日本三菱部分直列 4 缸和 6 缸发动机、福特的 V6 和 V8 发动机、丰田皇冠的 DLI、通用别克等车型采用点火线圈配电方式；日产蓝鸟、福特等汽车公司的部分四缸发动机上采用二极管配电方式</td></tr>
<tr><td>独立点火</td><td>特点是一个气缸的火花塞配一个点火线圈，各个独立的点火线圈直接安装在火花塞上。由各种传感器、ECU、点火控制器等组成。如日产地平线 2000 RB20DC 发动机、速腾四缸四气阀增压直喷（1.4T）发动机（图 13-10）等</td></tr>
</table>

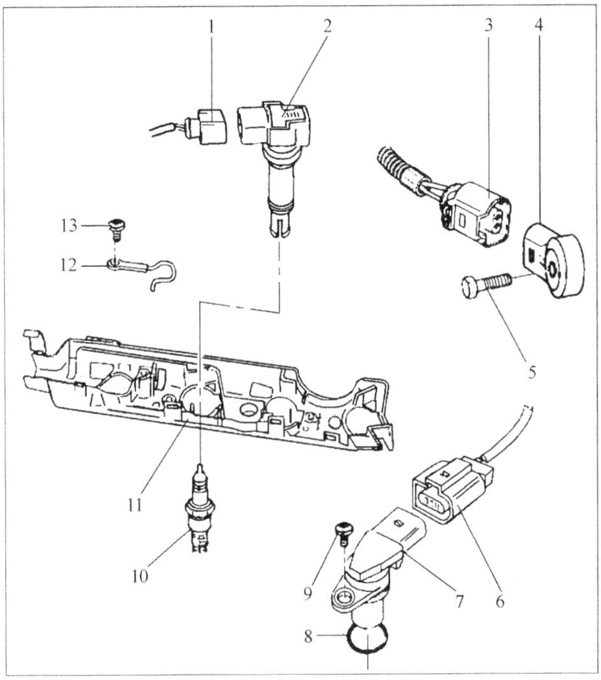

图 13-10　速腾 1.4T 发动机点火装置

1—点火线圈的连接插头　2—带有功率输出级的点火线圈 3（点火线圈 1、2、4）　3—爆燃传感器的插头
4—爆燃传感器 1（G61）　5—螺栓（20N·m）　6—霍尔传感器插头
7—霍尔传感器 G40　8—O 形环　9、13—螺栓（10N·m）
10—火花塞（30N·m）　11—布线槽　12—搭铁线

项目十四　蓄电池的拆装

14.1　实训目标和准备

项　　目		要　　点
目标	知识目标	理解蓄电池的基本结构
	技能目标	学会蓄电池的拆装方法
设备和工具	解剖的普通蓄电池及免维护蓄电池各1个，性能良好的普通蓄电池1个，常用拆装工具1套，多媒体设备1套	
实训安排	实训课时：1学时 实训组织：每组3~5位同学，老师指导，学生动手操作	

14.2　实训内容、方法及注意事项

14.2.1　蓄电池的结构认识

蓄电池是汽车的主要电源，常用的是铅酸蓄电池。蓄电池按是否需要维护分为普通蓄电池和免维护蓄电池两类。

1. 普通蓄电池的构造

蓄电池一般由正极板12、负极板11、隔板10、壳体1和电解液（纯硫酸和蒸馏水按一定比例配制）等组成（图14-1）。壳体内部由互不相通的3格电池串联而成。

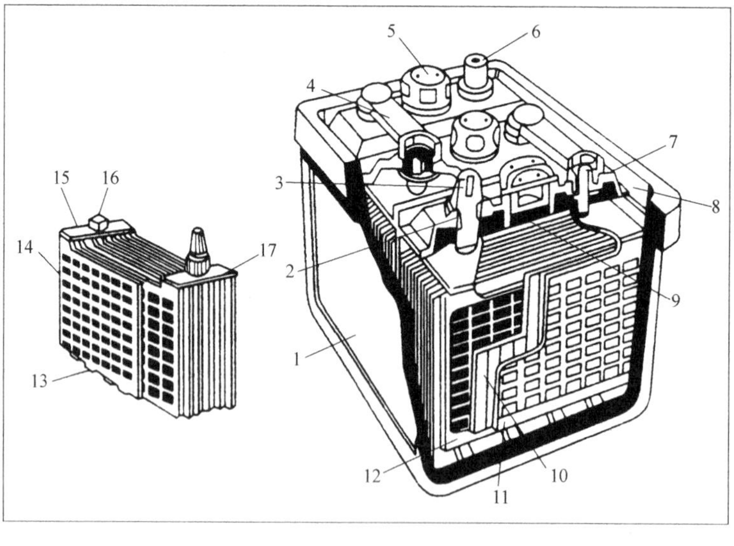

图14-1　蓄电池的构造

1—壳体　2—密封环　3—正极接线柱　4—连接板　5—加热孔盖　6—负极接线柱　7—蓄电池盖　8—封口料　9—护板　10—隔板　11—负极板　12—正极板　13—支撑凸缘　14—负极板组　15—横条　16—连接桩　17—正极板组

2. 免维护蓄电池的构造

免维护蓄电池是指在使用寿命期内无需日常维护的蓄电池。其突出优点是在汽车合理使用过程中无需添加蒸馏水，蓄电池自放电小，在使用期内一般无需进行补充充电；内阻小，起动性能好。正负极接线柱腐蚀小，使用寿命长，其基本结构如图 14-2 所示。

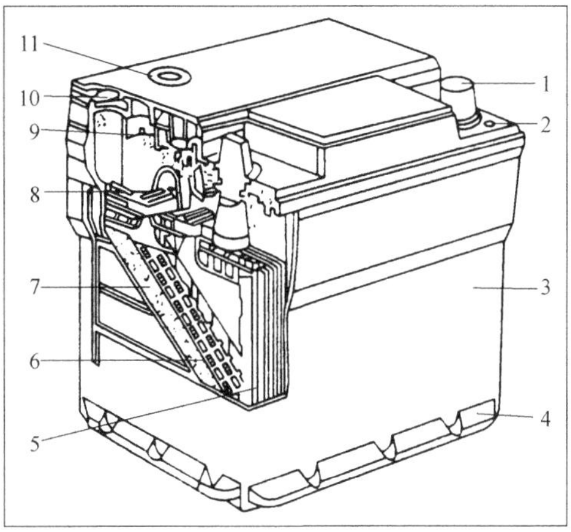

图 14-2　免维护蓄电池

1—蓄电池接线柱　2—模压代号　3—壳体　4—下滑面　5—带状隔板　6—铅钙合金栅架　7—高密度活性物质　8—极板连接夹和单格插接器　9—液、气隔板　10—安全通气孔　11—电解液密度观测孔

14. 2. 2　蓄电池的拆装

以桑塔纳 2000 系列轿车装用的蓄电池为例。拆装步骤如下：

(1) 先拆下蓄电池的搭铁电缆，再拆正极接线。

(2) 拆下蓄电池压板，从支架上取出蓄电池。

(3) 蓄电池的安装按拆卸相反的顺序进行。

项目十五　发电机的拆装

15.1　实训目标和准备

项　　目		要　　点
目标	知识目标	理解发电机的基本结构和电路接线
	技能目标	学会发电机的车上拆装、分解和装配
设备和工具		发动机 1 台，解剖的和性能良好的发电机各 1 台，常用拆装工具 1 套，多媒体设备 1 套
实训安排		实训课时：2 学时 实训组织：每组 3～5 位同学，老师指导，学生动手操作

15.2　实训内容、方法及注意事项

15.2.1　汽车发电机的结构认识

目前，国内外汽车发电机全部采用硅整流交流发电机。汽车发电机主要由转子、定子、整流部分、风扇和调节器等组成。发电机与调节器的外部接线图如图 15-1 所示。

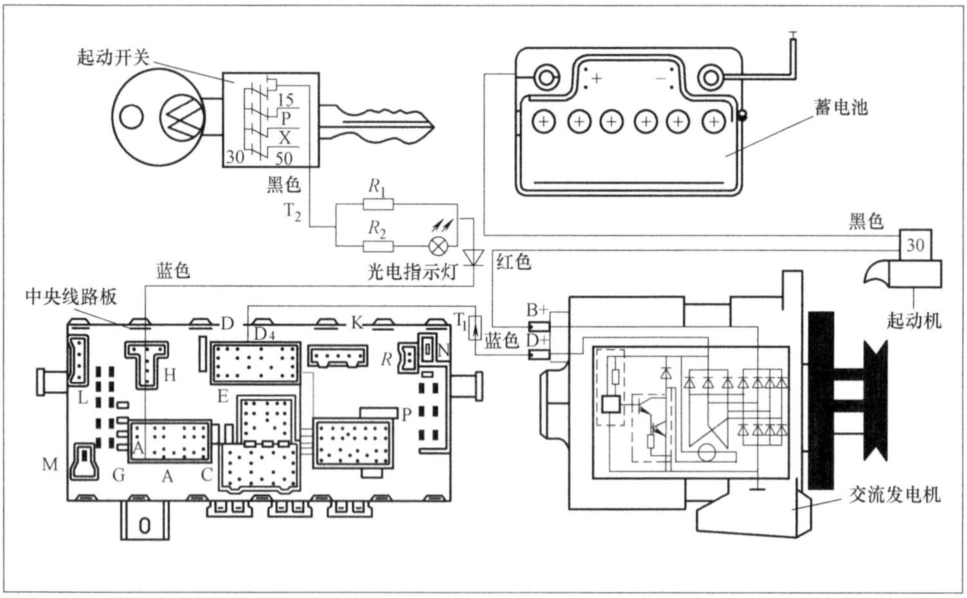

图 15-1　发电机与调节器的外部接线图

15.2.2　汽车发电机的拆装

1. 硅整流发电机的拆装

用专用扳手固定发电机 V 带轮，旋下紧固螺母，发电机即可拆下（图 15-2）。

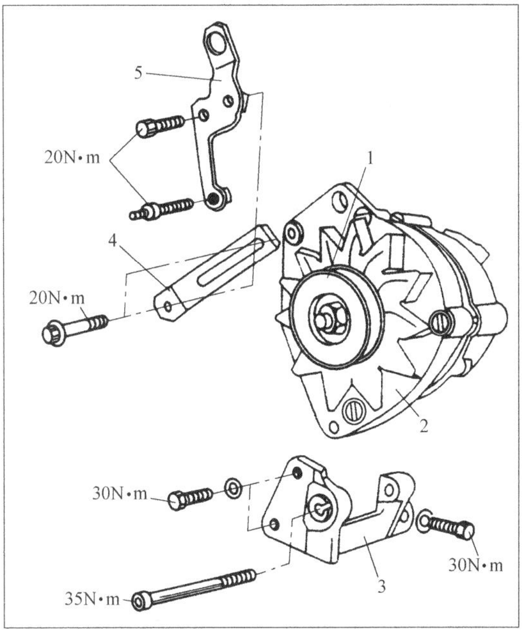

图 15-2　硅整流发电机的拆装

1—V 带　2—发电机　3、4、5—支架

安装发电机时可按照拆卸相反的顺序进行。

注意：

① 发电机安装后，应注意检查发电机 V 带与带轮之间的啮合情况（图 15-3）。

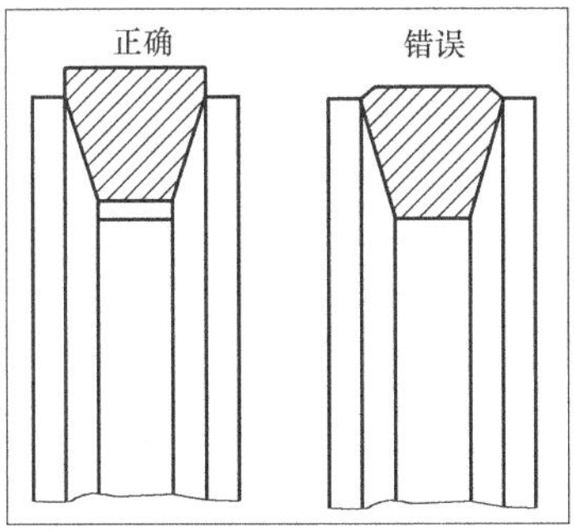

图 15-3　检查发电机 V 带与带轮的啮合情况

② 发电机安装后，应注意检查和调整 V 带张紧度。

2. V 带张紧度的检查调整

（1）V 带张紧度的检查。

检查V带张紧度的方法是用拇指将V带下压，其挠度在2（新）~5mm（旧）为合适，如不符合规定应进行调整。

（2）V带张紧度的调整。以桑塔纳2000GSi汽车发电机为例，带轮张紧度调整方法如图15-4所示。

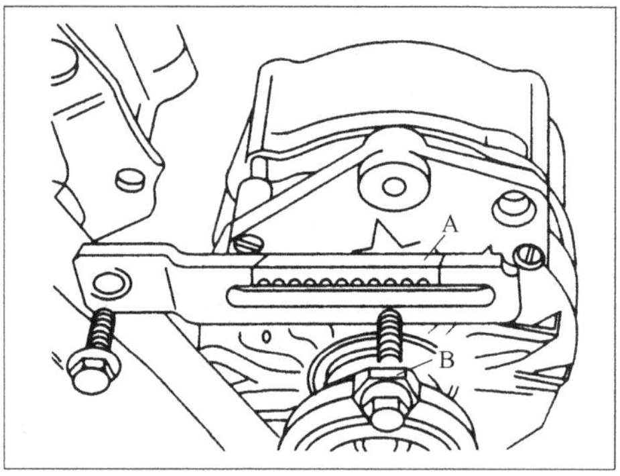

图15-4　调整发电机V带挠度

A—张紧卡板　B—张紧螺母

1）拧松张紧卡板A和发电机上的所有紧固螺栓（至少松开一圈，紧固螺栓松开后，发电机靠自身重力倒向一侧）。

2）用扭力扳手转动张紧螺母B使V带挠度符合规定数值（新带需要8N·m，旧带需要4N·m），然后用35N·m力矩拧紧张紧螺母B上的紧固螺栓。

3）用20N·m的力矩将支架紧固在气缸盖吊耳上。

3. 发电机的分解与组装

（1）拆卸带轮。如图15-5所示，用台虎钳2夹住带轮3，从发电机上旋下螺母1，取下带轮3和风扇4，再从发电机上拆下护罩。

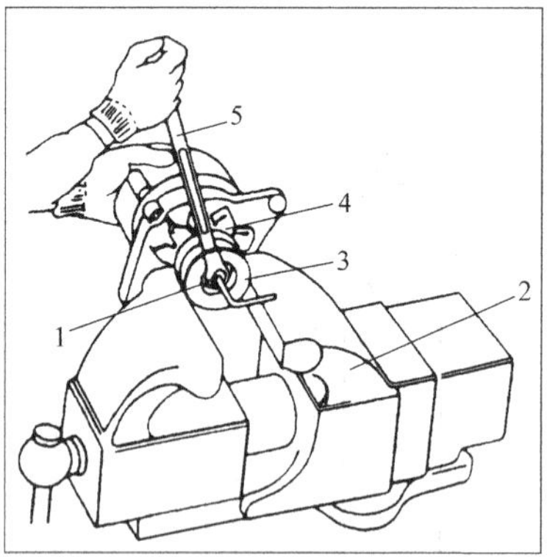

图15-5　带轮的拆卸

1—螺母　2—台虎钳　3—带轮　4—风扇　5—工具

（2）拆下前端盖连接螺栓，分解前端盖、带轮、转子、后端盖、整流调压器。

（3）拆下定子绕组端头，从后端盖上取出定子。

（4）拆下电刷架，取出电刷总成、二极管、换向器及电容器。

（5）拆下带轮固定螺母，取下带轮、半圆键、风扇、轴套，使转子和前端盖分离。

（6）按照拆卸相反的顺序组装发电机。

注意：

① 轴承盖与发电机外壳组装时，应将轴承盖上的标记与发电机外壳上的标记对齐。

② 各紧固螺母应按规定力矩拧紧。

③ 发电机组装完成后，检查转子应能灵活转动，且无明显的轴间窜动。

第三篇

底　盘　篇

实训单元10　汽车传动系统拆装实训

项目十六　离合器的拆装与调整

16.1　实训目标和准备

项　　目		要　　点
目标	知识目标	理解膜片弹簧和螺旋弹簧离合器的结构和工作原理 理解机械和液压操纵机构的结构
	技能目标	学会离合器的拆装、离合器踏板行程的检查调整、离合器液压操纵机构的油路排气
设备和工具	整车2辆或汽车底盘2台，底盘拆装工具和零部件盆各1套，离合器拆装专用工具、清洗工具各1套，多媒体设备1套	
实训安排	实训课时：4学时 实训组织：每组3～5位同学，老师指导，学生动手操作	

16.2　实训内容、方法及注意事项

16.2.1　桑塔纳轿车膜片弹簧离合器的结构认识

桑塔纳2000GLS、2000GLi、2000GSi型轿车的离合器均采用单片、干式、膜片弹簧离合器。桑塔纳2000GLS、2000GLi型轿车离合器采用绳索式机械操纵机构，而桑塔纳2000GSi型轿车则采用液压式操纵机构（图16-1）。

16.2.2　桑塔纳轿车膜片弹簧离合器的车上拆装

1. 离合器总成的拆卸

（1）从汽车上拆下变速器总成（参见项目十七）。

（2）在离合器和飞轮上作装配标记。

（3）用专用工具或自制工具将飞轮固定（图16-2）。

（4）用对角线交叉法分两次旋下离合器盖总成固定螺栓，依次取下离合器盖及压盘。

（5）取下离合器从动盘。

2. 离合器总成的安装

（1）用专用工具或自制工具将飞轮固定（图16-2）。

（2）用专用工具或变速器第一轴将离合器从动盘定位于飞轮和压盘的中心。

注意：从动盘上减振器弹簧凸出的一面朝外。

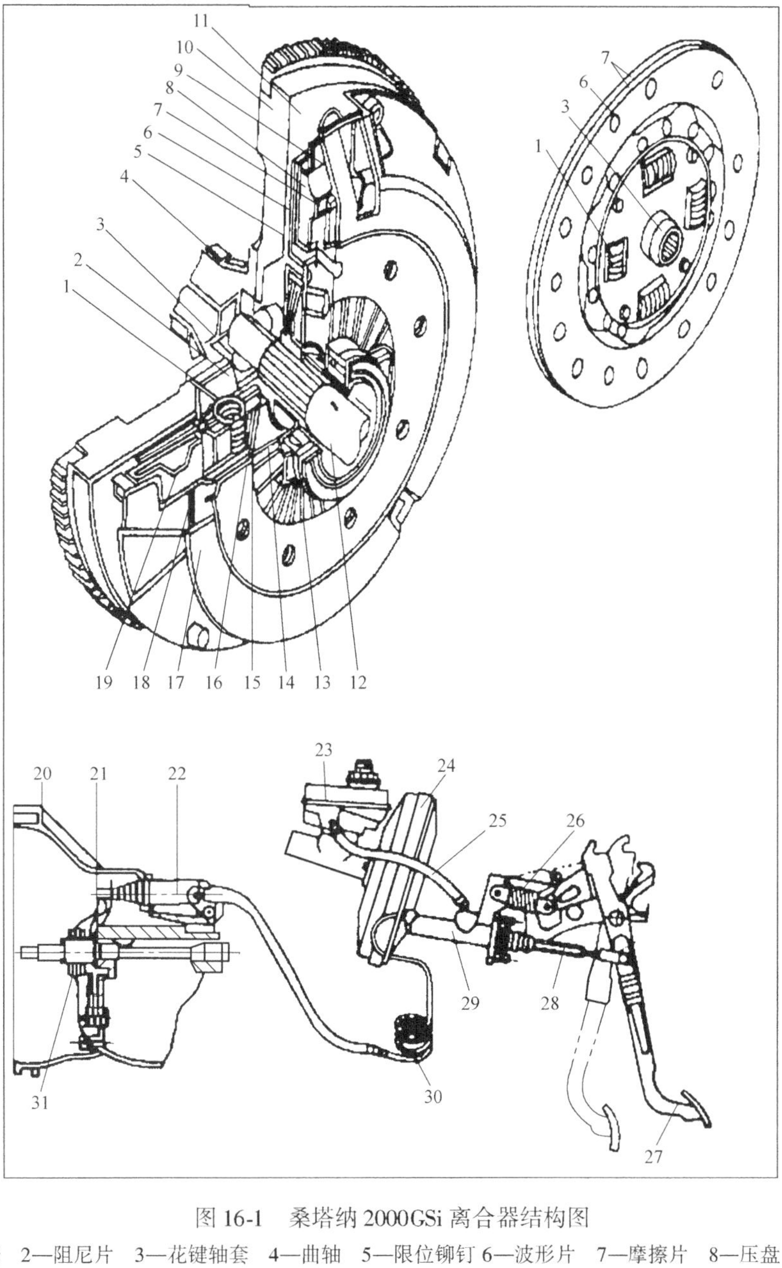

图 16-1　桑塔纳 2000GSi 离合器结构图

1—减振弹簧　2—阻尼片　3—花键轴套　4—曲轴　5—限位铆钉 6—波形片　7—摩擦片　8—压盘　9—传动片　10—飞轮　11—飞轮齿圈　12—变速器输入轴　13—分离轴承　14—盖板　15—膜片弹簧　16—蝶形弹簧　17—离合器盖　18—支承环　19—分离钩　20—变速器壳体　21—分离板　22—工作缸　23—储液罐　24—真空助力器　25—低压油管　26—助力弹簧　27—离合器踏板　28—推杆　29—主缸　30—高压油管　31—分离轴承

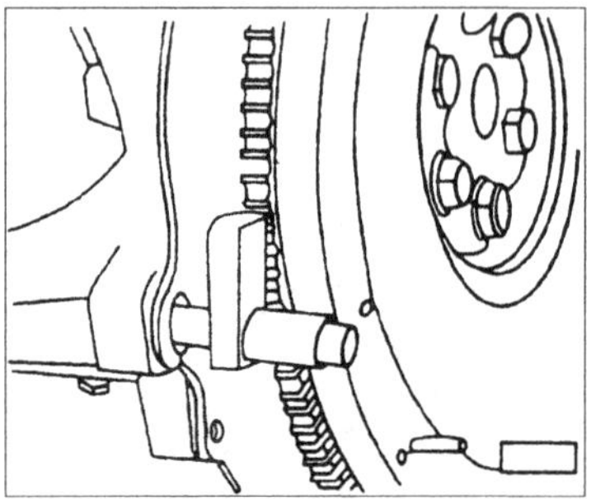

图 16-2　用专用工具固定飞轮

（3）安装离合器盖总成，对正装配标记，分两次，对角、交叉旋紧固定螺栓，最后用扭力扳手以 25N · m 的力矩旋紧。

16.2.3　桑塔纳轿车离合器操纵机构的拆装与调整

1. 桑塔纳 2000GLS、2000GLi 型轿车拉索式操纵机构的拆装与调整

桑塔纳 2000GLS、2000GLi 型轿车离合器分离装置如图 16-3 所示。

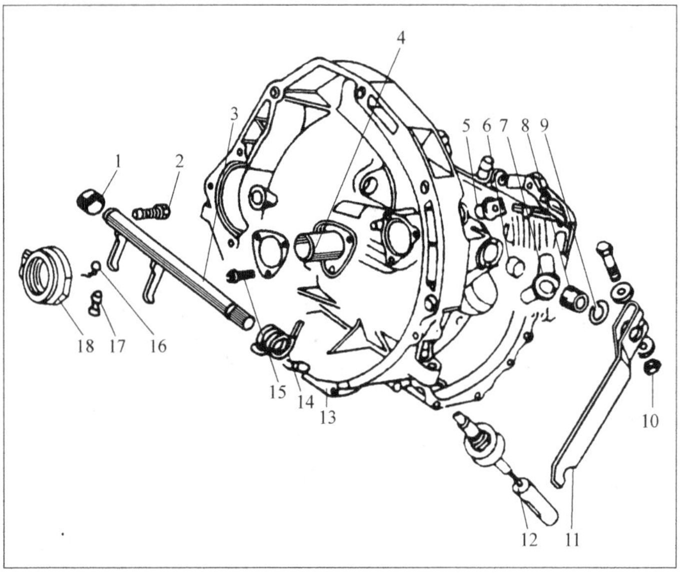

图 16-3　离合器分离装置

1—右轴承衬套　2—定位螺栓（15N · m）　3—分离叉轴　4—分离套筒　5—上止点信号发生器测试塞子　6—轴承　7—左轴承衬套　8—橡胶防尘套　9—挡圈　10—螺母（25N · m）　11—分离叉轴传动臂　12—离合器拉索　13—变速器罩壳　14—复位弹簧　15—螺栓（15N · m）　16—支撑弹簧　17—夹子　18—分离轴承

（1）离合器内分离装置的拆卸

1）从汽车上拆下变速器总成（参见项目十七）。

2）拆下螺母 10、分离叉轴传动臂 11。

3）拆下分离轴承 18。

4）旋下螺栓 15，拆下分离叉轴 3 的挡圈 9，再取下橡胶防尘套 8。拆下分离套筒 4。

注意：挡圈及锁圈不能拉开过度，安装时必须放入槽内。

5）拆下分离叉轴的定位螺栓2。

6）拆下分离叉左轴承衬套7，取下分离叉轴，再取下复位弹簧14。

7）使用专用内拉头工具，取出分离叉右轴承衬套1。

8）固定分离轴承外缘，同时在轴向施加压力并转动，若出现卡滞或明显的间隙、异响，应予更换。

（2）离合器分离装置的安装

1）使用专用工具装上分离叉轴右衬套。

2）将复位弹簧套在分离叉轴的左段，安装分离叉轴。

3）用适量的润滑脂润滑衬套及分离叉轴的支撑位置，装入分离叉轴左衬套。

4）用15N·m力矩旋紧分离叉轴定位螺栓。检查分离叉轴，应能灵活转动但不能左右移动。

5）将分离套筒及其衬垫涂上密封胶，装上分离套筒。

注意：

① 衬垫为一次性用品，实际应用时，每次拆装均需更换。

② 分离套筒的排油孔应朝下（图16-4）。

6）安装分离轴承，用适量润滑脂润滑接触点。固定复位弹簧（图16-5）。

7）将防尘套推入分离叉轴，安装挡圈，压至尺寸$A=18$mm的位置（图16-6）。

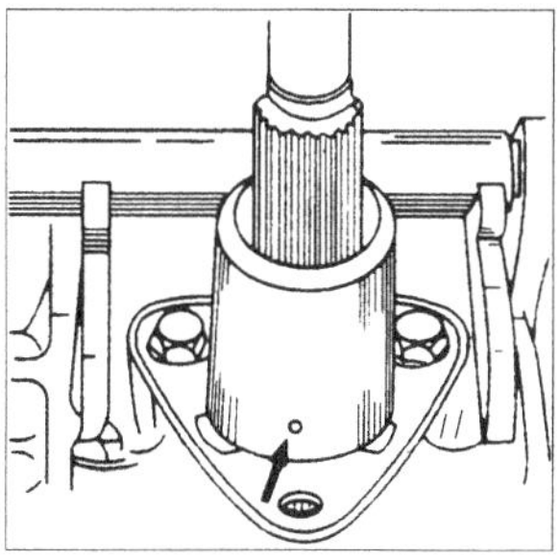

图16-4　分离套筒的安装

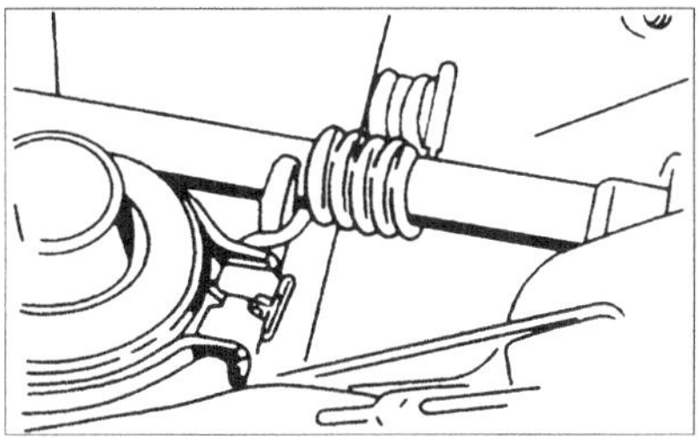

图16-5　复位弹簧的安装位置

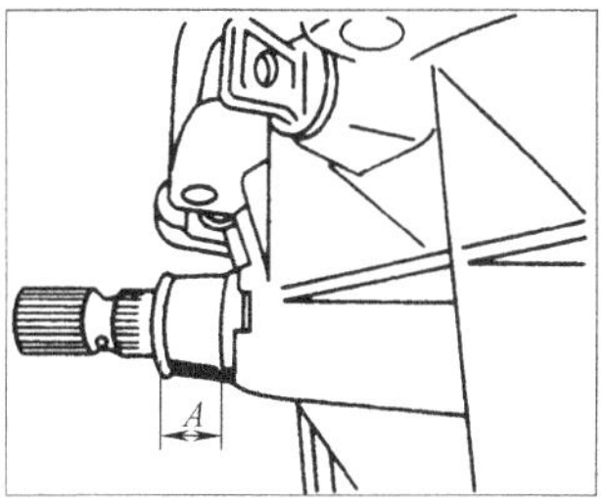

图16-6　分离轴承挡圈的安装位置

8）安装分离叉轴传动臂，调整位置使$a=(200\pm5)$mm（图16-7），以25N·m的力矩拧紧螺母。

（3）离合器踏板的拆装与调整。

离合器踏板分解图如图16-8所示。

1）离合器踏板的拆卸

① 拉开并拆下离合器拉索3。

② 拆下挡圈，取下连接销1，从离合器组件上取下助力弹簧8。

③ 拆下卡夹2，取下离合器踏板。

④ 用专用工具压出离合器踏板塑料衬套，拆下踏板橡胶

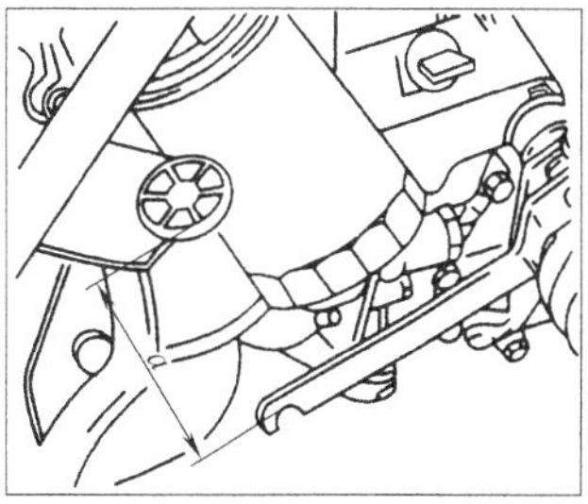

图16-7　离合器分离叉轴传动臂的安装位置

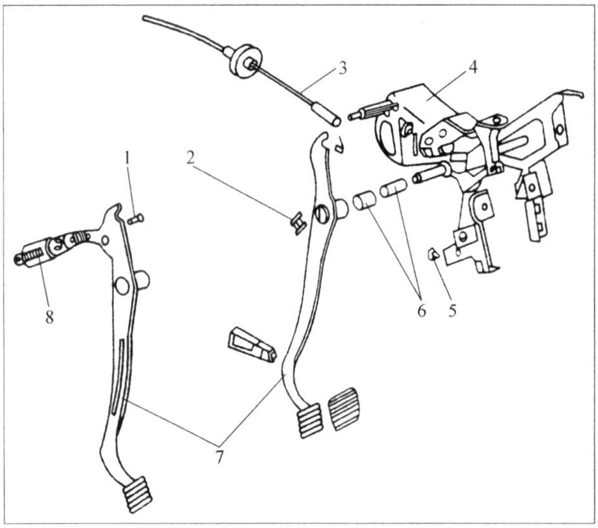

图 16-8　离合器踏板分解图

1—连接销　2—卡夹　3—离合器拉索　4—踏板支架　5—限位块
6—轴承衬套　7—离合器踏板　8—助力弹簧

衬套。

注意：在进行离合器踏板拆装时，应将蓄电池搭铁电缆拆下。

2）离合器踏板的安装与调整

① 装上离合器踏板橡胶衬套，涂上无酸润滑脂，用专用工具压入塑料衬套。

② 装上卡夹、弹簧助力器和离合器拉索。

③ 检查离合器踏板的总行程应为（150 ± 5）mm，如不符合要求，则可能是驱动臂安装不当或变形，重新调整驱动臂位置。

④ 检查离合器踏板的自由行程，应为 15 ~ 25mm，如不符合要求，调节图 16-9 中的调整螺母。

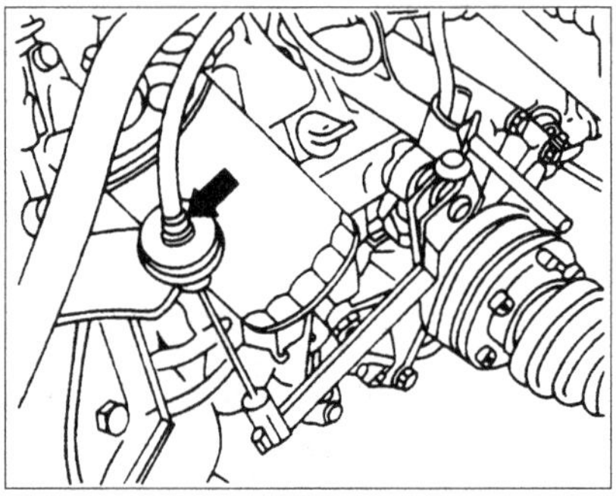
图 16-9　离合器踏板行程的调整

注意：

① 固定盖和罩壳的螺栓和螺母应对角、交叉、分次按规定力矩拧紧。

② 将有标志一面的滚针轴承（壁厚较大）朝向安装工具，在轴与轴之间涂一层润滑油。

2. 桑塔纳 2000GSi 型轿车离合器液压式操纵机构的拆装与调整

桑塔纳 2000GSi 型轿车离合器与桑塔纳 2000GLS 型轿车离合器基本结构相同，只是操纵机构有所不同，前者采用液压操纵机构，其液压组件主要有储液罐、进油软管、离合器主缸（图 16-10）、离合器工作缸（图 16-11）、油管总成等。其中储液罐与制动系统共用，其上有两个出油孔，分别把制动液供给制动主缸和离合器主缸。

桑塔纳 2000GSi 型轿车离合器液压操纵机构的拆装与调整过程如下。

1. 离合器主缸的分解与组装

（1）分解

1）取下离合器踏板与主缸推杆叉的联接销轴，从主缸上拧下进油管和出油管接头，旋

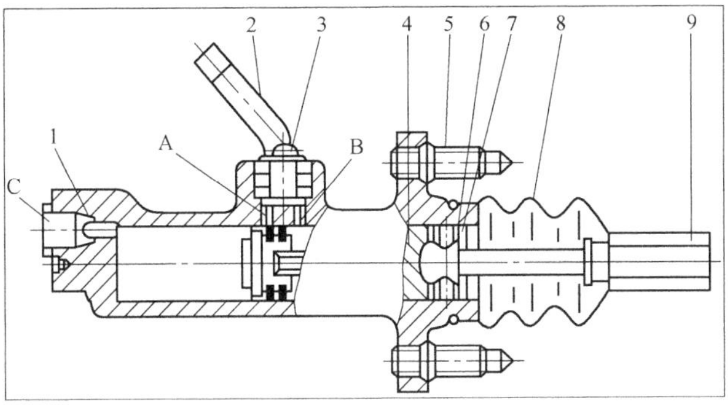

图 16-10 离合器主缸

1—壳体 2—管接头 3—皮碗 4—阀芯 5—固定螺栓 6—卡簧 7—挡圈
8—防尘罩 9—推杆 A—补偿孔 B—进油孔 C—出油孔

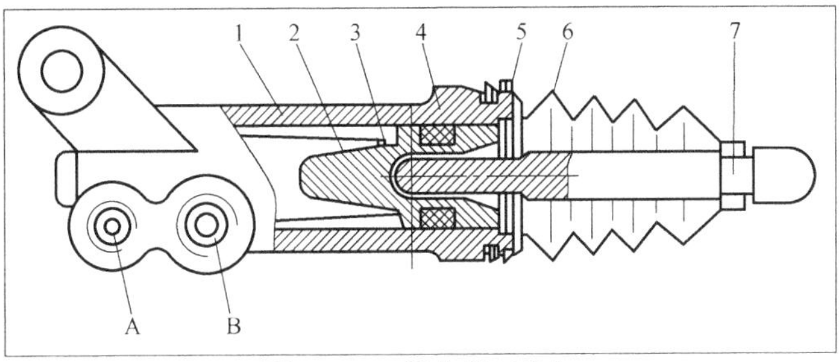

图 16-11 离合器工作缸

1—壳体 2—活塞 3—管接头 4—皮碗 5—挡圈 6—防护罩 7—推杆 A—放气孔 B—进油孔

下主缸固定螺栓，拉出主缸。

2）排净主缸中的制动液，分解主缸：先取下防尘罩，再用卡环钳拆下卡环，拉出主缸推杆、压盖和活塞。

（2）观察分析主缸的结构和工作原理。

（3）检查。检查皮碗、复位弹簧等零件是否老化失效，活塞、缸筒是否磨损过大，当缸筒内壁磨损量大于 0.125mm 或配合间隙超过 0.2mm 时，需要更换。

（4）组装。按照拆卸分解相反的顺序装配离合器主缸。

2. 离合器工作缸的分解与组装

（1）分解

1）旋下工作缸进油管接头，拆下工作缸固定螺栓，拉出工作缸。

2）排净工作缸内的制动液，分解工作缸：拉出推杆，拆下防尘罩，然后用压缩空气将工作缸活塞从缸筒内压出。

（2）观察分析工作缸的结构和工作原理。

（3）检查。检查皮碗、复位弹簧等零件是否老化失效，活塞、缸筒是否磨损过大，当缸筒内壁磨损量大于 0.125mm 或配合间隙超过 0.2mm 时，需要更换。

（4）组装。按照拆卸分解相反的顺序装配离合器工作缸。

注意：

① 主缸和工作缸装配时，要用非腐蚀性液体清洗干净，并在活塞、皮碗、挡圈、缸套等零件上涂一层制动液。

② 装合后推杆在缸筒内运动应灵活。在放松（不工作）位置时，主缸皮碗和活塞头部应位于进油孔和补偿孔之间，两孔都开放。工作缸上带有塑料支撑环，安装时外表面要涂上一层薄薄的润滑油，工作缸推杆末端也要涂上润滑脂。

③ 安装离合器工作缸时，需要用一个适当的杠杆克服弹簧的弹力，将其压向变速器壳相应的孔中后，方能将固定螺栓旋入。

3. 离合器液压操纵机构排气

（1）用千斤顶顶起汽车，然后用支架将汽车支住。将主缸储液罐中的制动液加至规定高度。

（2）在工作缸的放气阀上安装一根软管，接到一个盛有制动液的容器内。

（3）两人配合排净空气，一人慢慢踩离合器踏板数次，感到有阻力时踩住不动，另一人拧松放气阀直至制动液流出，然后再拧紧放气阀。连续重复上述过程几次，直至流出的制动液中不见气泡为止。

4. 离合器踏板自由行程的调整

调节主缸推杆接头在离合器踏板臂上的连接位置，将离合器踏板的自由行程调整为15～25mm。

16.2.4 EQ1090 汽车螺旋弹簧离合器的结构认识

EQ1090 汽车采用单片螺旋弹簧离合器（图 16-12），主要由主动部分（离合器盖、压

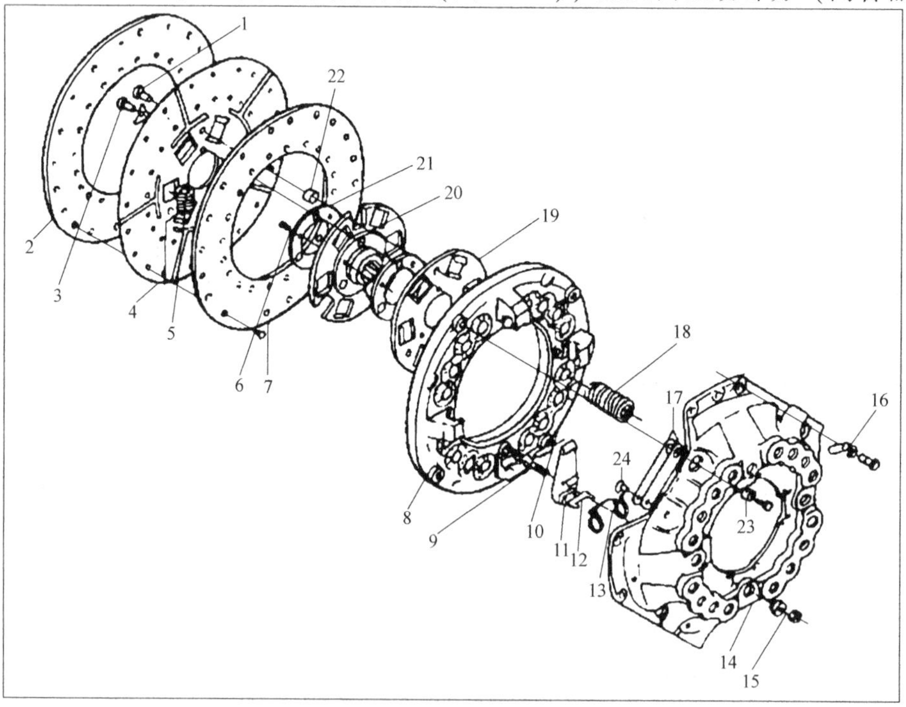

图 16-12　EQ1090 汽车单片螺旋弹簧离合器

1—从动盘铆钉　2—摩擦片　3—减振器阻尼弹簧铆钉　4—从动盘　5—减振器弹簧　6—减振器阻尼片铆钉　7—摩擦片铆钉　8—压盘　9—支撑螺柱　10—浮动销　11—分离杠杆　12—摆动支撑片　13—分离杠杆弹簧　14—离合器盖　15—分离杠杆调整螺母　16—平衡片　17—传动片　18—压紧弹簧　19—离合器减振器　20—从动盘毂　21—减振器阻尼片　22—从动盘铆钉隔套　23—传动片螺栓座　24—铆钉

盘)、从动部分（带扭转减振器的从动盘)、压紧装置（16只螺旋圆柱弹簧)、分离机构(分离叉、分离杠杆等）等组成。EQ1090汽车机械操纵机构是机械杆式（图16-13)，它主要由踏板、分离杠杆、分离叉、分离轴承、复位弹簧等组成。

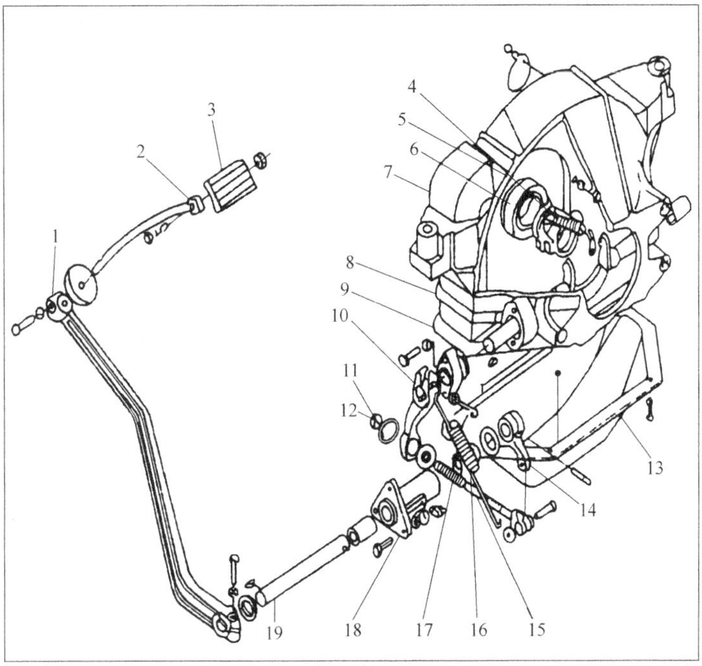

图16-13　EQ1090汽车机械操纵机构（杆式）

1—踏板臂　2—踏板上臂　3—踏板　4、16—复位弹簧　5—轴承座　6—分离轴承　7—外壳　8—分离叉　9—凸缘　10—分离叉臂　11—锁紧螺母　12—调整螺母　13—外壳底盖　14—拉臂　15—分离杠杆　17—分离杠杆弹簧　18—支座　19—踏板轴

16.2.5　EQ1090汽车螺旋弹簧离合器的拆装与调整

观察离合器构造（图16-12)，了解各部分连接情况。

1. 离合器的分解

(1）把离合器盖及压盘总成放在压力机上，在离合器盖上加压使压紧弹簧压缩后，拆下分离杠杆调整螺母15，拧下传动片螺栓座23上的螺栓。

(2）慢慢卸去压力机上的压紧力，将离合器盖、压盘总成全部解体。

(3）拆下一组分离杠杆11、摆动支撑片12、支撑螺柱9、浮动销10。观察分析分离杠杆的防干涉结构及各零件的连接关系。

(4）在教师指导下演示离合器在接合位置和分离位置时，摆动支撑片12的摆动情况。观察从动盘4与摩擦片2、从动盘毂20的铆接情况。仔细观察扭转减振器的构造和各零件的相互关系，观察扭矩如何从摩擦片2传递到从动盘毂20。

2. 离合器的组装

(1）在离合器盖上装上分离杠杆弹簧13。

(2）将压盘8放在平台上，在压盘凸块内侧放上摆动支撑片12、分离杠杆11、插入支撑螺柱 9，穿入浮动销 10。

（3）把 16 只离合器压紧弹簧 18 放在压盘的弹簧座上，使四个支撑螺柱 9 对正离合器盖相应的孔，然后在离合器盖上加压，在支撑螺柱的端头拧上分离杠杆调整螺母 15。

（4）将传动片拨正，把传动片螺栓座 23 及螺栓拧入，并冲铆螺栓座 23。

（5）用分离杠杆调整螺母 15 将分离杠杆调在同一高度（使分离杠杆上平面距飞轮表面在 56mm ±0. 2mm 范围内），然后用锁紧螺母锁上。

16. 2. 6　EQ1090 汽车螺旋弹簧离合器操纵机构的拆装与调整

（1）将操纵机构按图 16-13 所示解体，了解各零件的相互连接与装配关系。

（2）装复操纵机构后，旋转调整螺母 12，当离合器踏板的自由行程为 30 ~ 40mm 时，分离杠杆端部距分离轴承的间隙是 3 ~ 4mm，并将锁紧螺母 11 锁紧。

16. 3　常见车型的比较

常见车型各种离合器结构的比较见表 16-1。

表 16-1　常见车型各种离合器结构的比较

<table>
<tr><th colspan="3">项　目</th><th>膜片弹簧离合器</th><th>螺旋弹簧离合器</th></tr>
<tr><td rowspan="3">离合器结构</td><td colspan="2">压紧机构</td><td>膜片弹簧</td><td>螺旋弹簧（周布、中央、斜置）</td></tr>
<tr><td rowspan="2">压盘传力方式</td><td>单盘</td><td colspan="2">常用传动片</td></tr>
<tr><td>双盘</td><td colspan="2">常用综合方式（传动销等）</td></tr>
<tr><td rowspan="3">调整踏板自由行程</td><td rowspan="2">机械操纵</td><td>杆式（EQ1090、CA1090 等）</td><td colspan="2" rowspan="2">调整离合器分离轴承与分离杠杆（分离指）之间的距离</td></tr>
<tr><td>绳索式（捷达、夏利）</td></tr>
<tr><td colspan="2">液压操纵（红旗 CA7220、北京 BJ2020 等）</td><td colspan="2">① 调整离合器分离轴承与分离杠杆（分离指）之间的距离
② 调整主缸推杆接头在踏板臂上的连接位置</td></tr>
<tr><td colspan="3">拆装</td><td>离合器盖、膜片弹簧和压盘总成不可分解</td><td>离合器盖、膜片弹簧和压盘总成可分解</td></tr>
</table>

项目十七　手动变速器的拆装与调整

17.1　实训目标和准备

项　目		要　点
目标	知识目标	理解手动变速器及各种换档装置的结构和工作原理
	技能目标	学会手动变速器的拆装与调整
设备和工具	整车2辆或汽车底盘2台，桑塔纳2000轿车两轴式手动变速器和EQ1090汽车三轴式手动变速器各1台，底盘拆装工具和零部件盆各1套、手动变速器专用拆装工具、清洗工具各1套，多媒体设备1套	
实训安排	实训课时：6学时 实训组织：每组3~5位同学，老师指导，学生动手操作	

17.2　实训内容、方法及注意事项

17.2.1　桑塔纳轿车手动变速器的结构认识

桑塔纳2000轿车采用发动机前置前轮驱动，发动机纵向放置。变速器（图17-1）是5档同步手动机械式变速器，型号为013 300 043B，由壳体总成、变速传动机构和操纵机构三部分组成。5个前进档均装有锁环式惯性同步器，各档接合齿圈都采用防跳档措施（倒锥齿结构）。5个档位传动比分别是3.455、1.944、1.286、0.969、0.800，倒档传动比为3.167。

变速器通过主、从动齿轮齿数的不同来实现变速变矩。操纵变速杆，通过移动接合套实现不同传动比的动力传递。以挂5档为例，同步器11接合套左移，动力传递路线为主动轴2→同步器11接合套→主动轴5档齿轮10→从动轴5档齿轮16→从动轴22。

17.2.2　桑塔纳轿车手动变速器的车上拆装

1. 变速器的车上拆卸

（1）拆下蓄电池的搭铁电缆，拆下蓄电池，卸下蓄电池支架。拆下离合器工作缸。

（2）拆卸变速器外部连接零部件

1）举升汽车。

2）将传动轴（半轴）从变速器上拆下并支撑好，如图17-2所示。

3）旋松变速器操纵机构的内变速杆螺栓，压出支撑杆球头并将内变速杆与离合块分离，如图17-3所示。

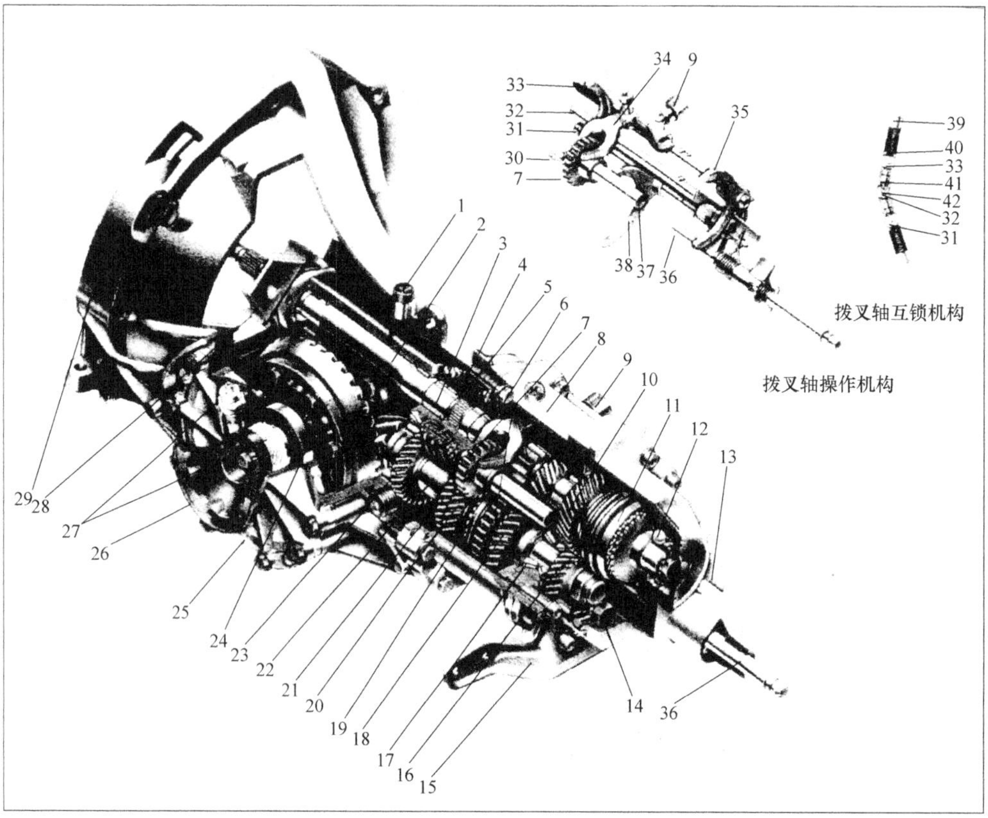

图 17-1　桑塔纳 2000 系列轿车手动变速器结构

1—通气塞　2—主动轴　3—滚动轴承　4—主动轴 4 档齿轮　5—3/4 档同步器　6—主动轴 3 档齿轮　7—倒档齿轮组　8—轴承座壳体　9—倒档拨叉定位销　10—主动轴 5 档齿轮　11—5 档同步器　12—球轴承　13—后盖总成　14—磁铁　15—后支架　16—从动轴 5 档齿轮　17—双列圆锥滚子轴承　18—从动轴 1 档齿轮　19—1—2 档同步器　20—从动轴 2 档齿轮　21—从动轴 3 档齿轮　22—从动轴（带主动锥轮）　23—从动轴 4 档齿轮　24—差速器（带从动锥轮）　25—差速器盖　26—凸缘轴　27—车速里程表传动齿轮组　28—离合器分离板　29—变速器壳体　30—3—4 档换档拨叉　31—1—2 档拨叉轴　32—3—4 档拨叉轴　33—5—倒档拨叉轴　34—倒档换档拨叉　35—5 档换档拨叉　36—选档轴　37—倒档轴　38—1—2 档换档拨叉　39—塞子　40—定位锁销　41—大互锁销　42—小互锁销

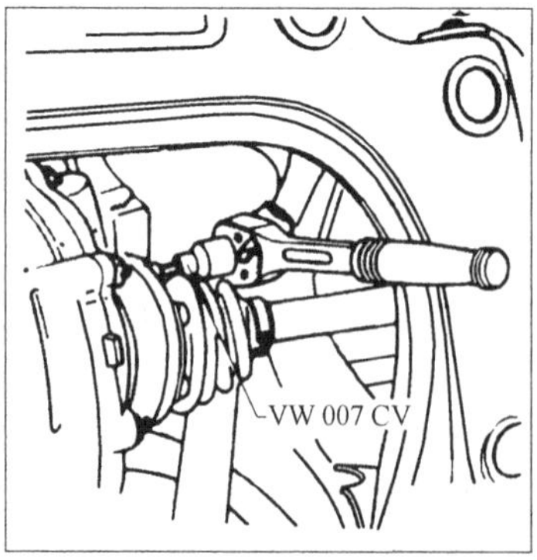

图 17-2　拆卸传动轴

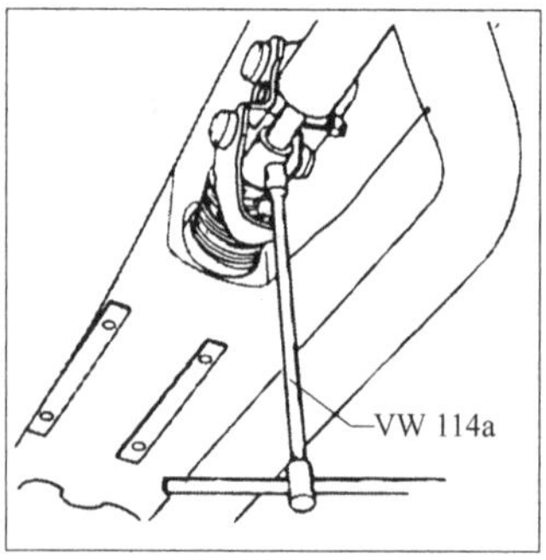

图 17-3　旋松内变速杆螺栓

4）拆下倒车灯开关的电线束插头。拔下车速传感器插头，如图 17-4 所示。卸下离合器盖板。拆下排气管。

5）放下汽车，并将发动机固定好。

6）拆下发动机与变速器上部连接螺栓。

7）举升起汽车。拆下起动机的紧固螺栓。拆下发动机中间支架。

8）拆下螺栓 1 并旋松螺栓 2，拆下变速器减振垫和减振垫前支架，如图 17-5 所示。

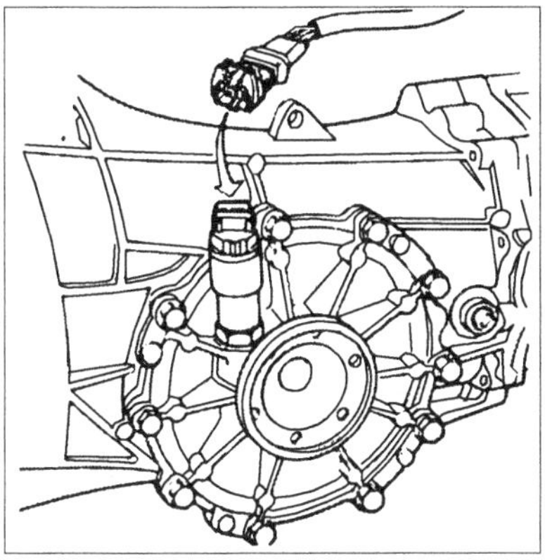

图 17-4　拆下车速里程表的软轴

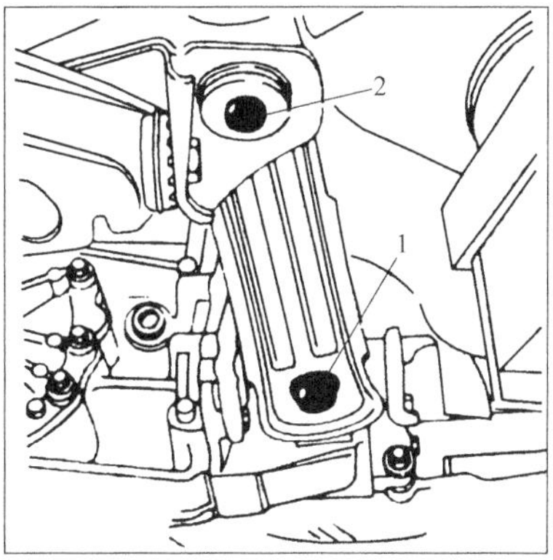

图 17-5　拆下螺栓

9）拆下发动机与变速器下部连接螺栓。

（3）拆卸变速器

2. 变速器的车上安装

按拆卸相反的顺序安装变速器，有关的螺栓拧紧力矩见表 17-1。

表 17-1　变速器紧固螺栓拧紧力矩　（单位：N·m）

部　件	拧紧力矩	部　件	拧紧力矩
变速器固定在发动机上的螺栓	55	变速器支架固定在横梁上的螺栓	70
变速器减振垫前支架上的固定螺栓	25	传动轴固定在变速器上的螺栓	40
减振垫固定在前后支架上的螺栓	20	发动机中间支架固定在车身上的螺栓	30
减振垫固定在车身上的螺栓	110	内变速杆固定螺栓	30

注意：

① 传动轴的啮合齿要保持清洁，并薄薄地涂上一层钼润滑膏或钼喷剂加以润滑。后轴承也用铝润滑膏润滑。

② 安装变速器时，需注意中间板的正确位置。

③ 不得损坏起动机的轴。

④ 校准制冷剂管的钢制连接板，并用螺钉拧在一起。

⑤ 最后拧紧橡胶—金属支撑。

17.2.3　桑塔纳轿车手动变速器的拆装与调整

1. 操纵机构的拆装与调整

桑塔纳 2000 轿车手动变速器操纵机构分解图如图 17-6 所示。

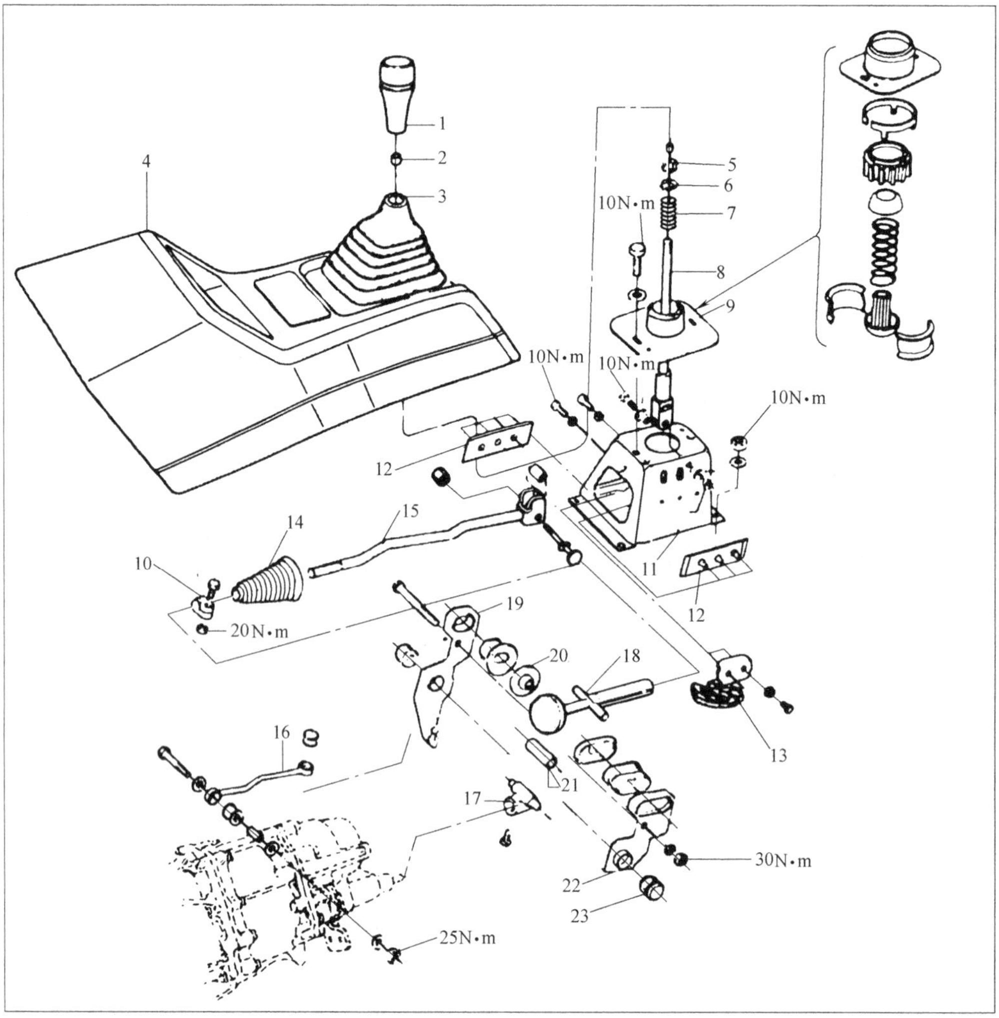

图 17-6　桑塔纳 2000 轿车手动变速器操纵机构分解图

1—变速杆手柄　2—防尘罩衬套　3—防尘罩　4—仪表板　5—锁环　6—挡圈　7—弹簧　8—上变速杆　9—变速杆支架　10—夹箍　11—变速杆罩壳　12—缓冲垫　13—倒档缓冲垫　14—密封罩　15—下变速杆　16—支撑杆　17—离合块　18—换档连接套　19—轴承右侧压板　20—罩盖　21—支承轴　22—轴承左侧压板　23—塑料衬套

（1）拆卸。

1）拆下变速杆手柄，取下防尘罩。

2）取下仪表板。

3）拆下固定在上变速杆的弹簧锁环，取下挡圈和弹簧（锁环一经拆卸必须更换）。

4）拆下变速杆支架的固定螺栓，取下变速杆支架（图 17-7）。

5）拆下变速杆罩壳，使上下变速杆脱离。

（2）安装。按照与拆卸相反的顺序进行安装，具体步骤如下：

1）用润滑脂润滑变速杆支架内部件。

2）装配变速杆支架。

3）装上变速杆支架，螺栓不用旋紧。

4）将变速杆支架上的孔与变速杆罩壳上的孔对准，用 10N · m 的力矩旋紧螺栓。

5）装上弹簧、挡圈和新的锁环。

6）检查各档的啮合情况（如有必要，移动变速杆支架上的椭圆孔来调整）。

7）装上防尘罩和手柄（固定变速杆手柄，使用快干胶）。

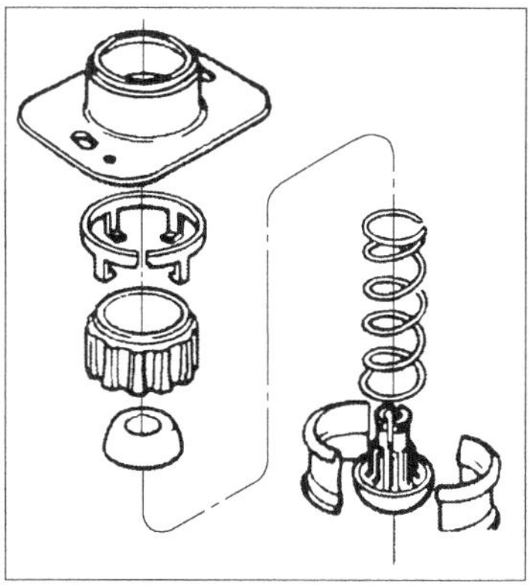

图 17-7　变速杆支架零件分解图

（3）检查调整。

1）变速器操纵系统的检查。

检查各档齿轮啮合是否平滑，检查具体步骤如下：

① 挂入 1 档，将上变速杆向左推至缓冲垫，然后将其缓慢松开，上变速杆朝右返回，检查返回行程是否有 5 ~ 10mm。

② 挂入 5 档，将上变速杆向右推至缓冲垫，然后将其缓慢松开，上变速杆朝左返回，检查返回行程是否有 5 ~ 10mm。

③如果达到上述相等的压缩距离，再调节变速杆，变速质量也不会有任何改善，否则应进行调整。

2）变速器操纵系统的调整。

如果返回行程不等于或行程达不到 5 ~ 10mm，则需调整控制系统，调整的具体步骤如下：

① 将上变速杆置于极限位置上。旋松夹箍的螺母（图 17-8），移动上变速杆，要求下变速杆在连接时自由滑动。

② 取下变速杆手柄和防尘罩，将变速杆支架孔与变速杆罩壳的孔对准（图 17-9），并旋紧螺栓。

图 17-8　旋松夹箍的螺母

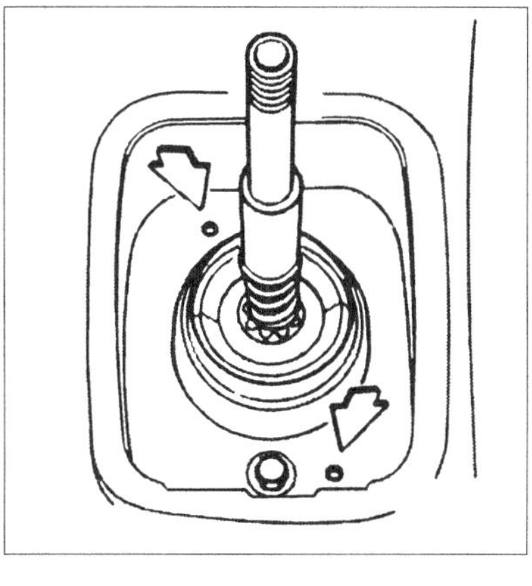

图 17-9　对准孔

③ 用专用工具 VW5305/7（可以用类似的物件），将其嵌入变速杆支架前孔中，将上变速杆放在如图 17-10 所示位置上，轻轻地旋紧下面的螺栓，将专用工具 VW5305/7 固定好。

④ 将上变速杆放在最右边，靠至缓冲垫，旋紧定位螺栓（图 17-11）。

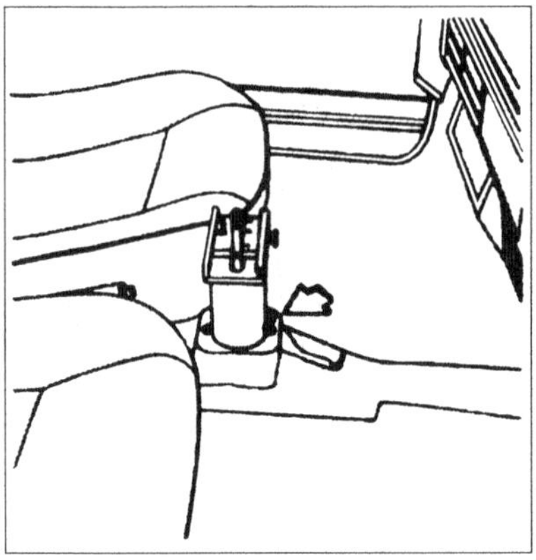

图 17-10　将上变速杆放在图示位置

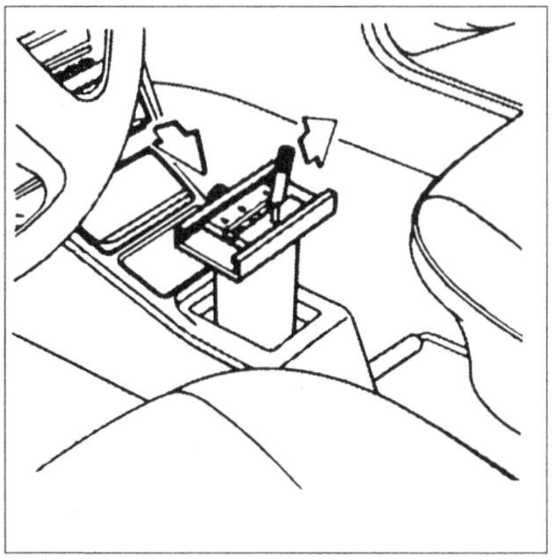

图 17-11　旋紧定位螺栓

⑤ 将上变速杆放在如图 17-12 所示位置上，并用 20N · m 的力矩旋紧夹箍螺母，如图 17-8所示。

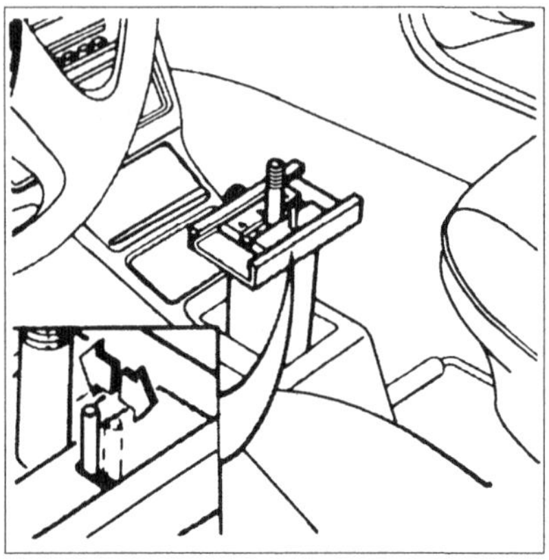

图 17-12　将上变速杆放图示位置

⑥ 取下专用工具 VW5305/7。

⑦ 然后重复检查步骤，如果未达到要求，可继续移动变速杆支架上的椭圆形孔来修正。

⑧ 最后挂入所有的档位，特别要注意倒档的锁住功能。

2. 变速器壳体的拆装

变速器壳体分解图如图 17-13 所示。

（1）拆卸

1）将拆下的变速器固定在支架上，放空齿轮油。

2）拆下变速器后盖，轴承支座。

3）拆下离合器分离叉轴。

4）旋下加油螺塞。拆下差速器。

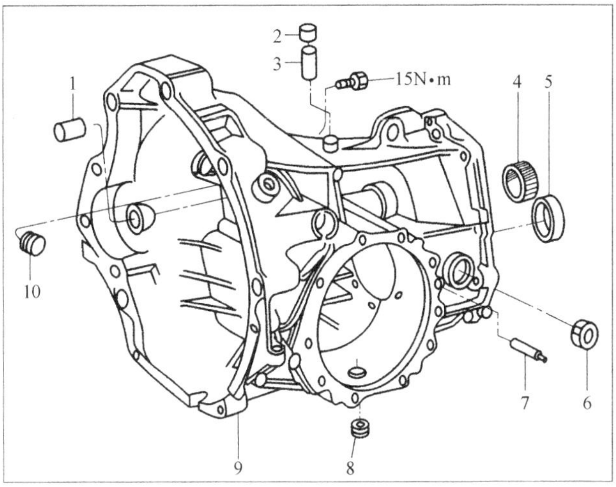

图 17-13　变速器壳体分解图

1—起动机衬套　2—防护罩　3—通气管　4—输入轴滚针轴承　5—输出轴前轴承外圈　6—注油螺塞（25N·m）
7—圆柱销　8—放油螺塞（25N·m）　9—变速器壳体　10—离合器分离叉轴右衬套

5）依次拆下输入轴的密封圈、挡油圈、滚针轴承。

6）取下输出轴前轴承外圈的固定圆柱销、前轴承外圈。

（2）安装

按照与拆卸相反的顺序进行安装，应注意以下事项：

① 装上输出轴前轴承外圈时，注意要将外圈上的小孔与壳体的小孔对准。.

② 安装输出轴前轴承外圈的固定圆柱销时，圆柱销不应全部插入，头部应突出壳体大约 3.0mm。

③ 安装垫片时，注意要进行相关计算（输出轴调整垫片 S3、主减速器主动齿轮调整垫片 S1 和 S2）。

④ 衬套需要用润滑脂润滑。

3. 变速器后盖的拆装

（1）拆卸

1）将拆下的变速器固定在支架上，放空齿轮油。

2）拆下后轴承盖（一经拆卸就应更换）。

3）锁住输入轴，拆下输入轴的固定螺栓。

4）拆下变速器后盖的固定螺栓，取下后盖（如有轴承防护罩，需小心取下，并重新装在轴承上）。

（2）安装

按照与拆卸相反的顺序进行安装，具体步骤如下：

1）在变速器轴承支座和后盖之间装上新的衬垫。

2）如图 17-14 所示，将变速器后盖放在适当的位置，插进带螺母的螺旋销 A（M10mm × 70mm），旋紧螺母，直至变速器后盖完全顶在变速器上。

3）拆下螺旋销，装上输入轴的固定螺栓，用 45N·m 的力矩拧紧。

4）装上轴承支座和后盖的连接螺栓，用 25N·m 的力矩拧紧螺栓。

4. 变速器后轴承的拆装

（1）拆卸

1）将拆下的变速器固定在支架上，放空齿轮油。

2）依次拆下后盖、后盖内变速杆的密封圈、内变速杆衬套，如图 17-15 所示。取下挡油圈。

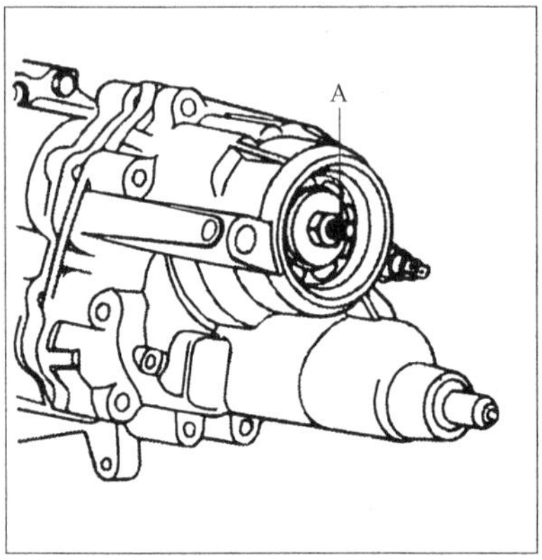

图 17-14　变速器后盖的安装

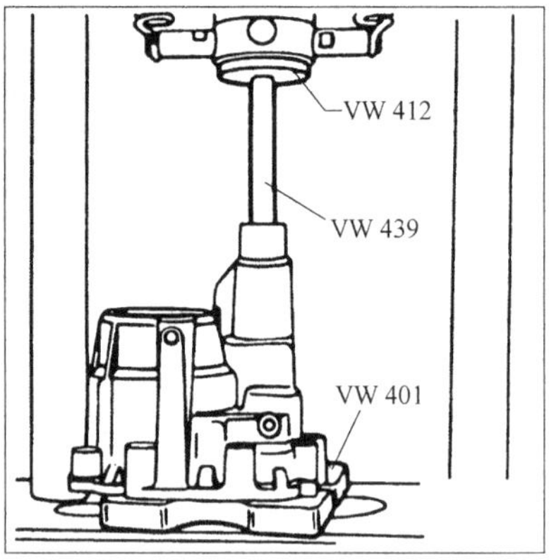

图 17-15　拆下内变速杆衬套

3）取下锁环，拆下输入轴的后轴承。

（2）安装。按照与拆卸相反的顺序进行安装。

注意：挡油圈一经拆卸就应更换。

5. 变速器轴承支座及内部零件的拆装

（1）拆卸

1）将拆下的变速器固定在支架上，放空齿轮油。

2）拆下变速器后盖。

3）拆下 1、2 档拨叉的锁销，接着将拨叉向左转动。

4）挂入 2 档，边转边拉下拨叉轴，取下 1、2 档的拨叉，如图 17-16 所示。

5）取出锁销，取下拨叉轴和 5 档齿轮的套管。取下同步器和输入轴的 5 档齿轮，如图 17-17所示。拆下 5 档滚针轴承内环和固定垫圈。

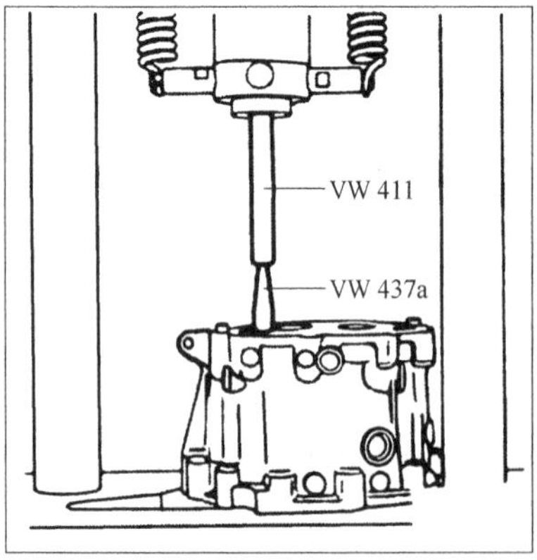

图 17-16　取下拨叉轴

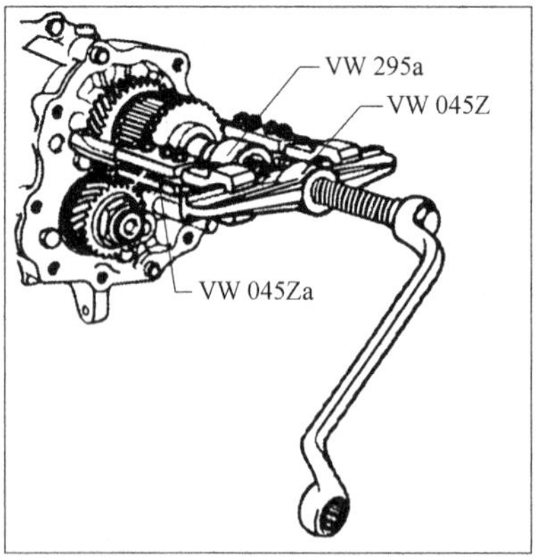

图 17-17　取下同步器和输入轴的 5 档齿轮

6）挂上1档，锁住输入轴，取下输出轴的5档齿轮紧固螺母，拆下5档齿轮。

7）如图17-18所示，分开导向锁（不用取下），拆下轴承支座。

8）取下3、4档拨叉的锁销和拨叉轴。

9）拆下倒档自锁装置及倒档拨叉轴。

10）拆下输入轴和输出轴，取下输出轴的外后轴承。

11）取出倒档轴和齿轮、倒档传动臂。

12）取下输出轴后轴承的止动环。

13）取下拨叉轴衬套，如图17-16所示。取下互锁销。

14）拆下输入轴中间轴承。

15）拆下输出轴后轴承外圈。

16）钻一个6mm的螺纹，用螺栓将堵塞拆下。拆下自锁弹簧和分离套筒（只要变速器的罩盖更换了，就必须计算输出轴调整垫片S3的厚度）。

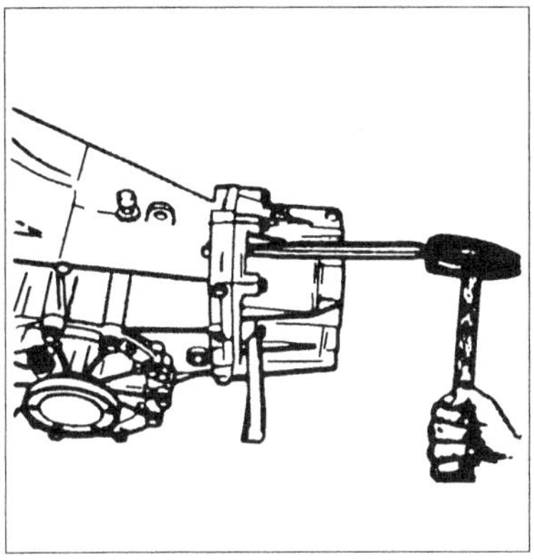

图17-18 分开导向锁

（2）安装

按照与拆卸相反的顺序进行安装，具体步骤如下：

1）将导向套筒和弹簧装在新的轴承支座上。

2）装上输出轴后轴承外圈。

3）调整主减速器主动齿轮。

4）从变速器的壳体上取下轴承支座。装上锁环。

5）装上输入轴的中间轴承。

6）装上后轴承的止动环，用25N·m的力矩旋紧螺栓。

7）装上拨叉轴衬套。

8）装上倒档齿轮、轴及传动臂，再装上垫圈和倒档传动臂的固定螺栓。将传动臂往下压，并插入螺栓，直至碰到传动臂。

9）将传动臂朝螺栓压去，旋入螺栓，直至听到螺栓旋入的声音。用35N·m的力矩旋紧螺栓，挂倒档几次，并证实在各个位置上操作灵活（如果操作不灵活，重复步骤8、9）。

10）装上倒档的自锁装置，取下倒档轴和齿轮。

11）将带拨叉的1、2档拨叉轴及输出轴装在轴承支座上。

12）装上倒档轴和倒档齿轮。将带3、4档拨叉的输入轴及输出轴的外后轴承装在轴承支座上。

13）装上3、4档的拨叉轴和拨叉，并用锁销固定。

14）用120℃的温度给输出轴的5档齿轮、滚针轴承的内圈和同步器的壳体加热。

15）装上固定垫圈和5档齿轮滚针轴承的内圈。使用专用工具和锤子正确地将其放在适当的位置。

16）将5档齿轮装在输出轴上，将同步器和5档拨叉装在输入轴上。

17）将套管装在输入轴上。

18）用新的衬垫，将轴承支座装在变速器壳体上，用25N·m的力矩旋紧连接螺栓。

19）挂上 1 档，锁住输入轴，装上输出轴的螺母，用 100N · m 的力矩旋紧。

20）在拨叉轴上装上 1、2 档拨叉。

21）将内变速杆装在轴承支座上，将弹簧的两端放在 3、4 档的拨叉轴上，将凸缘部分与拨叉轴的凹槽对齐（直线），将内变速杆朝左转动。

22）用锁销固定 1 档和 2 档拨叉。

23）使用新的密封衬垫，装上变速器的后盖。

6. 变速器传动机构的分解与组装

变速器传动机构包括输入轴、输出轴及其上的齿轮组成。输入轴和输出轴的分解图如图 17-19 和图 17-20 所示。

（1）输入轴的分解

1）拆下 4 档齿轮的有齿锁环，取下 4 档齿轮、同步环和滚针轴承。

2）拆下同步器锁环。

3）取下 3、4 档同步器，以及 3 档同步环和齿轮，取下 3 档齿轮的滚针轴承。

4）取下输入轴的中间轴承内圈。

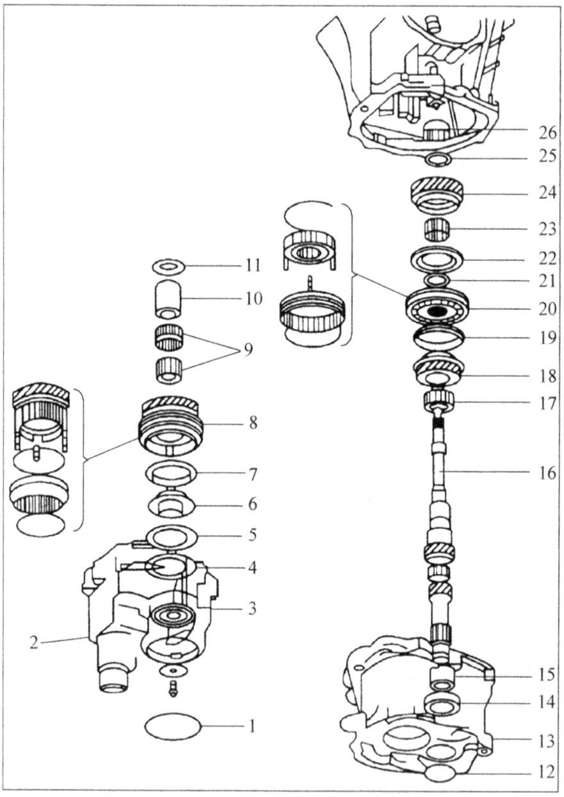

图 17-19　输入轴分解图

1—后轴承罩盖垫　2—变速器后盖　3—输入轴后轴承　4—锁环　5—挡油圈　6—5 档同步器套筒　7—5 档同步环　8—5 档同步器和齿轮　9—5 档齿轮滚针轴承　10—5 档齿轮滚针轴承内圈　11—固定垫圈　12—锁环　13—轴承支座　14—中间轴承　15—中间轴承内圈　16—输入轴　17—3 档齿轮滚针轴承　18—4 档同步环　19—3 档同步环　20—3/4 档同步器　21—锁环　22—3 档齿轮　23—4 档齿轮滚针轴承　24—4 档齿轮　25—有齿的锁环　26—输入轴滚针轴承

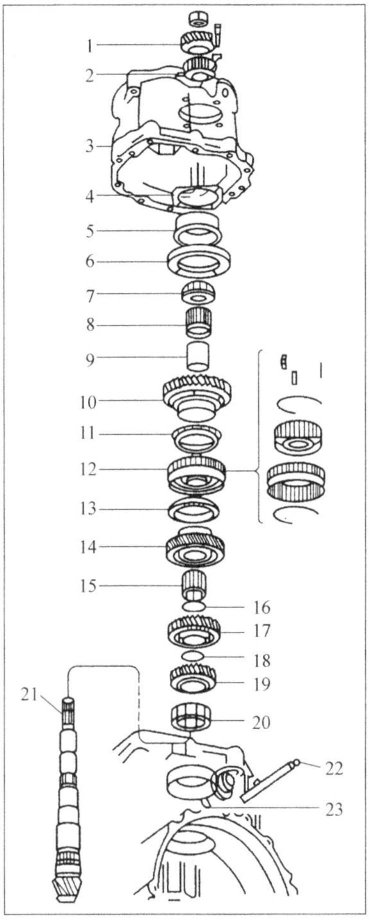

图 17-20 输出轴分解图

1—5 档齿轮 2—输出轴外后轴承 3—轴承支座 4—调整垫片 5—后轴承外圈 6—轴承保持架 7—输出轴内后轴承 8—1 档齿轮 9—1 档齿轮滚针轴承内圈 10—1 档齿轮滚针轴承 11—1 档同步环 12—1/2 档同步器 13—2 档同步环 14—2 档齿轮 15—2 档齿轮滚针轴承 16—挡环 17—3 档齿轮 18—挡环 19—4 档齿轮 20—输出轴前轴承 21—输出轴 22—圆柱销 23—输出轴前轴承外圈

（2）输出轴的分解

1）拆下内后轴承和 1 档齿轮。取下滚针轴承和 1 档同步环。

2）取下滚针轴承内圈、同步器和 2 档齿轮，取下 2 档齿轮滚针轴承。

3）拆下 3 档齿轮的锁环和 3 档齿轮

4）拆下 4 档齿轮的锁环和 4 档齿轮。

5）拆下输出轴的前轴承。

（3）输入轴和输出轴的安装

1）安装准备。

① 检查主动锥齿轮情况，如果已经损坏，同从动锥齿轮一起更换，并计算主、从动锥齿轮的调整垫片的厚度。

② 检查所有齿轮和轴承的损坏情况，如需更换，除更换所损坏的外，还需将其他轴上的相应齿轮更换。

③ 在更换 1 档齿轮的滚针轴承的内圈或输出轴后轴承时，需要计算输出轴调整垫片的厚度。

④ 同步环。将同步环压在各自齿轮的锥面上，并检查间隙 A（图 17-21）应符合表 17-2。

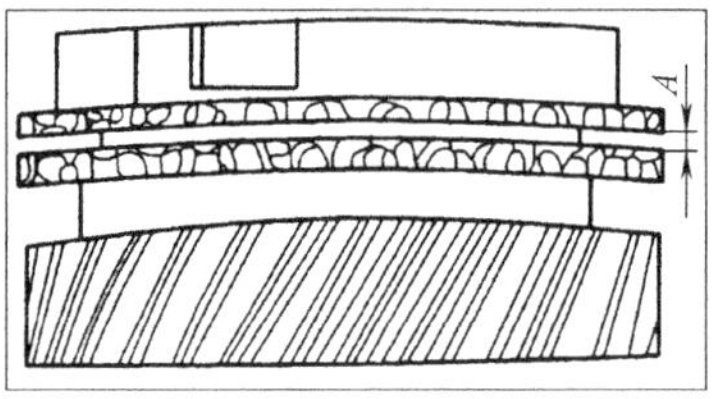

图 17-21　检查间隙

表 17-2　间隙 A 的标准值

同　步　环	间隙 A/mm	
	新　　件	磨 损 极 限
1 档和 2 档	1.1～1.7	0.5
3 档和 4 档	1.35～1.90	0.5
5 档	1.1～1.7	0.5

将同步环贴在很平滑的表面上（玻璃、平板）对其扭曲进行分析。

用轻度的压力将同步环装在各自齿轮的锥面上，移动齿轮的锥环，对过度的侧向间隙（成椭圆形）进行分析。如果上述情况不正常，就应更换同步环。

2）输入轴的组装。

① 装上中间轴承的内圈。

② 将预先润滑过的 3 档齿轮滚针轴承装上。**注意：把油槽转向 2 档齿轮**。

③ 装上 3、4 档同步器，装上锁环。

④ 装上同步器环、滚针轴承和 4 档齿轮，再装上有齿的锁环。

⑤ 用 2kN 的力将 3 档齿轮、同步器和 4 档齿轮紧紧压在有齿的锁环上，把总成固定好。

3）输出轴的组装。

① 将前轴承装在输出轴上。

② 装上 4 档齿轮。

注意：用手扶住前轴承，齿轮有凸缘的一边应朝向轴承。

③ 利用可供使用的锁环中的一个将 4 档齿轮固定好。总是从较厚的开始，有厚度 2.35mm、2.38mm、2.41mm、2.44mm、2.47mm 几种。

④ 安装 3 档齿轮（**注意：凸缘应朝向 4 档齿轮**）。

⑤ 利用塞尺测量锁环的厚度。根据测得的尺寸，选择适当的锁环装上。

注意：如果测得的尺寸小于 1.6mm，锁环的厚度应该是 1.5mm；如果测得的尺寸为 1.6mm 或大于 1.6mm，锁环的厚度应该是 1.6mm。

⑥ 组装 1 档和 2 档同步器。

注意：在同步器的凹槽中的细槽应转向装拨叉槽的对面一边。同步器壳体有 3 个凹口（图 17-22），凹口上有 3 个凹陷的内齿（图 17-23）。在安装中，3 个凹口和槽应吻合，这样可以安装锁环。然后，装止动弹簧，相互间隔 120°，弯的一端应嵌入锁环凹口中的一个之内（如图 17-24 箭头所示）。

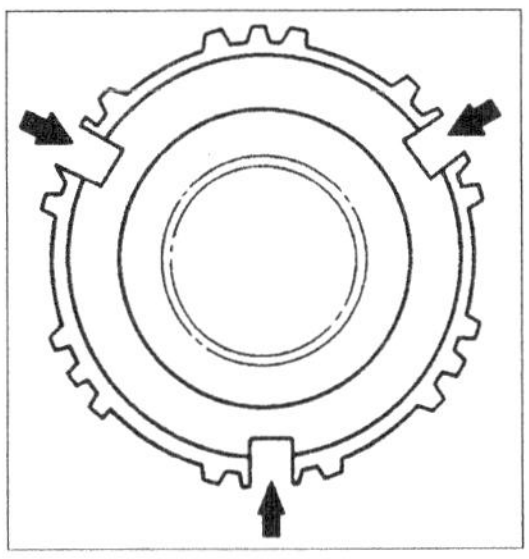

图 17-22 同步器 3 个凹槽

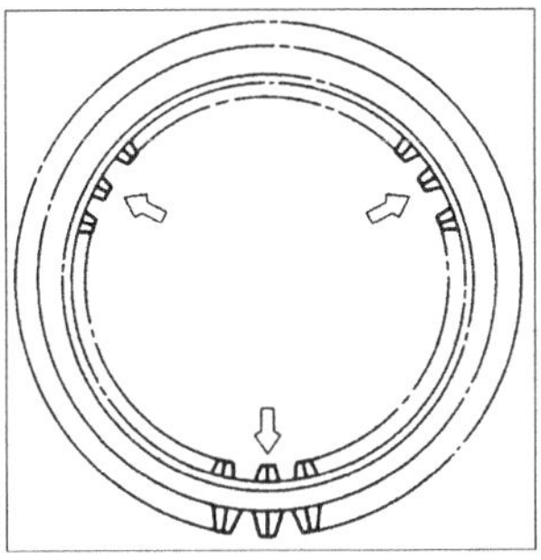

图 17-23 同步器凹口和槽的吻合

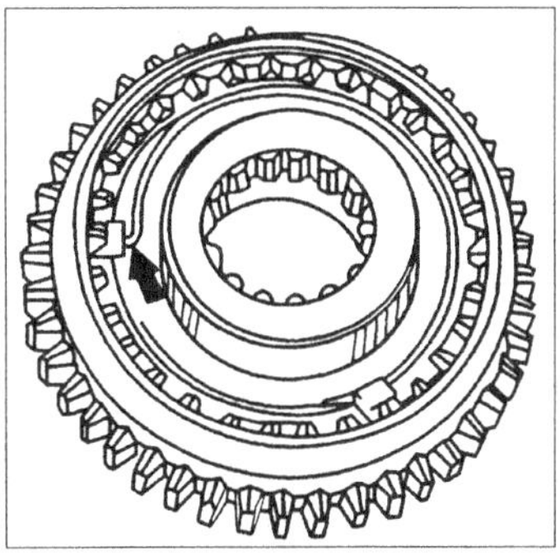

图 17-24 装止动弹簧

⑦ 装上 1 档和 2 档同步器。

注意：1 档和 2 档同步器壳体的槽应朝向 1 档齿轮。

⑧ 装上 1 档齿轮滚针轴承的内圈。装上 1 档同步环、1 档齿轮、1 档齿轮滚针轴承。

注意：装 1 档齿轮的滚针轴承时，只要轴承支座、输出轴的后轴承、第 1 档齿轮的滚针轴承内圈、主动锥齿轮和从动锥齿轮之一被更换，就要重新计算调垫片"S3"。

⑨ 装上内后轴承。将输入轴和输出轴装在轴承支座上，将轴承支座装在变速器壳体上。

⑩ 将变速器后盖装在变速器轴承支座上。

17.2.4 EQ1090 汽车三轴式手动变速器的结构认识

EQ1090 汽车三轴式手动变速器由壳体总成、变速传动机构和操纵机构三部分组成。变速传动机构（图 17-25）主要由壳体、第一轴、中间轴、倒档轴、各档齿轮、换档装置和轴承等组成。操纵机构（图 17-26）主要由变速杆、换档拨叉轴、换档拨叉、自锁装置、互锁装置和倒档锁装置等组成。

17.2.5 EQ1090 汽车三轴式手动变速器的拆装

1. EQ1090 汽车变速器的拆卸

（1）将变速器固定在专用拆装工作台上，旋出放油螺塞用油盘接油，放尽变速器内润滑油。

（2）从变速器第一轴承盖上取下分离轴承。

（3）拆下驻车制动毂上的两个螺栓，然后取下制动毂。拧下凸缘锁紧螺母，取下碟形弹簧，拉出凸缘，最后拆去驻车制动机构各部件。

（4）拆掉变速器盖螺栓，取下变速器盖和操纵机构。

（5）拆去第一轴承盖紧固螺栓上钢丝锁线，旋下紧固螺栓，取下第一轴轴承盖。

（6）拧下变速器第二轴后轴承紧固螺栓，取下第二轴后轴承盖。

（7）用铜棒轻敲第一轴，可将第一轴连同第一轴后轴承一起从前端取出，从第一轴孔中取出第二轴前轴承。

（8）用手托起第二轴前端上下晃动，并用铜棒左右轻敲第二轴后端，可将第二轴连同第二轴后端轴承部分退出壳外，此时可用顶拔器拉下第二轴后端轴承，这样，第二轴总成可

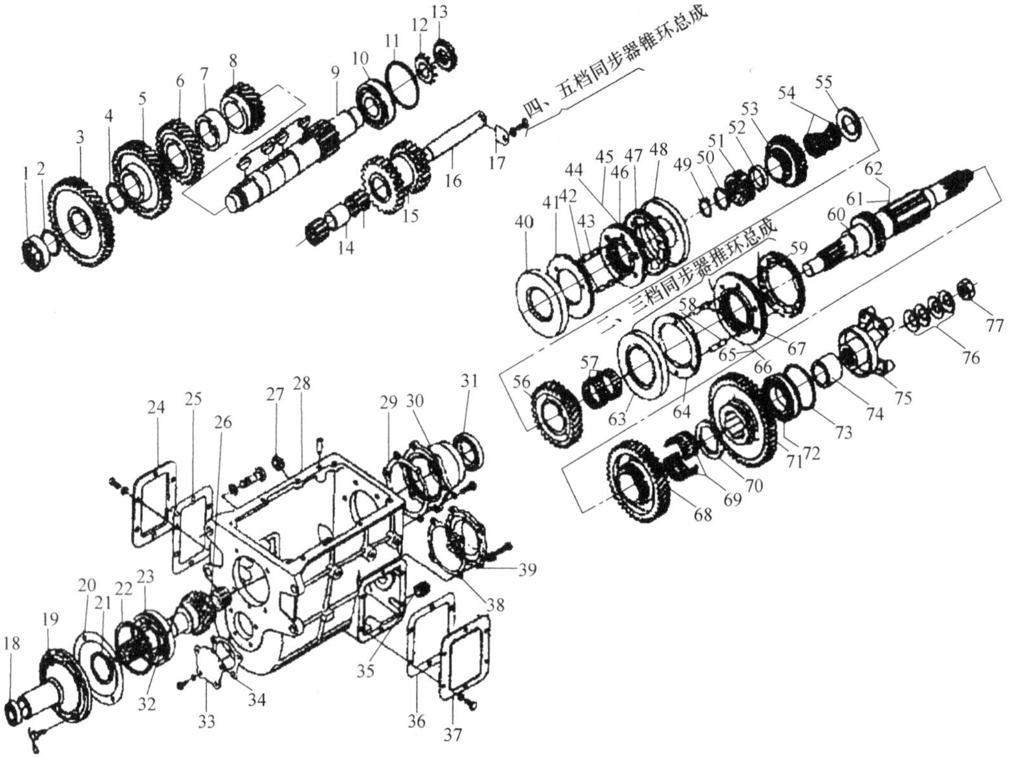

图 17-25　EQ1090 车变速器传动机构分解图

1—中间轴前滚子轴承　2、4—轴用弹性挡圈　3—中间轴常啮合齿轮　5—中间轴 4 档齿轮　6—中间轴 3 档齿轮　7—中间轴隔套　8—中间轴 2 档齿轮　9—变速器中间轴　10—中间轴后轴承　11—轴用钢丝挡圈　12—螺母锁片　13—圆螺母　14—倒档齿轮滚针轴承隔套　15—倒档齿轮　16—倒档齿轮轴　17—倒档齿轮轴锁片　18—第一轴前轴承　19—第一轴轴承盖　20—第一轴轴承盖衬垫　21—轴用弹性挡圈　22、73—轴用钢丝挡圈　23—第一轴后轴承　24—取力孔盖　25—取力孔盖衬垫　26—第二轴前轴承及倒档齿轮轴承　27、35—方头锥形螺塞　28—变速器外壳　29—第二轴后轴承盖衬垫　30—第二轴后轴承盖　31—油封总成　32—变速器第一轴　33—中间轴前轴承盖　34—中间轴前轴承盖衬垫　36—倒档检查孔盖衬垫　37—倒档检查孔盖板　38—中间轴后轴承盖衬垫　39—中间轴后轴承盖　40、48—4—5 档同步器锥盘　41、47—4—5 档同步器锥环　42—4—5 档同步器锁销　43—同步器定位锁销　44、66—钢球　45、61、65—锁销弹簧　46—4—5 档滑动齿套　49—4—5 档固定齿座锁环　50—4—5 档固定齿座止推环　51—4—5 档固定齿座　52—4 档齿轮滚针轴承挡圈　53—4 档齿轮　54—变速器 4 档齿轮滚针轴承　55—4 档齿轮止推环　56—3 档齿轮　57—变速器 3 档齿轮滚针轴承　58—同步器定位销　59—2—3 档同步器锥环　60—变速器第二轴　62—止推环锁销　63—3 档同步器锥盘　64—2—3 档同步器锥环　67—2—3 档同步器锁销　68—2 档齿轮　69—变速器 2 档齿轮滚针轴承　70—2 档齿轮止推环　71—1 档及倒档齿轮　72—第二轴后轴承　74—第二轴后轴承隔套　75—叉形凸缘总成　76—碟形弹簧　77—锁紧螺母

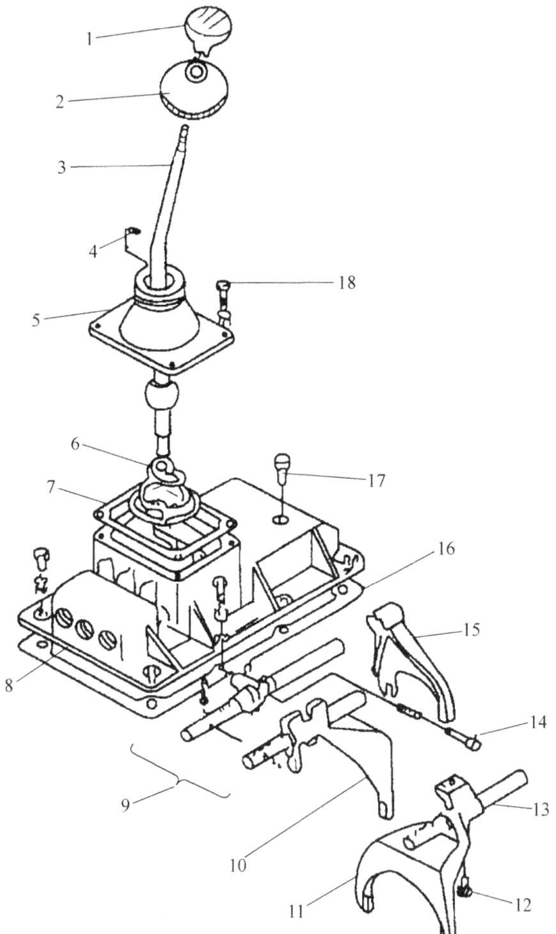

图 17-26　EQ1090 车变速器操纵机构分解图

1—操纵手柄　2—防尘罩　3—操纵杆　4—操纵杆限位销　5—顶盖　6—操纵杆弹簧　7—顶盖衬垫　8—变速器上盖　9—自锁互锁装置　10—2—3 档换档拨叉　11—4—5 档换档拨叉　12—换档拨叉止动螺栓　13—4—5 档变速器轴　14—安全止柱　15—1—倒档换档拨叉　16—上盖衬垫　17—通气塞　18—紧固螺栓

以从变速器壳内经上方取出。

（9）从第二轴上取出4—5 档同步器总成，然后拆除4—5 档固定齿座锁环和止推环，这样可将第二轴前端上 4—5 档固定齿座，4 档齿轮、3 档齿轮、2 档和 3 档同步器等依次取下。注意观察锁销式同步器结构，模拟工作情况。

（10）从第二轴后端取下 1 档和倒档齿轮，用螺钉旋具把止推环锁销紧压住，然后转动止推环取下止推环（注意推出止推环时，防止止推环锁销被弹簧弹出）。

（11）从变速器壳体上拆掉中间轴前轴承盖，后轴承盖，撬开后轴承锁片，拧下锁紧母，然后拆掉倒档检查孔盖，取下倒档齿轮轴锁片，最后利用倒档轴后端的螺纹孔，用专用工具将倒档轴拔出，并从倒档检查孔取出倒档齿轮和轴承及轴承隔套。

（12）将铜棒顶在中间轴前端，用锤子敲击铜棒，可使中间轴总成带后轴承向壳体外脱出，此时用顶拔器拉下后轴承，这样可将中间轴总成从壳体内由上方取出。再用铜棒顶住中间轴前轴承外圈，敲击铜棒，取出前轴承。

（13）从中间轴取下挡圈，用压床将常啮合齿轮压出，再取下挡圈，用压床将 4 档齿轮、3 档齿轮、2 档齿轮压出。

（14）变速器盖上操纵机构的拆卸

① 拆去变速器顶盖紧固螺栓，拆去操纵杆弹簧、顶盖总成，即可全部解体。

② 拆除 2—3 档换档拨叉、4—5 档换档拨叉、倒档换档拨叉、倒档导块上的钢丝锁线并拧下换档拨叉止动螺栓。

③ 用专用工具顶住换档拨叉轴后端，用力冲击，使换档拨叉轴顶掉塞片，这样换档拨叉轴从盖前端脱出（注意：当换档拨叉轴从内脱出一定距离时，可用手握住，边转动边慢慢向前拉出，防止锁止弹簧和钢球从盖中弹出），取出轴同时，可一一取下换档拨叉。

2. EQ1090 汽车变速器的装复

（1）装复前，零件必须仔细清洗，注意第二轴的齿轮及第一轴的齿轮，齿轮间的润滑油孔，必须疏通，切勿堵塞。

（2）安装中间轴总成，将齿轮依次压入，注意齿轮上的键槽必须对准轴上的半圆键，以免零件压坏。装挡圈时，可用自制简易锥套工具推压挡圈。

（3）将变速器壳体固定在专用拆装台上，把安装好的中间轴总成放入中间轴孔内，两轴套上中间轴前、后轴承。

（4）从倒档齿轮检查窗孔放入倒档齿轮，齿轮内孔中放入轴承和隔套，从变速器后端插入倒档齿轮轴。

（5）用铜棒将中间轴前、后轴承敲入轴承座孔（注意应沿轴承外圈周围均匀敲击），然后套上锁片并用螺母拧紧（147N · m）。用锁片把螺母锁紧，在中间轴后轴承外圈套上挡圈，最后在变速器壳体上分别装上中间轴前后轴承盖。

（6）用铜棒将倒档轴敲到安装位置，卡上倒档齿轮轴锁片，并用螺栓固定锁片，最后在变速器壳体上装上倒档轴轴承盖。

（7）按拆卸相反的顺序组装第二轴总成，注意装 2、3 档同步器时，将滑动齿套凸出的一面朝向第一轴方向。

（8）将安装好的第二轴总成放到变速器壳体里，从第二轴后端套上后轴承，用铜棒轻轻敲击，使轴承靠到第二轴花键部分台肩上，套入里程表主动齿轮和隔套，然后装上挡圈。

（9）在第一轴上压入滚珠轴承，装上轴承外缘挡圈和轴承挡圈。在第一轴内孔中装入滚针轴承，然后把第一轴装到壳体前端轴承孔中，使第二轴前端轴颈对准第一轴轴承孔。用铜棒一边轻轻敲击，一边用手转动第一轴，使轴承平顺装入壳体座孔中。

（10）从第一轴前端安放密封纸垫，套上轴承盖，用螺栓对称紧固，并用钢丝锁线以 8 字形穿入螺栓头的孔中拧紧（轴承盖左上方螺栓上还应装有离合器分离轴承座的复位弹簧钩环）。把壳体后端装上密封纸垫，套上第二轴后轴承盖，用螺栓对称紧固。装上甩油环，把已安装好的驻车制动器总成固定在轴承盖上（拆装用变速器可不装驻车制动器总成）。

（11）装复变速器盖。

① 将换档拨叉轴装在变速器盖上相应孔中，同时装上换档拨叉轴锁止弹簧、自锁钢球和互锁圆柱销、互锁钢球及各档换档拨叉。

② 拧入换档拨叉止动螺钉，拧紧后用钢丝锁线将螺钉锁紧在叉轴上。

③ 在变速器盖前端座孔上压入边缘涂有密封胶的换档拨叉轴垫片。

（12）使变速器处于空档位置，装上涂有密封胶的上盖衬垫，盖上变速器盖总成（注意先在变速器壳体端面定位孔中打入定位销）。

（13）拧上放油螺塞，加注润滑油，然后拧上加油螺塞。

（14）装复完的变速器应在试验台上运转试验，检查温升、噪声、换档是否轻便等。试验合格变速器才能使用（拆装实训不做此项要求，但应了解）。

17.3　常见车型的比较

手动变速器类型与结构的比较见表17-3。捷达02KA型5档变速器与桑塔纳013 300 043B 5档变速器的比较见表17-4。

表17-3　手动变速器类型与结构的比较

变速器类型			结　构
按传动齿轮轴的数目	三轴式	单一	依靠三根相互平行的轴（输入轴、中间轴和输出轴），两级齿轮传动。货车普遍采用，如东风、解放等
		组合式	分主副变速器，可以得到8个以上的前进档。重型载货汽车采用，如伊顿、斯太尔等
	两轴式		依靠两根相互平行的轴（输入轴和输出轴），一级齿轮传动。轿车普遍采用，如红旗、奥迪、捷达、桑塔纳、雪铁龙等
按所用轮系形式	普通齿轮式		轴线固定，采用齿数不同的圆柱齿轮或锥齿轮相互啮合得到不同的传动比，如东风、解放、红旗、奥迪、捷达、桑塔纳、雪铁龙等
	行星齿轮式		轴线旋转，采用分别固定行星轮架或齿圈等实现不同传动比传动。如斯太尔副变速器、切诺基轻型越野车的分动器等
按换档方式	同步器	锁环式	采用常啮合的斜齿轮传动，轻型车上应用广泛，如捷达、桑塔纳、雪铁龙的5个前进档，奥迪的所有档位
		锁销式	货车上有应用，如CA1091货车的2、3档，EQ1090的4、5档等
	接合套		一般用于货车的倒档，如CA1091货车的倒档
	直齿滑动齿轮		一般用于轿车的倒档，如桑塔纳、捷达、雪铁龙轿车的倒档

表17-4　桑塔纳013 300 043B 5档变速器与捷达02KA型5档变速器比较表

项　目	桑塔纳013 300 043B 5档变速器（图17-1）	捷达02KA 5档变速器（图17-27）
结构	发动机纵向放置，输出轴上为主减速器主动锥齿轮，以改变动力传递方向90°	发动机横向放置，输出轴上为主减速器主动圆柱齿轮
	捷达02KA变速器：输入轴与1档、2档、倒档的主动齿轮制成一体，输入轴上有3—4档和5档同步器；输出轴与3档、4档、5档的从动齿轮制成一体，有1—2档同步器	
捷达02KA 5档变速器分解和装配	相同点：（1）同步器应装合后插入输入（出）轴 （2）检查同步环磨损程度时，应将同步环压到齿轮锥面上，并用塞尺测量间隙	
	输入（出）轴：输入（出）轴上的两个卡环在拆卸后需测量其厚度并逐个作标记，装配时必须装用同样厚度的新卡环 输入轴：3档、4档同步器花键毂在轴上（4档齿轮一侧）带有一个环槽或在外花键的齿形上带有轴向槽作为标记，同步器应装合后插入输入轴 输出轴：①1档同步环只能装在1档齿轮上，在该同步环轴向缺少三个齿以作标记 ②1—2档同步器花键毂装配时，应将带槽端面朝向1档齿轮	

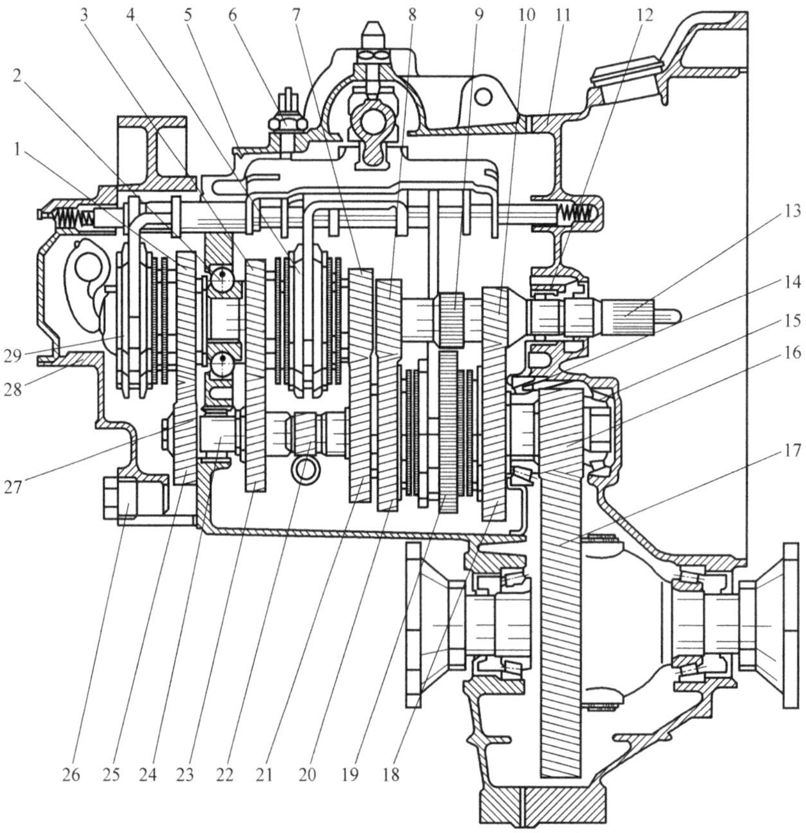

图 17-27　捷达 02KA5 档变速器结构

1—输入轴 5 档齿轮　2、12、14、15、27—轴承　3—输入轴 4 档齿轮　4、29—接合套　5—变速器壳体　6—通气塞　7—输入轴 3 档齿轮　8—输入轴 2 档齿轮　9—输入轴倒档齿轮　10—输入轴 1 档齿轮　11—离合器壳体　13—输入轴　16—主减速器主动齿轮　17—主减速器从动齿轮　18—输出轴 1 档齿轮　19—输出轴倒档齿轮　20—输出轴 2 档齿轮　21—输出轴 3 档齿轮　22—车速里程表传动齿轮　23—输出轴 4 档齿轮　24—输出轴　25—输出轴 5 档齿轮　26—放油螺塞　28—后壳体

项目十八　拉威娜式自动变速器的拆装与调整

18.1　实训目标和准备

项　目		要　点
目标	知识目标	理解拉威娜式自动变速器的结构和工作原理
	技能目标	学会拉威娜式自动变速器的拆装方法
设备和工具	装配拉威娜式自动变速器的整车1辆，拉威娜式自动变速器1台，底盘拆装工具、零部件盆各1套，自动变速器专用拆装工具1套，多媒体教室1间	
实训安排	实训课时：2学时 实训组织：每组3~5位同学，老师指导，学生动手操作	

18.2　实训内容、方法及注意事项

18.2.1　桑塔纳01N自动变速器的结构认识

桑塔纳2000GSi-AT轿车采用01N型4档自动变速器，有4个前进档和1个倒档，变速杆位置有：P（驻车档）、R（倒档）、N（空档）、D（前进档）、3（坡路档）、2（长坡档）、1（陡坡档）。

1. 桑塔纳01N自动变速器的结构认识

01N自动变速器由液力变矩器、行星轮变速器及换档执行机构、液压系统和电子控制系统等组成，如图18-1~图18-3所示。

2. 桑塔纳01N自动变速器工作情况

01N自动变速器在不同档位时，各部件的工作情况见表18-1。

表18-1　01N自动变速器各部件的工作情况

部件 档位	B1	B2	K1	K2	K3	F	LC
R	○			○		○	
1H			○			○	
1M			○				○
2H		○	○				
2M		○	○				○
3H			○		○		
3M			○		○		○
4H		○			○		
4M		○			○		○

○—执行机构作用，H—液压，M—机械

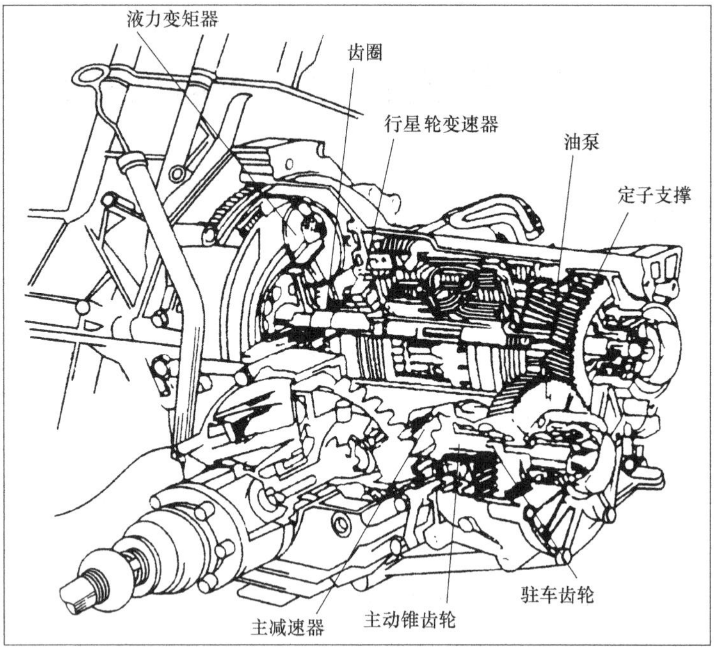

图 18-1 桑塔纳 01N 自动变速器的结构图

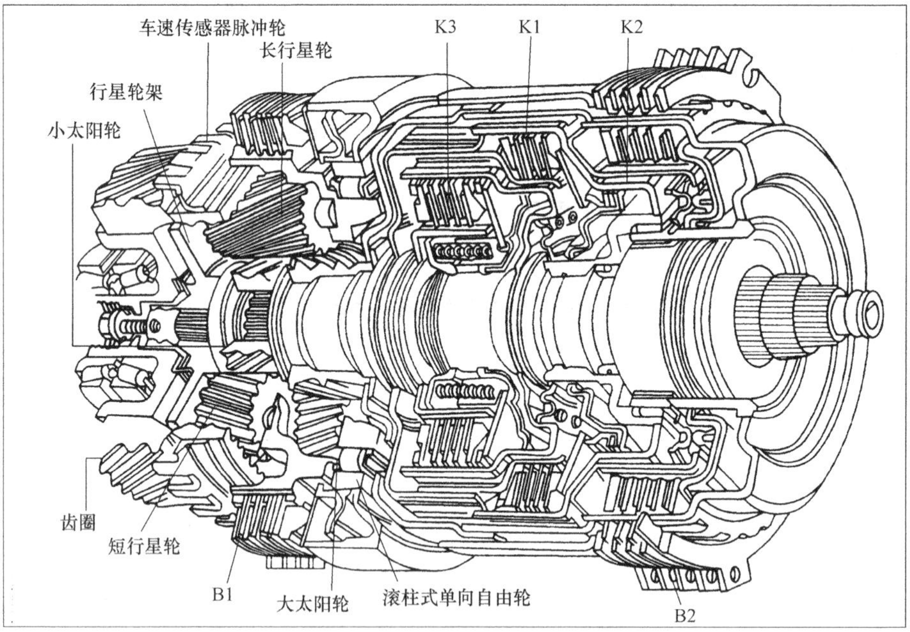

图 18-2 行星轮变速器及换档执行机构

K1、K2、K3—离合器 B1、B2—制动器

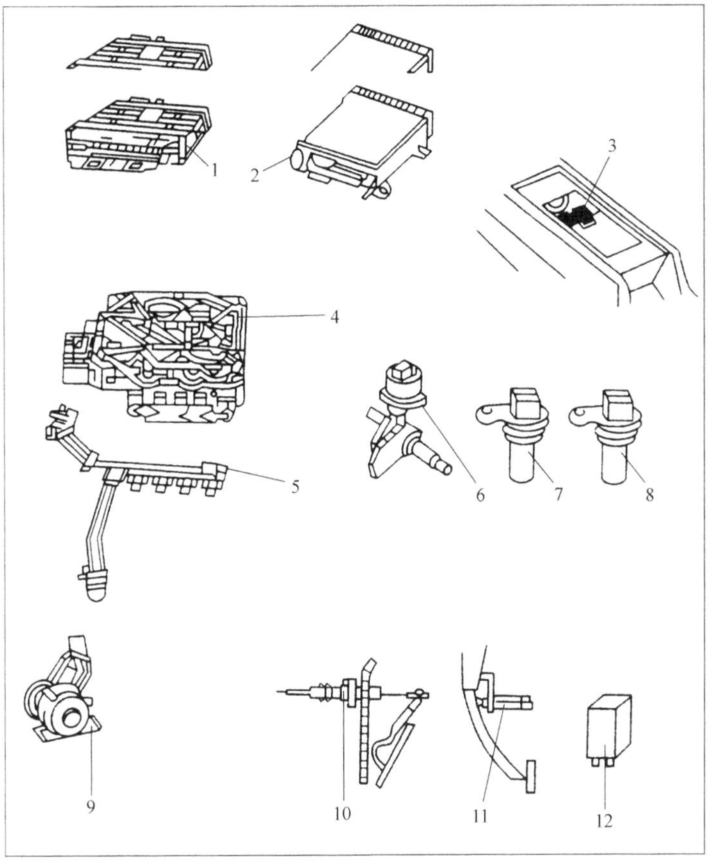

图 18-3　电子控制系统零部件图

1—自动变速器控制单元（J127）　2—发动机控制单元（J220）　3—诊断插头接口
4—滑阀（滑阀上装有电磁阀 N8、N89、N90、N91、N92、N93 和 N94）
5—装有变速器油温传感器（G93）的扁状传输线　6—多功能开关（F125）　7—变速器转速传感器（G38）　8—车速传感器（G69）
9—变速杆锁止电磁阀（N110）　10—换低档开关（F8）　11—制动灯开关（F）　12—起动闭锁器和倒车灯继电器（J226）

3. 桑塔纳 01N 自动变速器各档的动力传递路线

桑塔纳 01N 自动变速器各档的动力传递路线示意图如图 18-4 所示，桑塔纳 01N 自动变速器各档的动力传递路线如下：

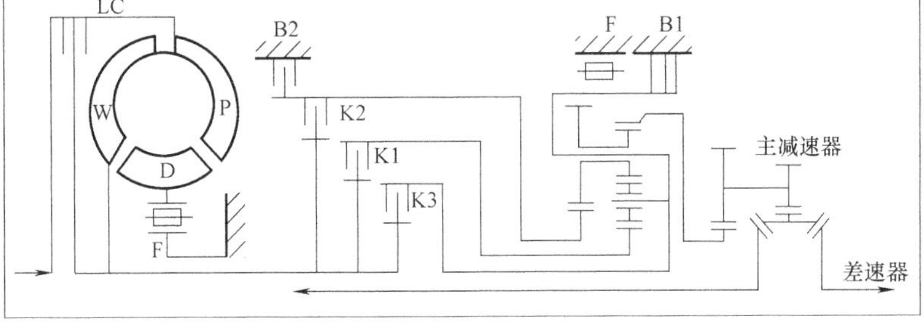

图 18-4　桑塔纳 01N 自动变速器各档的动力传递路线示意图

1 档：液压 1 档时，离合器 K1 接合，单向离合器 F 工作。动力传递路线：泵轮→涡轮→涡轮轴离合器 K1→小太阳轮→短行星轮→长行星轮→驱动齿圈。

2 档：液压 2 档时，离合器 K1 接合，制动器 B2 制动大太阳轮。动力传递路线：泵轮→涡轮→涡轮轴→离合器 K1→小太阳轮→短行星轮→长行星轮围绕大太阳轮转动并驱动齿圈。

3 档：液压 3 档时，离合器 K1 和 K3 接合，驱动小太阳轮和行星轮架，因而使行星轮机构锁止并一同转动。动力传递路线：泵轮→涡轮→涡轮轴→离合器 K1 和 K3→整个行星轮机构转动。机械 3 档时，变矩器锁止离合器 LC 接合，离合器 K1 和 K3 接合，行星轮机构锁止，形成一个整体进行工作。动力传递路线：泵轮→锁止离合器 LC→离合器 K1 和 K3→整个行星轮机构转动。

4 档：液压 4 档时，K3 接合，制动器 B2 工作，使行星轮架工作，并制动大太阳轮。动力传递路线：泵轮→涡轮→涡轮轴→离合器 K3-行星轮架→长行星轮围绕大太阳轮转动并驱动齿轮。机械 4 档时，变矩器锁止离合器 LC 接合，离合器 K3 接合，制动器 B2 工作，使行星轮架工作，并制动大太阳轮。动力传递路线：泵轮→锁止离合器 LC→离合器 K3→行星轮架→长行星轮围绕大太阳轮转动并驱动齿轮。

R 位：变速杆在 R 位时，离合器 K2 接合，驱动大太阳轮，制动器 B1 工作，使行星轮架制动。动力传递路线：泵轮→涡轮→涡轮轴→离合器 K2→大太阳轮→长行星轮反向驱动齿圈。

18.2.2　桑塔纳 01N 自动变速器的车上拆装

1. 自动变速器的车上拆卸

（1）对有密码的收音机，先取得密码。断开蓄电池的搭铁电缆。

（2）拆下发动机罩。把变速杆放在 N 位接上前轴的适配器。安装好带支撑脚的支撑杆专用工具，并把发动机/变速器支撑在该位置上（图 18-5）。

（3）举升汽车，拆下前车轮、隔声盘和隔声盘支架。

（4）为便于安装，在图 18-6 箭头所示的 C 和 D 连接处作标记。拆下变速器上的 A 至 D 的电气连接点和 E 处的线束卡箍。脱开变速器上转速表的插头。

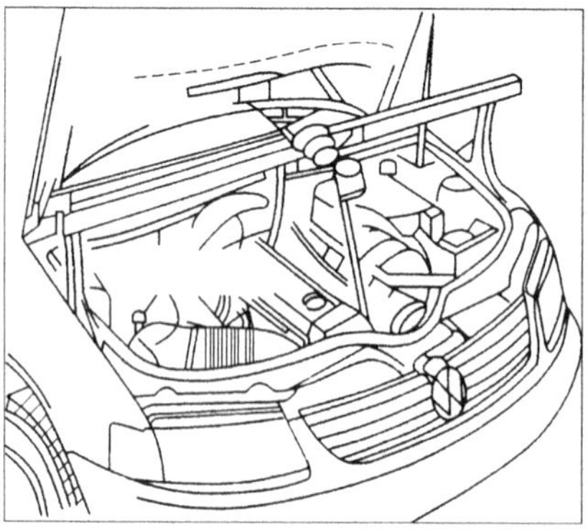

图 18-5　支撑杆的安装

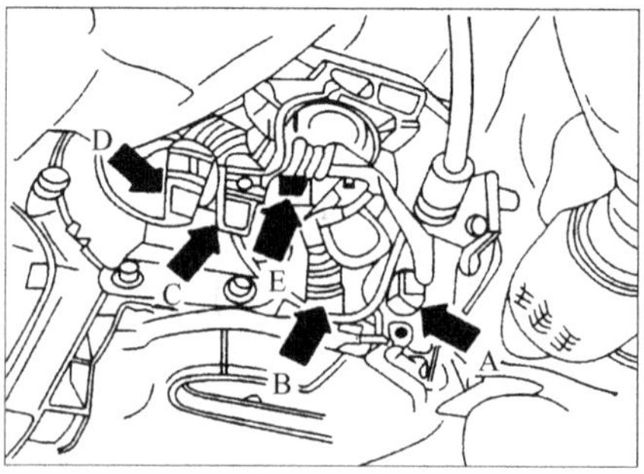

图 18-6　装配标记

（5）拆下带三元催化装置的前部排气系统。

（6）拆下右传动轴保护板、变速杆拉索保护板、变速器右侧粘接橡胶支架保护板。

（7）拆下发动机/变速器总成上的 ATF 加注管并且捆扎好。

（8）脱开法兰处的传动轴并且扎好。

（9）拆下起动机、变矩器上的螺母、发动机/变速器下部的连接螺栓。

（10）通过调整板安装拆卸自动变速器 01N 的变速器托架（图 18-7）。调整板上的记号代表需要的量，箭头应当指向前方。

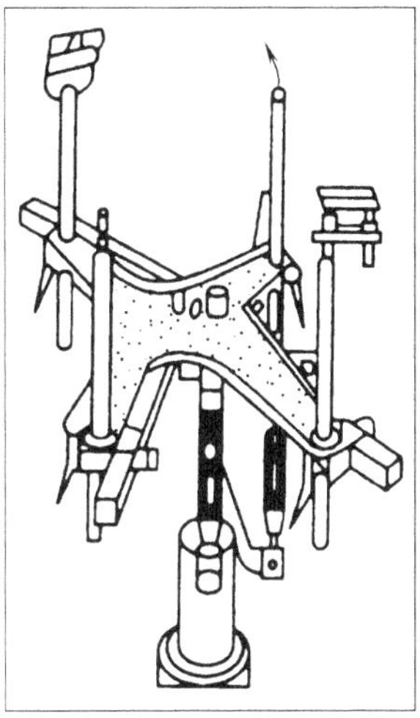

图 18-7　变速器托架

（11）把带变速器托架的千斤顶移至变速器的下面并且支撑好变速器。

（12）把变速杆移动到 P 位并且拉出换档拉索上的变速杆轴。

（13）拆下变速杆拉索支撑支架上的螺栓并且拆下变速杆拉索、带粘接橡胶支架的右侧变速器支架。

（14）用千斤顶稍稍放下发动机/变速器总成的后部。

（15）拆下发动机/变速器上部的连接螺栓、拉出变速器，使得它与发动机分离。

（16）把变矩器拉出驱动盘，按住变矩器，使得它紧靠 ATF 泵。

（17）放下变速器。固定变矩器。

2. 自动变速器的车上安装

按照拆卸相反的顺序安装变速器。

注意：

① 在装入更换的变速器之前，应清洁 ATF 冷却器和 ATF 加注管。

② 装入变速器之前，应保证变矩器已正确落座在变速器内。

③ 装入之前，应保证销钉套筒已正确的定位；保证中间板已正确的落座在发动机上。

④ 装入变速器后，检查变速器的机油液位，如有必要，补充 ATF。

变速器总成的螺栓拧紧力矩见表 18-2。

表 18-2　变速器的螺栓拧紧力矩　（单位：N · m）

位　　置	力　矩	位　　置	力　矩
变速器至发动机（M12×75）（图 18-8 中 1）	65	变速杆拉索保护板至变速器	10
变速器至发动机（M12×90）（图 18-8 中 2）	65	变矩器至驱动盘	85
变速器至发动机（M12×67）（图 18-8 中 3）	65	传动轴保护板至变速器	25
变速器至发动机（M12×67）（图 18-8 中 4）	65	右侧粘接橡胶支架保护板至变速器	10
变速器至发动机（M12×90）（图 18-8 中 5）	65	支撑支架/变速杆拉索至变速器	23
变速器至发动机（M10～45）（图 18-8 中 6）	45	变速杆拉索至支撑支架	12
传动轴至变速器（M8）	40	起动机至变速器	65
传动轴至变速器（M10）	77	车轮螺栓至车轮轮毂	120
变速杆拉索保护板至变速器（M10）	25		

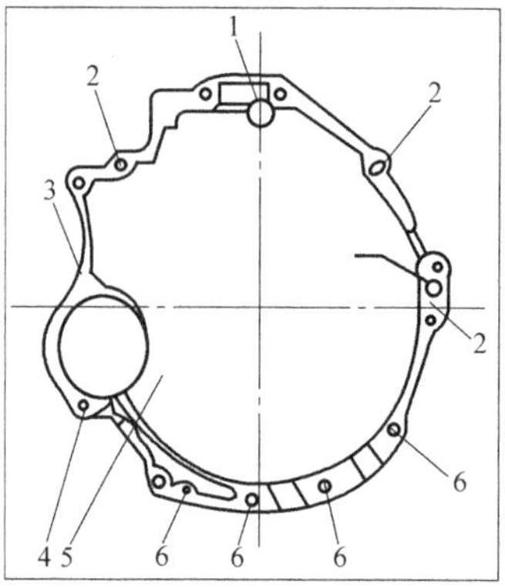

图 18-8　变速器到发动机连接螺栓

1—螺钉 M12×75　2—螺钉 M12×90　3、4—螺钉 M12×67　5—螺钉 M12×90　6—螺钉 M10×45

18.2.3　桑塔纳 01N 自动变速器的分解与组装

1. 拆卸和安装 ATF 加注管

ATF 加注管分解图如图 18-9 所示。

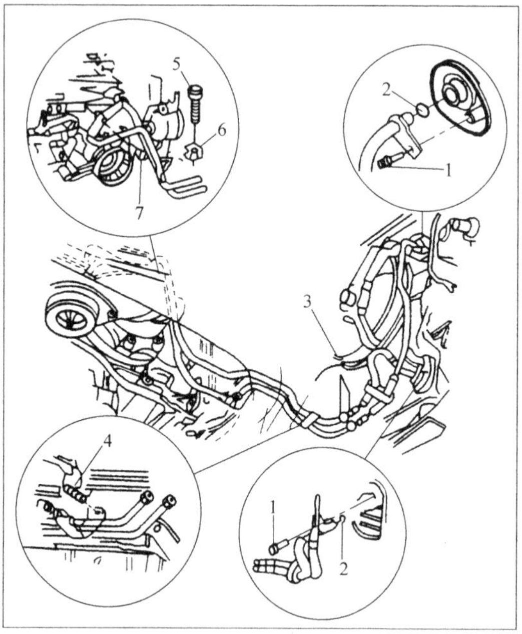

图 18-9　ATF 加注管分解图

1—六角头螺栓（5N·m）　2、8—O 形密封圈　3—连接螺母（30N·m）　4—六角头螺栓（25N·m）
5—六角头螺栓（10N·m）　6—支架　7—六角头螺栓（20N·m）

注意：松开接头之前，应彻底清洁接头及周围区域。松开接头后，立即用手把 ATF 加注管插入变速器或冷却器上的制动块，然后拧紧。更换 ATF 加注管后，检查 ATF 液位并进行补充。

2. 清洁 ATF 加注管和 ATF 冷却器

（1）拆下变速器和发动机上固定 ATF 加注管的支架。

（2）如图 18-10 所示，松开螺栓 2，拔出变速器上的 ATF 加注管，连接软管至 ATF 加注管 A，并且用软管卡箍固定软管，把软管的另一端悬挂在合适的容器中。

（3）用压缩空气彻底吹几次 ATF 加注管 B。

（4）把软管从 ATF 加注管 A 更换至 ATF 加注管 B，并且重复该步骤。

（5）固定 ATF 加注管，检查、补充 ATF 至规定液位。

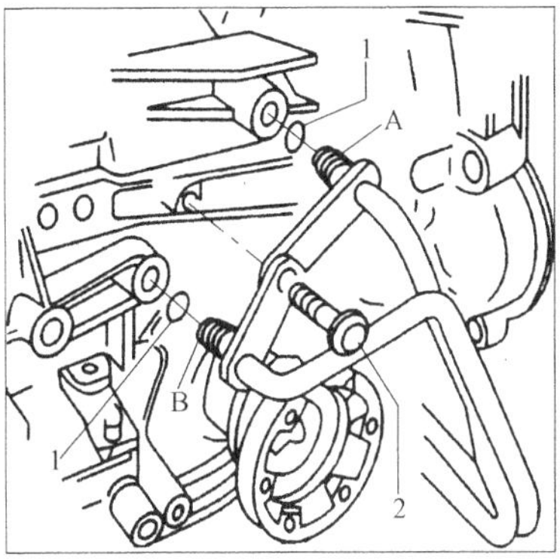

图 18-10　拆下 ATF 冷却器
1—密封圈　2—螺栓

3. 分解和组装行星轮减速器

行星轮减速器分解总图如图 18-11 所示。ATF 泵至支撑管的零件如图 18-12 所示。倒档齿轮离合器 K2 至大太阳轮之间的零件图如图 18-13 所示。自由轮和倒档制动器 B1 零件如图 18-14 所示。

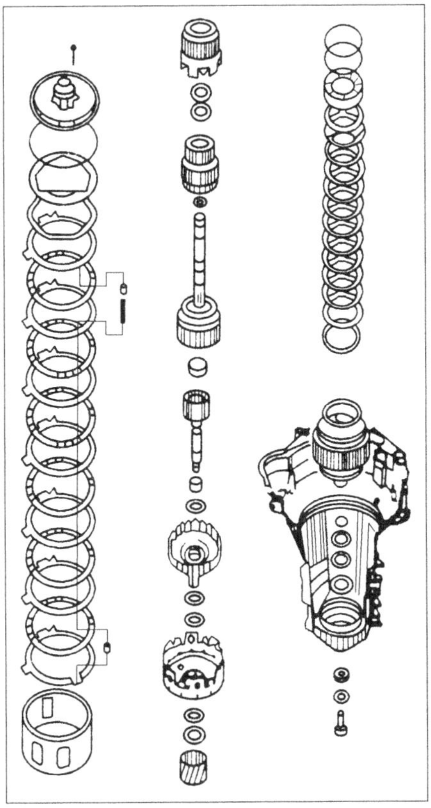

图 18-11　行星轮减速器分解总图

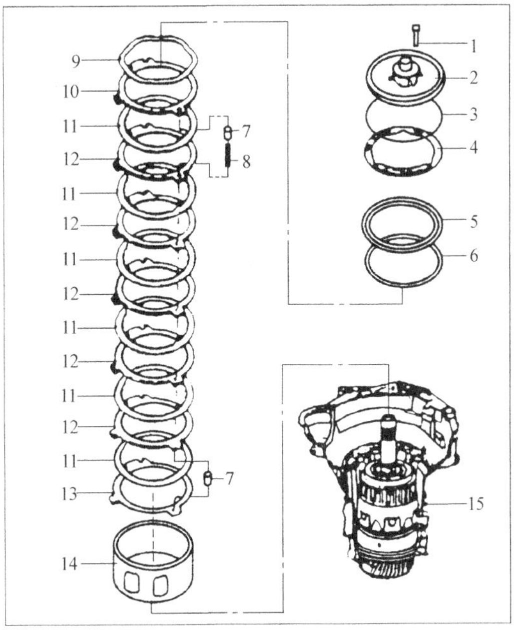

图 18-12　ATF 泵至支撑管的零件图
1—螺栓　2—ATF 泵　3—O 形密封圈　4—密封垫　5—止推环
6—调整垫片　7—弹簧头　8—弹簧　9—波纹形弹簧片
10、12—外摩擦片　11、13—内摩擦片　14—支撑管
15—变速器壳体

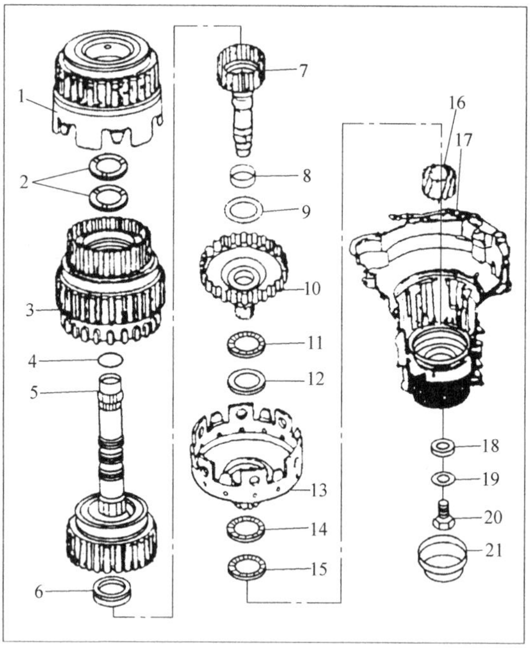

图 18-13　倒档齿轮离合器 K2 至大太阳轮之间的零件

1—倒档离合器 K2　2—调整垫片　3—1—3 档离合器 K1　4—O 形密封圈　5—带涡轮轴的 3—4 档离合器 K3　6—带垫圈的推力滚针轴承　7—小传动轴　8—滚轴轴承　9、11、14—推力滚针轴承　10—大传动轴　12、15—推力滚针轴承垫圈　13—大太阳轮　16—小太阳轮　17—已装入自由轮和卡环的变速器壳体　18—行星轮架调整垫片　19—垫圈　20—螺栓（30N · m）　21—盖板

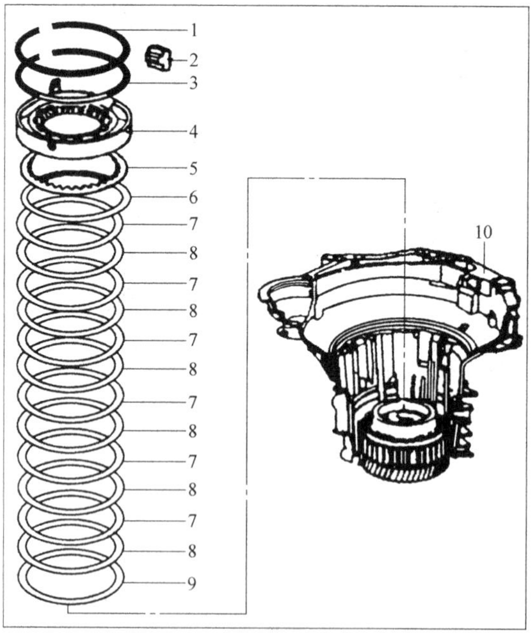

图 18-14　自由轮和倒档制动器 B1 零件图

1、3—卡环　2—导流块　4—自由轮　5—碟形弹簧　6—压力板　7—内摩擦片　8—外摩擦片　9—调整垫片　10—装有行星轮架的变速器壳体

（1）分解。

1）拆下密封塞和 ATF 溢流管，排空 ATF。

2）取出变矩器，用螺栓把变速器固定在总成支架上。

3）拆下盖板。拆下油底壳、ATF 过滤网及带扁平线束的阀体。

4）取出制动器 B1 的密封塞（图 18-15）。

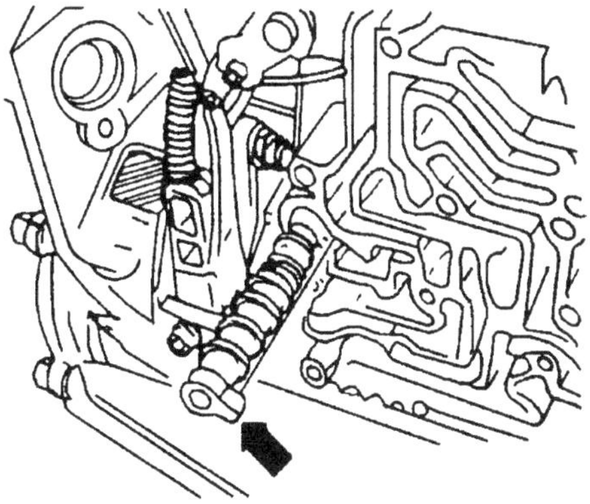

图 18-15　取出制动器 B1 的密封塞

5）拆下 ATF 泵的螺栓。

6）把螺栓（M8）拧入 ATF 泵的螺纹孔内，均匀地拧入螺栓，将 ATF 泵从变速器的壳体内压出。

7）将所有的离合器连同支撑管、摩擦片、弹簧和弹簧头一起取出。

8）啮合驻车锁，将螺钉旋具穿过大太阳齿轮的孔，松开小传动轴的螺栓。

9）拆下小传动轴的螺栓以及垫圈和调整垫片（行星轮架的推力滚针轴承保留在变速器/输入齿轮内）、抽出小传动轴。

10）抽出大传动轴和大太阳齿轮。

11）拆下变速器轮速传感器 G38、支撑管卡环，拔出导流块。

12）拆下自由轮的卡环。用钳子夹住自由轮的定位键，把自由轮从变速器的壳体中抽出。

13）把小太阳齿轮以及垫圈和推力滚针轴承从行星轮架中抽出。

14）取出行星轮架和碟形弹簧，拆下倒档制动器 B1 的摩擦片，取出推力轴承和垫圈。

（2）按照拆卸相反的顺序进行组装。

注意：

① 安装前清洁所有零部件。

② 保证各零部件正确安装到位。

③ 各螺钉按规定力矩拧紧。

④ 安装完成，加注 3L 的 ATF。

18.3　常见车型的比较

拉维娜式自动变速器类型与结构的比较见表 18-3。

表 18-3　拉维娜式自动变速器类型与结构的比较

变速器型式	结　构	特　点
81-40LE（用于上海通用凯越 1.6 轿车和长安福特嘉年华、雪佛兰景程 2.0 轿车）	日本 AisinAW 公司专为发动机横置、前轮驱动的车辆设计生产的，电子控制 4 档带锁止离合器	前端是一个双级行星轮机构，后端是一个单级行星轮机构，它们共用一个行星轮架和齿圈。在前排行星齿轮机构中，行星轮架上有长、短两种行星轮，长行星轮同时与短行星轮、齿圈和后排大太阳轮啮合；短行星轮同时与长行星轮和前排小太阳轮啮合；共用齿圈为动力输出端
6L50E/80E（用于凯迪拉克赛威 SLS、CTS、凯雷德、别克林荫大道）	通用新开发的 6 档自动变速器	变速器内部有两组行星轮机构，分别称为输入支座总成和输出支座总成。输入支座总成是一个简单的行星轮机构；输出支座总成是一个拉维娜式行星齿轮机构，即其前排是一个单级行星齿轮机构，后排是一个双级行星齿轮机构，前后排共用一个行星架，前后内齿圈连接为一体，是动力输出端。有 3 个驱动离合器、2 个制动离合器和 1 个单向离合器，共 6 个换档执行元件
6HP-19/26/32（用于奥迪 A8/09E、A6L/09L、宝马 E60、E65）轿车	6 档自动变速器	采用前后两个行星齿轮组，前面是一个单排单级行星齿轮组，后面是一个拉维娜式行星齿轮组。前部的单级行星齿轮组太阳轮被固定，齿圈与涡轮轴相连，行星架减速旋转。后部是一个双排双级行星齿轮组，它由一个单级行星齿轮机构和一个双级行星齿轮机构复合而成，双级行星齿轮组的齿圈是动力输出端。有 3 个片式离合器、2 个片式制动器，共 5 个换档执行元件

项目十九　辛普森式自动变速器的拆装与调整

19.1　实训目标和准备

项目		要点
目标	知识目标	理解辛普森自动变速器的结构和工作原理
	技能目标	学会辛普森自动变速器的拆装方法
设备和工具	装配辛普森自动变速器的整车 1 辆，辛普森自动变速器 1 台，底盘拆装工具和零部件盆各 1 套，自动变速器专用拆装工具 1 套，多媒体设备 1 套	
实训安排	实训课时：2 学时 实训组织：每组 3 ~5 位同学，老师指导，学生动手操作	

19.2　实训内容、方法及注意事项

19.2.1　丰田 A341E 自动变速器的结构认识

丰田 A341E 自动变速器有 4 个前进档和 1 个倒档，可供变速杆选择的位置有：P（驻车档）、R（倒档）、N（空档）、D（前进档）、3、2、1。

1. 丰田 A341E 自动变速器的结构组成

丰田 A341E 自动变速器（图 19-1）由液力变矩器、换档执行机构、齿轮变速机构、液压控制系统、电控单元等组成。

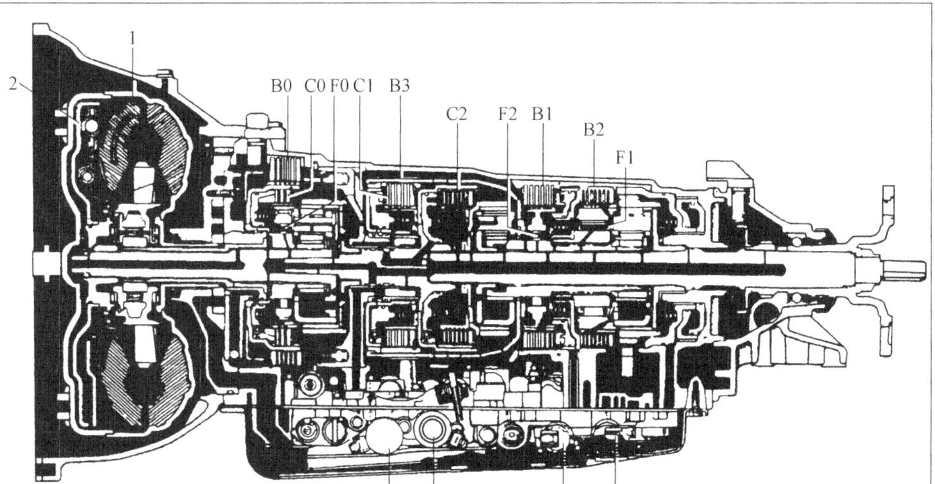

图 19-1　丰田 A341E 自动变速器的结构图

1—液力变矩器　2—锁止离合器　3—锁止电磁阀　4—油压电磁阀　5—换档电磁阀 B　6—换档电磁阀 A　C0—直接离合器　C1—倒档及高档离合器　C2—前进离合器　B0—超速制动器　B1—2 档制动器　B2—低档及倒档制动器　B3—2 档强制制动器　F0—直接单向超越离合器　F1—低档单向超越离合器　F2—2 档单向超越离合器

2. 丰田 A341E 自动变速器各档位工作情况表

丰田 A341E 自动变速器各档位工作情况见表 19-1。

表 19-1　丰田 A341E 自动变速器各档位工作情况表

变速杆位置	档　位	C0	C1	C2	B0	B1	B2	B3	F0	F1	F2
D	1 档	○		○					○		○
	2 档	○		○			○		○	○	
	3 档	○	○	○			●		○	●	
	OD 档		○	○	○		●			●	
R	倒档	○	○					○	○		
2	1 档	○		○					○		○
	2 档	○		○		○	●		○	●	
L	1 档	○		○				○	○		

○：执行机构作用，●：执行机构作用但不影响该档位

3. 丰田 A341E 自动变速器动力传递路线

丰田 A341E 自动变速器动力传递路线如图 19-2 所示。

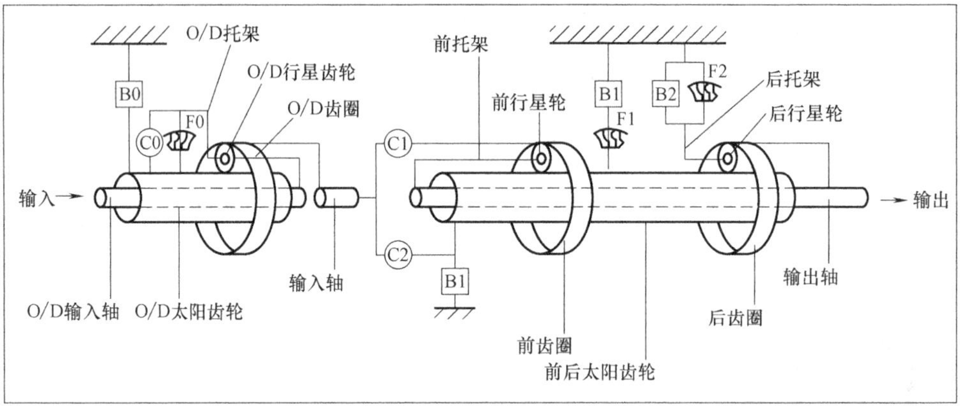

图 19-2　丰田 A341E 自动变速器动力传递路线示意图

19. 2. 2　丰田 A341E 自动变速器的车上拆装

丰田 A341E 自动变速器与汽车部件的连接关系如图 19-3 所示。

1. 丰田 A341E 自动变速器的车上拆卸

（1）关闭点火开关，拆下蓄电池负极电缆，放掉 ATF 油。

（2）拆下与节气门摇臂连接的自动变速器节气门拉索，拔下自动变速器上的所有线束插头，拆下车速表软轴、ATF 加油管、散热器油管、操纵手柄与手动阀摇臂的连接杆等所有连接自动变速器的零部件。

（3）拆下排气管中段，拆除自动变速器下方的护罩、护板等。

（4）松开传动轴与自动变速器输出轴的连接螺栓，拆下传动轴。

（5）拆下飞轮壳盖板，用螺钉旋具撬动飞轮，逐个拆下飞轮与液力变矩器的连接螺栓。

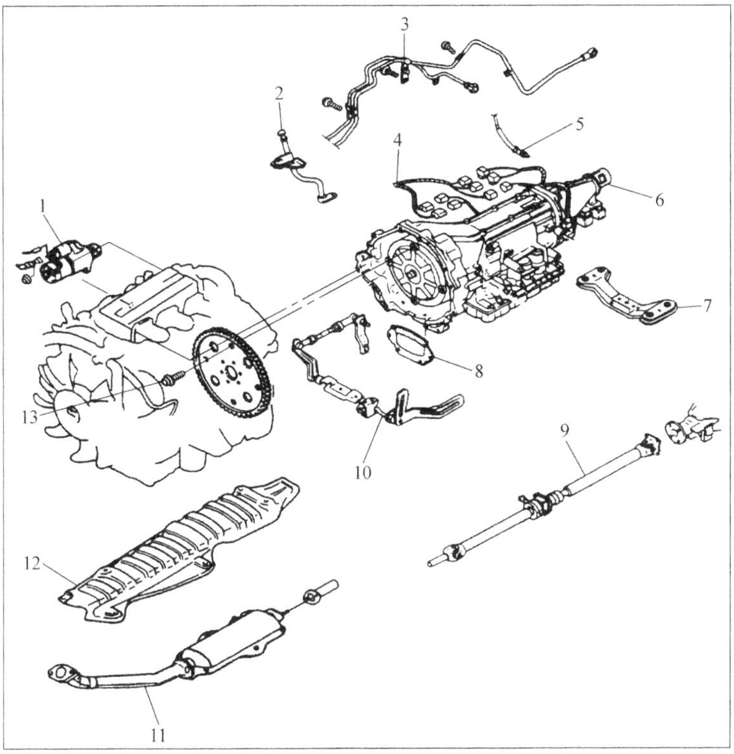

图 19-3　丰田 A341E 自动变速器与汽车部件的连接关系
1—起动机　2—油尺及加油管　3—散热器油管　4—线束　5—车速表软轴　6—自动变速器　7—支架
8—飞轮壳盖板　9—传动轴　10—操纵手柄拉杆　11—排气管中段　12—护罩　13—液力变矩器与飞轮的连接螺栓

（6）拆下起动机。

（7）拆下自动变速器与车架的连接支架，用千斤顶托住自动变速器。

（8）拆下自动变速器和飞轮壳的连接螺栓，将液力变矩器和自动变速器一同抬下。

注意：在抬下自动变速器时，应扶住液力变矩器，以防滑落。

2. 丰田 A341E 自动变速器的车上安装

按照拆卸相反的顺序安装自动变速器。

注意：在将变速器装到汽车上之前，应先测量液力变矩器前端面（与飞轮的接合面）与自动变速器前端面之间的距离（图 19-4），标准值为 17.1mm。若测得的距离小于标准值，说明液力变矩器未安装到位，其后端轴套上的缺口未插入油泵驱动齿轮中间的凸块内。应拆下重装，让自动变速器前端面与发动机飞轮壳后端面完全贴合后才能锁紧固定螺栓，否则，会压坏自动变速器的油泵齿轮。

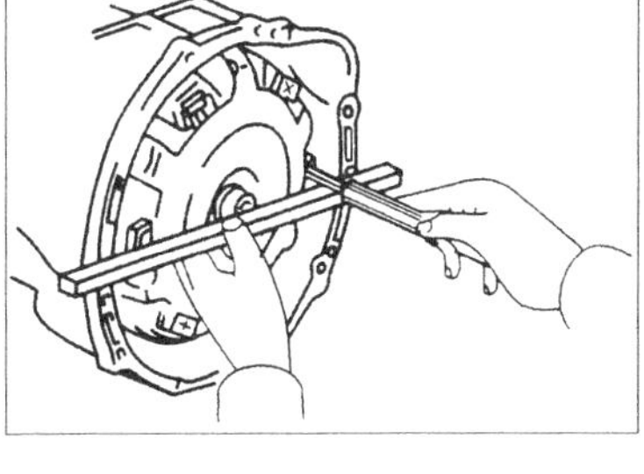

图 19-4　自动变速器前端面与液力变矩器前端面距离测量

19.2.3 丰田 A341E 自动变速器机械部分的分解与组装

1. 拆卸前后壳体、油底壳及阀板

A341E 自动变速器分解如图 19-5 所示。

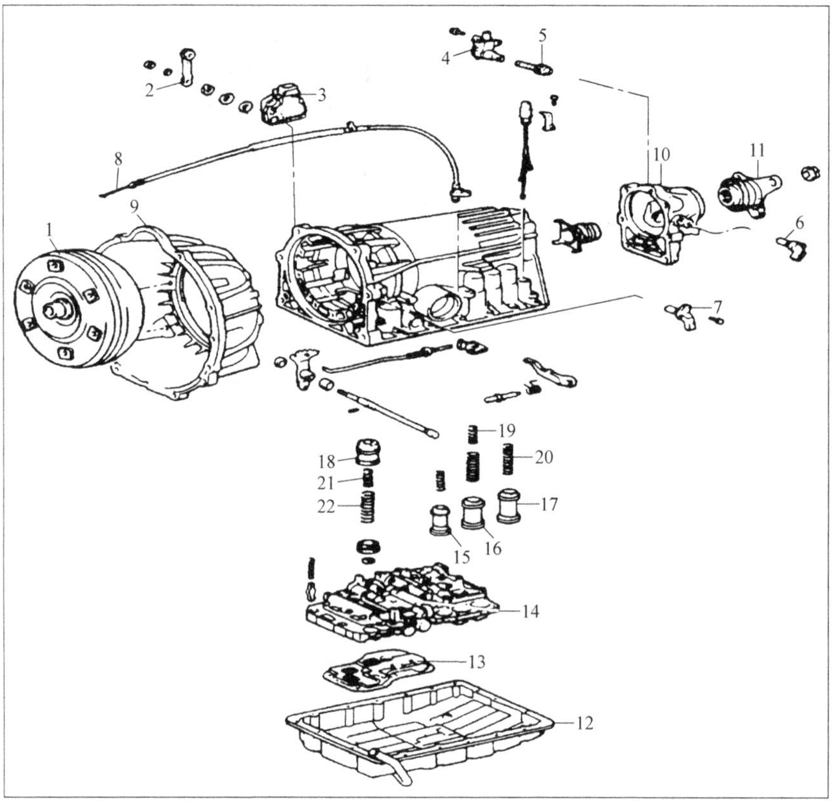

图 19-5　A341E 自动变速器分解（一）

1—液力变矩器　2—手动阀摇臂　3—档位开关　4—车速表传感器　5—车速表传感器驱动齿轮　6—车速传感器　7—输入轴转速传感器　8—节气门拉索　9—变矩器壳　10—输出轴凸缘　11—后端壳　12—油底壳　13—进油滤网　14—阀板　15、16、17、18—减振器活塞　19、20、21、22—减振弹簧

（1）从自动变速器前方取下液力变矩器。

（2）拆除安装在自动变速器壳体上的所有部件

① 拆卸档位控制轴杠杆。

② 拆下调整螺钉，打开锁紧垫圈，取下螺母，拆下空档启动开关。

③ 拆下速度传感器螺钉，取出速度传感器及其上的 O 形密封圈。

④ 拆下 O/D 位直接离合器速度传感器。

（3）拆卸自动变速器前壳体。拆下前壳体固定螺栓，取下变速器前壳体。

（4）用专用工具拆下输出轴大螺母，取下传动凸缘（图 19-6）。

（5）拆卸后壳体：拆下固定后壳体的 6 个螺钉，用铜棒振动，取下后壳体。

（6）拆卸速度表主动齿轮和传感器转子（图 19-7）：取下卡环、速度表主动齿轮、钢球、传感器转子、半圆键及卡环。

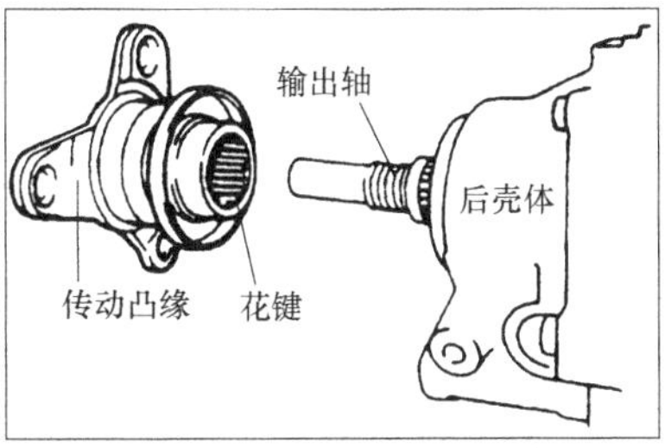

图 19-6 拆下传动凸缘

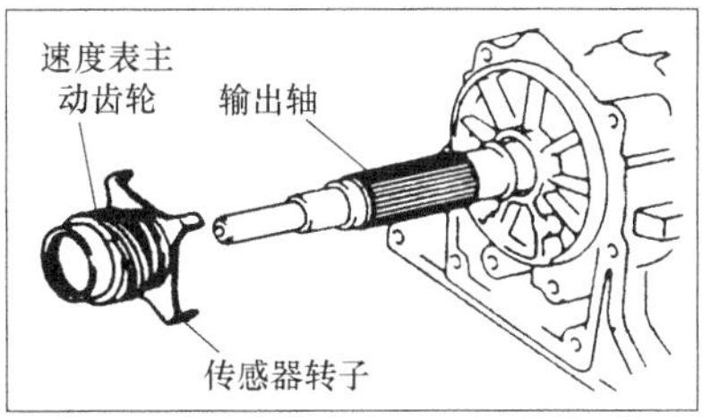

图 19-7 拆卸速度表主动齿轮和传感器转子

(7) 拆卸油底壳（图 19-8）：拆下 19 个固定螺钉，用专用工具插入油底与壳体间，取下油底壳。

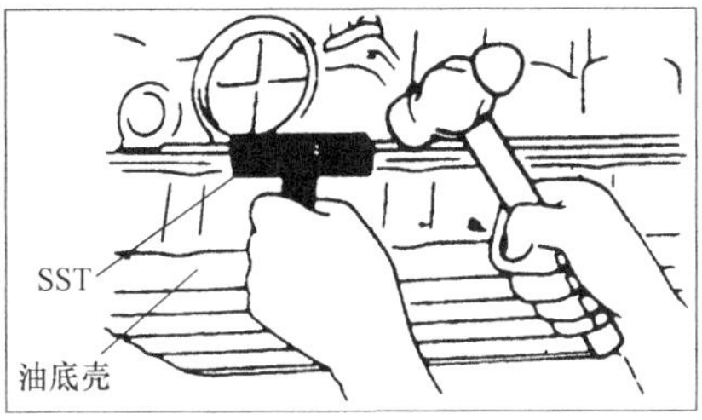

图 19-8 拆卸油底壳

注意：

① 不能翻转油底壳向上，否则油杂质会进入阀板。

② 正式维修时，应分析油底壳内的杂质，从而分析变速器零件的磨损情况。

(8) 拆卸滤清器：翻转变速器向上拆下 3 个固定螺钉，取下滤清器。

(9) 拆卸电磁阀导线：拧下两个螺钉，取下导线夹子，拆下 4 个插头，从壳体上拆下接线端子固定板，拉出导线，取下 O 形密封圈。

(10) 拆下节气门拉索：从凸轮上拆下拉索，从壳体上拆下拉索及密封圈。

(11) 拆卸阀体：松开固定阀体的 20 个螺钉，拆下阀体。

(12) 取出壳体油道中的单向阀和弹簧。

(13) 取出壳体上的蓄压缓冲器活塞（图 19-9）：用手指按住缓冲器活塞，从缓冲器活塞周围相应的油孔中吹入压缩空气，将缓冲器活塞吹出。

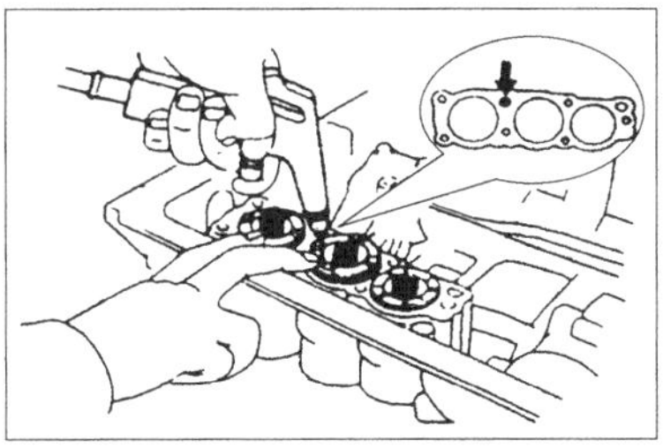

图 19-9 取出壳体上的蓄压缓冲器活塞

(14) 拆卸停车锁杆和棘爪：拆下停车锁杆支架，拆下停车锁杆，取下弹簧，拉出棘爪轴，拆下棘爪。

(15) 拆卸变速器控制轴：敲开锁套，使用冲子取出弹簧销，拉出手动阀摇杆轴，取出手动阀摇杆，拆下壳体油封。

2. 拆卸油泵

(1) 拆下油泵的固定螺钉。

（2）用专用工具拉出油泵总成。

3. 分解行星轮变速器

A341E 自动变速器分解如图 19-10 所示。

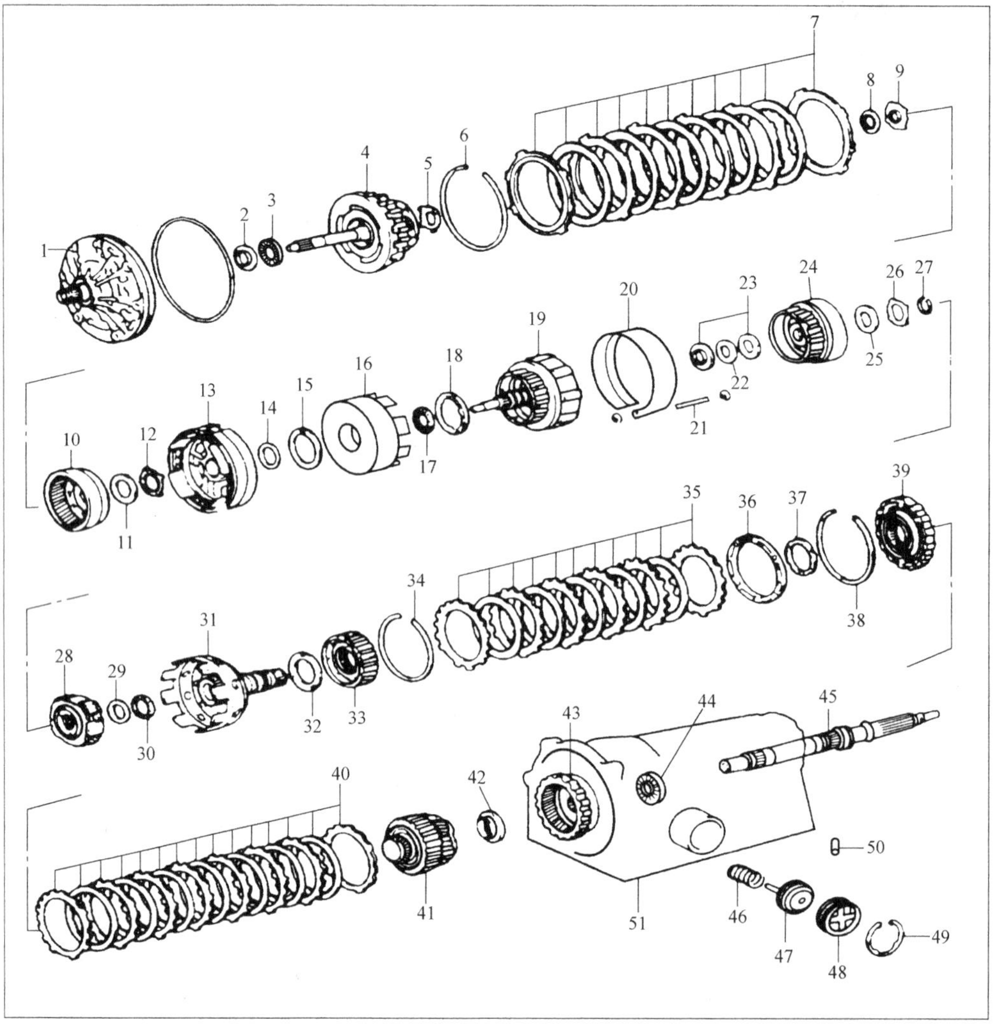

图 19-10　A341E 自动变速器分解（二）

1—油泵　2、5、9、11、14、23、26、29—止推垫片　3、8、12、17、22、25、30、42、44—推力轴承　4—超速行星架和直接离合器 C0 组件　6、27、34、38、49—卡环　7—超速制动器 B0 钢片和摩擦片　10—超速齿圈　13—超速制动鼓　15、18、32、37—尼龙止推垫圈　16—倒档及高档离合器 C1 组件　19—前进离合器 C2 组件　20—2 档强制制动带　21—制动带销轴　24—前齿轮　28—前行星架　31—前后太阳轮组件　33—2 档单向超越离合器　35—2 档制动器 B1 摩擦片和钢片　36—活塞衬套　39—2 档制动鼓　40—低档及倒档制动器 B2 摩擦片和钢片　41—后行星架和行星轮组件　43—后齿圈　45—输出轴　46—弹簧　47—2 档强制制动带活塞　48—2 档强制制动带液压缸缸盖　50—超速制动鼓进油孔油封　51—变速器壳体

（1）拆卸超速行星架和直接离合器C0组件4，取下超速齿圈10、推力轴承8及止推垫片9。

（2）取下卡环6，拆卸超速制动器B0钢片和摩擦片7。

（3）拆下超速制动鼓13上的两个固定螺钉（图19-11），取下止推垫片11和14、止推轴承12、尼龙止推垫圈15，用专用工具取下超速制动鼓13。

（4）拆下2档强制制动带活塞47（图19-12）：取下卡环49，从进油孔处加压缩空气，吹出盖、活塞及弹簧及O形密封圈。

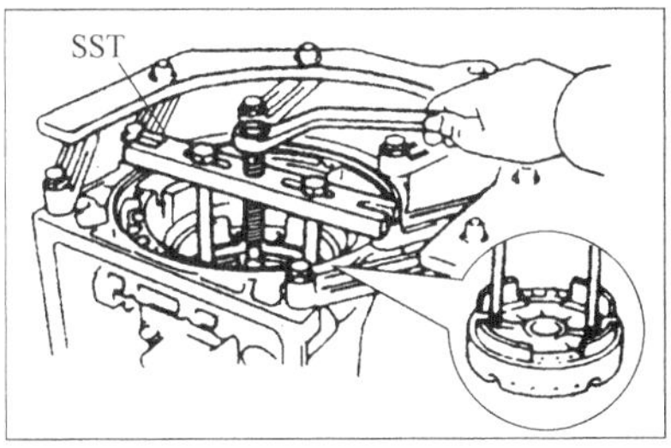

图19-11　拆下超速制动鼓13

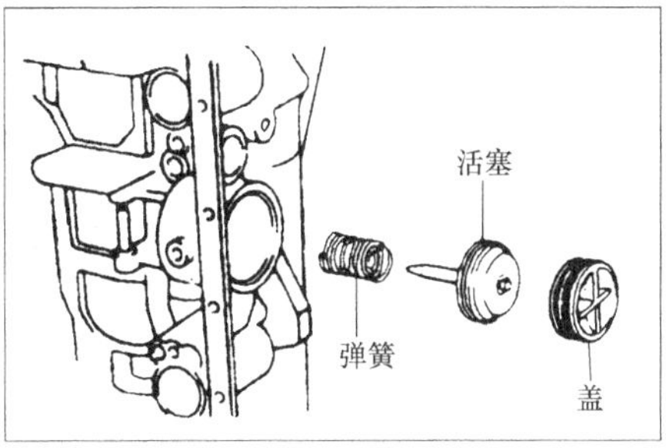

图19-12　拆下2档强制制动带活塞

（5）拆卸倒档及高档离合器组件16和前进离合器组件19（图19-13），取下推力轴承17与尼龙止推垫圈18。

（6）拆卸2档强制制动带20（图19-14）：拆下销子，从壳体内抽出2档强制制动带20。

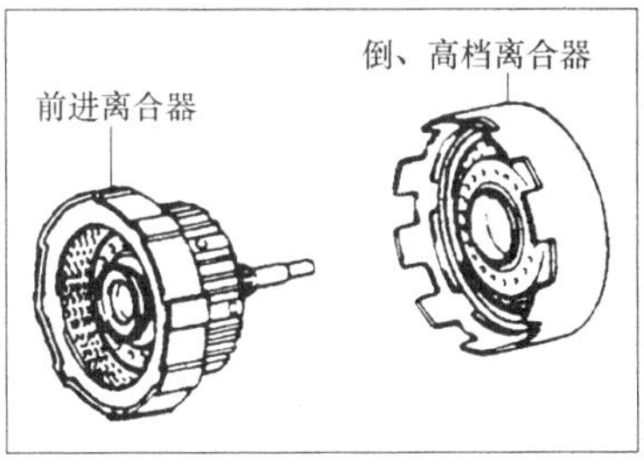

图19-13　拆卸倒档及高档离合器16和前进离合器19

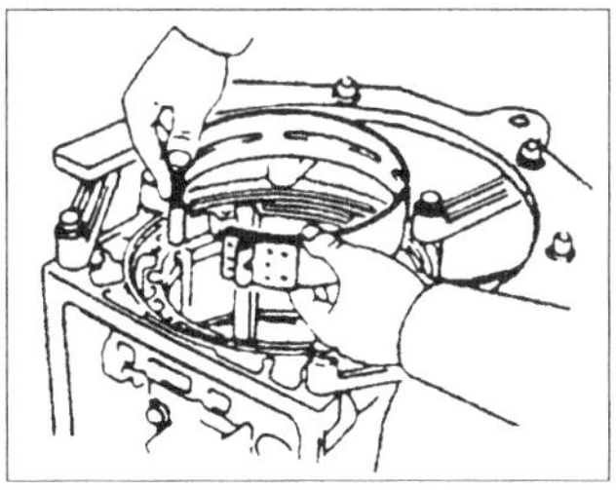

图19-14　拆卸2档强制制动带20

（7）拆卸前齿圈24，取下止推垫片23、26，取下推力轴承22、25。

（8）拆卸前行星架28（图19-15）：用卡环钳，在前行星架前取出卡环27，取出前行星架。取出推力轴承30及止推垫片29。

（9）拆卸前后太阳轮组件31及2档单向超越离合器33（图19-16），取出尼龙止推垫圈37。

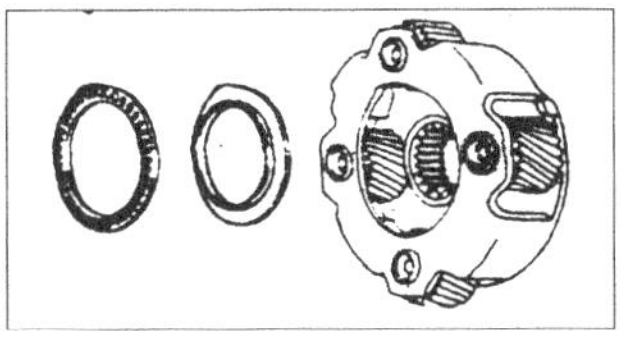

图19-15　取出前行星架28

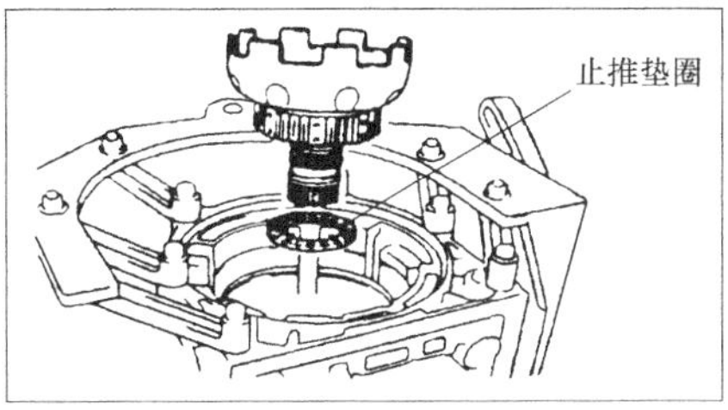

图19-16　拆卸前后太阳轮组件31及2档单向超越离合器33

（10）取下卡环 34，拆卸 2 倒档制动器摩擦片和钢片 35，拆下活塞衬套 36。

（11）取出输出轴，拆下卡环 38，拆下 2 档制动鼓 39、低档及倒档制动器 B2 摩擦片和钢片 40。

（12）如图 19-17 所示，拆下后行星架和行星轮组件 41。取出后齿圈 43 和推力轴承 42。

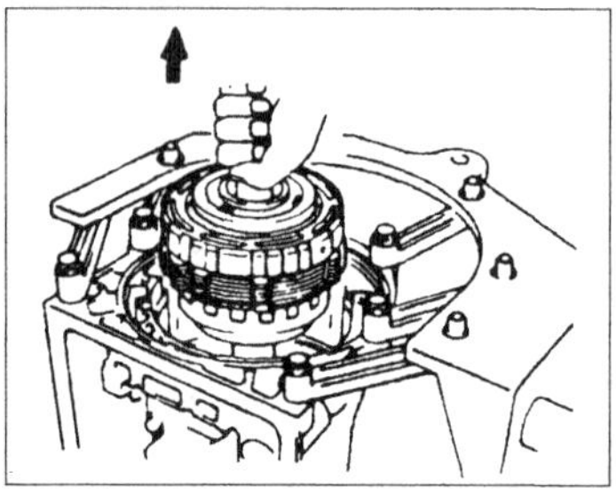

图 19-17　拆卸后行星排架构件

注意：在分解自动变速器时，应将所有组件和零件按分解顺序依次排放，以便于检修和组装。要特别注意各个止推垫片、推力轴承的位置，不可错乱。

4. 丰田 A341E 自动变速器的组装

机械部分的组装按照分解相反的顺序进行。

注意：

① 自动变速器在组装前，所有零件用煤油或柴油洗干净，用压缩空气吹干。

② 各离合器、制动器、阀板、油泵总成均已装配好，调整好。

③ 安装时特别注意，推力轴承、止推垫片和滚道的位置方向不能乱。

④ 新摩擦片、制动带浸泡在油中 45min 以上，更换所有 O 形密封圈，所有零件要涂上 ATF 再安装。

⑤ 安装时，对于一些容易滑落的轴承、垫片、密封环可涂上少量润滑脂或凡士林，以免滑落。

19.2.4　丰田 A341E 自动变速器液压控制阀板的分解与组装

提示：

① 在分解、装配阀板时，要有详细的技术资料（阀板分解图等）作为对照。

② 拆下的各个控制阀零件要按顺序排放，以便重装。

③ 认明上下阀板油道中所有球阀等零件的位置并画在简图上，同时测量并记下不同直径球阀的位置，然后才能取出球阀等零件，做进一步分解及阀板清洗工作。

1. 液压控制阀板的分解

（1）拆下阀板上的手动阀阀芯及电磁阀等零部件。

（2）旋松上下阀板之间的固定螺栓，将上下阀板分开。

注意：在拿起上阀板时，为了防止上阀板油道内的球阀掉落，应将上下阀板之间的隔板和上阀板一同拿起，并将上阀板油道一面朝上放置后再取出隔板。

（3）从上阀板一侧取下隔板，取出上阀板油道内的所有球阀。

（4）按图 19-18 所示顺序拆出上阀板中所有的控制阀。

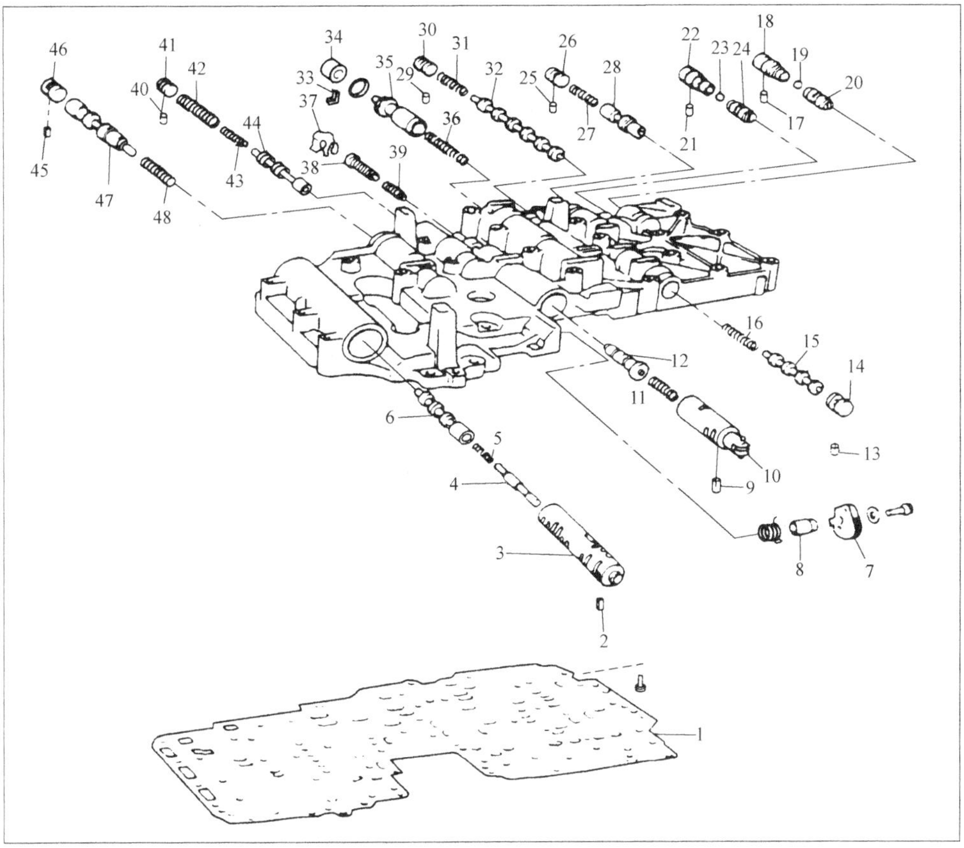

图 19-18 上阀板分解图

1—隔板和衬垫 2、9、13、17、21、25、29、33、40、45—锁销 3—锁止控制阀阀套 4—锁止控制阀 5、11、16、27、31、36、39、42、43、48—弹簧 6—锁止继动阀 7—节气门阀凸轮 8—销套 10—强制降档阀 12—节气门阀 14、18、22、26、30、34、41、46—栓塞 15—3—4 档换档阀 19、23—球阀阀球 20、24—球阀 28—倒档控制阀 32—2—3 档换档阀 35—前进档蓄压缓冲器活塞 37—锁片 38—节气门阀调节螺钉 44—前进档蓄压缓冲器节流阀 47—变矩器阀

注意：

① 在拆出每个控制阀时，应先取出锁销和栓塞，再让阀芯和弹簧从阀孔中自由落出。

② 若阀芯在阀孔中有卡滞，不能自由落出，可用木锤或橡胶锤敲出阀板，将阀芯振出。

③ 不要将铁丝、螺钉旋具等硬物伸入阀孔中，以免损伤阀芯和阀孔的精密配合表面。

（5）参考上阀板，分解下阀板，如图 19-19 所示。

2. 液压控制阀板的安装

（1）将清洗后的上下阀板和所有控制阀零件放在干净的液压油中，让它浸泡几分钟。

（2）按图 19-18 和图 19-19 所示的相反的顺序安装上下阀板各控制阀。

注意：各控制阀弹簧的安装位置，切不可将各控制阀的弹簧装错。

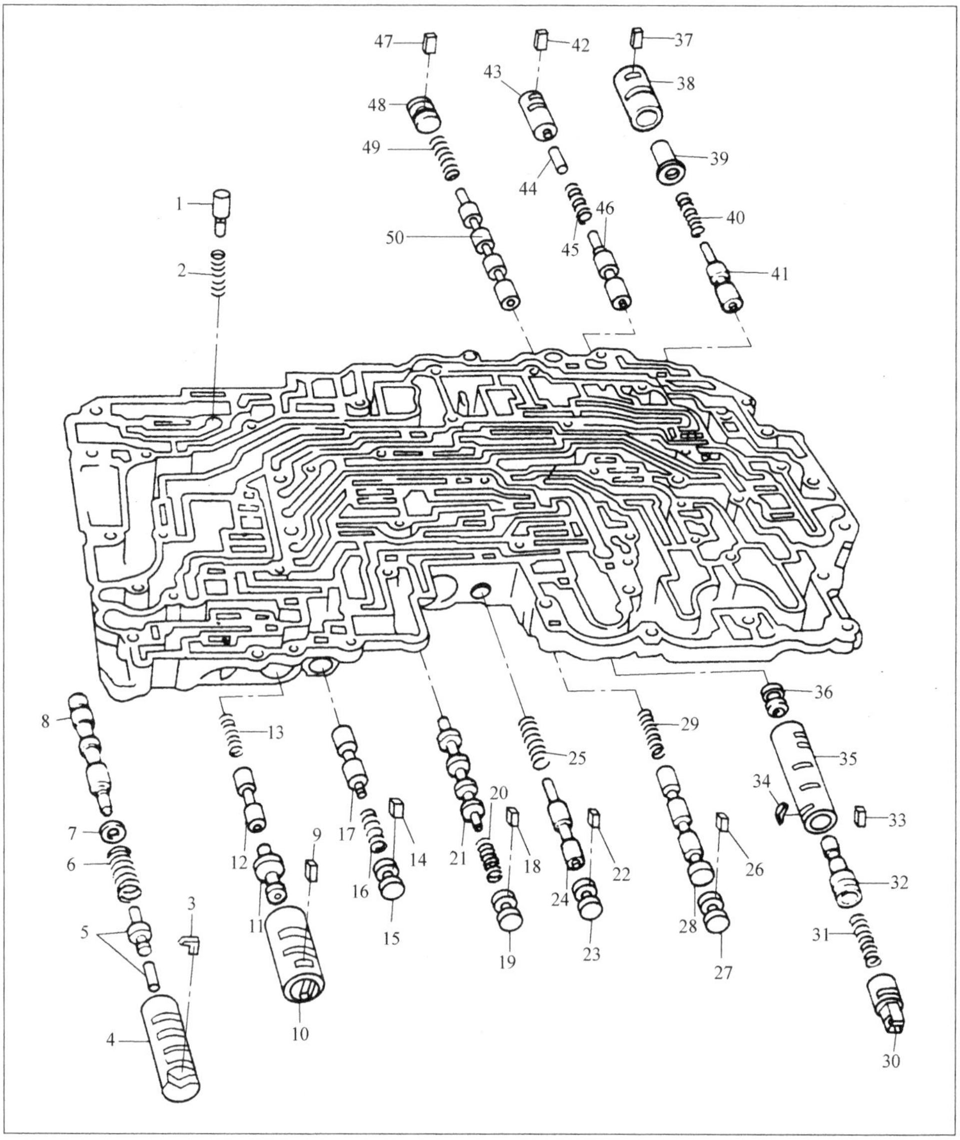

图 19-19　下阀板分解图

1、17—球阀　2、6、13、16、20、25、29、31、40、45、49—弹簧　3、9、14、18、22、26、33、34、37、42、47—锁销　4、10、35、38、43—阀套　5、11、36、39、44—阀杆　7—垫圈　8—主油路调压阀　12—锁止控制阀　15、19、23、27、30、48—栓塞　21—电磁转换阀　24—电磁调节阀　28—截止阀　32—蓄压缓冲器控制阀　41、46—滑行调节阀　50—1—2 档换档阀

(3) 按图 19-20 所示位置，将上阀板油道内的球阀装入。

(4) 用螺钉将隔板及隔板衬垫固定在上阀板上。

(5) 将上下阀板合在一起，按图 19-21 所示方法将三种不同规格的阀板螺栓安装在不同的位置上，分 2 ~3 次将所有螺栓拧紧 (6. 1N · m)。

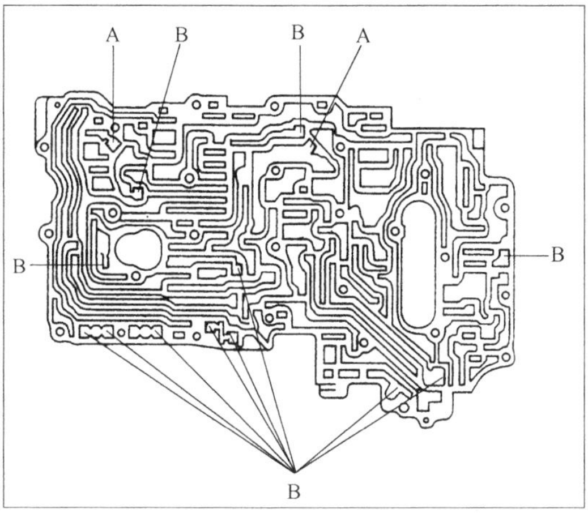

图 19-20　球阀安装位置

A—球阀组一　B—球阀组二

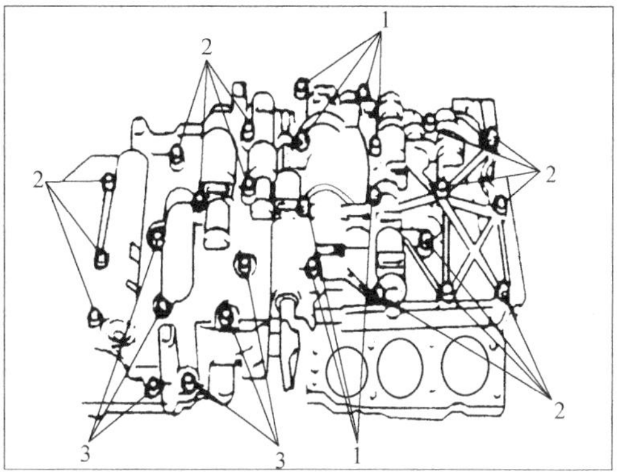

图 19-21　阀板螺栓的安装位置

1—阀板螺栓组一　2—阀板螺栓组二　3—阀板螺栓组三

（6）顺序安装电磁阀、手动阀等零件。

注意：

① 阀板分解后的所有零件清洗后，可用压缩空气吹干。不允许用棉布擦拭，以免粘上细小的纤维丝，造成控制阀卡滞。

② 装配阀板时，应检查各控制阀阀芯是否能在阀孔中活动自如。如有卡滞，应拆下，经清洗后重新安装。

③ 不要在阀板衬垫及控制阀的任何零件上使用密封胶或粘合剂。

④ 在更换隔板衬垫时，要将新旧件进行对比。确认无误后再装入，以防止因零件规格不符而影响自动变速器的正常工作。

19.3　常见车型的比较

辛普森式自动变速器类型与结构的比较见表 19-2。

表 19-2　辛普森式自动变速器类型与结构的比较

变速器型式	结　构	特　点
4T45E（2.4L 别克君越轿车）	电子控制 4 档手自动一体化自动变速器，适用于发动机横置、前轮驱动轿车	前排行星轮机构内齿圈和后排行星轮机构行星轮架是一体，为动力输出端，前行星轮架和后齿圈通过前进离合器连接为一体，内部有 10 个换档执行元件
CD4E（长安福特蒙迪欧 2.0 轿车）	电子控制 4 档前轮驱动轿车	采用改进型辛普森式自动变速器。其前排行星轮架与后排内齿圈为一体；前排内齿圈与后排行星轮架为一体，是动力输出端，两个太阳轮独立运动。行星轮机构共有 6 个部件组成，内部有 8 个执行元件

（续）

<table>
<tr><th>变速器型式</th><th>结　构</th><th>特　点</th></tr>
<tr><td>545RFE（大切诺基4.7L和5.7L轿车）</td><td>电子控制5档自动变速器</td><td>前排行星齿轮系是反作用行星齿轮系；中间是倒档行星齿轮系；后排是输入行星齿轮系。其反作用行星齿轮系的行星轮架与倒档行星齿轮系的太阳轮相连；反作用行星齿轮系的太阳轮与倒档行星齿轮系的行星轮架相连；倒档行星齿轮系与输入行星齿轮系间行程改进型辛普森式行星齿轮机构，即倒档行星齿轮系的行星轮架与输入行星齿轮系大的内齿圈相连，同时又与反作用行星齿轮系的太阳轮相连；倒档行星齿轮系的内齿圈与输入行星齿轮系的行星轮架相连，是动力输出端。内部有7个执行元件</td></tr>
<tr><td>5F31J（用于长安福特蒙迪欧2.5）、JF506（南汽名爵（MG）</td><td>5档手自动一体自动变速器</td><td rowspan="2">内部有3个行星排（前、后、副）。其中前、后行星排是改进型辛普森式行星齿轮机构，其前排齿圈与后排行星轮架为一体；前排行星轮架与后排齿圈为一体，是动力输出端，两个太阳轮独立运动。副行星排是一个单级行星齿轮机构，它在1—4档和倒档时执行减速运动，在5档时是直接传动。内部有9个换档执行元件</td></tr>
<tr><td>FS5A-EL（一汽奔腾、马自达6轿车）</td><td>电子控制5档自动变速器</td></tr>
</table>

项目二十　前轮驱动汽车驱动桥的拆装与调整

20.1　实训目标和准备

项目		要点
目标	知识目标	理解前轮驱动汽车驱动桥的结构及动力传递情况
	技能目标	学会前轮驱动汽车驱动桥的拆装、检查、调整
设备和工具		桑塔纳2000整车1辆或汽车底盘1台，前轮驱动汽车驱动桥1套，底盘拆装工具和零部件盆各1套，清洗工具1套，多媒体设备1套
实训安排		实训课时：3学时 实训组织：每组3~5位同学，老师指导，学生动手操作

20.2　实训内容、方法及注意事项

20.2.1　桑塔纳轿车前驱动桥的结构认识

桑塔纳轿车是前轮驱动，主减速器、差速器和变速器组装在一起。

由于桑塔纳轿车发动机纵向放置，所以变速器输出轴末端采用一个锥齿轮作为主减速器的主动齿轮（准双曲面齿轮），其与差速器壳上的从动准双曲面齿轮啮合以改变90°动力传递方向。主减速器的传动比为4.444。桑塔纳轿车采用对称式锥齿轮差速器，差速器为一整体框架结构，两个行星轮装入差速器壳后用止动销定位。半轴齿轮背面也制成球面，其背面的推力垫片与行星齿轮背面的推力垫片制成一个整体，称为复合式推力垫片。主减速器和差速器结构分解图如图20-1所示。

20.2.2　桑塔纳轿车前驱动桥的分解

1. 总体拆卸

（1）将变速器前端固定在修理架上，如图20-2所示。装上输入轴压出工具，顶住轴的前端，螺栓4应与输入轴在同一直线上。

（2）旋下放油螺塞，放出齿轮油，旋下后盖固定螺栓，拆下图20-3中的轴承支座和后盖组合18、衬垫21、输出轴调整垫圈23及输入轴调整衬垫35。

2. 差速器总成的拆卸

（1）如图20-1所示，由主减速器盖口上旋下车速表从动齿轮轴套13，取出车速表从动齿轮14，旋下螺栓20，用心棒支撑住半轴15，旋下螺栓21，取下左侧主减速器盖2，取下卡簧并拆下凸缘，即可取出半轴15和差速器总成22。同时从输出轴上拆下卡簧，从主减速器盖上取下油封17。

（2）如图20-4所示，用轴承顶拔器3、4从主减速器盖上拉出差速器轴承外圈2。

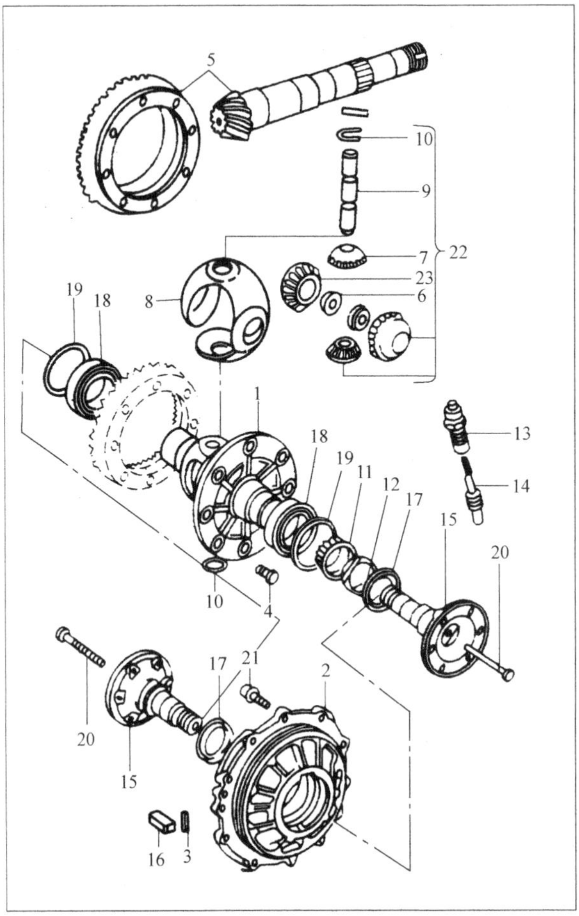

图 20-1　主减速器和差速器分解图

1—差速器壳　2—主减速器盖　3—弹性销　4、20、21—螺栓　5—主减速齿轮副　6—螺纹套　7—行星轮　8—复合式止推片　9—行星轮轴　10—挡圈　11—车速表齿轮　12—锁紧套筒　13—车速表从动齿轮轴套　14—车速表从动齿轮　15—半轴　16—磁铁　17—油封　18—圆锥滚子轴承　19—调整垫片　22—差速器总成　23—半轴齿轮

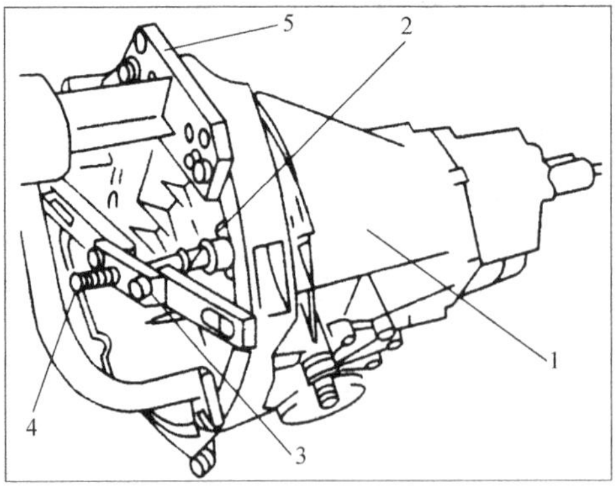

图 20-2　变速器壳体修理架

1—变速器　2—输入轴　3—输入轴压出工具　4—螺栓　5—修理架

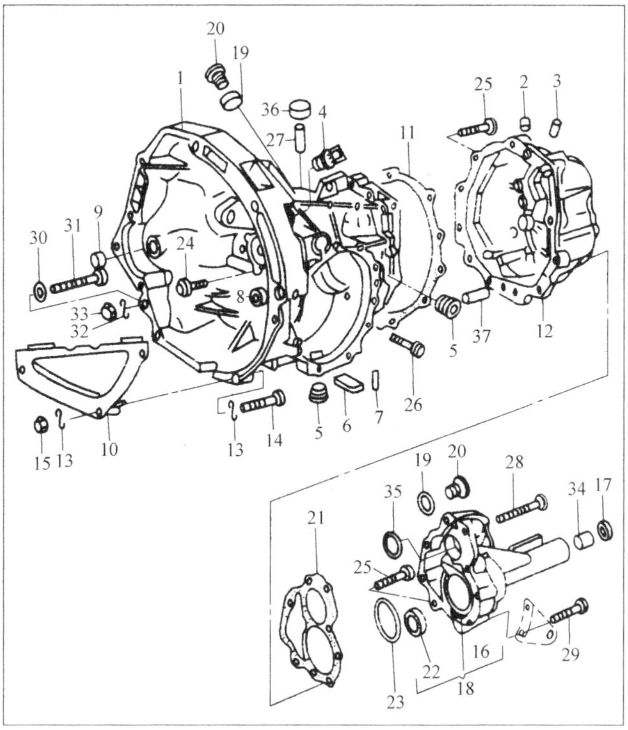

图 20-3　变速器与发动机安装螺栓的拆卸

1—变速器壳体　2、3—堵塞　4—检测孔橡胶塞　5—放油螺塞　6—异形磁铁　7—销钉　8、37—定位销　9—轴承　10—盖板　11、21—衬垫　12—后壳体　13、32—弹簧垫　14、24、25、26、28、29、31—螺栓　15、33—螺母　16—后盖　17—油封　18—后盖组合　19—垫圈　20—安装塞　22—轴套　23—输出轴调整垫圈　27—通气阀　30—平垫片　34—衬套　35—输入轴调整衬垫　36—盖

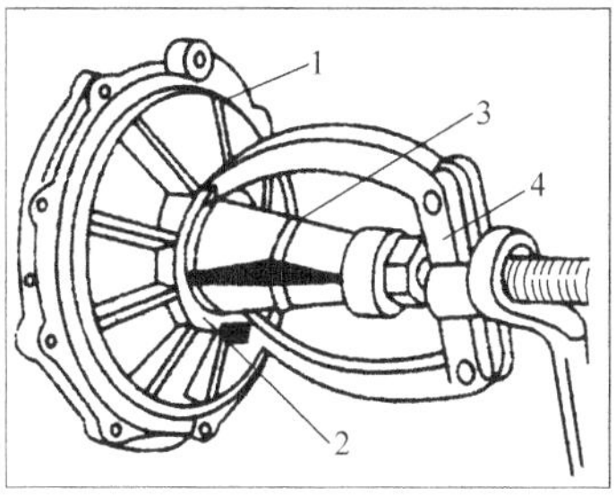

图 20-4　主减速器盖上差速器轴承外圈拆卸

1—主减速器盖　2—差速器轴承外圈　3、4—轴承顶拔器

(3) 同样地用轴承顶拔器由变速器壳上拉出另一端的差速器轴承外圈。

(4) 用轴承顶拔器从变速器壳上拉出输入轴中间滚针轴承。

(5) 从变速器壳上压出输入轴前油封座与油封。

(6) 从变速器壳上拉出输出轴前轴承外圈锁销，再用工具压出输出轴前轴承外圈。

3. 差速器的分解

(1) 如图 20-1 所示，从差速器壳 1 上拆下车速表齿轮锁紧套筒 12。

（2）如图 20-5 所示，用双臂顶拔器 3 将车速表齿轮 1 从差速器壳 2 上拉出。

（3）如图 20-6 所示，用双臂顶拔器 1 从差速器壳 4 上取下差速器圆锥滚子轴承内圈 2。

（4）将差速器夹持在台虎钳上，如图 20-7 所示，交叉旋下从动锥齿轮 1 与差速器壳 2 的连接螺栓，沿齿圈平稳敲下从动锥齿轮（防止变形）。

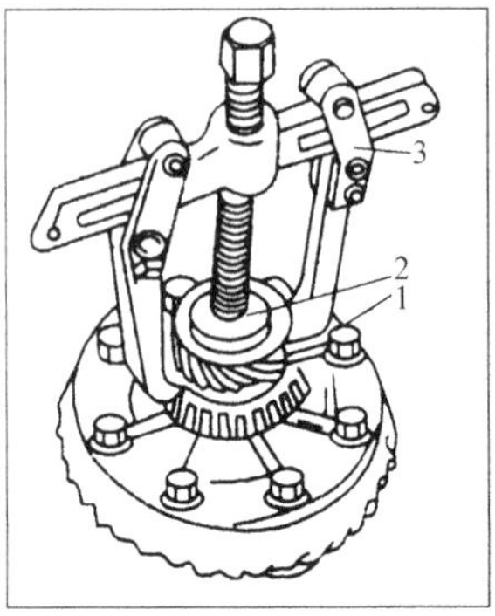

图 20-5　车速表齿轮的拆卸

1—车速表齿轮　2—差速器壳

3—双臂顶拔器

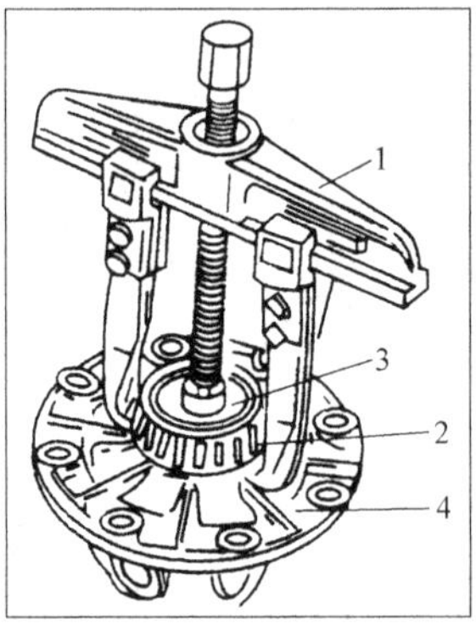

图 20-6　差速器壳轴承内圈的拆卸

1、3—双臂顶拔器

2—差速器圆锥滚子轴承内圈

4—差速器壳

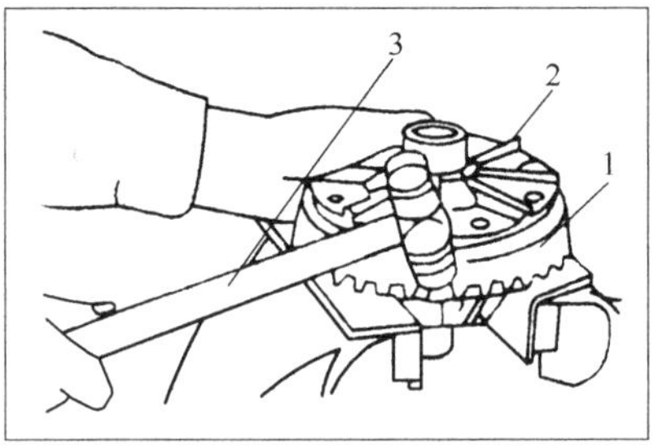

图 20-7　从动锥齿轮的拆卸

1—从动锥齿轮

2—差速器壳　3—软锤

（5）如图 20-8 所示，取下挡圈 5，用锤子冲出行星轮轴 12，并拆下防转螺母 2。

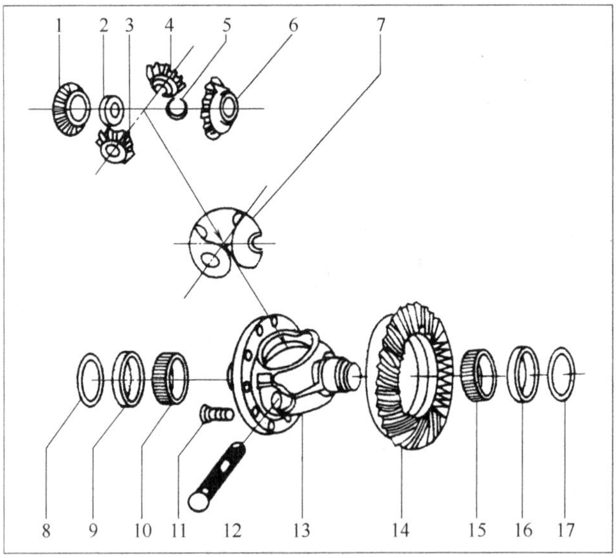

图 20-8　差速器的分解

1、6—半轴齿轮　2—防转螺母　3、4—行星轮　5—挡圈　7—复合式止推垫圈　8—调整垫片　9—轴承内圈　10、15—轴承　11—螺栓　12—行星轮轴　13—差速器壳　14—从动锥齿轮　16—轴承外圈　17—调整垫片

（6）从差速器壳的窗孔中取下行星轮 3 和 4 以及半轴齿轮 1 和 6，并取出复合式止推垫圈 7。

4. 主动锥齿轮的拆卸

如图 20-9 所示为主动锥齿轮结构图，其拆卸顺序如下：

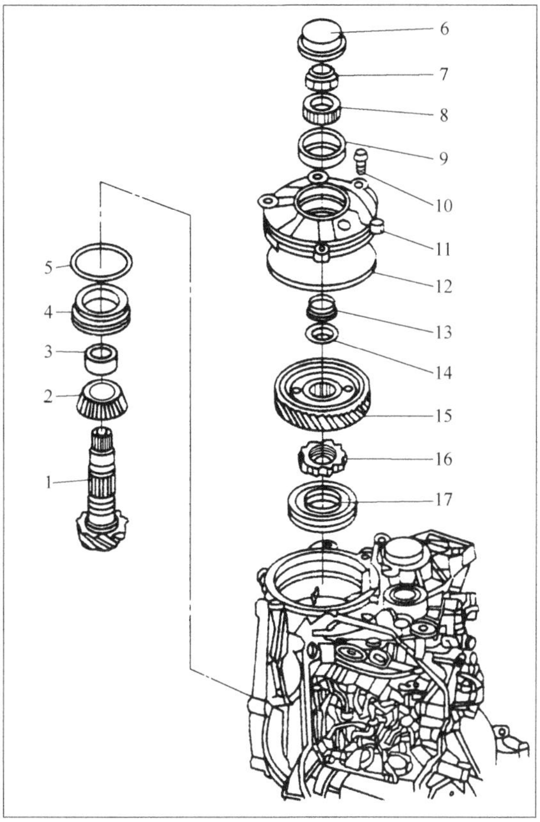

图 20-9　主动锥齿轮结构图

1—主动锥齿轮　2、4—轴承　3—衬套　5—调整垫片　6—盖板　7—固定螺母　8—轴承内圈　9—轴承外圈　10—固定螺栓　11—轴承盖　12—O 形密封圈　13—套管　14—调整垫片　15—减速器输入齿轮　16—驻车锁止齿轮　17—油封

（1）拆卸盖板 6。

（2）拆下主动锥齿轮的固定螺母 7。

（3）取下圆锥滚子轴承。

（4）拆下轴承盖固定螺栓 10，取下轴承盖 11。

（5）取下套管 13 和调整垫片 14。

（6）用轴承顶拔器拆下减速器输入齿轮 15。

（7）拆下驻车锁止齿轮 16。

（8）从主减速器内取出主动锥齿轮 1 及衬套 3。

5. 差速器的组装

（1）用齿轮油润滑复合式止推垫圈，装入差速器壳内，在半轴齿轮上装好螺纹套后装入差速器壳内，并用六角头螺栓拧紧。

（2）将两个小行星轮错开 180°，转动半轴，使行星轮、止推垫圈和差速器罩壳对正，推入行星轮轴，用锁销或弹性挡圈锁紧，如图 20-10 所示。

(3) 检查行星轮与半轴齿轮的啮合间隙（正确值为 0.05 ~ 0.2mm），或检查半轴齿轮与差速器壳之间的间隙（正确值为 0.1 ~ 0.2mm）。

(4) 如图 20-11 所示，将从动锥齿轮加热至 100℃左右，用定心销导向，迅速安装在差速器上。于各螺栓孔中涂以齿轮油，分 2 ~ 3 次交叉旋紧螺栓（70N · m）。

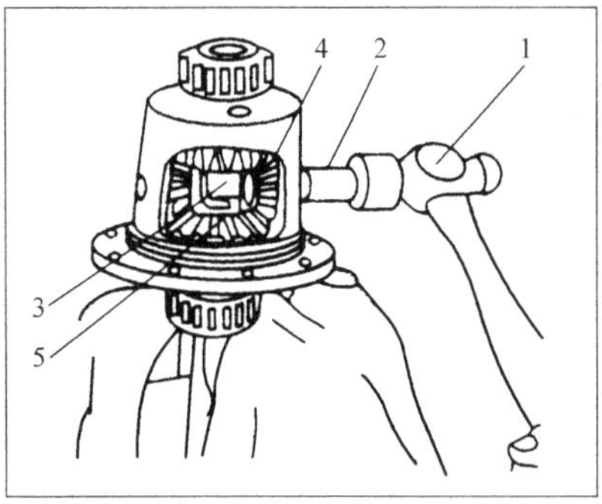

图 20-10　行星轮轴的安装

1—锤子　2—心棒　3—行星轮轴　4—行星轮　5—半轴齿轮

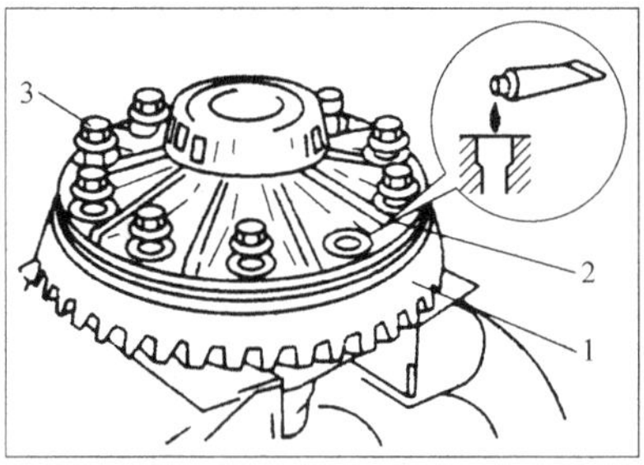

图 20-11　从动锥齿轮的安装

1—从动锥齿轮　2—差速器壳　3—螺栓

(5) 如图 20-12 所示，将差速器圆锥滚针轴承内圈加热至 100℃左右，压装在差速器两端外圆上。

(6) 如图 20-13 所示，将车速表压装在差速器壳上，压入深度 $x = 1.4$mm，由垫圈或挡圈予以保证。

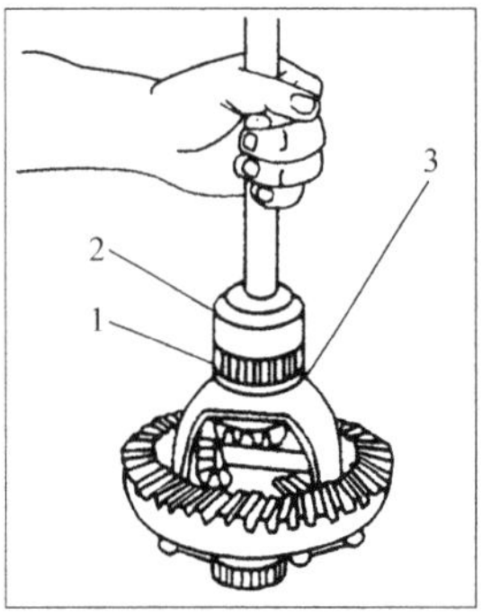

图 20-12　差速器轴承内圈的安装

1—差速器轴承内圈　2—工具　3—差速器壳

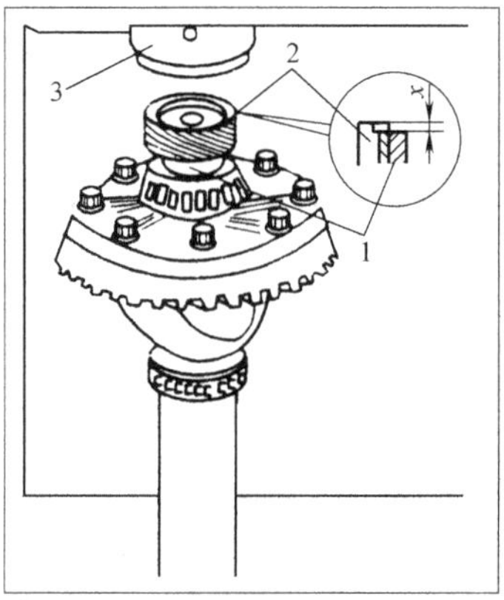

图 20-13　车速表齿轮的安装

1—差速器壳　2—车速表齿轮　3—压力机

20.2.3　主减速器的调整

通过改变从动齿轮调整垫片 s_1、s_2 和主动齿轮调整垫片 s_3 的厚度，达到主、从动齿轮的正确啮合及合适的预紧度，具体调整方法如下：

主、从动齿轮的标记含义如图 20-14 所示，调整时应按图示部位进行，差速器壳两端调整垫片及主动轴承壳和变速器壳体间的调整垫片位置如图 20-15 所示。

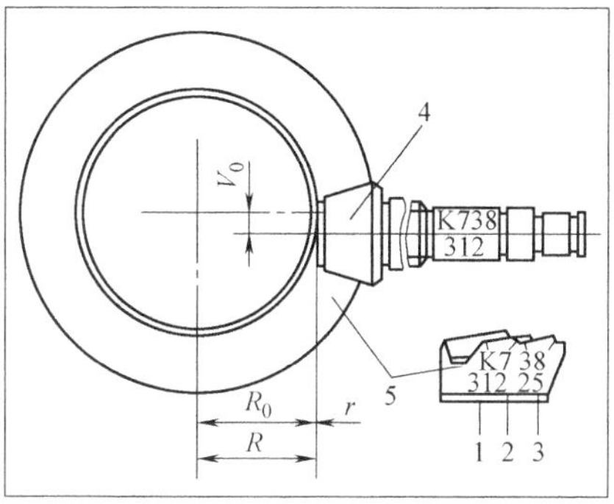

图 20-14 主、从动齿轮的标记含义

1—主传动比值标记 2—配对号码标记 3—齿顶距偏差值标记 4—主动齿轮 5—从动齿轮

V_0—双曲面偏心距（13mm） R_0—理论齿顶距 r—齿顶距偏差 R—实际正确齿顶距

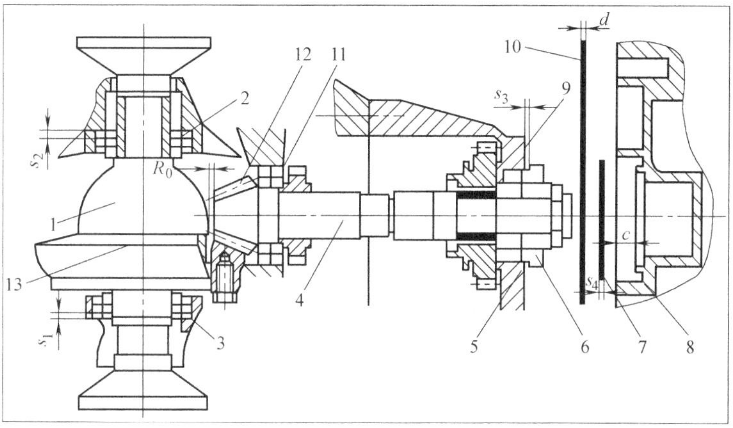

图 20-15 差速器轴承预紧力与主、从动齿轮间隙的调整

1—差速器 2、3—差速器轴承调整垫 4—输出轴 5—后壳体 6—输出轴后轴承 7—输出轴后轴承调整垫片 8—后盖 9—调整垫片 10—衬垫 11—输出轴前轴承 12—主动齿轮 13—从动齿轮

s_1、s_2—差速器轴承预紧力调整垫片的厚度 s_3—主动齿轮位置调整垫片的厚度 s_4—输出轴前轴承预紧力调整垫片厚度

d—衬垫 5 的厚度 c—后盖 T 的接合端与轴承定位端面的距离 R_0—齿顶高

20.2.4 主动齿轮调整垫片及差速器调整垫片的总厚度

主、从动齿轮的调整应求出主动齿轮调整垫片及差速器调整垫片的总厚度。当更换变速器壳、主减速器盖、差速器滚子轴承、差速器壳或从动齿轮时，则必须重新调整从动齿轮，所以必须对调整垫片厚度进行测量与计算。

（1）先将主动齿轮拆下，拆下变速器的油封和圆锥滚子轴承外圈，并取出调整垫片。再将圆锥滚子轴承的外圈和调整垫片（厚 1.2mm）一同推入变速器壳直至与挡块相抵靠为止。将没有调整垫片的另一圆锥滚子轴承外圈推入主减速器壳盖内直至挡块为止。

（2）将不带转速表齿轮的差速器轴承端压入罩壳，注意要使从动齿轮位于盖的一侧，再装上轴承盖，以25N · m 的力矩再次分别拧紧固定螺栓。

（3）差速器轴承预紧力测定如图20-16 所示。安装测量工具和百分表，安装夹紧套筒，并上下移动夹紧套筒，读出表针的摆差值。

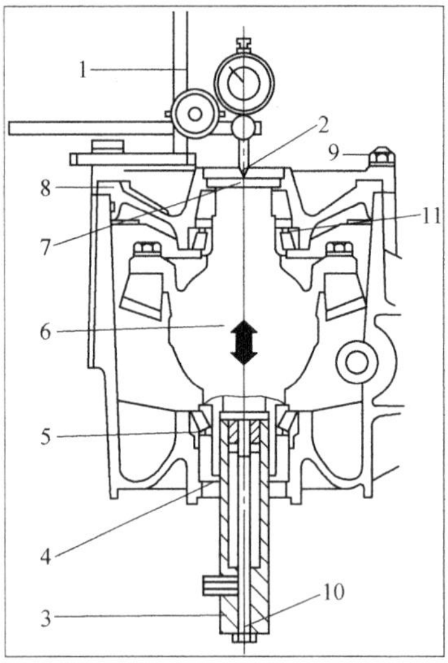

图20-16　差速器轴承预紧力测定

1—百分表架　2—百分表　3—夹紧套筒　4—套筒　5—垫片　6—差速器　7—测量板
8—主减速器盖　9、10—螺栓　11—主减速器盖上的轴承外圈

总厚度 = 摆差值 + 预紧量（0.40mm）+ 原垫片厚度（1.2mm）。如：摆差值为0.5mm，则总厚度 =0.50mm +0.40mm +1.2mm =2.1mm。

注意：在测量时不要转动差速器，否则轴承将下沉，使得测量结果不准确。

（4）求需加垫片的厚度 = 总厚度 − 原垫片厚度 =2.1mm −1.2mm =0.9mm。

20.2.5　主动齿轮调整垫片厚度

主动齿轮调整垫片 s_3厚度：$s_3 = e + r$。其中，e 为测量值，r 为偏差值。

由于所更换的零件不同，求出 s_3的方式亦不同。

1. 调整方法一

更换主动齿轮双列圆锥滚针轴承或齿轮箱罩壳或第一档齿轮轴承支座和滚针轴承。或所换主、从动齿轮上无偏差 r 标示时，则按下述方法进行调整：

（1）安装 VW381/11 压板（图20-17 中4），旋松变速器罩壳的螺钉，用2 个 M8 ×50 的螺钉旋紧 VW381/11 压板，使压板与主动齿轮轴保持垂直位置，以2N · m 力矩拧紧螺栓3。

（2）拆下差速器，将测量芯棒 VW385/1 放在齿轮箱罩壳下，转动测量心棒，直至表针指至最大值，如图20-18 所示。此值即为与标准值（R_0 =50.7mm）的偏差值 e，换装新零件后应尽可能达到此值。

（3）换装新零件后，将双列圆锥滚柱轴承外环与调整垫片 s_3一同压入轴承支座内，连同预装好的联轴齿轮装入轴承支座，并压入双列圆锥滚子轴承的第一内环，以100N · m 力矩拧紧联轴齿轮螺母。再装入新的密封圈，将轴承支座和联轴齿轮一同装入齿轮箱罩壳内，旋紧紧固螺栓。

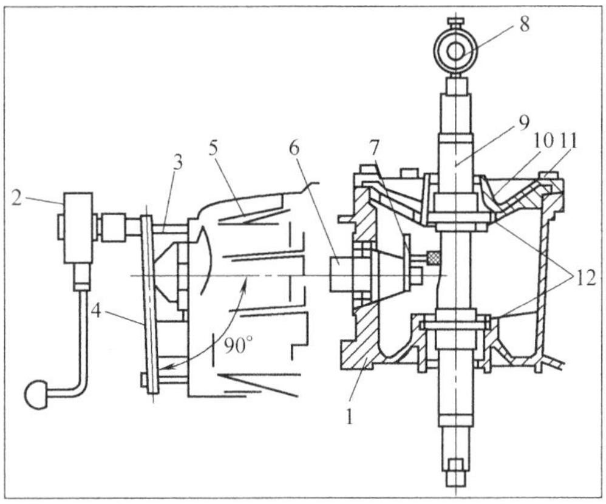

图 20-17　主减速器主动齿轮位置调整调整垫片厚度的确定

1—变速器壳　2—扭力扳手　3、11—螺栓　4—连接片（压板）　5—后壳体　6—输出轴　7—量块板　8—百分表　9—测量心棒　10—主减速器盖　12—差速器轴承外圈

使用测量心棒重新测量安装位置。若此次测量值小于换件前所测量值，则应增加调整垫片 s_3 的厚度；若此次测量值大于换件前所测量值，则应减小调整垫片 s_3 的厚度。所需要的垫片可由备件中选用。

如：换件前测量值为 0.50mm，换件后测量值为 0.40mm，则应将主动齿轮调整垫片 s_3 增加 0.10mm。

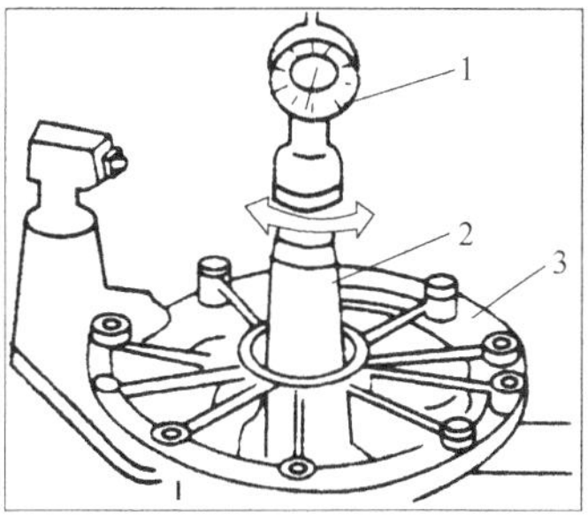

图 20-18　从动齿轮齿顶偏差的测量

1—百分表　2—测量心棒　3—主减速器盖

2. 调整方法二

更换主从动齿轮，应当首先测量出安装位置，且齿轮上给出偏差值 r 时，则按以下方法进行调整：

（1）将双列圆锥形滚子轴承压入轴承座，不包括调整垫片 s_3。

（2）将主动齿轮装入轴承座。用钳口护板将齿轮轴夹持在台虎钳上，以 100N·m 力矩拧紧主动齿轮轴头螺母。

（3）装入新密封垫，将轴承支座与主动齿轮一同装入齿轮箱罩壳，拧紧固定螺栓。用 M8 × 50 螺栓将 VW381/11 压板紧固在罩壳上，并保持压板与齿轮轴的垂直位置，拧紧压板螺栓。

（4）将测量心棒 VW381/11 调节环调至 a = 35mm、滑动调节环调至 b = 60mm，如图 20-19 所

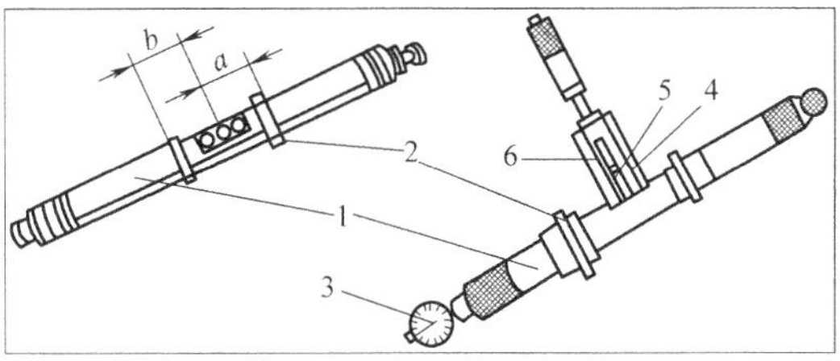

图 20-19　测量心棒的组成

1—测量心棒　2—调节环　3—百分表　4—测量头架　5—测量头　6—校正标准量规

示，然后进行组装。其中 VW385/16 长度为 12.3mm，将 VW385/30 量规调整到 R_0 = 50.7mm，并安装至测量心棒上，再将百分表调至0位（调整范围为3mm，并带有2mm的预紧力）。

（5）将 VW385/33 量块放在主动齿轮的端部，并将测量心棒放在罩壳内，如图 20-20 所示。

（6）将主减速器盖与轴承外环安装在一起，用螺栓固定好（注意不要碰壳，否则会影响到千分表）。

（7）测量偏差值 e。首先移动调整环将定心垫片向外拉至用手能转动测量心棒为止，转动测量心棒，直至千分表指示出最大量程，此测量值即为偏差值 e，参见图 20-17 和图 20-18。

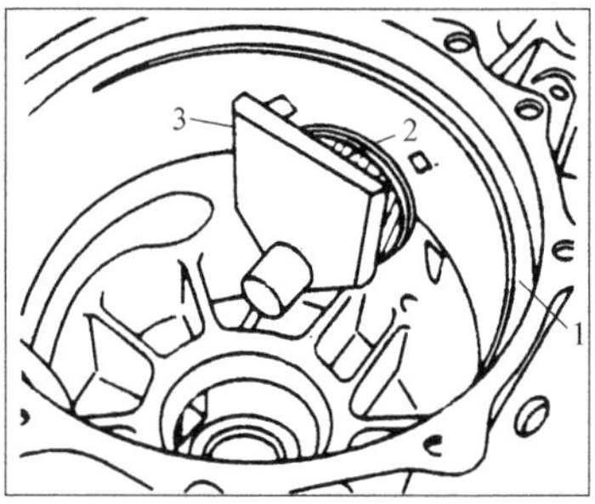

图 20-20 输出轴测量工具的安装

1—变速器壳 2—输出轴 3—测量量块板

（8）测完后，拆下专用心棒后检查 VW385/30 调节量规是否处于“0”位。若未恢复“0”位，则必须重新进行测量。

（9）确定调整垫片 s_3的厚度：$s_3 = e + r$。式中 e 为测出的最大量程，r 为偏差值（在从动齿轮上的1/100mm 标出值）。

20.2.6 主、从动齿轮啮合间隙的调整

将主动齿轮与垫片 s_3一同装好，罩壳上的垫片为1.2mm，盖上的测量值与预紧量之和设定为0.70mm（即测量值为0.3.mm，预紧量为0.40mm）。按以下步骤求出调整垫片 s_1和 s_2的厚度：

（1）将差速器转动数次，以便固定圆锥滚柱轴承。

（2）按图 20-21 所示安装测量工具，使用百分表加长套管 VW388/10（6mm 见方），尺寸为71mm（图 20-21 中3）。

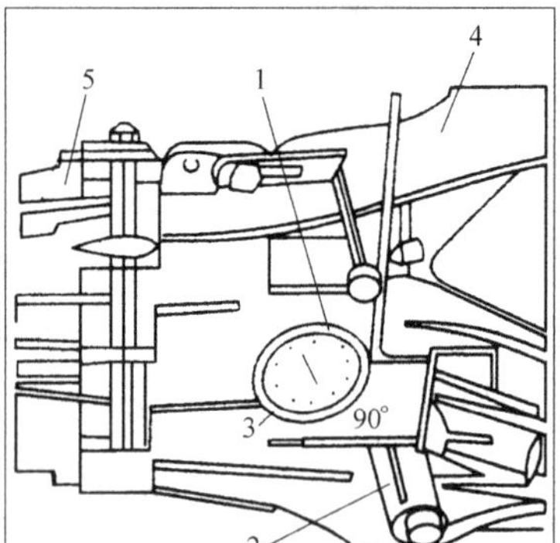

图 20-21 差速器轴承调整垫片 s_1、s_2的确定

1—百分表 2—夹紧套筒 3—加长套管 4—变速器壳 5—后壳体垫片 s_1和 s_2

（3）用 M8×50 螺栓将连接片 VW385/11 对角压紧（力矩为 2N·m），并使连接片与主动齿轮轴保持垂直位置。

（4）将从动齿轮旋至挡块，将百分表调至“0”位，转动从动齿轮，读出并记录啮合间隙值。

（5）旋松差速器上夹紧套筒的夹紧螺栓及主动齿轮上的连接片，将从动齿轮旋转90°。按上述方法再重复测量三次，将四次测量值相加，计算出啮合间隙的平均值。注意若每次测量值偏差超过0.05mm，安装从动齿轮或传动组件则不能正常工作，必须复查安装是否有误，必要时应更换组件。

（6）求出垫片 s_1 和 s_2 的厚度为

$$s_2 = \text{垫片厚度} - \text{侧向间隙平均值} + \text{升高(常数值为 0.15mm)}$$

$$s_1 = \text{垫片总厚度} - s_2\text{(从动齿轮垫片厚度)}$$

（7）按求出的厚度装好垫片 s_1 和 s_2，并多点测量啮合间隙，其值应在0.10～0.20mm范围内，相互偏差不得大于0.05mm。

20.2.7　差速器的装配

（1）按调整结果，选择好调整垫片 s_1、s_2、s_3，装上输出轴、差速器。

（2）如图20-22所示，由左方将主减速器盖装于变速器壳上，在主减速器盖上装合车速表从动齿轮及轴套，旋紧固定螺栓（20N·m）。因需调整差速器轴承预紧力，接合面暂不涂密封胶。

（3）如图20-23所示，以专用工具压入主减速器盖上的半轴油封（朝内并涂以齿轮油）。将变速器壳后断面涂以密封胶，装上衬垫、定位销及输入轴、输出轴的后壳体，旋紧固定螺栓（25N·m）。

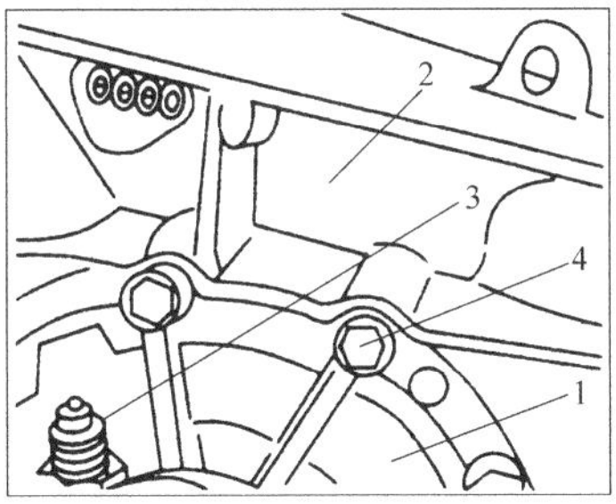

图20-22　差速器与主减速器盖的安装

1—主减速器盖　2—变速器壳　3—车速表轴套　4—螺栓

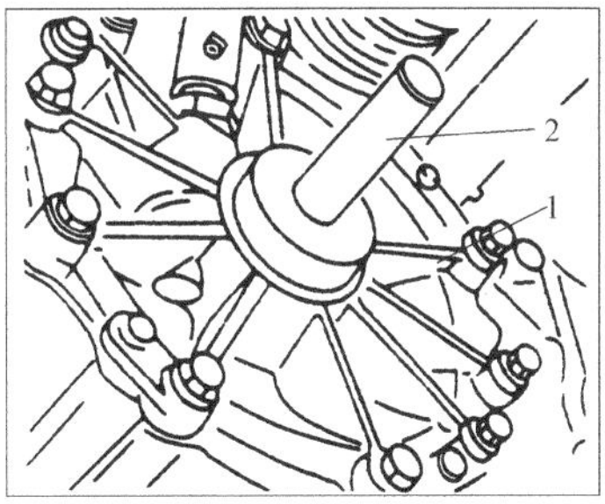

图20-23　半轴油封的安装

1—主减速器盖　2—工具

（4）如图20-24和图20-25所示，将各档拨叉轴置于空档位置，使内变速杆拨块进入3、

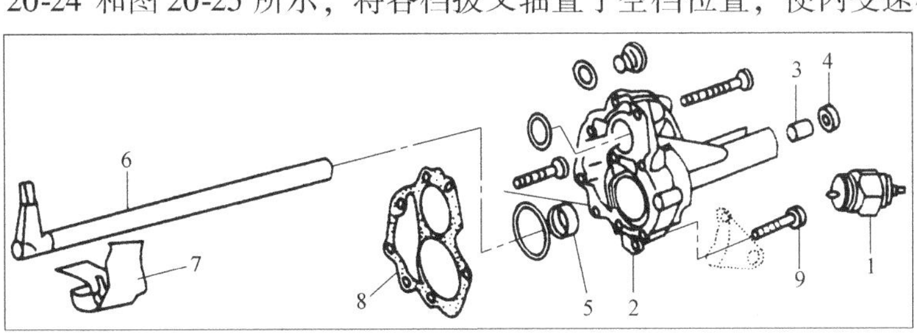

图20-24　后盖上衬套的安装

1—倒车灯开关　2—后盖　3—内变速杆后衬套　4—后油封　5—内变速杆前衬套

6—内变速杆　7—异形弹簧　8—衬套　9—螺栓

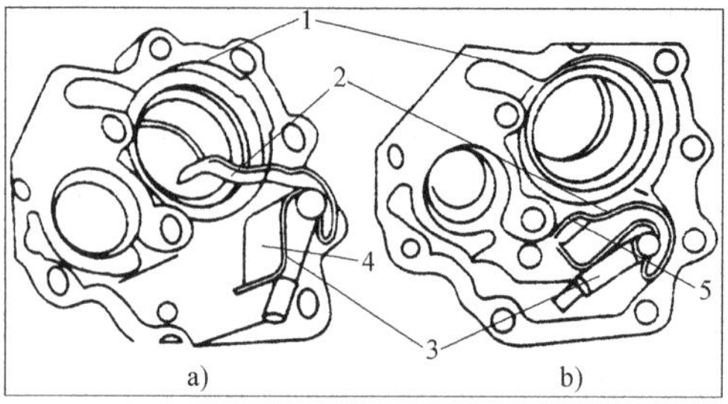

图 20-25 内变速杆的安装

a）安装前 b）安装后

1—后盖 2—异形弹簧 3—内变速杆 4、5—弹簧弯曲部

4 档槽内。后壳体端面涂以密封胶，装上衬垫；在后壳体上旋上两个双导向螺栓，装合后盖并拧紧固定螺栓（25N · m）。拨动内变速杆，检查各档工作是否平顺。向变速器内注入齿轮油（API-GL4 或 SAE80）1. 71L。

20.3 常见车型的比较

前轮驱动汽车驱动桥结构的比较见表 20-1。

表 20-1 前轮驱动汽车驱动桥结构的比较

发动机放置方向	特　　点	车　　型
发动机横向放置（图 17-27）	发动机横向放置，输出轴上为主减速器主动圆柱齿轮	雪铁龙毕加索、捷达、奇瑞、夏利系列轿车等
发动机纵向放置（图 17-1）	发动机纵向放置，输出轴上为主减速器主动锥齿轮，以改变动力传递方向 90°	桑塔纳系列轿车、红旗 CA7220 型轿车、奥迪 100 轿车、长安之星微型车等

项目二十一　万向传动装置的拆装与调整

21.1　实训目标和准备

项　　目		要　　点
目标	知识目标	理解桑塔纳轿车前驱动桥等速万向装置的结构及动力传动特点 理解 EQ1090 汽车万向传动装置的结构及动力传动特点
	技能目标	学会桑塔纳轿车前驱动桥等速万向装置的拆装 学会 EQ1090 汽车万向传动装置拆装
设备和工具	桑塔纳轿车 1 辆或底盘 1 台，EQ1090 货车 1 辆或底盘 1 台，底盘拆装工具 1 套，汽车视教台 1 台、常用举升设备 1 套、清洗工具 1 套，多媒体设备 1 套	
实训安排	实训课时：2 学时 实训组织：每组 3 ~5 位同学，老师指导，学生动手操作	

21.2　实训内容、方法及注意事项

21.2.1　桑塔纳轿车前驱动桥等速万向装置的认识

桑塔纳轿车的前驱动桥是转向驱动桥，采用由两个等速万向节和一根半轴组成的等速万向传动装置，其中伸缩型球笼式万向节（VL 节）布置在靠主减速器侧，而固定型球笼式万向节（RF 节）布置在靠近车轮处，如图 21-1 所示。

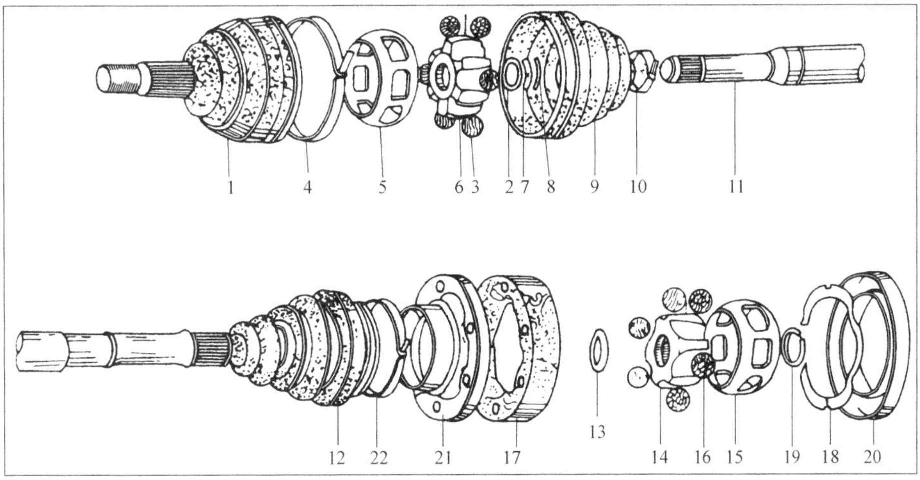

图 21-1　桑塔纳轿车前驱动桥等速万向装置结构

1—RF 外星轮　2、19—卡簧　3、16—钢球　4、10、22—夹箍　5—RF 球笼　6—RF 内星轮　7—中间挡圈　8、13—碟形弹簧　9、12—橡胶护套　11—花键轴　14—VL 节内星轮　15—VL 节球笼　17—VL 节外星轮　18—密封垫片　20—塑料护罩　21—VL 节护盖

21. 2. 2　桑塔纳轿车前驱动桥等速万向装置的拆装

1. 桑塔纳轿车前驱动桥等速万向装置的车上拆装

（1）在车轮着地时，旋松驱动半轴与轮毂间的固定螺母。

（2）旋下驱动半轴与接合盘的螺栓，将传动轴与接合盘分开。

（3）从车轮轴承壳内压出驱动半轴。

（4）拆下防尘罩卡箍，卸掉传动轴端头卡簧。

（5）用轻金属锤或木锤将外等速万向节从轴上敲下，如图 21-2 所示。

（6）压出内等速万向节，如图 21-2 所示。

注意：

① 拆卸驱动半轴时轮毂绝对不能加热，否则会损坏车轮轴承，原则上应使用拉具。

② 拆掉驱动半轴，应装上一根连接轴来代替驱动半轴，防止移动卸掉驱动半轴的车辆时，损坏前轮轴承。

（7）按照拆卸相反的顺序安装万向节和传动轴。

注意：

① 因为万向节的球毂和球壳为选配件，所以拆装时左、右万向节零件不许互换。

② 安装外等速万向节时，应将卡环尽量压入槽底，以便顺利安装。

③ 驱动半轴与轮毂的固定螺母、内万向节的连接螺栓应按规定力矩拧紧。

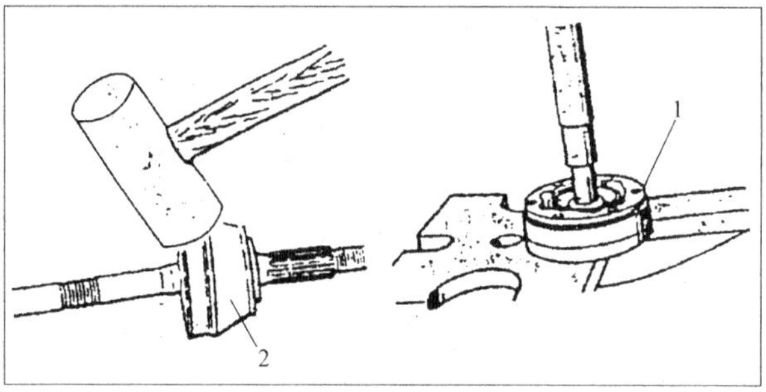

图 21-2　拆卸万向节总成

1—内等速万向节　2—外等速万向节

2. 外等速万向节的拆装（图 21-3a）

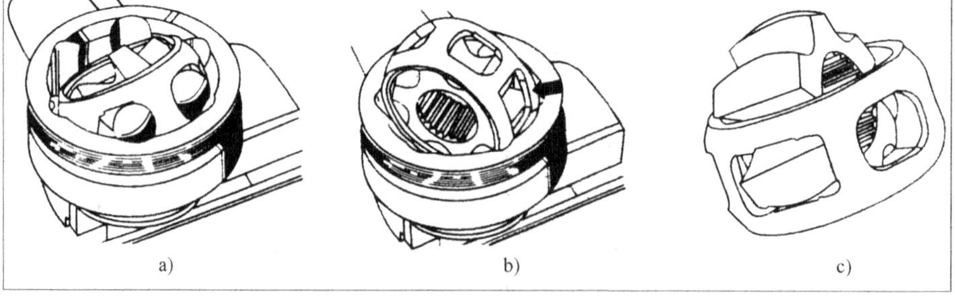

图 21-3　外等速万向节的拆装

a）外等速万向节　b）转动球保持架　c）把球毂的扇形片转到球保持架的长方形孔

（1）外等速万向节的拆卸。

1）拆开前，用电子划线器或滑石标出球毂与球保持架和壳体的相对位置。

2）转动球毂和球保持架。

3）将球逐个拆掉。每个万向节的6个球属于同一公差级别。

4）转动球保持架，直至两个长方形孔与壳体成一线，如图21-3b所示。

5）拆下带有毂的保持架。

6）把球毂的扇形片转到球保持架的长方形孔，如图21-3c所示。

7）把球毂从保持架上倾斜拿出。检查轴、毂、保持架及球是否有麻坑及发卡现象。如果万向节内的游隙过大，换档时能感到撞击作用，出现这种情况时必须更换万向节。

（2）外等速万向节的安装

1）向万向节内压入润滑脂，注入量约为总量（45g）的一半。

2）把带有毂的球保持架装入万向节，交替从侧面压入球，必须保证毂对保持架及对壳体的原始位置。

3）将新的开口弹性挡圈插入毂内。

4）向万向节内压入剩余的润滑脂。

3. 内等速万向节的拆装

（1）内等速万向节的拆卸（图21-4）

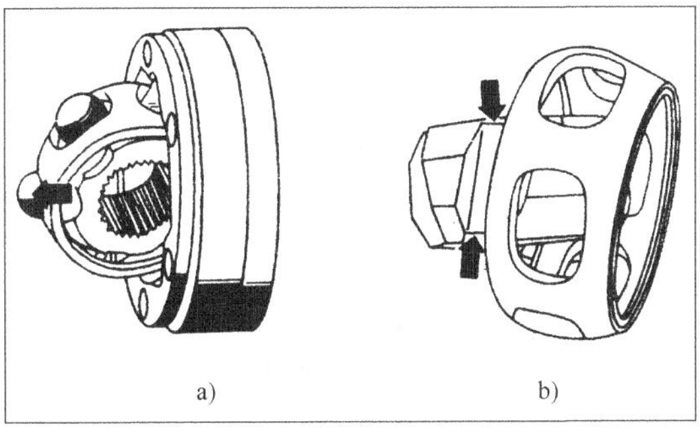

图21-4　内等速万向节的拆卸

a）转动毂和保持架　b）压出球毂

1）转动毂和保持架，检查万向节、毂、保持架及球是否有凹坑及发卡现象。如果万向节内的游隙过大，换档时能感到撞击作用，出现这种情况，必须更换万向节。

2）按图21-4a中箭头所示方向压万向节。

3）把球压出球保持架。按图21-4b箭头所示，通过球的运行轨道从保持架中压出球毂。

（2）内等速万向节的安装（图21-5a）

1）通过两个倒棱，将球毂插入球保持架，安装位置任意。注意壳体上的宽边 a 与毂上的窄边 b 必须对齐，如图21-5b所示。球毂内径（花键）上的凹槽必须面对万向节大直径端。

2）把球压入球保持架。改变毂的方向，就能把毂从球保持架上拿出来，如图21-4a中箭头所示。因此球与壳体的轨道将有一定的距离。

3）把毂、保持架、球垂直嵌入万向节。用力压球保持架，如图中21-5c箭头所示，就

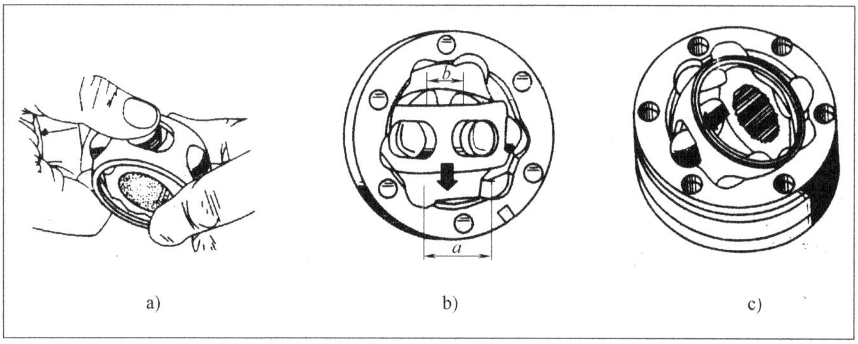

图 21-5　内等速万向节的安装

a）内等速万向节的安装　b）壳体上的宽边 a 与毂上的窄边 b 对齐　c）用力压球保持架

能把毂和球完全装进球毂。检查万向节的工作情况，如果用手沿轴向范围能将球毂装进或移除，则证明万向节装配正确。

注意：

① 按标记安装万向节球笼、球毂和球壳。

② 安装传力钢球时，应将球笼、球毂转到相应的位置，然后顺利装上全部钢球，不得硬装，以免损伤传力钢球和球笼。

21.2.3　EQ1090 汽车万向传动装置的认识

万向传动装置一般由万向节和传动轴组成。在变速器与驱动桥距离较远的车辆中，常将传动轴分成两段，采用三个万向节，并在中间传动轴后端加装中间支撑。EQ1090 型汽车万向传动装置采用上述形式，其传动装置如图 21-6 和图 21-7 所示。

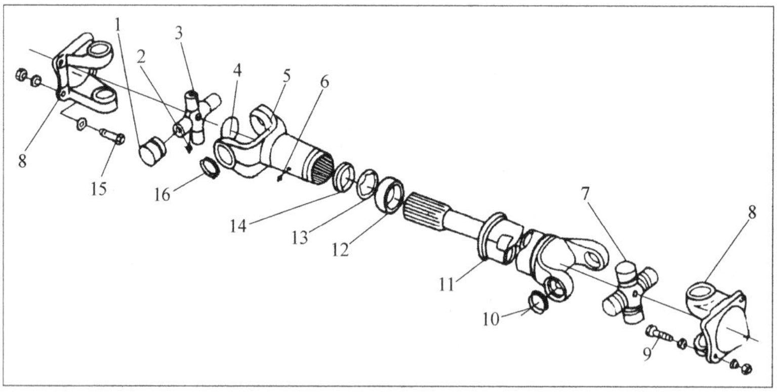

图 21-6　传动轴及套管叉总成

1—滚针轴承总成　2—十字轴润滑脂嘴　3—十字轴　4—塞片　5—万向节叉

6—润滑脂嘴　7—十字轴及滚针轴承总成　8—法兰叉　9、15—螺栓　10、16—孔用弹性挡圈

11—传动轴总成　12—油封盖　13—油封垫片　14—套管叉油封

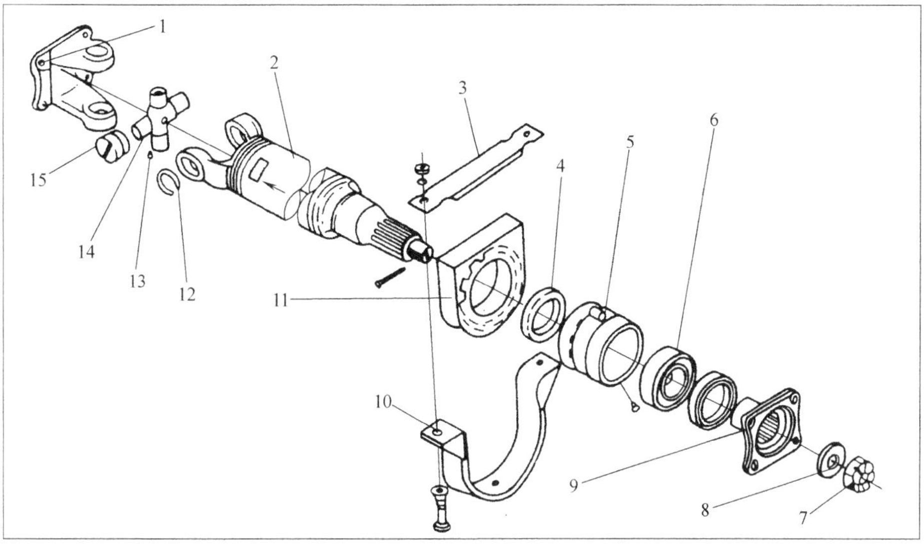

图 21-7　中间传动轴及中间支撑

1—法兰叉　2—中间传动轴（万向节叉、轴管、中间花键轴焊接总成）　3—上盖板　4—油封总成　5—轴承座　6—中间支撑总成　7—槽形螺母　8—垫圈　9—法兰　10—中间支撑支架　11—中间支撑橡胶垫环　12—孔用弹性挡圈　13—润滑脂嘴　14—十字轴　15—滚针轴承

在车辆上安装时，法兰叉用螺栓和驻车制动器制动鼓凸缘连接。中间传动轴后端的轴颈部分用来安装中间支撑并通过支架把中间传动轴悬挂在横梁下面，花键部分用来安装法兰，以便和后面的传动轴相连接。传动轴及万向节叉总成通过前后两端的法兰叉分别与中间传动轴后端的法兰及主减速器主动锥齿轮前端的法兰相连接。

21.2.4　EQ1090 汽车万向传动装置的拆装

1. EQ1090 汽车万向传动装置的拆卸

注意：万向传动装置拆卸之前，应仔细检查万向节、传动轴、滑动叉等处装配标记，若标记不清，应在拆卸之前重新做出。

（1）中间传动轴及中间支撑的拆卸。拆下开口销、槽形螺母（图 21-7）及垫圈、法兰（可用木槌轻击背面）、用顶拔器具从传动轴上拆下中间支撑总成、分解中间支撑。

（2）传动轴及万向节管叉总成的拆卸

1）松开油封盖（图 21-6），将传动轴从万向节管叉中拉出，从传动轴上取下油封、垫片、油封盖。

2）分解万向节：先用卡簧钳分别取出各万向节叉耳孔内的弹簧挡圈，再依次用木槌轻击万向节叉耳根部振出滚针轴承总成，即可分解万向节。

2. EQ1090 汽车万向传动装置的装复

注意：

① 为了保证变速器与后桥主动轴的等速要求，传动轴两端的万向节必须在同一平面内。

② 传动轴上的润滑脂嘴须在同一直线上，万向节上的润滑脂嘴应朝向传动轴。

③ 要求保持相互位置的零部件，应按原来的记号装复。

④ 传动轴连接螺栓不得用其他螺栓代替。

⑤ 各个活动部位应按规定进行润滑。

（1）中间传动轴与中间支撑的装配

1）装复万向节：按图 21-7 所示的装配关系，将十字轴的两端颈套入中间传动轴前端的万向节叉耳孔内，从耳孔两侧装入十字轴滚针轴承，用卡簧钳装入弹性挡圈，对准法兰叉与中间传动轴上的装配记号装复法兰叉。

2）安装中间支撑：先将轴承装入轴承座，在其两端压入油封，将装好的轴承座压入中间支撑橡胶垫环，再将装配好的中间支撑平稳地套在中间传动轴上（有润滑脂嘴的一面朝外），然后将法兰平稳地套在花键轴上（法兰上的螺栓孔应与法兰叉的螺栓孔对正），在法兰外端垫上垫板施以压力使中间支撑及法兰装复到位，套上垫圈，装上槽形螺母并拧紧，锁上开口销。

（2）传动轴与万向管叉总成的装配

1）按照图 21-6 所示的装配关系，先依次将油封盖、垫片、油封套在传动轴上，再对准万向管叉与传动轴上的装配记号将万向管叉套入传动轴的花键部分，然后装好油封及垫片，拧紧油封盖。

2）分别对准法兰叉与万向管叉、法兰叉（后端）与传动轴上的装配记号，十字轴润滑脂嘴朝向传动轴，参照上述万向节的装配步骤装复两端万向节，装复后，传动轴两端的万向节叉应位于同一平面。

21.3　常见车型的比较

万向传动装置类型与结构的比较见表 21-1。

表 21-1　万向传动装置类型与结构的比较

<table>
<tr><th colspan="3">万向节类型</th><th>特点与应用</th></tr>
<tr><td colspan="3">不等速刚性（十字轴式）</td><td>发动机前置后轮驱动的货车变速器与后驱动桥之间、越野车的分动器与前后驱动桥之间应用广泛，如东风、解放、北京切诺基等</td></tr>
<tr><td rowspan="2">准等速万向节</td><td colspan="2">双联式</td><td>多用于越野车上，如北京切诺基的前传动轴与分动器前输出轴</td></tr>
<tr><td colspan="2">三销轴式</td><td>越野车的前驱动桥，如 EQ2100E6D 和 EQ2102 型越野车的前转向驱动桥在转向节处均采用</td></tr>
<tr><td rowspan="6">等速万向节</td><td rowspan="2">球叉式</td><td>圆弧槽形滚道</td><td rowspan="2">圆弧槽形滚道万向节放在车轮处，直槽形滚道万向节放在主减速器处，一般应用于转向驱动桥</td></tr>
<tr><td>直槽形滚道</td></tr>
<tr><td rowspan="2">球笼式</td><td>固定型球笼（RF 节）</td><td rowspan="2">RF 节放在车轮处，VL 节放在主减速器处，应用广泛，如桑塔纳、夏利、捷达、宝来、奥迪、红旗系列轿车的前转向驱动桥</td></tr>
<tr><td>伸缩型球笼（VL 节）</td></tr>
<tr><td rowspan="2">三枢轴－球面滚轮式</td><td>固定型（GE 节）</td><td>GE 节放在车轮处，GⅠ节放在主减速器处，如富康和部分夏利轿车的前转向驱动桥</td></tr>
<tr><td>伸缩型（GI 节）</td><td>部分富康、部分夏利前转向桥的内侧（靠近主减速器）处采用具有一定伸缩量的 GI 节</td></tr>
</table>

项目二十二　后驱动桥的拆装与调整

22.1　实训目标和准备

项　目		要　点
目标	知识目标	理解后轮驱动汽车驱动桥的结构及动力传递情况
	技能目标	学会后轮驱动汽车驱动桥的拆装、检查、调整
设备和工具	整车 1 辆或汽车底盘 1 台，汽车视教台 1 台，底盘拆装工具和零部件盆各 1 套，清洗工具 1 套，多媒体设备 1 套	
实训安排	实训课时：6 学时 实训组织：每组 3 ~5 位同学，老师指导，学生动手操作	

22.2　实训内容、方法及注意事项

22.2.1　EQ1090E 后驱动桥的结构认识

1. EQ1090E 汽车后驱动桥的结构认识

图 22-1 为该总成的零件分解图。主减速器的减速传动机构为一对准双曲面齿轮，齿数为 18 和 7，传动比为 $i_0 = 38/6 = 6.33$。

2. EQ1090E 汽车后驱动桥的主要装配数据

EQ1090E 汽车后驱动桥的主要装配数据见表 22-1。

表 22-1　EQ1090E 汽车后驱动桥的主要装配数据

项　目	规　定　值	项　目	规　定　值
主动锥齿轮轴承预紧度	1 ~1.5N · m	差速器总成轴承盖螺栓	170N · m
从动锥齿轮轴承预紧度	1.5 ~2.5N · m	从动锥齿轮螺栓	400 ~500N · m
锥齿轮啮合间隙	0.15 ~0.40mm	减速器与桥壳连接螺栓	140 ~160N · m
差速器行星齿轮与轴的间隙	0.065 ~0.119mm	桥壳后盖紧固螺栓	90 ~100N · m
半轴齿轮轴承套与差速器壳的间隙	0.15 ~0.27mm	传动轴连接螺栓、螺母	90 ~110N · m
主动锥齿轮轴螺栓	200 ~250N · m	后桥半轴螺栓	70 ~100N · m
锁片螺栓	20 ~25N · m	后盖与桥壳连接螺栓	90 ~120N · m
连接法兰固定螺栓	400 ~500N · m	半轴螺栓、螺母	70 ~95N · m
主动锥齿轮法兰锁紧螺母	350 ~500N · m	油平面螺塞和放油螺塞	130 ~150N · m
差速器壳紧固螺栓	100 ~180N · m		

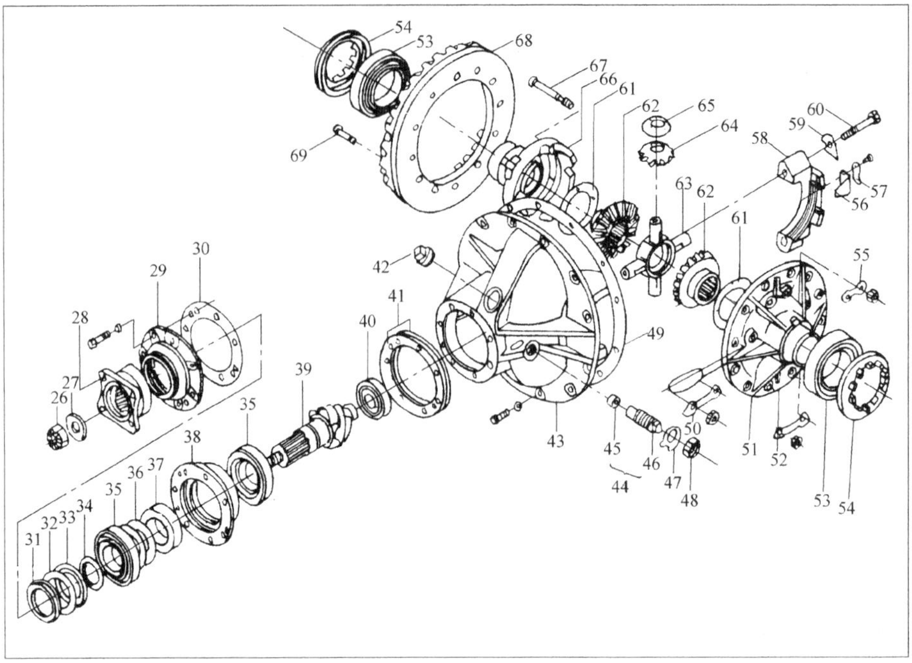

图 22-1　EQ1090E 型汽车后驱动桥单级主减速器及差速器总成

26—槽形螺母　27—垫圈　28—叉形法兰　29—油封座　30—油封座垫圈　31—主动齿轮外油道　32—油封导向环　33—主动齿轮内油封　34—止推垫片　35—主动齿轮前轴承　36、41—调整垫片　37—隔套　38—前轴承座　39—主动锥齿轮　40—主动齿轮后轴承　42—螺塞　43—主减速器壳　44—从动锥齿轮支撑套总成　45—支撑套　46—支撑螺栓　47、50、52、55、59—锁片　48—螺母　49—主减速器壳垫片　51—差速器左壳　53—差速器轴承　54—轴承调整螺母　56—轴承盖锁片　57—垫片　58—差速器轴承盖　60—差速器轴承盖螺栓　61—半轴齿轮推力垫片　62—半轴齿轮　63—行星轮轴（十字轴）　64—行星轮　65—行星轮垫片　66—差速器右壳　67—左右差速器紧固螺栓　68—从动锥齿轮　69—从动齿轮固定螺栓

22.2.2　EQ1090E 后驱动桥的车上拆装

1. EQ1090E 后驱动桥的车上拆卸

（1）用举升机将车举起，用止动块塞好前后车轮，放尽齿轮油。

（2）从连接法兰上拆除传动轴。

（3）拆除左右半轴。

（4）使用水平滑车或千斤顶拆下主减速器和差速器总成。

2. EQ1090E 后驱动桥的车上安装

（1）安装前，在桥壳凸缘面上涂密封胶（涂胶不应有中断点，以免影响密封性）。

（2）将主减速器和差速器总成装入桥壳中，按表 22-1 中的规定力矩拧紧减速器壳与桥壳连接螺栓。

注意：装配时不能用铁锤敲打，不能使油封骨架的任何一处产生变形，如有变形，应更换，装配后在油封刃口涂一层润滑脂。

（3）依次装上半轴油封、半轴及半轴密封垫，按表22-1中规定力矩拧紧半轴螺栓。

（4）在桥壳中注入11.5～12L的GL-5准双曲面齿轮油。

注意：不能加注质量差的齿轮油，更不能加注普通齿轮油，否则将会引起齿面的迅速擦伤和磨损。

22.2.3　EQ1090后驱动桥的分解与组装

1. 分解主减速器和差速器总成

（1）拆下差速器组件

1）在主减速器轴承盖和减速器壳之间作标记（因为减速器轴承盖与减速器壳是合件加工的，左右轴承盖不能互换）。

2）拆下调整螺母锁片。

3）拆下轴承盖螺栓，拆下轴承盖。

4）如图22-2所示，用差速器扳手取下调整螺母和轴承外圈。

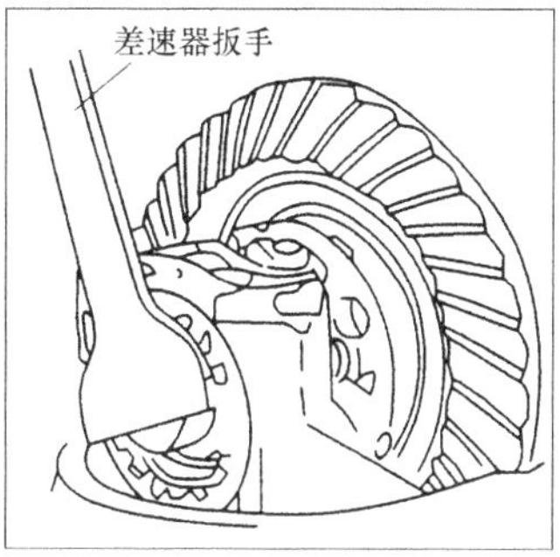

图22-2　拆调整螺母

5）将差速器组件拆下。

注意：拆下左右轴承盖、轴承外圈、调整螺母放在各自的位置。

（2）分解差速器组件

1）分解前以390～540N·m的力矩拧紧大螺母，再用力推拉凸缘，若感觉有轴向间隙，则说明滚锥轴承已失去预紧力。

2）拆下差速器壳上的从动锥齿轮。

3）在差速器左右半壳上作记号。

4）松开差速器壳螺母，分解开差速器。

5）拆下行星齿轮和半轴齿轮。

（3）拆下主动锥齿轮轴组件

1）拆下轴承座螺栓。

2）将轴承座顺时针旋转45°，插入两个轴承座螺栓，向拧紧的方向旋转轴承座螺栓，直到能将轴承座和带主动锥齿轮的轴拆下。

（4）分解主动锥齿轮组件

1）拆下叉形法兰锁紧螺母和垫片。

2）拆下油封和油封盖。

3）拆下轴承座、轴承外圈、调整垫片和前外轴承。

4）观察主动锥齿轮的支撑形式、齿形、齿数、轴承的安装部位及润滑油路。

2. 清洗、检测

（1）清洗各零部件。

注意：橡胶件不可用矿物油清洗，应用乙醇清洗。

（2）如图22-3所示，测量差速器齿轮的齿侧间隙，测量时，需将十字轴压紧在差速器壳上。

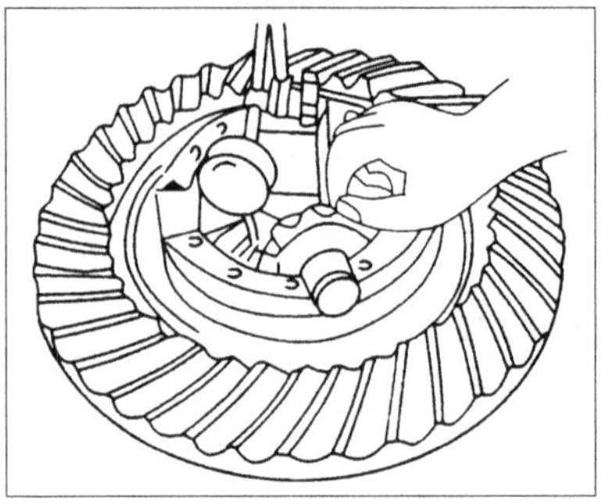

图 22-3　测量差速器齿轮的齿侧间隙

（3）测量行星齿轮和半轴齿轮支撑垫片的厚度。

（4）如图 22-4 所示，测量十字轴与行星轮孔的配合间隙，测量半轴齿轮的轴颈与差速器左右壳孔的配合间隙。

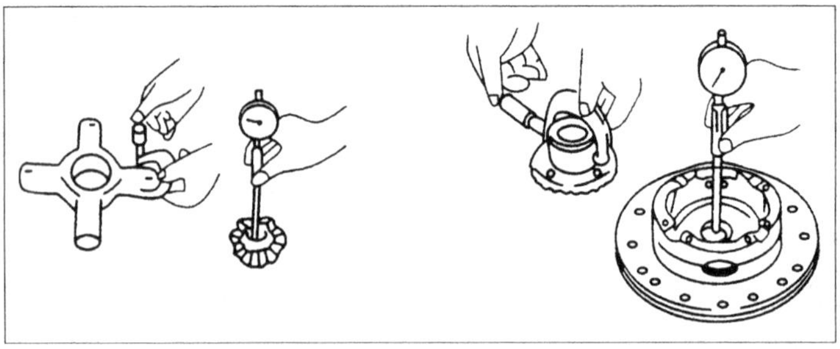

图 22-4　测量十字轴与行星轮

（5）测得值与表 22-1 中的值比较，决定是否更换或修理。

3. 组装主动锥齿轮组件

（1）将主动锥齿轮前轴承总成的外圈压入轴承座，后排轴承内圈装于主动锥齿轮，装上隔套和调整垫片。

（2）将主动锥齿轮装入轴承座，并放入轴承总成的前排轴承内圈。

（3）装上主减速器壳上的后圆柱滚子轴承，然后装上弹性挡圈，装上主动齿轮法兰和平垫圈，并以表 22-1 中规定的力矩拧紧大螺母。

（4）将轴承座固定在台虎钳上，如图 22-5 所示，用弹簧秤勾住法兰上的孔，测量轴承的转动力。如果预紧力值不符合表 22-1 中规定的范围，则拆卸，更换垫片的厚度，然后再

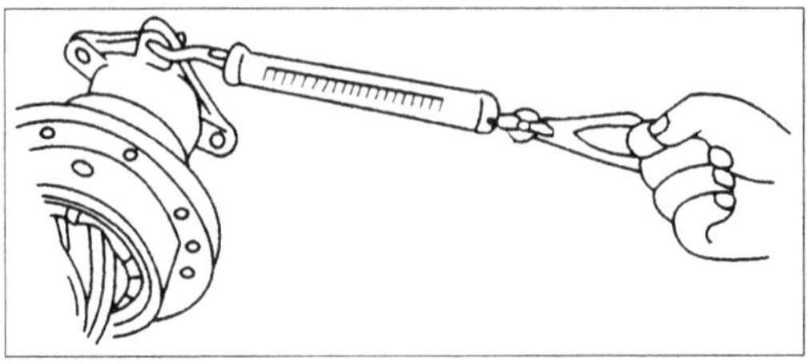

图 22-5　检查轴承预紧度

测量其轴承预紧度，直到符合标准位置。

（5）预紧力调整好后，拆下螺母、垫片和法兰，将油封装入轴承座中，并在油封刃口上涂一层润滑油。

注意：不能用铁锤敲打，要保证油封骨架的任何一处都不产生变形，如有变形，应更换油封。

（6）装上法兰、O 形密封圈和平垫圈，拧上槽形螺母，并按照表 22-1 中的规定力矩拧紧。

（7）穿上开口销锁住螺母。如果槽和孔没有对准，将螺母再稍稍拧紧到槽与最近的孔对准位置。再测量实际的轴承预紧力，将测得值与表 22-1 中包括油封阻力的值相对比。

4. 组装差速器组件

（1）将差速器轴承的内圈压入差速器左右半壳。

（2）将从动锥齿轮装在差速器左壳上，拧上螺栓（拧入前在螺纹表面涂一层螺纹密封胶），然后按表 22-1 中的规定力矩拧紧螺栓。

（3）将半轴齿轮和支撑垫片装入差速器壳中，将行星轮及支撑垫片装在十字轴上，然后将十字轴总成装入差速器壳中。

（4）将半轴齿轮和支撑垫片放在行星轮上，盖上差速器右壳。

注意：对准左右半壳上的标记。

（5）拧上差速器壳螺栓，拧入前在螺纹表面涂一层螺纹固定胶，然后按照表 22-1 中规定的力矩拧紧螺栓。

5. 装配主减速器和差速器总成

（1）装配主动锥齿轮组件

1）在主减速器壳体上的主动锥齿轮轴承座外圈上装上调整垫片和 O 形密封圈。

注意：安装时要注意对准油孔。

2）在主减速器壳上的圆柱滚子轴承上涂抹润滑脂，使滚子定位在轴承外圈上。

3）将两个主动锥齿轮轴的轴承座螺栓插入螺栓孔，找好油孔的位置将其安装到主减速器壳上。

4）安装其他螺栓，按照表 22-1 中规定的力矩紧固轴承座螺栓。

（2）装配差速器组件

1）由两位学生用撬棒将差速器组件抬到主减速器的位置上，对正。

2）安装轴承外圈和调整螺母（注意对正）。

3）对准标记，安装轴承盖，按表 22-1 中规定的力矩暂时拧紧螺栓。

注意：在紧固轴承盖螺栓的同时，要随时转动从动锥齿轮，注意检查主、从动锥齿轮的轮齿有无顶死现象，以免损坏齿轮。

（3）检查、调整差速器组件轴承预紧度

1）检查。用弹簧秤勾住从动锥齿轮，沿切线方向轻轻拉，测量轴承的预紧度，并与表 22-1 中的数据比较。

2）调整。如果不符合标准，将轴承盖紧固螺栓拧松，旋转两侧的轴承调整螺母。如果预紧度过大，说明太紧，应该松动调整螺母；如果预紧度过小，说明太松，应该紧固调整螺母。反复检查调整，直至轴承预紧力符合表 22-1 中的规定值。

（4）检查、调整主、从动锥齿轮的啮合间隙

1）检查。如图 22-6 所示，将磁力表座固定在主减速器壳上，百分表的表头垂直于从动锥齿轮大端齿面。

先用手向一个方向转动从动锥齿轮使之与主动锥齿轮接触，将表针对准零，然后再向另一方向转动从动锥齿轮，感觉到与主动锥齿轮接触时，读取表上读数。在沿圆周分布不少于 4 个位置上测量，计算其平均值并与表 22-1 中的值对照。

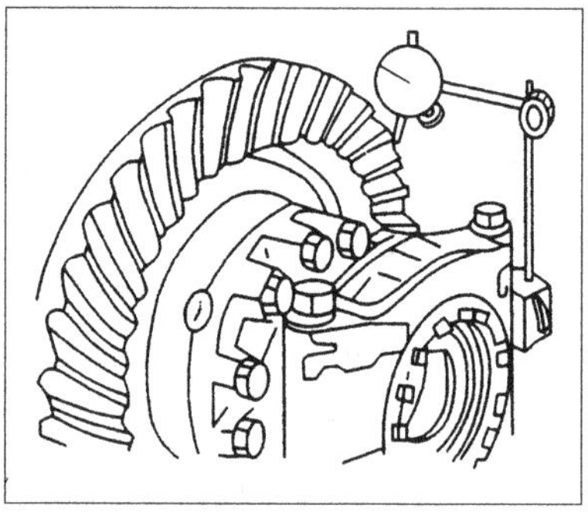

图 22-6　检查主、从动齿轮啮合间隙

2）调整。如果啮合间隙不符合规定，拧动轴承调整螺母 2（图 22-1），以改变从动锥齿轮的位置。若间隙大于规定值（表 22-1），应使从动锥齿轮靠近主动锥齿轮，反之，则离开。为保持已调好的差速器圆锥滚子轴承预紧度不变，一端调整螺母拧入的圈数等于另一端调整螺母拧入的圈数。

（5）检查、调整啮合印痕

1）检查。在从动锥齿轮相邻 120°三处，每处取 2 ~3 个轮齿涂以红色颜料（红丹粉与机油的混合物，要涂得匀而薄），反复转动从动锥齿轮，使有红色颜料的齿面与主动锥齿轮多次接触，然后检查轮齿的啮合印痕。正确的啮合印痕如图 22-7 所示，应占齿全长的 60%以上，即 25 ~30mm，位置略偏小端，距离为 3 ~5mm，印痕宽为 7 ~9mm，距齿顶为 0. 8 ~2mm。

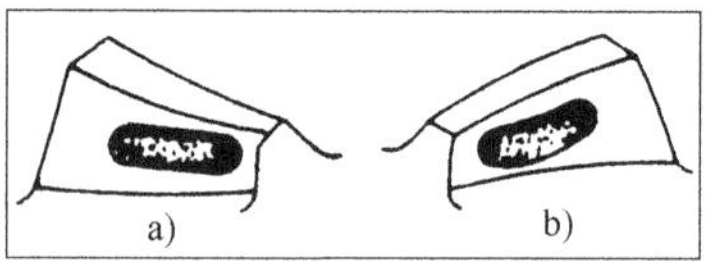

图 22-7　正确的啮合印痕

2）调整。如果啮合印痕位置不正确，应增减调整垫片 9（图 22-1）的厚度，从而移动主动锥齿轮与从动锥齿轮的相互位置来进行调整。增加调整垫片 9 的厚度，主动锥齿轮后移；减小调整垫片 9 的厚度，主动锥齿轮前移。

调整好啮合印痕后，再如上步骤（5）中所述检查啮合间隙，这样反复进行，直到符合要求。

注意：啮合间隙和啮合印痕调整时，应以啮合印痕为主，在满足印痕的条件下，可将间隙适当放大。因为啮合印痕是为了保证传动过程中的受力要求，而间隙主要影响速度变化时的冲击响声。

最后，按表 22-1 中的规定力矩拧紧差速器轴承盖螺栓，装上锁片，锁片的脚要卡在调整螺母的槽中。

22.3　常见车型的比较

主减速器类型与结构的比较见表22-2。CA1091双级主减速器驱动桥与EQ1090E单级主减速器驱动桥的比较见表22-3。

表22-2　主减速器类型与结构的比较

类　型		应　用
单级主减速器		很多轻、中型货车都采用，如EQ1090E货车
双级主减速器		CA1091货车：整体式双级主减速器（表22-3）
		斯太尔重型载货汽车：采用轮边减速器一级主减速器同单级主减速器，二级主减速器安装在两侧驱动轮的近旁，是行星齿轮机构
差速器	普通锥齿轮	广泛应用（CA1091、EQ1090E、奥迪100、捷达、红旗等
限滑差速器	转矩式	在通用、福特、克莱斯勒系列车型中（锥盘式） 大众高尔夫轿车（摩擦片自锁式）
	转矩敏感式	高尔夫—辛克罗轿车前后驱动桥间
	托森	奥迪系列轿车前后驱动桥间

表22-3　单级主减速器驱动桥与双级的比较

项　目	EQ1090E（图22-1）	CA1091（图22-8）
结构	主减速器：单级、准双曲面齿轮 主减速器输入轴：跨置式支撑	主减速器：双级、普通曲面齿轮 主减速器输入轴：悬臂式支撑
拆卸	先拆主动锥齿轮轴组件或差速器组件均可	先拆主动锥齿轮轴组件或差速器组件，后拆中间轴组件
装配、检查、调整	①组装主动锥齿轮轴组件，检查轴承预紧度，不符合标准，进行调整（增减垫片14），之后将其安装到驱动桥壳上 ②组装差速器壳组件，并将其安装到驱动桥壳上，检查调整轴承预紧度（拧动轴承调整螺母2） ③检查调整齿轮啮合间隙（拧动轴承调整螺母2） ④检查调整啮合印痕（增减垫片9）	①组装中间轴组件，并将其安装到驱动桥壳上，检查调整轴承预紧度（增减垫片6和13） ②组装主动锥齿轮轴组件，检查轴承预紧度（同EQ1090E），不符合标准，进行调整（增减垫片8），之后将其安装到驱动桥壳上 ③检查第一级锥齿轮啮合间隙和啮合印痕（同EQ1090E），调整是通过增减调整垫片7和增减调整垫片6和13来进行 ④组装差速器壳组件，并将其安装到驱动桥壳上，检查调整轴承预紧度（同EQ1090E，拧动轴承调整螺母3） ⑤检查第二级圆柱齿轮啮合间隙和啮合印痕，方法是观察两齿轮轮齿的对中情况，如果不符合规定，则拧动轴承调整螺母3，改变第二级从动齿轮1的位置来进行

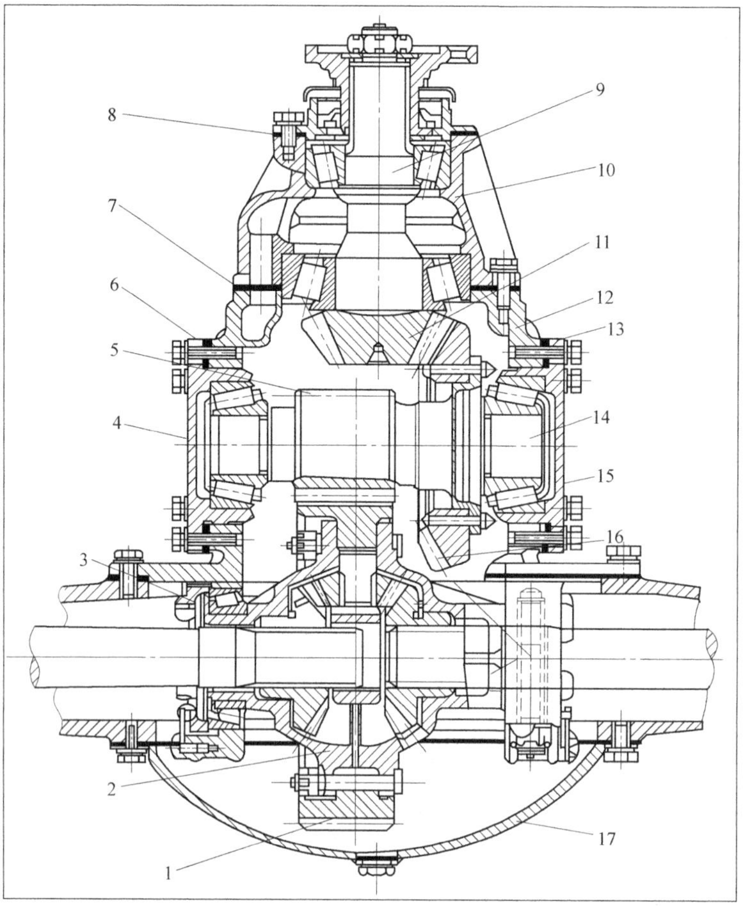

图 22-8　CA1091 双级主减速器及差速器

1—第二级从动齿轮　2—差速器壳　3—调整螺母　4、15—轴承盖　5—第二级主动齿轮　6、7、8、13—调整垫片　9—第一级主动齿轮轴　10—轴承座　11—第一级主动齿轮　12—主减速器壳　14—中间轴　16—第一级从动锥齿轮　17—后盖

实训单元 11　汽车行驶系统拆装实训

项目二十三　车桥与悬架的拆装与检查

23.1　实训目标和准备

项　目		要　点
目标	知识目标	理解前桥与前悬架、后桥与后悬架的结构形式及工作情况
	技能目标	学会前桥与前悬架、后桥与后悬架的拆装方法
设备和工具	桑塔纳 2000 轿车 1 辆或底盘 1 台，前后桥与悬架台架 1 套，底盘拆装工具 1 套，多媒体设备 1 套	
实训安排	实训课时：2 学时 实训组织：每组 3 ~5 位同学，老师指导，学生动手操作	

23.2　实训内容、方法及注意事项

23.2.1　桑塔纳轿车前桥与前悬架的结构认识

桑塔纳 2000 轿车前桥（图 23-1）为转向驱动桥，由麦弗逊式独立悬架总成（双向筒式

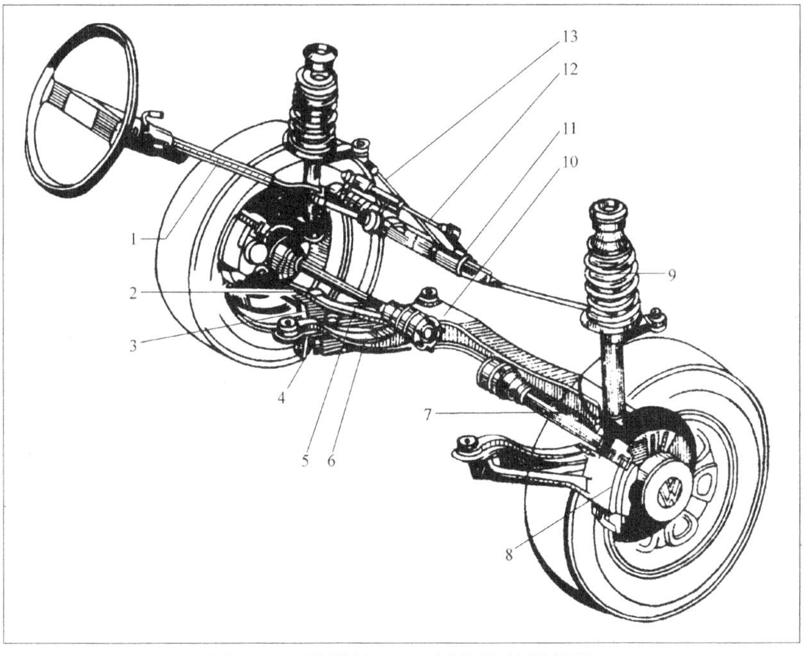

图 23-1　桑塔纳 2000 轿车前桥结构图

1—安全型转向柱　2—车轮与下悬臂的连接螺栓　3—下摇臂　4—下摇臂橡胶轴承　5—稳定杆　6—副车架　7—驱动半轴（传动轴）　8—前轮制动钳　9—减振支柱　10—副车架前橡胶支撑　11—齿条式转向装置　12—转向减振器　13—横拉杆（可调整）

减振器、螺旋弹簧、下摆臂)、等速万向节与传动轴、副车架、横向稳定杆等组成。

前悬架（图 23-2）上端通过减振器支柱座与车身连接，下端与转向节相连。下摆臂的内端通过铰链与车身相连，其外端通过球销接头与转向节相连。

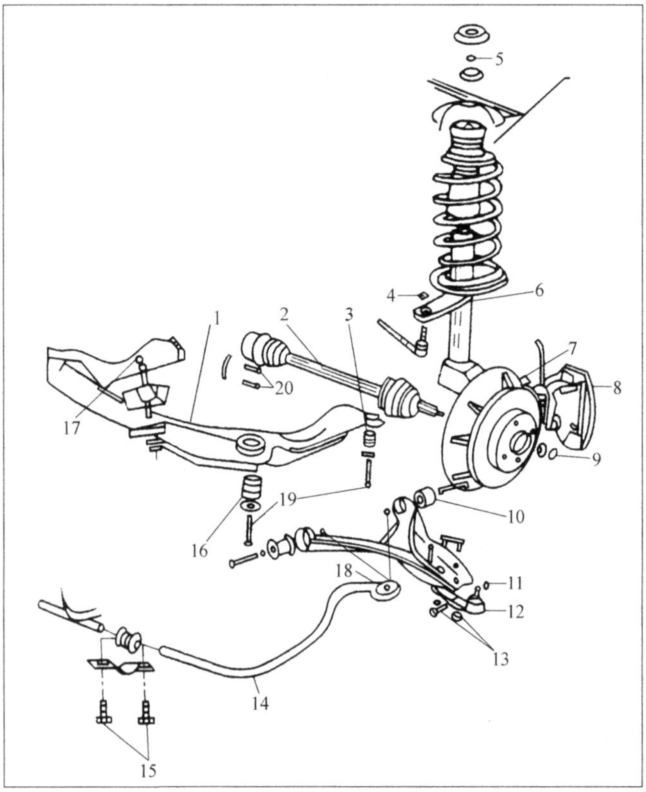

图 23-2　桑塔纳 2000 前桥及前悬架分解图

1—副车架　2—驱动半轴（传动轴）　3—副车架后橡胶支撑　4—螺母（30N · m）　5、18—自锁螺母（60N · m）　6—减振器支柱　7、19—螺栓（70N · m）　8—制动钳　9—紧固螺母（230N · m）　10—下摇臂下支座　11—自锁螺母（50N · m）　12—球头销　13—自锁螺母（65N · m）　14—横向稳定杆　15—螺栓（25N · m）　16—副车架前橡胶支撑　17—自锁螺母（40N · m）　20—螺栓

副车架由钢板冲压成形，上下两片点焊成封闭箱形断面结构。发动机总成通过支撑橡胶安装在副车架上。下摆臂安装球销座的长孔用来调整车轮外倾角。横向稳定杆通过四个橡胶支撑分别和副车架和下摆臂固定，用来保证车辆的稳定转向和减少车身的侧倾。

23. 2. 2　桑塔纳轿车前桥与前悬架的拆装

1. 前桥及前悬架的拆装

桑塔纳 2000 系列轿车前桥及前悬架分解图如图 23-2 所示。拆装步骤如下：

（1）车轮着地，取下车轮装饰罩，旋下轮毂与传动轴的紧固螺母 9，拆下垫圈，旋下车轮紧固螺母（110N · m），拆下车轮。

（2）旋下制动钳紧固螺栓 7，取下制动盘。

（3）取下制动软管支架，并用铁丝将制动钳固定在车身上。拆下球头销紧固螺栓。

注意：不要损坏制动软管。

（4）压下转向横拉杆接头（图 23-3），取下螺母 4（图 23-2）。拧下横向稳定杆的紧固螺栓 15（图 23-2）。拧下传动轴（VL 节）与轮毂的固定螺母，拧下传动轴凸缘上的紧固螺栓（图 23-4 中箭头所示）。

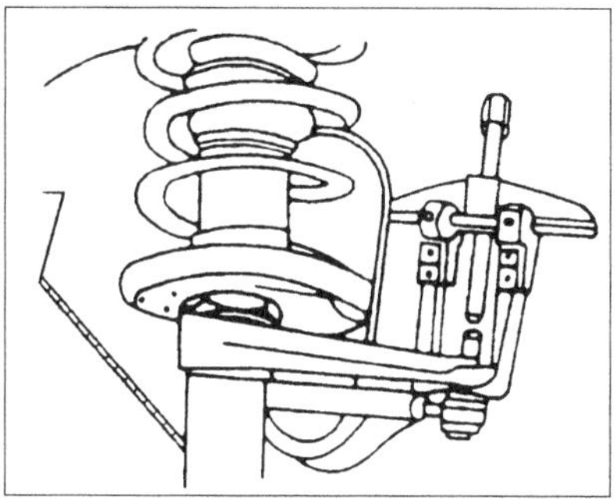

图 23-3　压下转向横拉杆接头

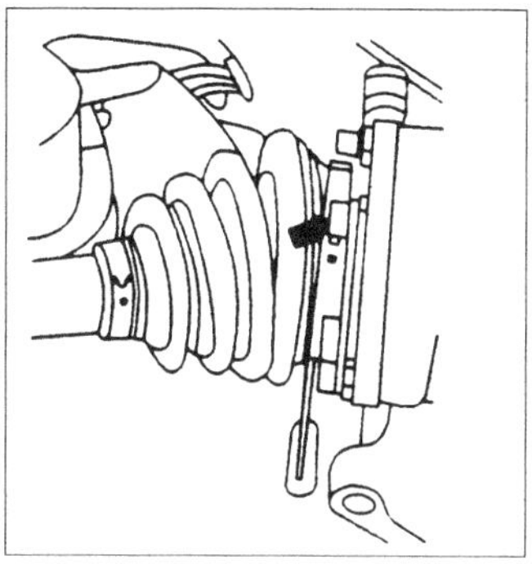

图 23-4　拧下传动轴凸缘上的紧固螺栓

（5）向下掀压前悬架下摇臂，从车轮轴承壳内拉出传动轴；或利用两个固定车轮凸缘上的螺孔，将压力装置 V. A. G1389 固定在轮毂上，用液压装置从轮毂中拉出传动轴（图 23-5）。拆下传动轴后，拆下压力装置。

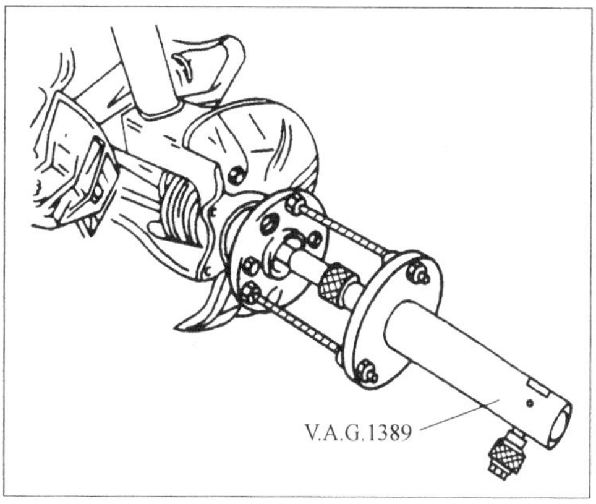

图 23-5　拉出传动轴

（6）拆掉压力装置，取下减振器盖子，支撑减振器支柱下部或者沿反方向固定。用内六角扳手阻止活塞杆的转动，旋下活塞杆的螺母 5（图 23-2）。取下前悬架总成。

（7）用专用工具压住前悬架弹簧座圈，压缩压紧弹簧（图 23-6）。

（8）用扳手 A 阻止活塞杆的转动，松开槽形螺母，放松弹簧，拆卸减振器（图 23-7）。

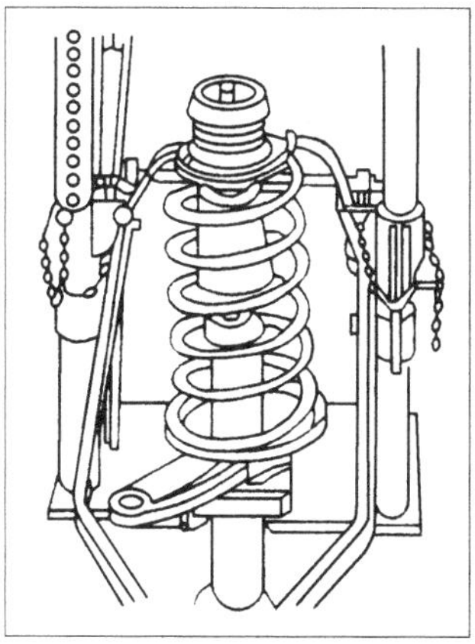

图 23-6　用专用工具压缩弹簧

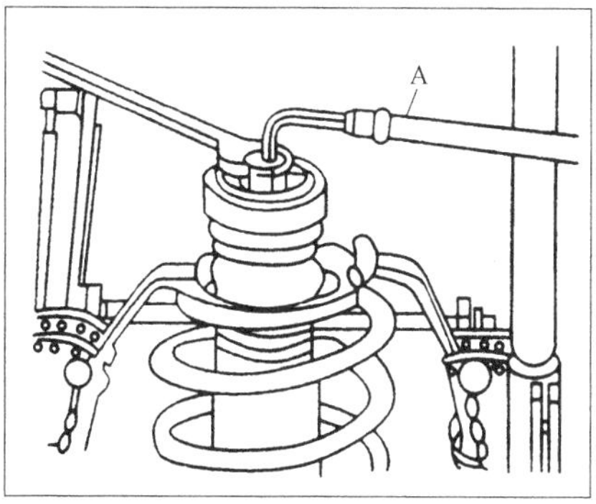

图 23-7　松开槽形螺母

（9）按照拆卸相反的顺序安装前悬架总成。

注意：

① 不允许对前悬架总成进行焊接或整形处理，不合格的零部件总成应进行更换。

② 安装传动轴时，应擦净传动轴与花键齿面上的油污，去除防护剂的残留物。在外万向节（RF 节）花键齿面上涂一圈 5mm 宽的防护剂 D6，然后进行传动轴装配。涂防护剂 D6 的传动轴安装后应停车 60min，然后才可使用。

③ 所有螺栓和螺母应按规定力矩拧紧。所有自锁螺母，必须更换新件。

2. 传动轴（半轴）总成的拆装

桑塔纳 2000 轿车采用前轮驱动等速万向节传动轴。等速万向节为球笼式万向节，由 RF、VL 等速万向节和花键驱动轴组成，传动轴（半轴）总成的分解图如图 23-1 所示。拆装步骤如下：

（1）在车轮着地时，拧下传动轴与轮毂的固定螺母。

（2）拧下传动轴凸缘上的紧固螺栓（图 23-4 中的箭头），将传动轴与凸缘分开。

（3）从车轮轴承壳内拉出传动轴。

注意：

① 拆卸传动轴时，轮毂绝对不能加热，否则会损坏车轮轴承，原则上要使用拉具。

② 拆掉传动轴后，应装上一根连接轴来代替传动轴，防止移动卸掉传动轴的车辆时，损坏前轮轴承总成。

（4）按照拆卸相反的顺序安装传动轴（半轴）总成。

注意：

① 擦净传动轴和花键上的油污，涂上锂基润滑脂。

② 在外万向节（RF 节）的花键上涂一圈 5mm 的防护剂 D6，然后装上传动轴花键套，进行传动轴装配。涂防护剂 D6 的传动轴安装后应停车 60min，然后才可使用。

③在安装球头销时，不能损坏波纹管护套。

④车轮着地后，拧紧轮毂固定螺母。

⑤必要时检查前轮外倾角。

3. 副车架、下摇臂和横向稳定杆的拆装

（1）在图 23-2 中，拧下副车架与车身固定的前支撑橡胶垫螺栓 19，拆下副车架下摇臂与横向稳定杆组合件。

（2）拧松下摇臂与副车架连接橡胶轴承的连接螺栓的自锁螺母 18，拆卸下摇臂。

（3）拧松横向稳定杆与下摇臂连接螺栓的紧固螺母，并且拆下固定在副车架上的支架螺栓 15，拆下横向稳定杆。

（4）用专用工具压出副车架前后 4 个橡胶支撑。

（5）用专用工具压出下摇臂两端的橡胶轴承。

（6）按照拆卸时相反的顺序安装副车架、下摇臂和横向稳定器。

注意：

① 横向稳定杆的正确位置是弯管向下弯曲。

② 安装之后，发动机悬架内部和副车架内部必须进行防腐处理。如果要装一个新的副车架，在新副车架内部必须用防护蜡进行处理。

③ 副车架安装固定在车身上，其固定螺栓按车辆行驶方向拧紧顺序为后左、后右、前左、前右，拧紧力矩为70N·m。

④ 所有螺栓和螺母应按规定力矩拧紧。

⑤ 所有自锁螺栓（螺母），必须更换新件。

23.2.3　桑塔纳轿车后桥与后悬架的结构认识

后桥为支持桥（图23-8），采用纵臂扭转梁式独立悬架。

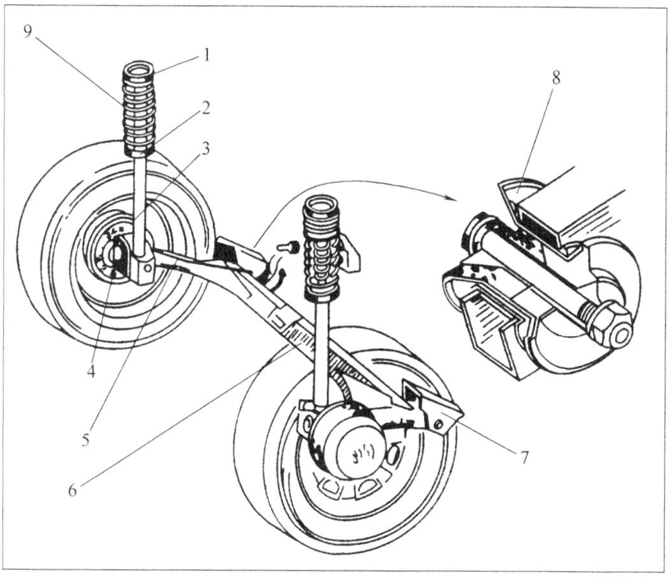

图23-8　后桥和后悬架结构示意图

1—弹簧上座　2—弹簧下座　3—减振器　4—轮毂　5—纵臂　6—后轴体
7—后轴体支架　8—橡胶金属支撑　9—螺旋弹簧

23.2.4　桑塔纳轿车后桥与后悬架的拆装

桑塔纳轿车的后桥采用单纵臂式独立悬架，其分解图如图23-9所示。拆装步骤如下：

（1）将驻车制动拉索从拉杆上吊出，必要时脱开制动蹄。分开桥梁上的制动软管。松开车身上的支撑座，仅留1个螺母支撑。

（2）拆下排气管吊环。用专用工具撑住后桥横梁。

（3）从车厢内取下减振器盖板，从车身上拧下支撑杆座螺母。拆卸车身上的整个轴承支架。

（4）慢慢升起车辆，将驻车制动拉索从排气管上拉出。

（5）将后桥及悬架从车身底下移出，将后悬架与后桥分解。

说明：

也可先在车上拆下悬架后再取下后桥。

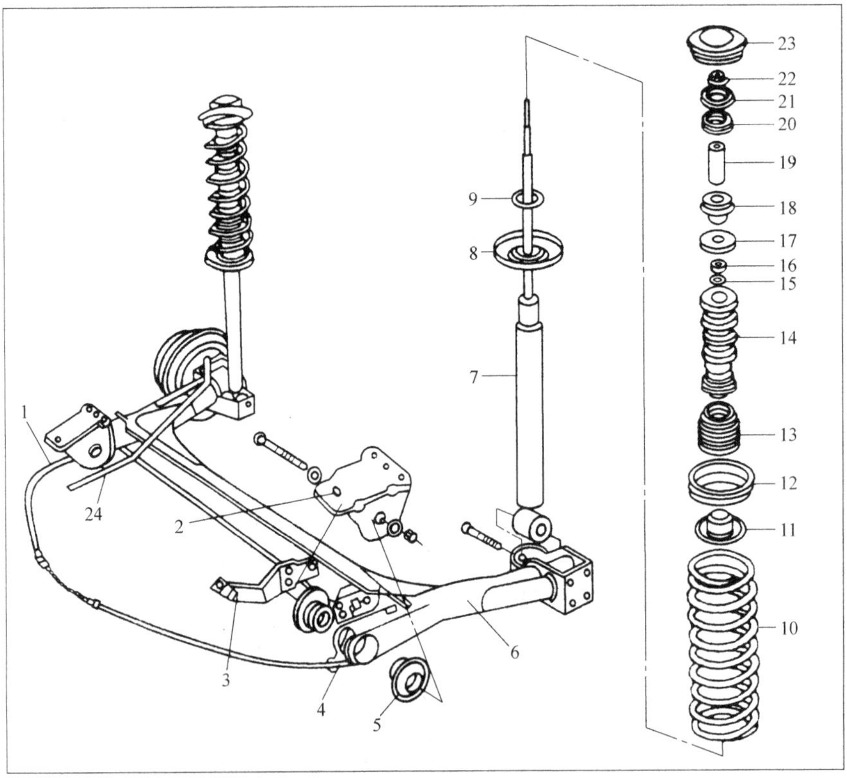

图 23-9　后桥和后悬架的分解图

1—驻车制动钢丝套管（固定弹簧钩在车身上）　2—支撑座　3—调节弹簧支架　4—驻车制动钢丝绳支架　5—橡胶金属支撑　6—后悬架臂　7—减振器　8—下弹簧座圈　9、17—垫圈　10— 螺旋弹簧　11—护盖　12—上弹簧座　13—波纹橡胶管　14—缓冲块　15—卡簧　16—隔圈　18—下轴承环（橡胶件）　19—隔套　20—上轴承环　21—衬盘（隔圈）　22—自锁螺母（35N · m）　23—塞盖　24—制动管和制动软管

（6）后桥及后悬架的安装按照与拆卸相反的顺序进行。

注意：

① 横梁必须平放，车身与横梁的夹角应为 17° ±2°。

② 橡胶金属支撑座与后桥桥梁成 18° ±1°。

③ 各部件之间的拧紧力矩应符合规定（表 23-1）。

④ 自锁螺母必须更换新件。

表 23-1　后桥及后悬架螺栓拧紧力矩　　（单位：N · m）

项　目	力　矩	项　目	力　矩
减振器下端至后桥固定螺栓	70	橡胶金属支撑固定螺栓	70
减振器上端至车身固定螺栓	35	制动底板固定螺栓	60
支撑座与车身固定螺栓	45	车轮固定螺栓	90

23.3 常见车型的比较

车桥与悬架类型、结构的比较见表23-2。

表 23-2　车桥与悬架类型、结构的比较

类型		应用
非独立悬架	纵置板簧式	EQ1108G 系列汽车、南京依维柯轻型货车、CA1091 型货车的前后悬架
	螺旋弹簧式	CA7220 型系列轿车、奥迪 100 型轿车的后悬架
	空气弹簧式	大、中型客车
	油气弹簧式	大吨位矿用自卸车
独立悬架	不等长双横臂式	法拉利跑车、奔驰轿车、奥迪 A4 轿车、CA7560 轿车、南京依维柯轻型货车（采用扭杆弹簧）
	单纵臂式	富康的后悬架，桑塔纳、捷达轿车的后悬架
	麦弗逊式	桑塔纳、高尔夫、奥迪 100、CA7220、富康轿车的前悬架
电控悬架	主动悬架	三菱 GALANT、奥迪 A8 轿车的 A-ECS：自动地控制车身高度、行驶姿势和悬架的阻尼特性。主要由空气弹簧、普通螺旋弹簧、ECU、车速传感器、G 传感器、转角传感器、节气门位置传感器、高度传感器、阻尼力转换执行器、电磁阀、空气压缩机、储气筒、空气管路和继电器等组成
	半主动悬架	丰田汽车的 TEMS：可控制减振器的阻尼力和横向稳定杆的刚度。主要由模式选择开关、ECU、可调节阻尼力的减振器、转换阻尼力的执行器、车速传感器、转向盘转角传感器、节气门位置传感器、制动灯开关、空档启动开关等部件组成

项目二十四　车轮、轮胎拆装与维护

24.1　实训目标和准备

项　　目		要　　点
目标	知识目标	理解车轮、轮胎的结构 了解轮胎的使用和维护方法
	技能目标	学会车轮、轮胎的拆装，轮胎动平衡调整，轮胎充气
设备和工具	整车 1 辆或汽车底盘 1 台，轮胎拆装机、动平衡机各 1 台，空气压缩机 1 台，汽车车轮拆装工具、零部件盘、轮胎气压表各 1 套，汽车视教台 1 台，多媒体设备 1 套	
实训安排	实训课时：2 学时 实训组织：每组 3 ~ 5 位同学，老师指导，学生动手操作	

24.2　实训内容、方法及注意事项

24.2.1　轮胎结构的认识

车轮总成主要由车轮和轮胎两大部分组成，车轮由轮毂、轮辋和轮辐组成。桑塔纳 2000 系列轿车采用 14in（35.6cm）车轮总成，一件式、深槽式、铝合金（或钢制）轮辋，无内胎子午线轮胎，其型号为 195/60R 14 85H。

24.2.2　车轮总成的拆装

桑塔纳 2000 轿车车轮总成如图 24-1 所示。

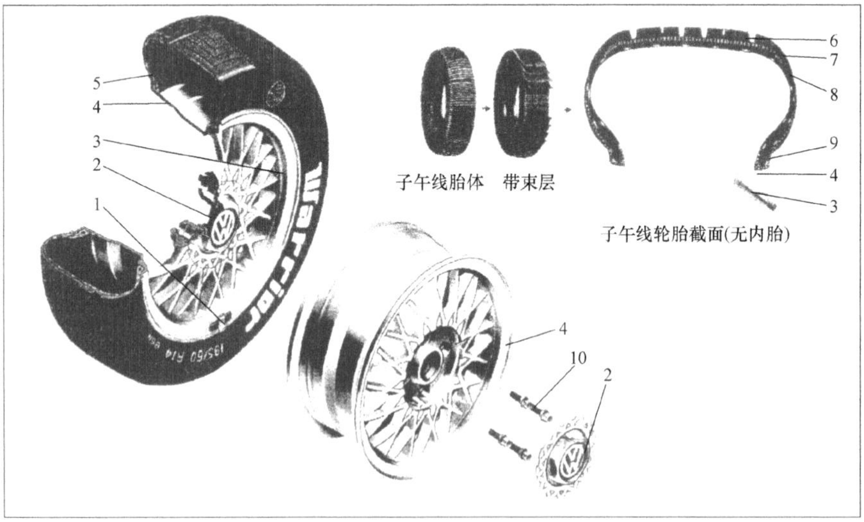

图 24-1　桑塔纳 2000 轿车车轮总成

1—平衡块及夹子　2—车轮饰板　3—气门嘴　4—铝合金轮辋　5—子午线轮胎　6—胎面层　7—带束层　8—气密层　9—钢丝圈　10—车轮螺栓

1. 车轮总成的拆卸

(1) 拆下车轮饰板2 (图24-1)。

(2) 用十字轮胎扳手或套筒扳手旋松车轮螺栓10。

(3) 用举升机或千斤顶将汽车举起，旋出车轮螺栓，拆下车轮总成。

2. 车轮总成的安装

(1) 将车轮套在轮毂上，对准螺孔，用手将车轮螺栓旋入轮辋4的锥形孔。

(2) 放下举升机或千斤顶，使车轮完全着地。

(3) 用十字轮胎扳手或套筒扳手依次交叉拧紧车轮螺栓 (规定力矩110N·m)。

(4) 最后装上车轮饰板。

24.2.3 轮胎的拆装

参见项目一中全自动轮胎拆装机。

24.2.4 轮胎的动平衡

参见项目一中离车式轮胎动平衡机。

24.2.5 轮胎的使用和维护

1. 轮胎使用维护项目及注意事项

(1) 保持正常的气压。前轮胎：180kPa (空载)、190kPa (满载)；后轮胎：180kPa (空载)、240kPa (满载)；备胎250kPa。检查轮胎气压时应在常温下进行，冬季轮胎气压应增高20kPa。

(2) 注意清除嵌在轮胎花纹内的异物。注意轮胎不可接触润滑油和燃油，避免长期暴晒。

(3) 经常检查保证车轮螺栓的紧固力矩为110N·m。

(4) 轮胎的更换。① 若轮胎上宽12mm、深1.6mm的磨损指示条已经磨去，应立即更换轮胎。② 轮胎更换时应成对更换，并且花纹深的轮胎要装在前轮。③ 同一轴应使用同种规格和同种花纹的轮胎。④ 装上新的无内胎轮胎时应同时装上新的橡胶气门嘴。新换的轮胎或修理过的轮胎必须进行动平衡试验。

(5) 应使轮胎磨损均匀。如果发现前轮比后轮磨损大，为了保证安全，应按图24-2所示进行轮胎换位。并保持原来的滚动方向。

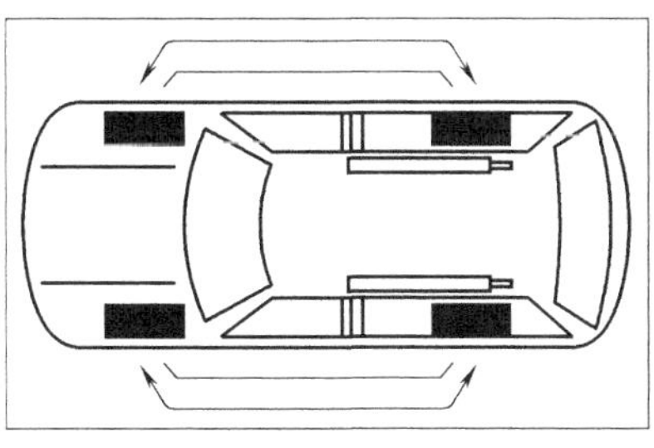

图24-2 轮胎换位

2. 轮胎气压检查与充气

（1）在平地上停稳车辆，旋下气门嘴盖，用气门扳手检查并拧紧气门芯，将轮胎气压表与轮胎气门相连，读出轮胎气压。

（2）若轮胎气压低于规定值，需要充气。

（3）将轮胎气压表与压缩气源相连，进行充气。

（4）充气快结束时，应慢慢地压充气枪数次，确定压力计算器显示的压强不超过轮胎生产厂家所注明的范围。

（5）取下充气工具，盖上气门嘴盖。

24.3 常见车型的比较

车轮、轮胎的类型与结构的比较见表 24-1。

表 24-1　车轮、轮胎的类型与结构的比较

分　类		应　用
车轮	辐板式	应用广泛，如 CA7220 型轿车
	辐条式	用于赛车和某些高级轿车，如美国别克
轮辋	深槽	主要用于轿车及轻型越野车
	平底轮辋	EQ1090E、CA1091 型越野汽车
	对开式	EQ2080、SX2150 型越野汽车
轮胎花纹	普通花纹	纵向花纹：轿车、货车均可选用；横向花纹：仅用于货车
	越野花纹	越野汽车
	混合花纹	适用于在城市、乡村的路面上行驶的汽车，现代货车的驱动车轮
有无内胎	有内胎	货车多采用
	无内胎	现代轿车多采用
胎体结构	子午线轮胎	应用广泛，现代轿车都采用，大部分客货车采用
	斜交胎	某些货车采用

实训单元 12　汽车转向系统拆装实训

项目二十五　机械转向系统的拆装与调整

25.1　实训目标和准备

项目		要点
目标	知识目标	理解机械转向系统的构造和动力传递路线 理解齿轮齿条式、循环球式、蜗杆曲柄指销式转向器的构造
	技能目标	掌握转向操纵机构、各种转向器、转向传动机构的拆装及调整方法
设备和工具	装有机械转向系统的汽车 1 辆，齿轮齿条式、循环球式、蜗杆曲柄指销式转向器及操纵机构、转向传动机构各 1 套，底盘拆装工具、相关拆装检测工具等，多媒体设备 1 套	
实训安排	实训课时：4 学时 实训组织：每组 3 ~5 位同学，老师指导，学生动手操作	

25.2　实训内容、方法及注意事项

25.2.1　机械转向系统的组成认识

汽车机械转向系统由转向操纵机构、转向器和转向传动机构三大部分组成。轿车和微型、轻型货车广泛采用齿轮齿条式转向器与独立悬架相配合。载货汽车较多采用循环球式和蜗杆曲柄指销式转向器，与非独立悬架相配合。捷达轿车齿轮齿条式机械转向系统如图 25-1

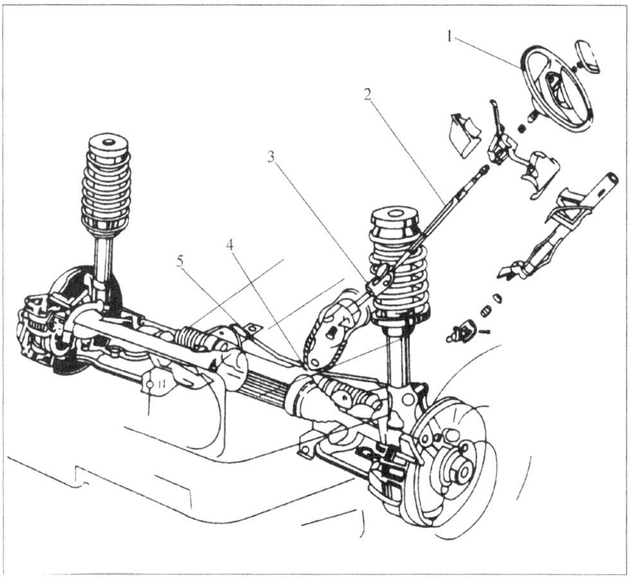

图 25-1　捷达轿车齿轮齿条式机械转向系统示意图

1—转向盘　2—转向柱管　3—柔性联轴器　4—齿轮齿条转向器　5—转向横拉杆

所示，载货汽车机械转向系统如图 25-2 所示。

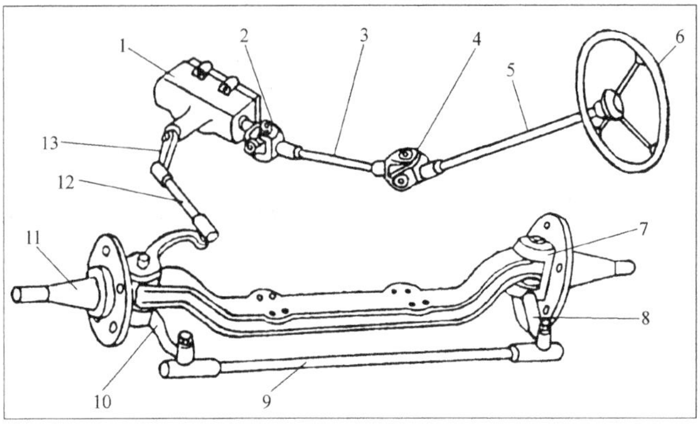

图 25-2　载货汽车机械转向系统示意图

1—转向器　2、4—转向万向节　3—转向传动轴　5—转向轴　6—转向盘　7—右转向节　8—右梯形臂　9—转向横拉杆　10—左梯形臂　11—左转向节　12—转向纵拉杆　13—转向摇臂

25.2.2　捷达轿车齿轮齿条式机械转向系统的拆装

1. 转向操纵机构的拆装

捷达轿车转向操纵机构分解图如图 25-3 所示。该车采用安全转向柱，其结构为双层套筒式，当转向盘受到很大冲击力时，转向柱可被压缩。

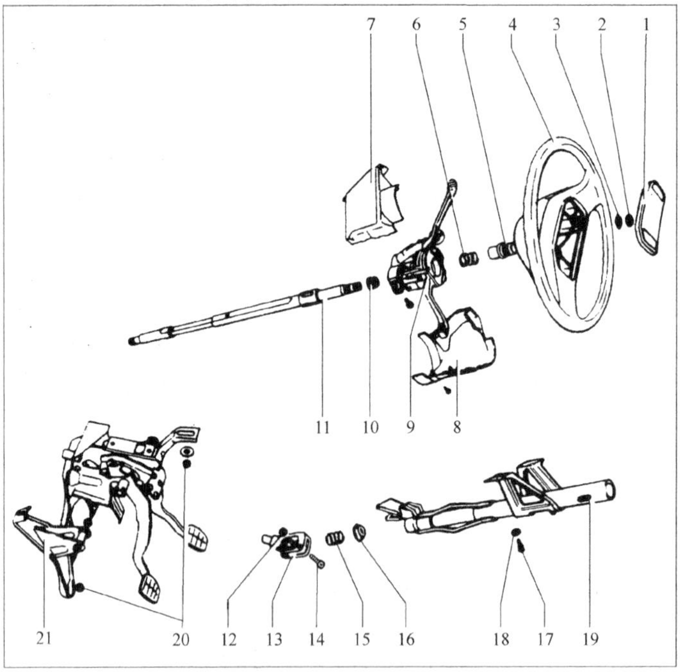

图 25-3　捷达轿车转向操纵机构分解图

1—喇叭按钮盖　2—螺母（40N · m）　3—弹簧垫圈（厚度 3mm）　4—转向盘　5—锯齿形紧定套　6—弹簧　7—下装饰罩　8—上装饰罩　9—转向器锁壳体及转向柱开关　10—支撑环　11—转向柱（直径 22mm）　12—螺母（30N · m）　13—转向柱万向节　14—六角头螺栓　15—弹簧　16—转向柱下轴承　17—保险螺钉　18—垫圈　19—转向柱管　20—螺母（20N · m）　21—转向柱管支架

注意：转向柱上装有一套组合开关（包括点火开关、前风窗刮水及清洗开关、转向灯开关等），因此，在拆卸前必须将蓄电池电源电缆拆下，转向指示灯开关置于中间位置，使车轮处于直线位置。

（1）转向操纵机构的拆卸

1）撬出喇叭按钮盖1。

2）取出喇叭盖，拆卸喇叭开关连线。

3）拆下转向盘紧固螺母2，用顶拔器将转向盘取下。

4）用专用工具拆卸锯齿形紧定套（图25-4）。

5）拆下组合开关的紧固螺栓，取下开关。

6）拆下转向柱套管的紧固保险螺钉，拆下套管。

7）使用拆卸拉具将转向柱向上从转向柱管内拉出。

（2）转向操纵机构的装复

1）将转向柱开关、转向器壳体、支撑环、接触环、弹簧及夹紧垫圈在车外装配好。

2）将转向柱从转向盘端插入转向柱管。

3）用螺栓将转向柱固定到万向节上。

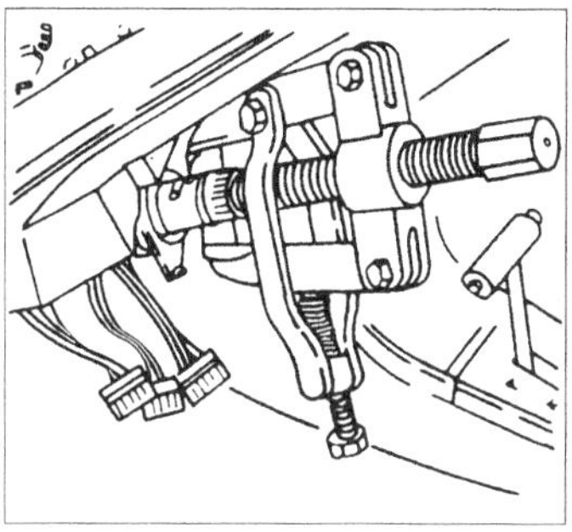

图25-4　拆卸锯齿形紧定套

4）将转向器壳体固定到转向柱管上。

5）把锯齿形紧定套插到转向柱上，并用六角螺母拧到螺纹的端部，再把螺母松开，放上垫圈，用螺母不断拉紧定套，直至紧配合位置。

注意：

①装好后，通过转向柱上体上的小孔（图25-5），应能看到转向柱下体上的小凸耳。

②如需要，可将上、下体拉离挡块。

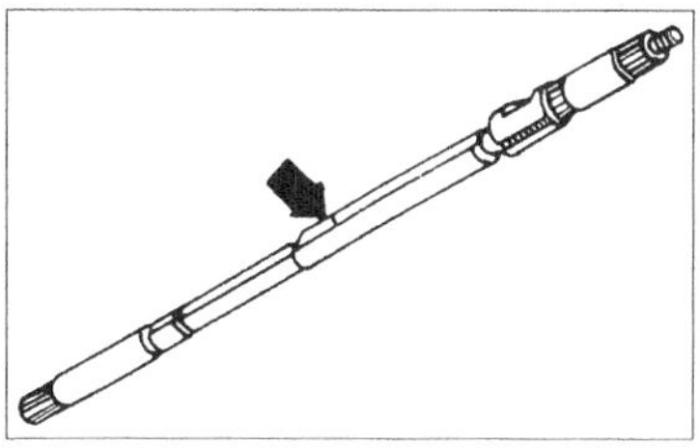

图25-5　转向柱长度检查

2. 转向器与转向横拉杆的拆装

捷达轿车转向器与转向横拉杆分解图如图25-6所示。

（1）转向器和转向横拉杆的拆卸

1）用专用工具支撑发动机和变速器总成。

2）拧下转向器万向节上的紧固螺栓。

3）拆下转向器两端的防尘罩。

4）从转向臂上压出横拉杆。

5）拆下副车架螺栓。

6）降下发动机及变速器总成。

7）松开转向器螺母（螺栓仍留在副车架上）。

8）从后端取出转向器。

（2）转向器和转向横拉杆的装复。转向器和转向横拉杆的装复按照与拆卸相反的顺序进行。

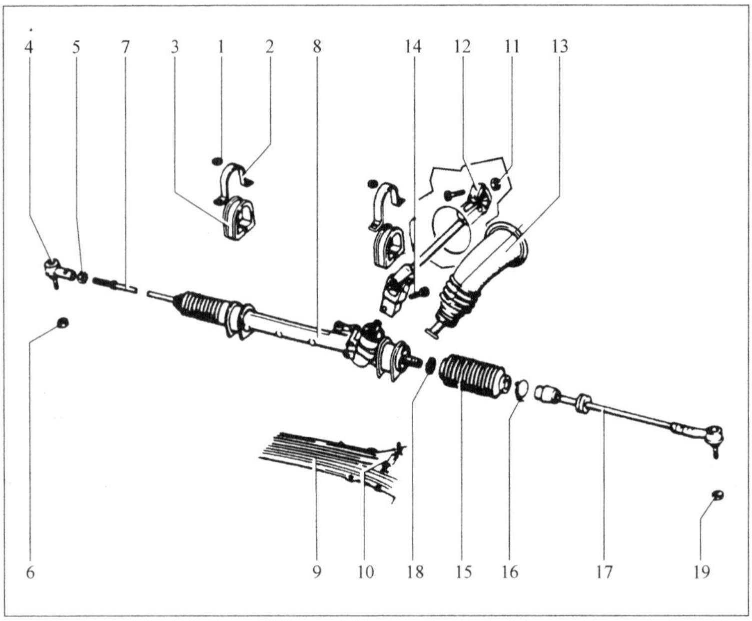

图 25-6 捷达轿车转向器与转向横拉杆分解图

1、11—螺母（30N·m） 2—橡胶座卡箍 3—橡胶座 4—横拉杆端头 5—螺母（50N·m） 6、19—螺母（35N·m） 7—右转向横拉杆 8—转向器 9—副支架 10—转向器固定螺栓 12—转向柱万向节 13—万向节防尘套 14—螺栓（30N·m） 15—防尘套 16—张紧环 17—左横拉杆 18—防松螺栓（50N·m）

注意：

① 检查前轮定位参数及转向盘的位置。

② 安装新转向器前，应将转向器调到中间位置。

③ 调整左右齿条，使左右伸出长度 a（壳体凸缘到齿条端面的距离）相等，如图 25-7 所示。

④ 将防松螺母拧到齿条的末端。

⑤ 将横拉杆拧到 $b=70.5\text{mm}$（壳体凸缘到球铰链凸缘的距离）为止，如图 25-8 所示。

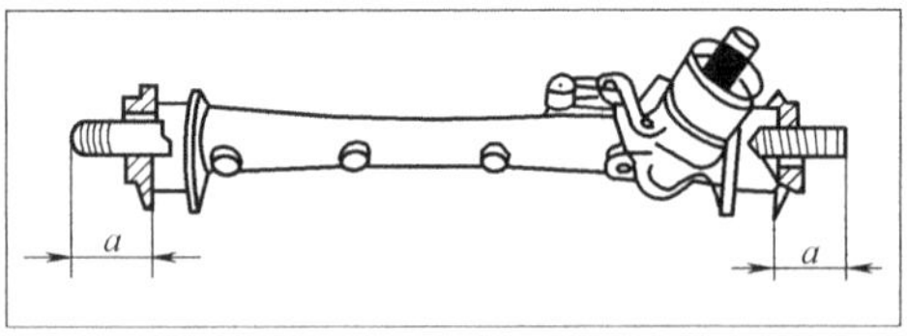

图 25-7 调整转向器齿条

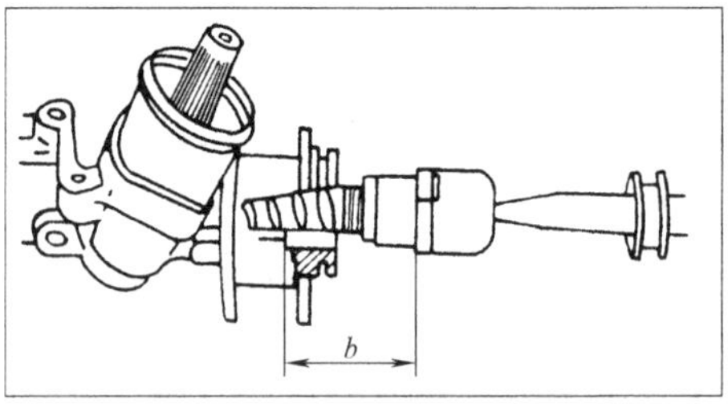

图 25-8 调整转向器

25.2.3 CA1092 型汽车循环球式转向器的拆装

CA1092 型汽车采用循环球式（循环球—齿条齿扇式）转向器（图 25-9）。这种转向器是两级传动，转向螺杆 7 的轴颈支撑在两个推力角接触轴承 5 和 11 上，转向螺母 6 外侧的下平面加工成齿条，与转向臂轴15上齿扇啮合。转向螺母既是第一级传动副（螺杆和螺母传动）的从动件，也是第二级传动副（齿条和齿扇传动）的主动件。

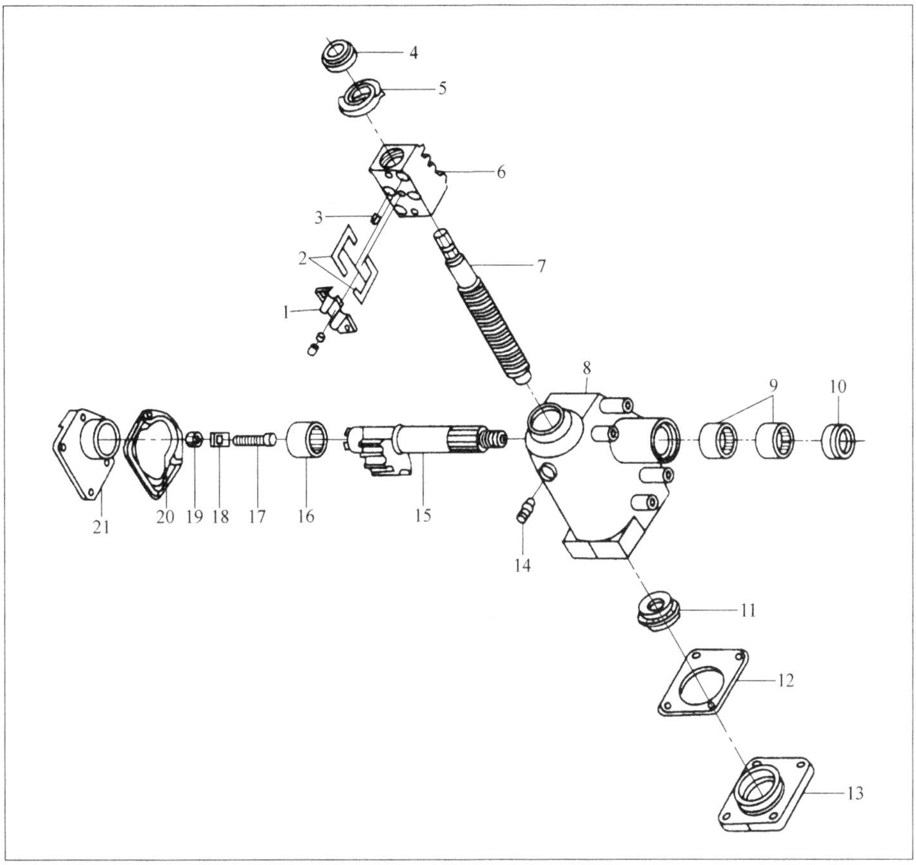

图25-9　CA1092型汽车循环球式转向器分解图

1—导管夹　2—导管　3—钢球　4、10—油封　5、11—轴承　6—转向螺母　7—转向螺杆　8—壳体　9、16—滚针轴承　12、20—密封垫　13—底盖　14—通气塞　15—转向臂轴　17—调整螺栓　18—垫圈　19—调整螺母　21—侧盖

1. 转向器的拆卸

（1）将转向器通气塞拧下，放出转向器内的润滑油。

（2）将转向臂轴转到中间位置（将转向螺杆转到底后再返回约3.5圈）。拧下转向器总成侧盖的四个固定螺栓，用铜锤或铜棒轻轻敲打转向臂轴端头，取下侧盖和转向臂轴总成，如图25-10所示。注意不要划伤油封。

（3）拆下转向器底盖紧固螺栓，再用铜棒或铜锤轻轻敲打转向螺杆上端，取下底盖和调整垫片，如图25-11所示。

（4）从壳体中取出转向螺杆及转向螺母总成，如图25-12所示。注意不要使转向螺杆花键划伤油封。

（5）分解转向螺杆及螺母。先拆下3个固定导管夹的螺钉，再拆下导管夹，取出导管，最后握住螺母，慢慢地转动螺杆，排除全部钢球，如图25-13所示。注意两个循环道内的钢球不要混在一起。

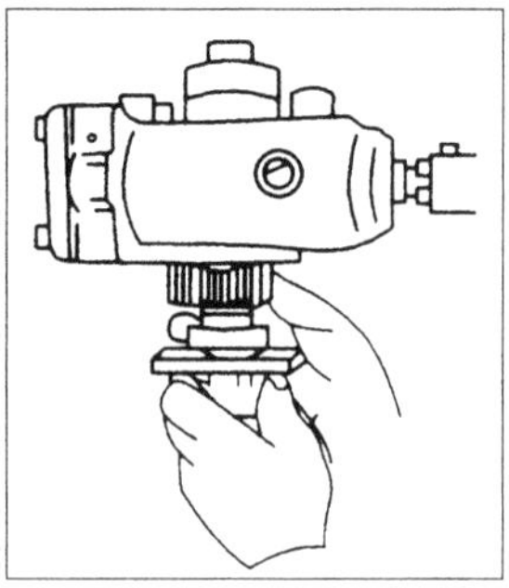

图 25-10　拆下侧盖和转向臂轴

图 25-11　拆下转向器底盖

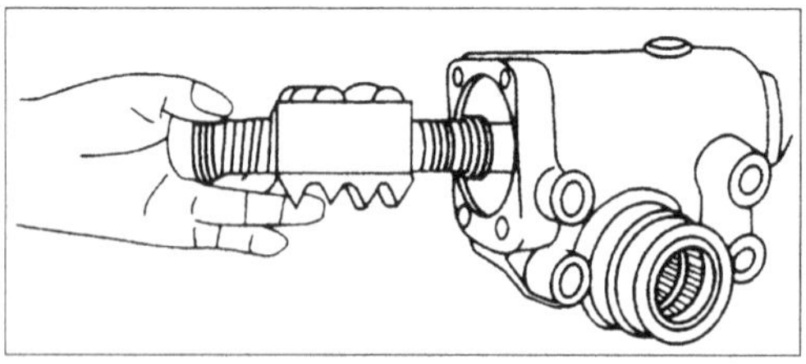

图 25-12　拆下转向螺杆及转向螺母总成

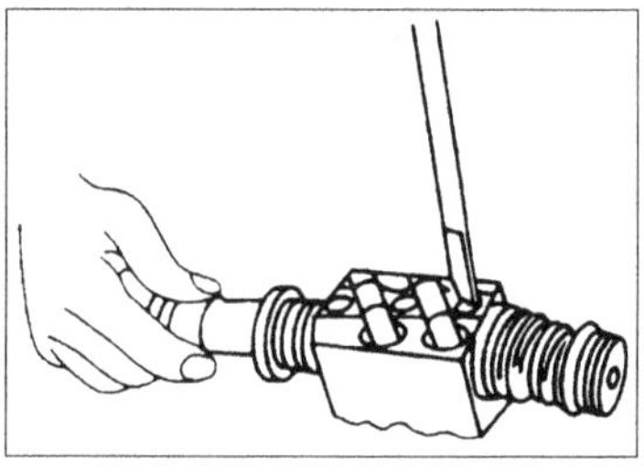

图 25-13　螺母与螺杆的分解

2. 转向器的装复

（1）转向螺杆螺母总成的装复

1）将转向螺母套在螺杆上，再把转向螺母放在螺杆滚道的一端，并使螺母滚道孔对准滚道。

2）装入钢球。将钢球由转向螺母滚道孔放入，边转动螺杆边放入钢球，如图 25-14 所示，两滚道可同时进行，每个滚道放入 36 个钢球。其余 24 个钢球装于两个导管内，如图 25-15所示，并将导管两端涂以少量润滑脂，插入转向螺母的导管孔中，如图 25-16 所示。用木槌轻轻敲打导管，使之到位。

3）用导管夹把导管压在转向螺母上，并用 3 个螺钉紧固，使装复的螺杆螺母总成处于垂直位置时，螺母能从螺杆上端自由、匀速落下，如图 25-17 所示。

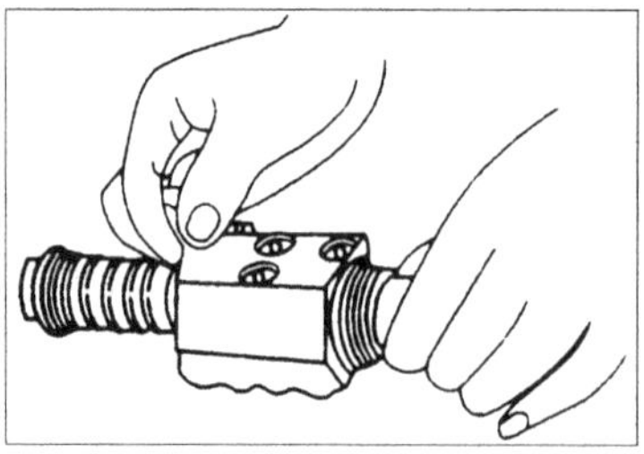

图 25-14　将钢球装入滚道

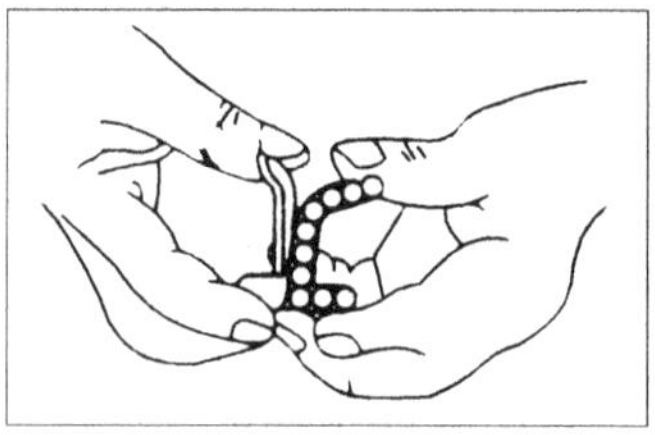

图 25-15　将钢球装在导管内

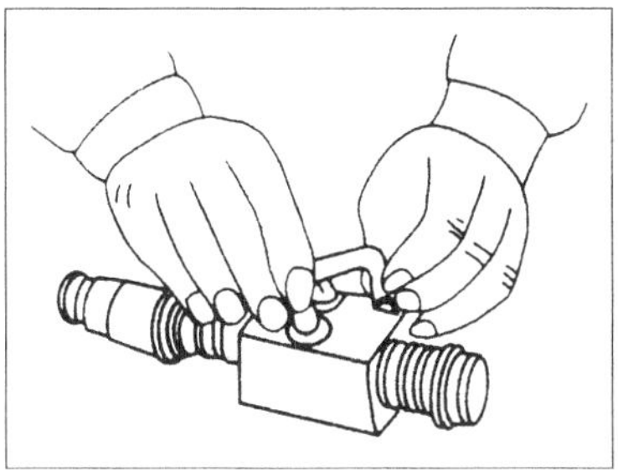

图 25-16　将导管插入螺母

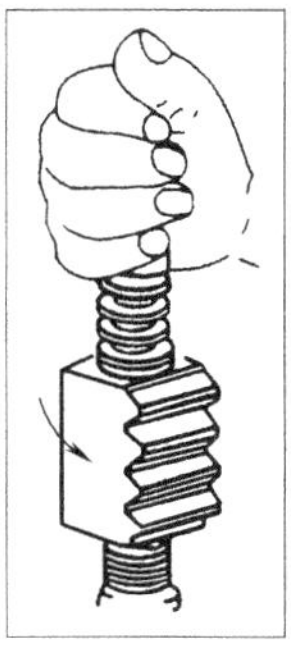

图 25-17　螺母能从螺杆上端匀速落下

4）将轴承内圈压到螺杆的两端。

（2）转向螺杆螺母总成与壳体的装复

1）把轴承外圈压入底盖和壳体内。

2）把装有轴承内圈的螺杆螺母总成放入装有轴承外圈的壳体中，再将底盖及调整垫片装到壳体上，对称拧紧两个底盖固定螺栓。

3）转动螺杆应转动自如，无轴向间隙，否则应增减调整垫片予以调整。

4）拧下两个螺栓，取下底盖，在垫片上涂以密封胶，并装上 O 形密封圈，如图 25-18 所示，再将底盖装到壳体上，底盖固定螺栓应对成拧紧。

（3）转向臂轴的装复

1）先将齿扇与转向螺母齿条啮合间隙的调整螺栓装入。按其结构不同，有以下两种装入方法：

① 将调整螺栓端头放入转向臂轴的 T 形槽内，用塞尺测量其间隙，如图 25-19 所示，根据所测数值，选一个合适的调整垫片放在调整螺栓上，并将调整螺栓放入 T 形槽内，然后将带有滚针轴承的侧盖拧到调整螺栓上。

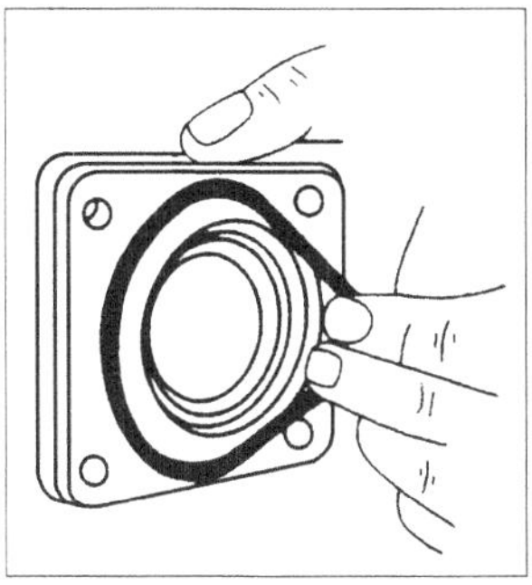

图 25-18　装复垫片及 O 形密封圈

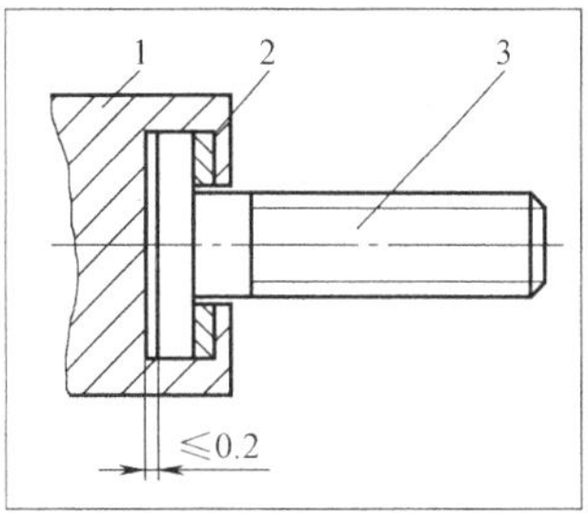

图 25-19　螺母与 T 形槽的间隙

1—转向臂轴　2—调整垫片　3—调整螺栓

② 在转向臂轴端的螺孔内，先放入一个较厚的平垫圈，将调整螺母套在调整螺栓上，把调整螺栓拧到转向臂轴的一端，如图 25-20 所示，间隙应小于 0.1mm，再将调整螺母紧固，然后将侧盖拧到调整螺栓上。

2）将密封垫装上侧盖，并将转向臂轴装入壳体。装复时要注意把转向螺母放在转向螺杆滚道的中间位置，并使转向臂轴齿扇对准转向螺母齿条的中间齿沟，再把转向臂轴推进装有滚针轴承的壳体中，然后装上侧盖固定螺栓，并对称拧紧。

3）用专用工具分别装入转向螺杆油封和转向臂轴油封，如图 25-21 所示。

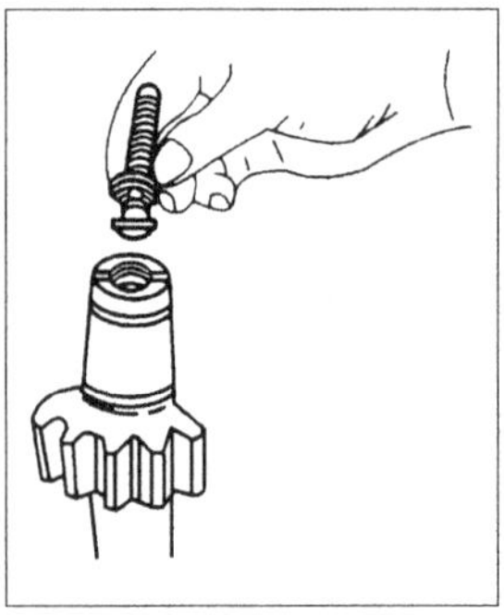

图 25-20　安装调整螺栓

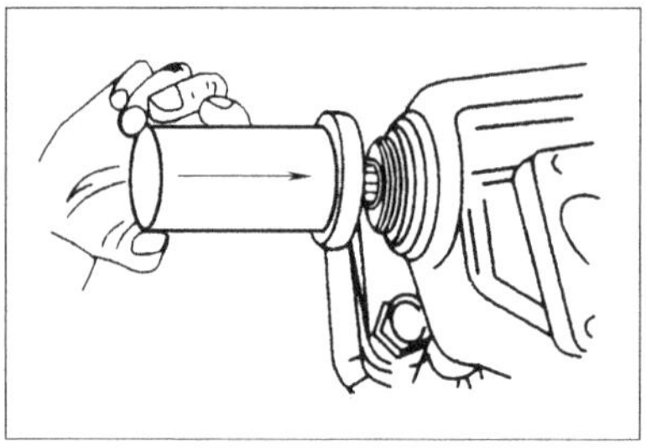

图 25-21　装复油封

注意：装复时花键处应用铜皮或塑料套盖住，以防划伤油封刃口，造成漏油。

4）调整转向臂轴齿扇与转向螺母齿条的啮合间隙后，拧紧锁紧螺母，将调整螺栓锁住。

（4）按规定从加油口加入新润滑油。

25. 2. 4　EQ1090 型汽车蜗杆曲柄指销式转向器的拆装

EQ1090 型汽车采用蜗杆曲柄指销式转向器（图 25-22）。具有梯形截面螺纹的转向蜗杆支撑于转向器壳体两端的两个角接触球轴承上。转向器下盖上装有调整螺塞，用以调整上述两轴承的紧度，调整后用螺母锁紧。蜗杆与两个锥形指销相啮合。两个指销均用双列圆锥滚子轴承支撑于摇臂轴内端的曲柄孔中，其中靠指销头部的一列无内座圈滚子直接与指销轴颈接触。螺母用以调整轴承的紧度。

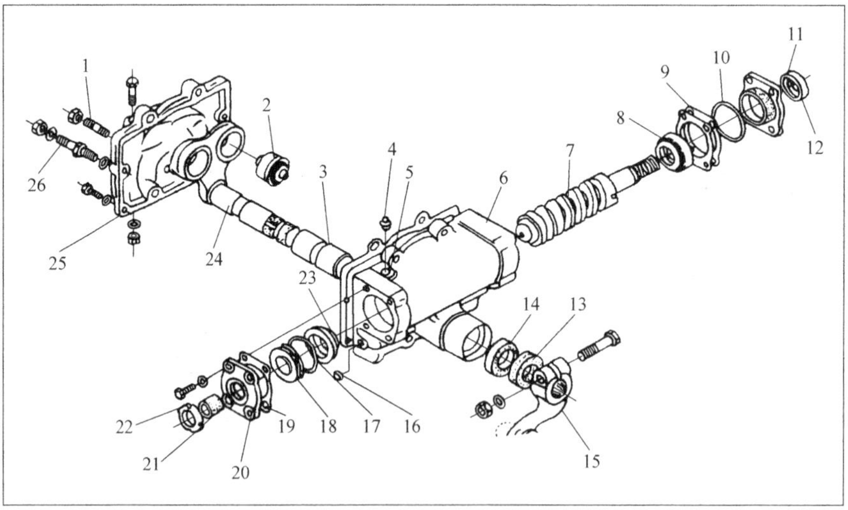

图 25-22　EQ1090 型蜗杆曲轴指销式转向器分解图

1—转向摇臂轴调整螺钉　2、8、17—轴承　3—转向摇臂轴衬套　4—螺塞　5、19—衬垫　6—转向器壳　7—转向螺杆　9—调整垫片　10、13、23—密封圈　11—转向器上盖　12、14—油封　15—转向摇臂　16—放油螺塞　18—蜗杆轴承垫块　20—转向器下盖　21—转向蜗杆轴承调整螺塞　22—螺母　24—转向摇臂轴　25—转向器侧盖　26—螺栓

1. 转向器的拆卸

（1）拧下转向器放油螺塞，放出转向器内部的润滑油。

（2）松开摇臂轴调整螺钉的锁紧螺母，把调整螺钉逆时针旋转一周。

（3）用两个 M14 的螺母并在一起拧入转向器侧盖上的双头螺柱（图 25-23），然后用扳手逆时针拧动压在下面的螺母，拆下双头螺柱，再拆下侧盖上的其余 6 个螺栓，取下侧盖。

（4）用手抓住摇臂轴扇形块，取出摇臂轴，如图 25-24 所示。可以用木槌敲击摇臂轴输出端的一头，取出摇臂轴。

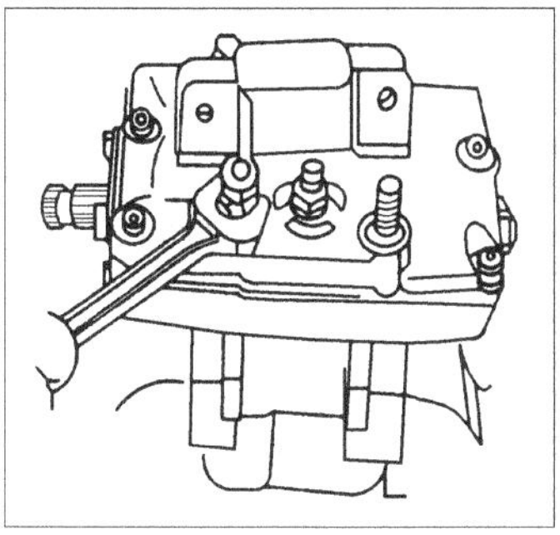

图 25-23　拆卸双头螺柱

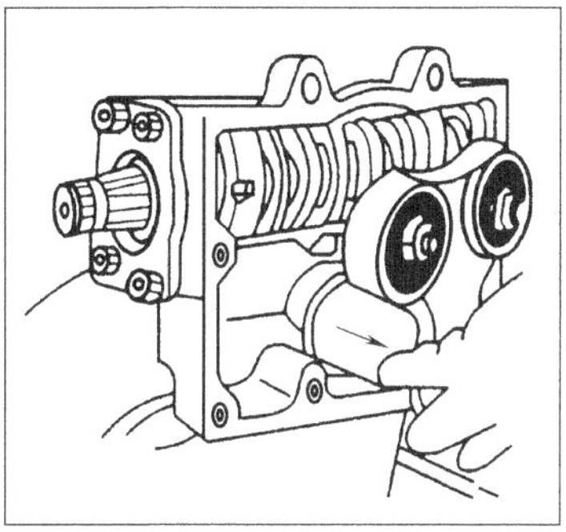

图 25-24　取出摇臂轴

（5）拆下转向器下盖的紧固螺栓、垫圈，取下转向器下盖，用铜锤轻轻敲击蜗杆轴花键端部，取出垫块及蜗杆带轴承总成。

（6）松开转向器上盖的紧固螺栓、垫圈，取出上盖、垫片、油封、平面止推轴承外圈和轴承保持架。

（7）清洗清洁所有零部件。

2. 转向器的装复

按照拆卸相反的顺序进行安装。

注意：

① 轴承垫块装入轴承孔时，O 形密封圈光滑的外缘不要被轴承孔边刮坏，否则转向器总成会漏油（图 25-25），另外 ϕ30mm 凸台应朝壳体外，防止装反。

② 在相互啮合运动件表面涂抹润滑油。

③ 蜗杆安装后，转动蜗杆必须自如，无发卡现象，转动总圈数不少于 6 圈。

3. 装配时的调整

（1）蜗杆平面推力轴承的预紧和调整。

1）用内六角扳手把螺钉拧到底，再退回少许（1/8 ~ 1/4 圈），使蜗杆在输入端具有 1.0 ~ 1.7N · m 预紧力矩，如图 25-26 所示。

2）用螺母将调整螺钉锁紧，锁紧力矩不小于 49N · m。

（2）摇臂轴指销轴承的预紧调整。

1）向轴承滚道注入少量润滑油。

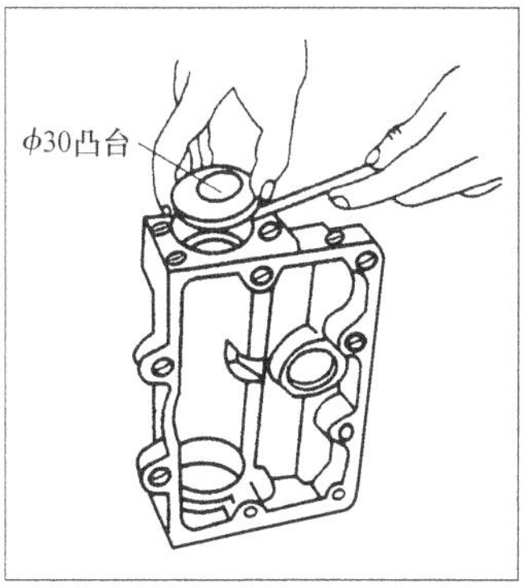

图 25-25　安装轴承垫块

2）换掉使用过的指销轴承止动垫片，装上新的止动垫片。

3）指销轴承装入摇臂轴孔中，拧紧或拧松指销轴上的螺母进行调整，指销应转动自如，且无轴向间隙。

4）翻起止动垫片1～2齿，使它紧贴螺母边的平面，使螺母与垫片无相对转动的可能（图25-27）。

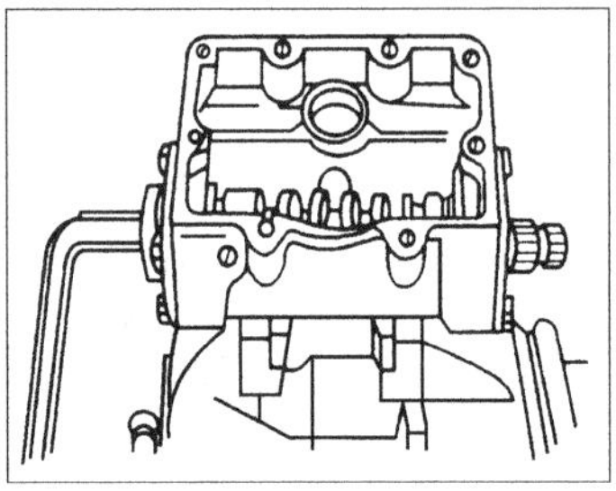

图25-26　蜗杆平面推力轴承的预紧和调整

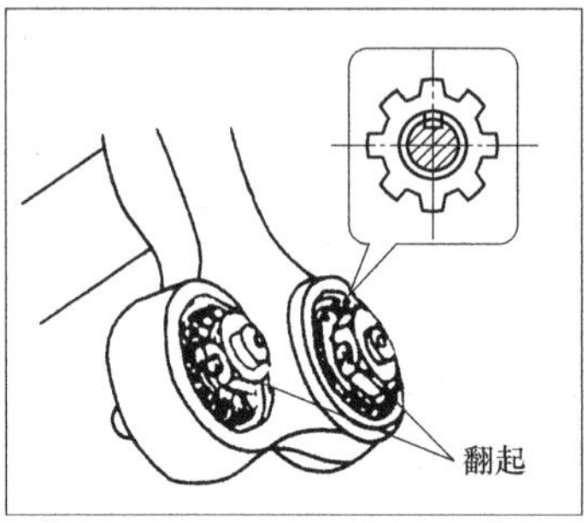

图25-27　摇臂轴指销轴承的预紧调整

注意：调整之前，指销轴承必须清洗干净。

（3）蜗杆与摇臂轴指销啮合间隙的调整。

1）松开摇臂轴调整螺钉的锁紧螺母。

2）将蜗杆转到全转角的中间位置，在此位置附近以小转角来回转动蜗杆的输入端。同时用一字槽螺钉旋具插入调整螺钉头部槽内，顺时针转动螺钉，直到有摩擦力矩的感觉为止（图25-28）。

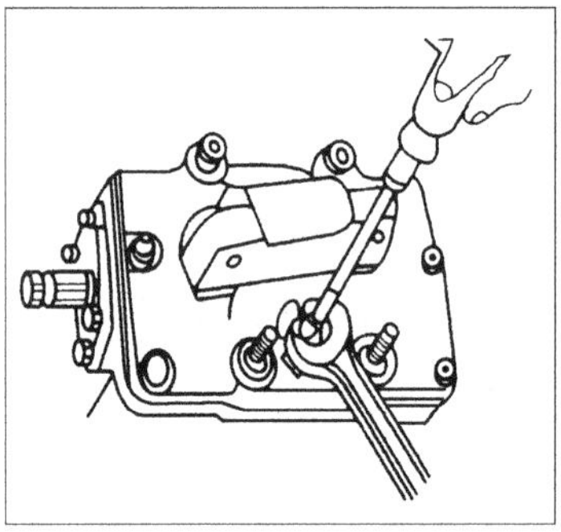

图25-28　蜗杆与摇臂轴指销啮合间隙的调整

3）调整后，转向蜗杆输入端力矩应不大于22N·m。

4）在调整螺钉外端涂上少许密封胶，然后拧紧锁紧螺母，拧紧力矩不小于49N·m。

25.2.5　EQ1090型汽车转向传动机构的拆装

EQ1090型汽车转向传动机构主要由转向摇臂、转向直拉杆、转向节臂、转向梯形臂和转向横拉杆组成。由转向器输出的力矩经上述各组件传到两轮的转向节，如图25-2和图25-29所示。

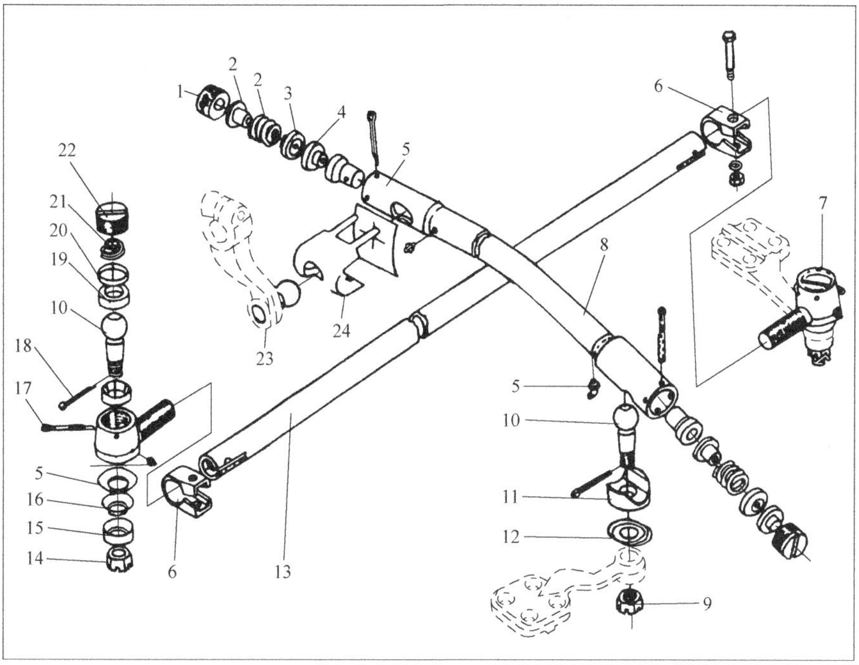

图 25-29　EQ1090 型汽车转向纵、横拉杆的分解图

1—直拉杆螺塞　2—弹簧及弹簧座　3—球头销柱　4—止推垫块　5—润滑脂嘴　6—卡箍　7—横拉杆接头总成　8—直拉杆　9—槽形扁螺母　10—球头销　11—球头销防尘罩　12—防尘罩盖　13—横拉杆　14—螺母　15—密封圈　16—防尘罩　17—横拉杆接头　18—下球碗　19—上球碗　20—限位套　21—锥形弹簧　22—横拉杆螺塞　23—转向摇臂　24—护套

1. 转向直拉杆的拆装

（1）用尖嘴钳拆下直拉杆螺塞上的开口销，旋下转向直拉杆螺塞，取出球头销座前半部分，然后从纵拉杆侧面圆孔取出球头销，再依次取出球头销座后半部、弹簧、弹簧座、止推垫块。

（2）如从直拉杆另一端拆卸，则拆卸顺序为直拉杆螺塞、弹簧座、弹簧、球头销座前半部、球头销、球头销座后半部、止推垫块。

（3）按照拆卸相反的顺序一一装复。

注意：

① 装复前，在球头销、球头销座表面涂抹润滑脂。

② 装复后，对转向直拉杆球头销进行调整：用弯头扳手将直拉杆螺塞拧到底，然后退回 1/4 圈。装上开口销，锁上直拉杆螺塞。

2. 转向横拉杆的拆装

（1）用尖嘴钳拆除横拉杆螺塞的开口销，用弯头扳手旋下横拉杆螺塞，依次取下圆锥弹簧、限位套、上球碗、球头销、下球碗等。

（2）松开横拉杆卡箍，然后拆下横拉杆接头。

（3）按照拆卸相反的顺序装复。

注意：

① 装复前，在球头销、球碗表面涂抹润滑脂。

② 装复后，对转向横拉杆球头销进行调整：用弯头扳手将横拉杆螺塞拧到底，然后退回 1/4 ~ 1/2 圈。装上开口销，锁上横拉杆螺塞。

25.3　常见车型的比较

机械转向系统类型与结构的比较见表 25-1。

表 25-1　机械转向系统类型与结构的比较

项　目		特点与应用
转向传动机构	与独立悬架配用的	转向横拉杆分成左右两段，如捷达、红旗、马自达 6 等轿车
	与非独立悬架配用的	一般有转向摇臂、转向直拉杆、横拉杆（整体），如 BJ2020N 等越野车，CA1091、EQ1090E、JN1181C13 等货车
安全转向柱		红旗 CA7220 采用转向轴错位缓冲；马自达 6 采用转向轴错位和支架变形缓冲；有的汽车采用网格状或波纹管式转向柱管吸能装置
齿轮齿条式转向器		轿车前转向驱动桥
循环球式、蜗杆曲柄指销式		货车前转向桥

项目二十六　动力转向系统的拆装与调整

26.1　实训目标和准备

<table>
<tr><th colspan="2">项　　目</th><th>要　　点</th></tr>
<tr><td rowspan="2">目标</td><td>知识目标</td><td>理解动力转向系统的结构组成及工作情况
理解动力转向器和动力转向液压泵的结构及工作情况</td></tr>
<tr><td>技能目标</td><td>学会动力转向器和动力转向液压泵的拆装方法</td></tr>
<tr><td>设备和工具</td><td colspan="2">桑塔纳2000GSi轿车1辆，动力转向器、动力转向液压泵各1套，汽车常用拆装工具1套，清洗工具1套，多媒体设备1套</td></tr>
<tr><td>实训安排</td><td colspan="2">实训课时：2学时
实训组织：每组3~5位同学，老师指导，学生动手操作</td></tr>
</table>

26.2　实训内容、方法及注意事项

26.2.1　动力转向系统的组成认识

桑塔纳2000GSi型轿车采用整体式动力转向系统（图26-1），即机械转向器（齿轮10和齿条6）、转向控制阀（分配阀12、右阀芯13和左阀芯14）、转向动力缸（压力腔17、工作腔18和活塞19）装配在一起。

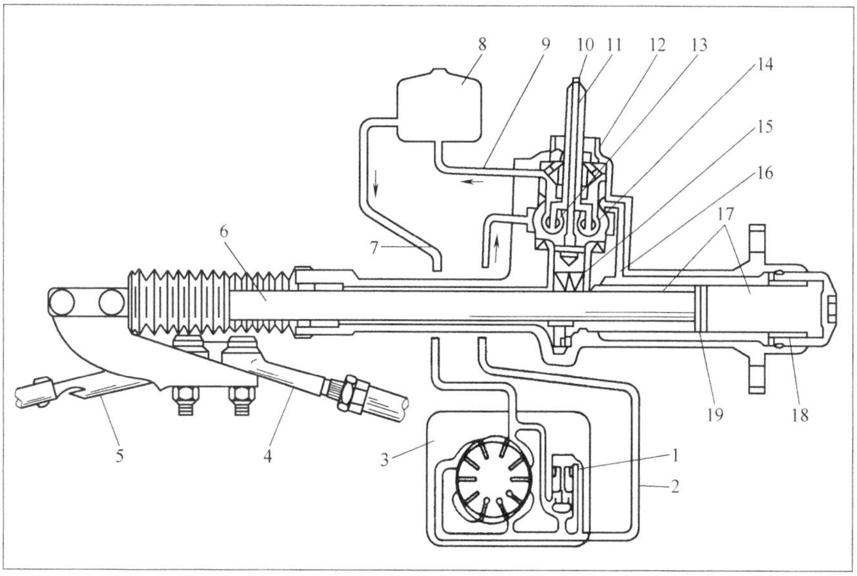

图26-1　桑塔纳2000GSi型轿车整体式动力转向系统

1—限压阀和溢流阀　2—高压油管　3—叶片泵　4—左转向横拉杆　5—右转向横拉杆　6—齿条　7—进油管　8—储油罐　9—回油管　10—转向齿轮　11—扭力杆　12—分配阀　13—右阀芯　14—左阀芯　15—活塞右腔进油管　16—活塞左腔进油管　17—压力腔　18—工作腔　19—活塞

26.2.2　动力转向器的拆装

桑塔纳2000GSi型轿车动力转向器主要由齿轮齿条式转向器、转向动力缸和转阀等部分组成。动力转向器零部件分解图如图26-2所示。

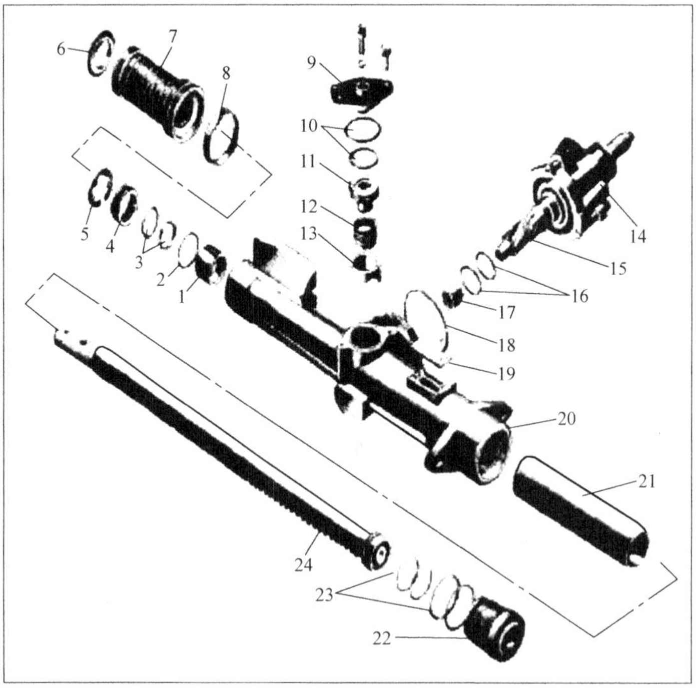

图26-2　动力转向器零部件分解图

1—支撑衬套　2、10、16、18、23—O形密封圈　3—环　4—齿条油封座　5—挡环　6—防尘罩挡圈　7—波纹防尘罩　8—夹箍　9—盖板　11—密封座　12—弹簧　13—压块　14—转阀　15—小齿轮　17—滚针轴承　19—铭牌　20—转向器壳　21—缸筒　22—密封挡盖　24—齿条

1. 动力转向器的车上拆卸

（1）支撑起车辆，排放转向液压油。

（2）拆下固定转向横拉杆的螺母。拆下左前轮罩处的转向器固定螺栓。

（3）松开在转向控制阀外壳上的进油管。

（4）拆下后横板上固定转向器的自锁螺母。

（5）把车辆放下，拆下固定齿条与转向横拉杆的螺栓。

（6）拆卸仪表板侧边下盖、通风管和踏板盖。

（7）拆下固定转向齿轮轴与万向节的螺栓，并使各轴分开。

（8）拆卸防尘套，从车厢内部拆下固定转向器分配阀外壳上回油管的泄放螺栓。

（9）拆下后横板上固定转向器的自锁螺母，拆下转向器。

2. 动力转向器的分解

（1）旋下螺母，取下转向器。

（2）旋下油管螺栓，取下回油管，旋下油管螺母，取下高压油管。

（3）旋下螺栓，取下压盖、弹簧、滑块。

（4）拆下固定环、夹箍，取下防尘罩，取下挡圈，取下齿条密封罩。

（5）旋下密封盖，取出带活塞的齿条。

（6）旋下螺栓，取出液压分配壳体，取下带液压分配阀的主动齿轮和中间盖。

3. 动力转向器的组装

按分解相反顺序进行组装。

注意：

① 在齿条露出端涂上转向器润滑油（脂）。

② 各螺钉、螺母按规定力矩拧紧。

4. 动力转向器的车上安装

按照拆卸相反的顺序进行安装，具体步骤如下：

（1）安装后横板上的转向器，安装自锁螺母但不必完全拧紧。

（2）吊起车辆。在转向油泵上安装高压和回油软管，并用40 N·m的力矩拧紧螺栓。

（3）安装左前轮罩上的转向器固定螺栓，并用20N·m的力矩拧紧螺母。

（4）用40N·m的力矩拧紧后横板上固定转向器的自锁螺母。

（5）把高压管固定在转向控制阀外壳上。

（6）放下车辆。安装横拉杆支架固定螺栓，并用45N·m的力矩拧紧。

（7）从车辆内部把回油管安装在转向控制阀外壳上，并用30N·m的力矩拧紧。

（8）安装防尘套，连接下轴，安装固定螺栓并用25N·m的力矩拧紧。

（9）安装踏板盖、通风管和仪表板盖。

（10）吊起车辆。安装固定横拉杆支架的自锁螺母，并用45N·m的力矩拧紧。

（11）放下车辆。

注意：

① 液压泵和转向器分配阀上固定泄放螺栓的密封圈只要被拆卸，就必须更换。

② 安装完成后，应向储油罐内注入液压油，直到达到标有“max”处。决不要再使用排除的液压油。

③ 举升起车辆，在发动机停止的情况下转动转向盘数次，以便把系统中存在的空气排出。

④ 起动发动机，完全向左和向右转动转向盘，观察油面高度，一直操作到油面稳定在标有“max”处为止。

26.2.3　动力转向液压泵的拆装

叶片式转向液压泵主要由定子环、转子、叶片、流量控制阀、泵体等组成（图26-3）。

1. 转向液压泵的车上拆卸

（1）支撑起车辆，拆下液压泵上回油管和进油管的泄放螺栓（图26-4），排放液压油。

（2）拆下液压泵前支架上的紧固螺栓（图26-5）。

（3）拆下液压泵后支架上的紧固螺栓（图26-6）。

（4）松开液压泵中心支架上的紧固螺母和螺栓（图26-7）。

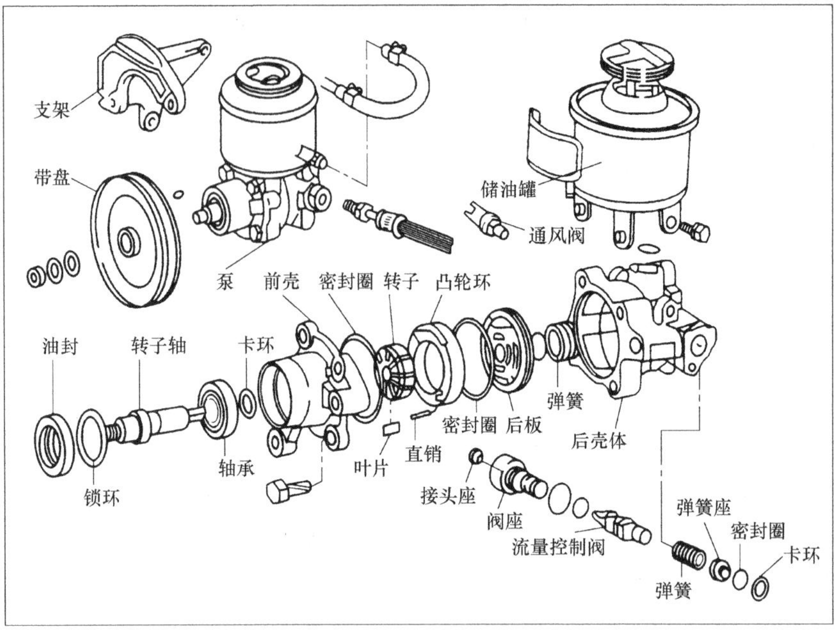

图 26-3　叶片式转向液压泵

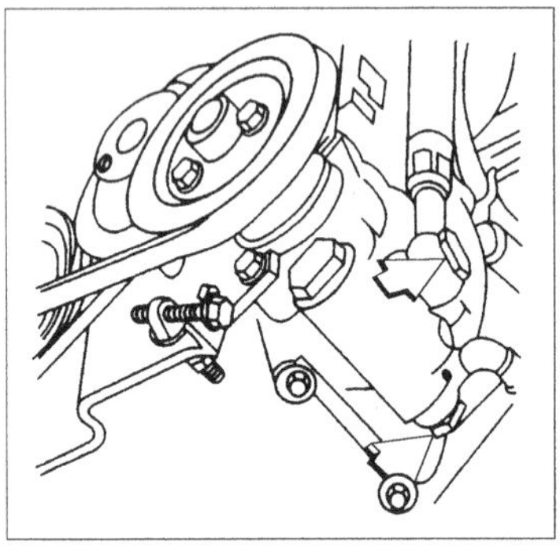

图 26-4　拆下泄放螺栓

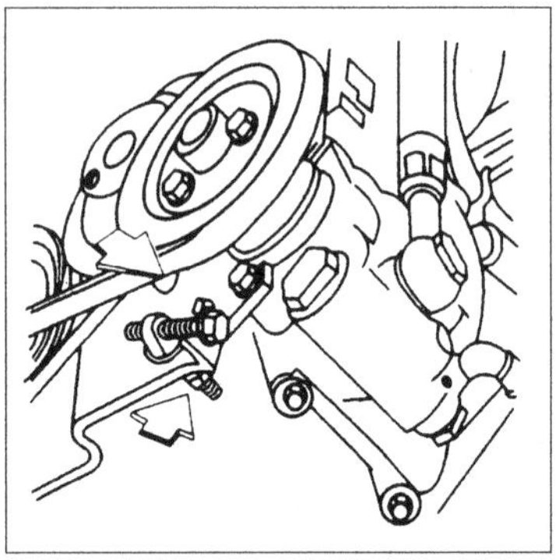

图 26-5　拆下前支架上的紧固螺栓

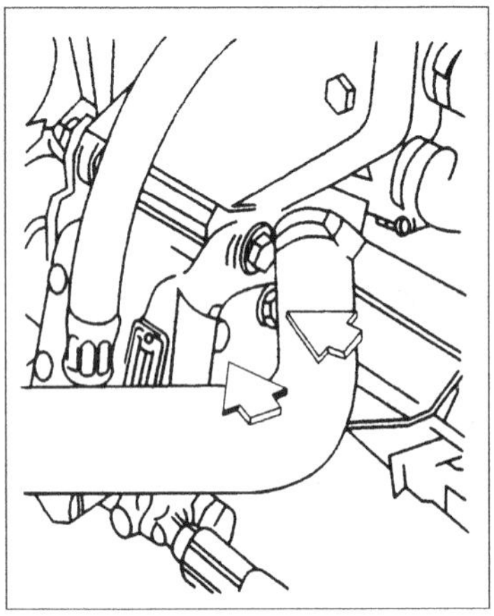

图 26-6　拆下后支架上的紧固螺栓

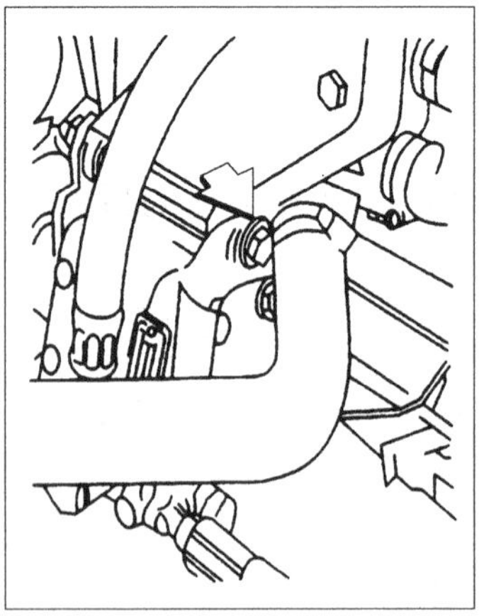

图 26-7　松开中心支架上的紧固螺母和螺栓

（5）把液压泵固定在台虎钳上，拆卸 V 带轮和中间支架。

2. 动力转向液压泵的分解

（1）在拆散转向液压泵时应在前、后壳体接合面处打上装配记号，带轮也应打上安装记号，然后才能拆下带轮和转子轴。

（2）拆下偏心壳，务必使叶片不要脱开转子。

（3）使用专用工具拆下卡环和油封。

（4）拆下转子时必须打上包括转子方向的安装记号。

3. 动力转向液压泵的组装

按照与拆卸相反的顺序进行组装。

注意：

① 流量控制阀在装配时必须保持高度清洁。

② 不得因装配工作而损伤叶片、转子、凸轮环等精密零件的工作面。

③ 零件的装配标记和平衡标记应对准。

④ 对于密封严格的接合面及其他密封部位，必须在衬垫上涂上密封胶。

4. 转向液压泵的车上安装

按照与拆卸相反的顺序进行安装。

注意：安装完毕后，应调整液压泵 V 带的张紧度，并加注液压油。

5. 液压泵泵送压力的检查

以桑塔纳 2000GSi 轿车的动力转向液压泵为例，其检查过程如下：

（1）先将压力表接于阀体与高压软管之间。

（2）起动发动机。

（3）急速关闭截止阀（不超过 5min，以防止长时间承受高压造成漏油），并读出压力表上的压力值。额定值应为 6.8 ~8.2MPa。如果压力值不正常，应检查压力阀和流量限压阀是否完好，否则应更换压力阀和流量限压阀，或更换叶轮。

6. 系统压力的检查

当发动机工作时，急速打开压力表节流阀，转动转向盘到左右极限位置，同时读出压力表上的压力值，额定值应为 6.8 ~8.2MPa。若左边或右边的压力值达不到要求，则维修或更换转向器或更换总成。

26.3　常见车型的比较

动力转向系统类型与结构的比较见表 26-1。

表 26-1　动力转向系统类型与结构的比较

项　目	特　点		应　用
液压助力（只根据转向盘转角的变化提供助力）	整体式（机械转向器、转向控制阀、转向动力缸装配在一起）（常流式）	转阀式	轿车上应用广泛，如 CA7220、一汽大众奥迪、捷达、桑塔纳、富康等，其转向器是齿轮齿条式
			货车上也有应用，如 CA1120PK2L2 货车，其转向器是循环球式
		滑阀式	如 JN1181C13，其转向器是循环球式
气压助力	由储气筒、空气压缩机、机械转向器、控制阀、动力缸等组成		主要应用于一部分其前轴最大轴载质量为 3～7t 并采用气压制动系统的货车和客车
电控液压助力	液压泵是发动机驱动，其结构是在普通动力转向系统的基础上增设了控制液体流量的电磁阀、检测车辆信息的各种传感器以及电控单元（ECU），能根据车速、转向情况等对转向助力实施控制，使动力转向系统在不同的行驶条件下都有最佳的转向性能。如凌志 LS400 反力控制式、奥迪 A8 轿车、日产地平线轿车等		
电控电动液压助力	液压泵是通过电动机驱动，主要由动力转向器、电动液压泵、各种传感器组成，助力效果与转向盘角度和车速有关，如 2002 款波罗轿车、欧宝 Astra 轿车、丰田 MP-S 轿车、东风雪铁龙标致 307 轿车等		
电动助力（机械转向器、传感器、减速机构、离合器、电动机、EC 等组成）	转向轴助力	电动机固定在转向轴侧面，装有一个电磁离合器，通过减速机构与转向轴相连，直接驱动转向轴实施转向助力。如东风本田 CR-V、广汽丰田汉兰达 SUV	
	齿轮助力	其转矩传感器、电动机、减速机构以及离合器集成在一起，电动机直接通过减速机构驱动齿轮轴进行助力，如华晨宝马轿车、三菱公司 Minica 微型汽车	
	双小齿轮助力式	共有 2 个小齿轮，一个是和转向管柱连接的驱动小齿轮，另一个是和电动机连接的助力小齿轮。扭矩传感器装在驱动小齿轮上，电动机的输出力矩通过蜗轮蜗杆减速机构作用在助力小齿轮上，然后传递至齿条上。它使得传感器和助力机构从结构上分开。如一汽大众速腾轿车	
	齿条助力	利用电动机和减速机构直接驱动齿条提供助力，如丰田皇冠 3GR-FE 发动机 EPS、一汽大众高尔夫轿车	
四轮转向系统	电控液压式	主要由转向盘、转向油泵、前动力转向器、后轮转向传动轴、车速传感器、电控单元、后轮转向系统等组成。如日产 Skyline GT-R	
	电控电动式	主要由后轮转向执行器、输入传感器（主、副前轮转角传感器；主、副后轮转角传感器；后轮转速传感器和车速传感器）和电控单元等组成，如日本本田序曲汽车	
线控转向系统	主要由转向盘模块、前轮转向模块、主控制器（ECU）3 个主要部分以及自动防故障系统、电源等辅助系统组成，如一些概念车		
可变齿轮比（VGR）转向系统	转向器是齿轮齿条式，但是齿条中心和两端的齿疏密不同，这样齿轮与其啮合时传动比不同，从而提高低速、高速、转向初始阶段和大转向角等不同运行状态的稳定性、灵活性和安全性。如 2008 款广州本田雅阁、奥迪 A8 轿车等		

实训单元 13　汽车制动系统拆装实训

项目二十七　液压制动系统的拆装与检查调整

27.1　实训目标和准备

项　目		要　点
目标	知识目标	理解液压制动系统、驻车制动系统的结构组成及制动回路 理解真空助力器、制动主缸、盘式制动器、鼓式制动器的结构
	技能目标	学会真空助力器、制动主缸、盘式制动器、鼓式制动器的拆装方法 学会制动踏板自由行程的调整方法
设备和工具	桑塔纳轿车 1 辆或底盘 1 台、液压制动系统零件、总成各 1 套，底盘拆装工具 1 套，汽车制动系统专用拆装工具 1 套，多媒体设备 1 套	
实训安排	实训课时：2 学时 实训组织：每组 3 ~5 位同学，老师指导，学生动手操作	

27.2　实训内容、方法及注意事项

27.2.1　液压制动系统的组成认识

桑塔纳 2000GSi 型轿车具有行车制动和驻车制动两套制动装置，其行车制动采用对角线布置的双管路液压制动系统，如图 27-1 所示。属于真空助力伺服式液压制动系统。驻车制

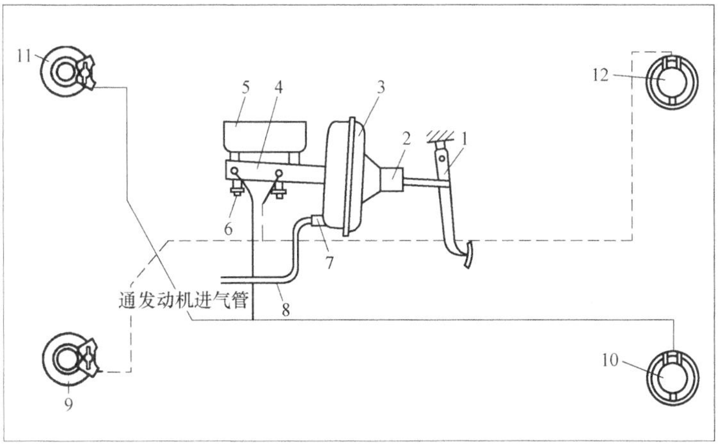

图 27-1　桑塔纳 2000GSi 型轿车制动系统组成示意图

1—制动踏板机构　2—控制阀　3—真空伺服气室　4—制动主缸　5—储液罐　6—制动信号灯液压开关　7—真空单向阀　8—真空供能管路　9—左前轮缸　10—左后轮缸　11—右前轮缸　12—右后轮缸

动操纵为机械式前轮为浮动钳盘式制动器，后轮为领从蹄鼓式制动器（兼作驻车制动器）。

27.2.2　真空助力器与制动主缸的拆装与检查

1. 真空助力器与制动主缸的结构认识

桑塔纳2000GSi型轿车采用了真空助力器和串联式制动主缸，结构如图27-2所示，真空助力器真空室通过真空管与发动机进气管连接。

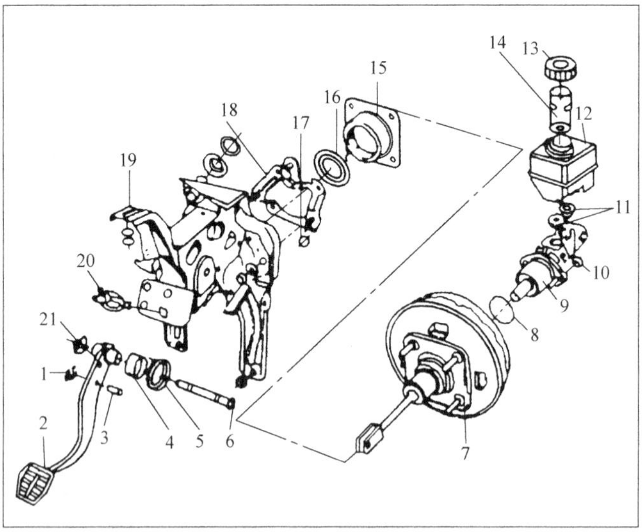

图27-2　主缸（总泵）和真空助力器的分解图

1—弹簧卡子　2—制动踏板　3—销钉　4—支撑座　5—复位弹簧　6—制动踏板轴　7—真空助力器　8、16—密封环　9—主缸（总泵）　10、17—螺母　11—密封堵头　12—储液罐　13、14—滤网　15—法兰　18—支架　19—制动踏板支架　20—制动灯开关　21—挡圈

真空助力器由前后外壳、气室膜片、弹簧和控制阀等组成，制动主缸由缸体、活塞、弹簧、弹簧座、油封、过滤器等组成，制动主缸由两只螺栓与助力器前端连接。

2. 真空助力器与制动主缸的车上拆卸

注意：在拆卸真空助力器与制动主缸之前，应先将真空助力器的真空管路和前后制动器油管从部件上拆下来（先放出制动液）。

（1）如图27-2所示，拆下弹簧卡子1，取出销钉3，旋下螺母17，从制动踏板支架19上取下真空助力器7、法兰15、密封环16、支架18。

（2）旋下螺母10，从真空助力器7上取下主缸9、密封环8。

（3）摘下挡圈21，取出制动踏板轴6、支撑座4和复位弹簧5，取下制动踏板2。撬下密封堵头11，从主缸9上取下储液罐12。

3. 制动主缸的分解与组装

桑塔纳轿车制动主缸的分解图如图27-3所示。

注意：桑塔纳轿车制动主缸实际使用中不允许分解和修理。

（1）制动主缸的分解

1）先摘下防尘套4，用工具撬下挡圈5，取出第一活塞组件7。

2）再旋下限位螺钉11，用压缩空气吹出第二活塞组件8。

3）分解第一活塞组件7和第二活塞组件8。

（2）制动主缸的组装

1）如图27-3所示，首先在主缸泵体1内孔和第二活塞组件8、密封圈2上涂上制动液，然后装入第二活塞8组件。

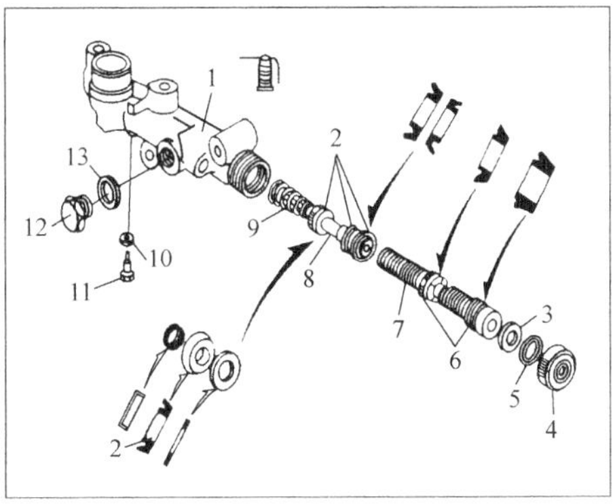

图27-3　主缸（总泵）的分解图

1—主缸泵体　2—第二活塞密封圈　3—止推垫圈　4—防尘套　5—挡圈　6—第一活塞密封圈　7—第一活塞组件　8—第二活塞组件　9—弹簧　10、13—垫圈　11—限位螺钉　12—螺塞

2）此时弹簧9的小端要朝向第二活塞8，各密封圈的刃口方向如图中所示，然后旋入限位螺钉11（10N·m）。

3）装入第一活塞组件7时，密封圈6的刃口方向按图中所示，最后装上止推垫圈3、挡圈5和防尘套4。

4. 真空助力器的分解与组装

真空助力器的分解图如图27-4所示。

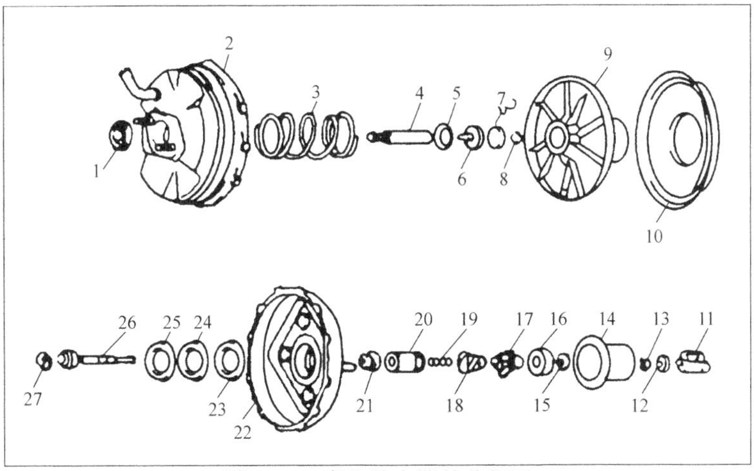

图27-4　真空助力器的分解图

1、23—气封　2—真空助力器前壳　3—弹簧　4—主缸推杆　5、25—齿环（固定齿环）　6—反作用环　7—反作用橡胶块　8—反作用板　9—膜片座　10—膜片　11—推杆叉　12—锁紧螺母　13、27—挡圈　14—防尘罩　15—垫圈　16—空气滤芯　17—弹簧座　18—空气阀弹簧　19—真空控制阀弹簧　20—阀座　21—真空控制阀　22—真空助力器后壳　24—衬垫　26—带空气阀的踏板推杆

（1）真空助力器的分解

1）如图 27-5 所示，先在真空助力器前壳 1 和后壳 2 上作好装配记号，装到专用拆卸工具 3 上，并顺时针转动专用拆卸工具 3 上的螺杆 4，使前壳 1 与后壳 2 分开。

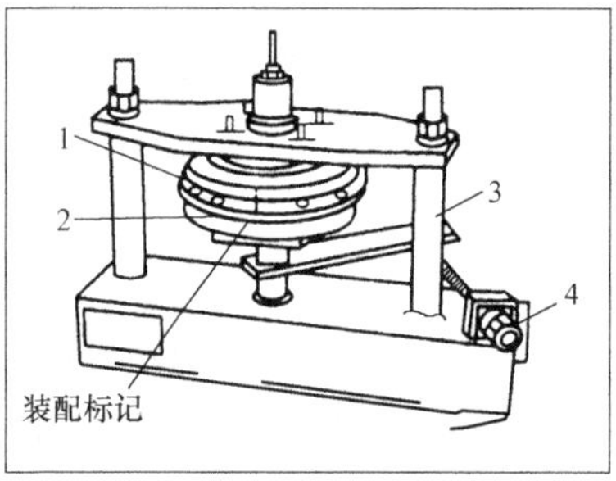

图 27-5　真空助力器壳的分解

1—真空助力器前壳　2—真空助力器后壳　3—专用拆卸工具　4—专用拆卸工具上的螺杆

2）如图 27-4 所示，从真空助力器前壳 2 上摘下齿环 5（固定齿环），而后取下反作用板 8、反作用橡胶块 7、反作用环 6、主缸推杆 4 和弹簧 3。再从真空助力器后壳 22 上取下膜片座 9 和膜片 10。

3）旋松锁紧螺母 12，旋下推杆叉 11，拆下挡圈 13，依次取下防尘罩 14、垫圈 15、空气滤芯 16、弹簧座 17、空气阀弹簧 18、真空控制阀弹簧 19、阀座 20 和真空控制阀 21。

4）从真空助力器后壳 22 的前端取出带空气阀的踏板推杆 26，摘下挡圈 27。

（2）真空助力器的组装。按照前面拆卸相反的顺序组装真空助力器（图 27-4）。

注意：

① 在相互运动件上涂上润滑脂，其中齿环（固定齿环）5、25 必须使用新件。

② 将真空助力器的前壳 1 上的标记与后壳 2 上的标记对正，再逆时针转动工具 3 上的螺杆 4，使前壳 1 和后壳 2 卡在一起，如图 27-5 和图 27-6 所示。

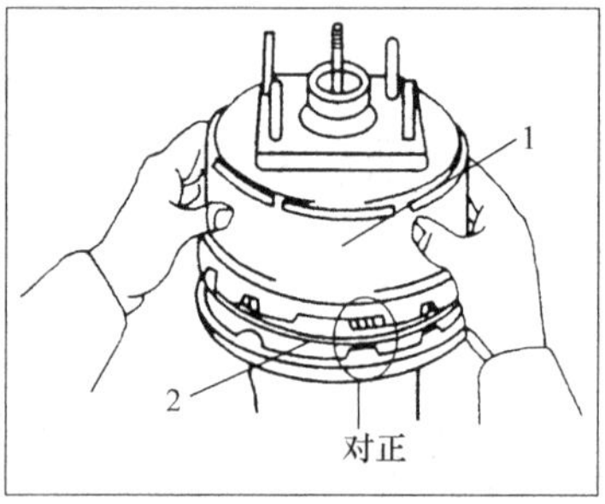

图 27-6　真空助力器前后壳体的安装

1—真空助力器前壳体　2—真空助力器后壳体

5．真空助力器与制动主缸的车上安装

（1）真空助力器与制动主缸的组装

1）如图 27-2 所示，将主缸 9 和密封环 8 装到真空助力器 7 上，旋上螺母 10（20N · m）。

2）将组装好主缸的真空助力器7、法兰15、密封环16、支架18一起装到制动踏板支架19上，旋上螺母17（20N·m）。

3）在制动踏板轴6上涂上润滑脂，并与制动踏板2、支撑座4、复位弹簧5一起装到支架19上，再装上挡圈21。

4）将真空助力器7的推杆用销钉3装在制动踏板2上，用弹簧卡子1固定。

5）将制动灯开关20从支架19上的安装口装入，并向右转90°固定住。

6）用制动液弄湿密封堵头11后，在主缸9上压入储液罐12。

（2）真空助力器与制动主缸的车上安装

1）用制动液清洗主缸的各连接口，清除各连接孔及座的油污。

2）把主缸和真空助力器固定在车架上。

3）把各连接管安装到相应的接口上。

27.2.3　盘式制动器的拆装

1. 桑塔纳轿车前轮盘式制动器的结构认识

桑塔纳2000轿车前轮采用单缸浮钳盘式制动器，由制动盘、制动钳及车轮轴承等组成，如图27-7所示。

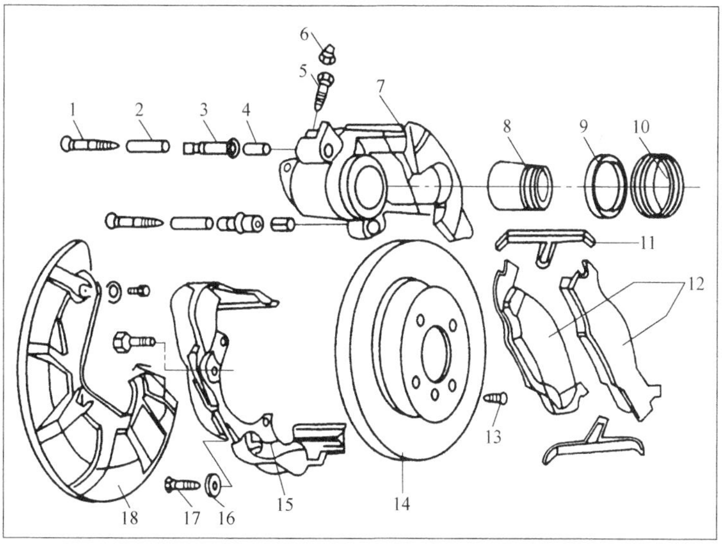

图27-7　桑塔纳轿车前轮盘式制动器的分解图

1、17—螺栓　2—导向缸套　3—橡胶衬套　4—塑料套　5—放气螺钉　6、10—防尘套　7—制动钳壳体　8—活塞　9—O形密封圈　11—保持弹簧　12—摩擦块　13—制动盘固定螺栓　14—制动盘　15—制动钳支架　16—垫片　18—防溅盘

2. 桑塔纳轿车前轮盘式制动器的拆装

（1）取下车轮装饰罩，拧松车轮螺栓螺母（110N·m）。

（2）将汽车支起。

（3）拆下车轮螺母，取下车轮。

（4）用专用工具拆下制动油管，并将制动液放入容器中。

（5）用内六角扳手拆下两个制动钳壳体的固定螺栓，卸下制动钳壳体总成。

（6）从制动钳壳体上拆下保持弹簧和摩擦块等。

（7）取下活塞防尘罩。

（8）用压缩空气对进油口吹气，取出活塞及 O 形密封圈。

（9）拆下制动钳支架固定螺栓，取下制动钳支架。

（10）拆下制动盘固定螺钉，取下制动盘。

（11）拆下防溅盘。

（12）按照拆卸相反的顺序进行。

注意：

① 安装制动钳壳体时，活塞要压到底。

② 安装车轮之前，要排除制动管路中的空气。

27.2.4　鼓式制动器的拆装

1. 桑塔纳轿车后轮鼓式制动器的结构认识

桑塔纳 2000 轿车后轮鼓式制动器的制动鼓、制动蹄分解图如图 27-8 所示。

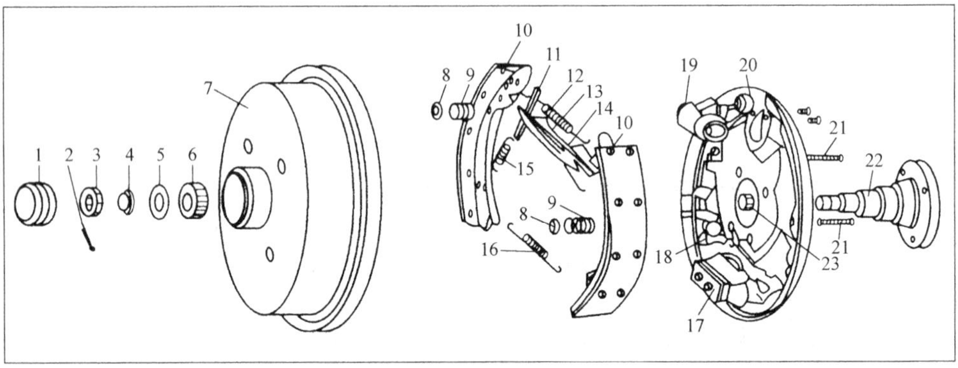

图 27-8　后制动鼓、制动蹄的分解图

1—轮毂盖　2—开口销　3—开槽垫圈　4—调整螺母　5—止推垫圈　6—轴承　7—制动鼓　8—弹簧座　9—弹簧　10—制动蹄　11—楔形件　12—复位弹簧　13—上复位弹簧　14—压力杆　15—用于楔形件复位的弹簧　16—下复位弹簧　17—固定板　18—螺栓（60N · m）　19—制动轮缸　20—制动底板　21—定位销　22—后轮毂短轴　23—观察孔橡胶塞

2. 桑塔纳轿车后轮鼓式制动器的拆卸

（1）用千斤顶将车支起，并定位好。

（2）拧松车轮螺栓螺母（110N · m），取下车轮。

（3）用专用工具卸下轮毂盖，如图 27-9 所示，取下开口销和开槽垫圈，旋下调整螺母，取出止推垫圈。

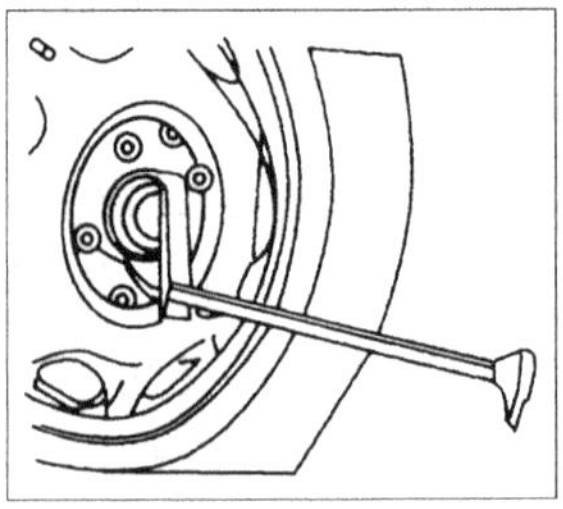

图 27-9　卸下轮毂盖

（4）增大制动蹄与制动鼓的间隙，取下制动鼓。

（5）用鲤鱼钳拆下压力弹簧垫圈。

（6）用手从下面的支架上提起制动蹄，取出下复位弹簧。

（7）用钳子拆下制动杆上的驻车制动拉索。

（8）用鲤鱼钳取下楔形件的拉力弹簧和上复位弹簧。

（9）卸下制动蹄。

（10）把带压力杆的制动蹄卡紧在台虎钳上，拆下定位弹簧，取下制动蹄。

（11）从制动底板上拆下制动轮缸。

（12）制动轮缸的分解（图 27-10）

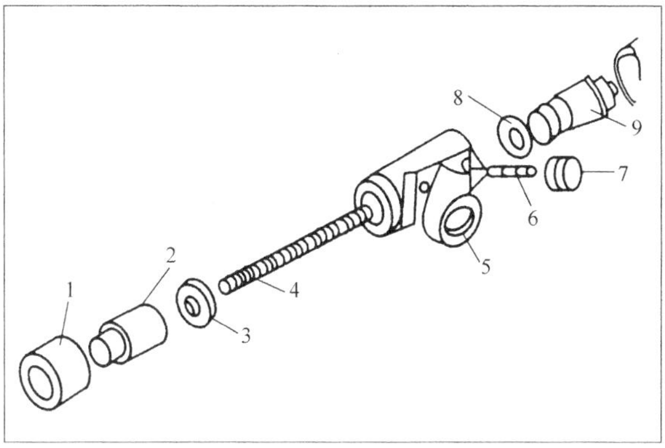

图 27-10　制动轮缸的分解

1、7—防尘罩　2、9—活塞　3、8—O 形密封圈　4—弹簧　5—缸体　6—放气螺钉

① 拆下缸体两端活塞防尘罩。

② 从缸体两端取出活塞和 O 形密封圈。

③ 从缸体内取出弹簧。

④ 取下放气螺钉防尘罩，拆下放气螺钉。

3. 桑塔纳轿车后轮鼓式制动器的装复

（1）清洁制动轮缸的各零件。

（2）将弹簧装入缸体内。

（3）在活塞和皮碗上应涂以制动液进行润滑，再分别从两端依次装上 O 形密封圈、活塞和防尘罩。

（4）装上放气螺钉和放气螺钉防尘罩。

（5）将制动轮缸按规定力矩紧固于制动底板上。

（6）装上复位弹簧，并将制动蹄装在压力杆上，如图 27-11 所示。

（7）装上楔形调整块，凸边朝向制动底板。

（8）将另一带有传动臂的制动蹄装在压力杆上，如图 27-12 所示。

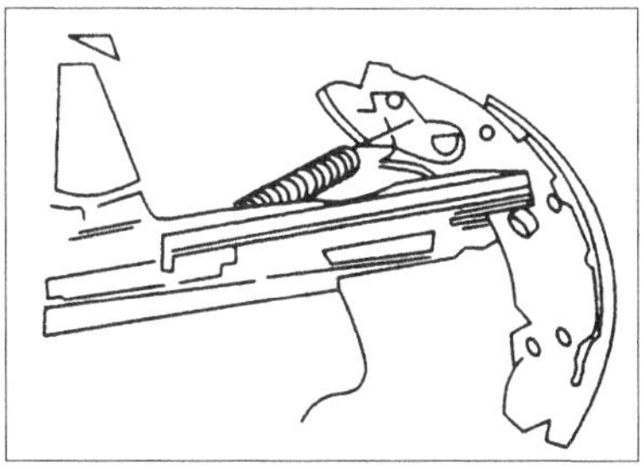

图 27-11　安装制动蹄复位弹簧

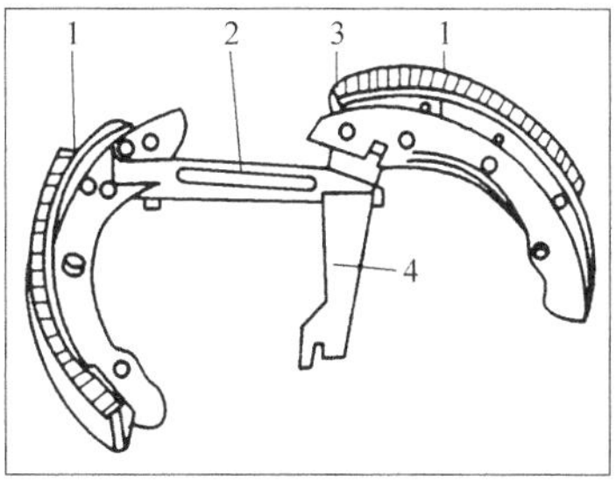

图 27-12　制动蹄传动臂连接

1—制动蹄　2—压力杆　3—制动蹄摩擦片　4—传动臂

（9）装入上复位弹簧，在传动臂上装上驻车制动拉索。

（10）将制动蹄装上制动底板，靠在制动轮缸外槽上。

（11）装入各种弹簧，包括复位弹簧，并把制动蹄提起，装到下面的支架上；装楔形件拉力弹簧；装压簧和弹簧座圈。

（12）装入制动鼓及后轮轴承和螺母，调整后轮轴承预紧度。

（13）用力踩一下制动踏板，使制动蹄正确就位，摩擦片与制动鼓的间隙得到自动调整。

27.2.5 驻车制动器的拆装

1. 桑塔纳轿车驻车制动器的结构认识

桑塔纳2000轿车的驻车制动器与行车制动器复合共用，驻车制动器操纵机构的分解如图27-13所示。

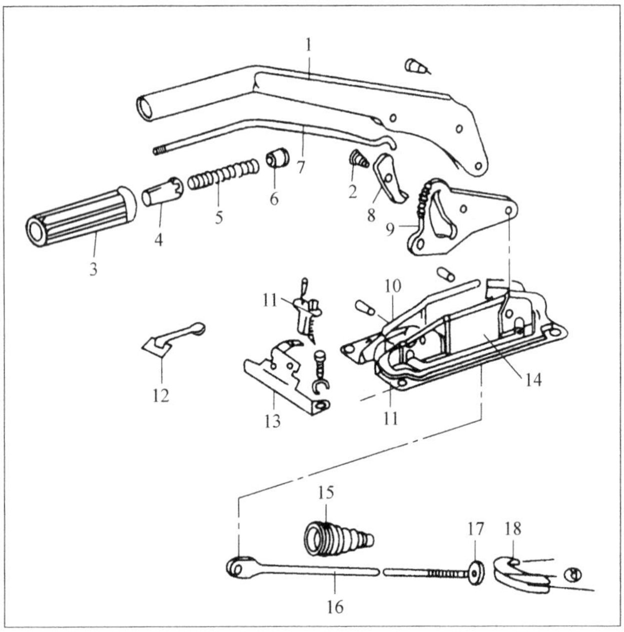

图27-13　桑塔纳轿车驻车制动器操纵机构分解图

1—驻车操纵杆　2—螺栓　3—制动手柄套　4—按钮　5—弹簧　6—弹簧套筒　7—棘轮杆　8—棘轮掣子　9—扇形齿　10—右轴承支架　11—驻车灯开关　12—凸轮　13—支架　14—左轴承支架　15—驻车制动拉杆底部橡胶防尘罩　16—驻车制动操作拉杆　17—限位板　18—驻车制动拉索调整拉杆

2. 驻车制动器的调整

驻车制动时由钢丝拉索驱动，作用于后轮，驻车制动操纵杆的自由行程为两齿，当松开驻车制动操纵杆时，两只后轮都能转动自如。驻车制动器的调整步骤如下：

（1）松开驻车制动操纵杆。

（2）用力踩一下制动踏板。

（3）把驻车制动操纵杆拉紧两齿。

（4）旋紧调整螺母，直至用手不能旋转两个被制动的后轮为止。

（5）松开驻车制动操纵杆，检查两只后轮应运转自如。

27.2.6　液压制动系统放气与制动踏板自由行程的调整

1. 液压制动系统放气

制动系统检修、更换制动液后，或者制动踏板无弹力时，需要对制动系统放气。放气时可以使用制动液充放机，也可以人工进行放气。人工放气的步骤如下。

放气顺序为：右后车轮制动轮缸→左后车轮制动轮缸→右前车轮制动钳→左前车轮制动钳。

（1）将一根软管一端接到放气螺钉上，一头插入容器中。

（2）一人用力迅速踩下并缓慢放松制动踏板，如此反复数次后，踩下制动踏板，并保持一定高度使之不动。另一人拧松放气螺钉，管路中空气随制动液顺着胶管排出制动系统，排出空气后再将放气螺钉拧紧。

（3）重复上述步骤多次，直至排出的制动液中无气泡为止。

（4）取下胶管，套上防尘罩。

（5）观察储液罐制动液液面高度，必要时添加制动液。

2. 制动踏板自由行程的检测与调整

（1）检测。先测量出制动踏板的自由高度（≥ 180mm），然后压下制动踏板至感到稍有阻力，再次测量出制动踏板高度（有效行程 135mm ），两高度之差即为制动踏板自由行程。桑塔纳轿车制动踏板自由行程应不大于 45mm。

（2）调整。

1）关闭发动机，踩下制动踏板若干次，使制动助力器中没有空气。

2）松开推杆锁紧螺母。松开制动总泵助力器推杆上的调整螺母，转动 U 形叉改变推杆长度，调短推杆，则制动踏板自由行程减小。调好后应拧紧锁紧螺母。

27.3　常见车型的比较

液压制动系统类型与结构的比较见表 27-1。

表 27-1　液压制动系统类型与结构的比较

<table>
<tr><th colspan="2">项　目</th><th>特点及应用</th></tr>
<tr><td rowspan="2">人 力（驻 车）制动系统</td><td colspan="2">轿车上：在后轮行车制动器上加装驻车制动推杆、驻车制动杠杆、驻车制动推杆内外弹簧等部件，由驻车制动手柄通过拉索进行操作。如大众、丰田、通用、雪铁龙、红旗系列轿车</td></tr>
<tr><td colspan="2">货车上：采用中央制动器，即在变速器的后面有一驻车制动器（钳盘式、鼓式），由驻车制动操纵杆通过杠杆机构进行操作。如 EQ1090 汽车中央鼓式驻车制动系统</td></tr>
<tr><td rowspan="2">伺服制动系统</td><td>真空助力</td><td>真空助力器在制动踏板和主缸之间，应用广泛，如 CA7220、奥迪 100、捷达、雪铁龙轿车等</td></tr>
<tr><td>真空增压</td><td>真空增压器在主缸之后，并且有辅助缸，应用于某些轻型汽车</td></tr>
</table>

（续）

项　　目			特点及应用
制动器（由液压缸驱动，轿车上常见的是前盘式后鼓式）	盘式（浮钳盘式）		单侧设置油缸、其制动钳体与固定在车轴上的支座铰接，应用广泛，如 CA7220、奥迪 100、捷达、桑塔纳、夏利等轿车的前制动器
	鼓式	领从蹄	1 个工作缸，2 个活塞，多用于轿车的后轮，如 BJ2023 型汽车后轮制动器
		双领蹄	2 个工作缸，各 1 个活塞，如 BJ2023 和 CA1040 系列轻型汽车前轮制动器
		双从蹄	2 个工作缸，各 1 个活塞，应用少，如英国女王牌轿车
		双向双领蹄	2 个工作缸，各 2 个活塞，如 CA1040 系列轻型汽车后轮制动器
		单向自增力	1 个工作缸，1 个活塞，只用于中、轻型汽车的前轮，如布切奇 113N 前轮制动器
		双向自增力	1 个工作缸，2 个活塞，多用于轿车的后轮，如丰田皇冠轿车、南京依维柯轻型汽车、切诺基 BJ2021 轻型越野车后轮制动器等

项目二十八　气压制动系统的拆装与检查调整

28.1　实训目标和准备

项　目		要　点
目标	知识目标	理解气压制动系统的结构组成及制动回路 理解凸轮式制动器、中央制动器、双腔并联制动阀、制动气室的结构
	技能目标	学会凸轮式制动器、中央制动器、双腔并联制动阀、制动气室的拆装和检查
设备和工具	EQ1090 型汽车 1 辆或底盘 1 台，气压制动系统零件、总成各 1 套，底盘拆装工具 1 套，汽车制动系统专用拆装工具 1 套，多媒体设备 1 套	
实训安排	实训课时：2 学时 实训组织：每组 3 ~ 5 位同学，老师指导，学生动手操作	

28.2　实训内容、方法及注意事项

28.2.1　东风 EQ1090 汽车气压制动系统的组成认识

东风 EQ1090 型汽车双管路气压制动系统示意图如图 28-1 所示。该车的气压制动系统采用单缸空气压缩机 1；卸荷阀 2、调压阀 3 及其管路用来调节气压制动系统的压力；有两个

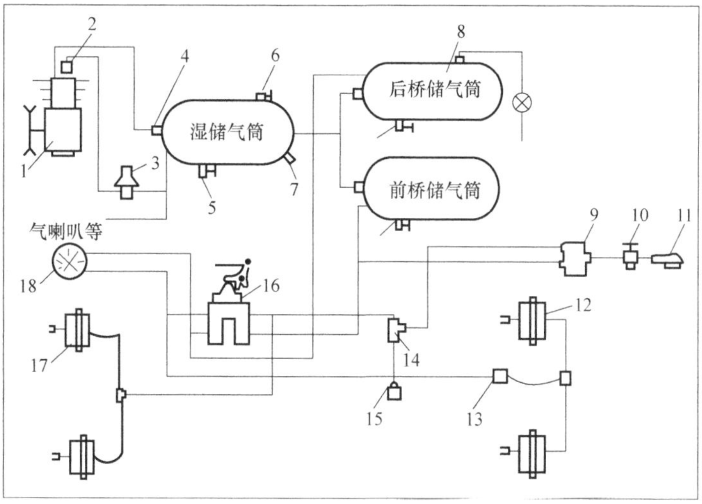

图 28-1　东风 EQ1090 型汽车双管路气压制动系统示意图

1—空气压缩机　2—卸荷阀　3—调压阀　4—单向阀　5—放水阀　6—放气阀　7—安全阀　8—储气筒
9—挂车制动控制阀　10—分离开关　11—连接头　12—后轮制动气室　13—快放阀　14—双通单向阀　15—制动灯开关
16—制动控制阀　17—前轮制动气室　18—双针气压表

独立的储气筒 8 分别向前后制动管路供应气体；并列双腔制动控制阀 16 是主要的控制装置，用以起随动作用并保证有足够强的踏板感；后桥制动管路装有膜片式快放阀 13，可使后桥制动器解除制动迅速；在前桥制动管路和后桥制动管路之间，并联有双通单向阀 14，两管路能共同控制挂车制动控制阀 9；制动气室 12、17 将输入的气压能转换成机械能并输出给制动器，以产生制动力。另外，还有气压过低报警开关、制动灯开关、双针气压表等。

28.2.2 东风 EQ1090 汽车前后轮制动器的拆装与调整

1. 东风 EQ1090 汽车前后轮制动器的结构认识

该车前后轮制动器采用凸轮驱动的鼓式制动器，其前轮毂及制动鼓分解图如图 28-2 所示。

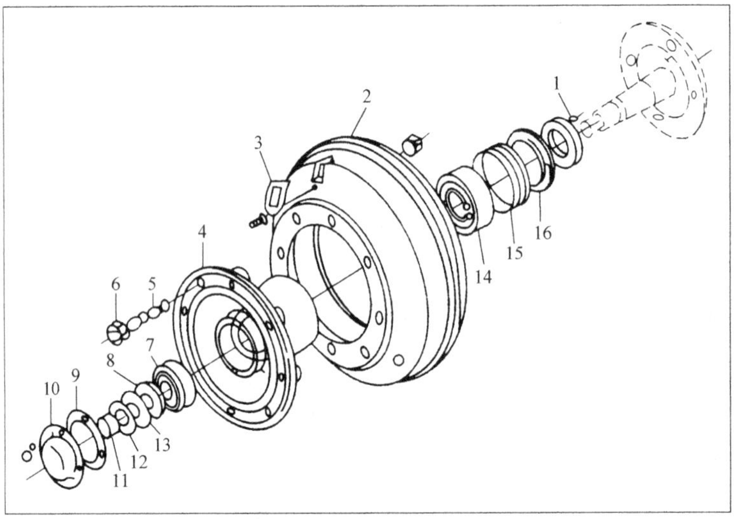

图 28-2 东风 EQ1090 汽车前轮毂及制动鼓分解图

1—内座圈定位用圆柱销 2—制动鼓 3—前制动鼓检查孔堵塞 4—前轮 5—螺栓 6—螺母 7—外轴承总成 8—轴用调整螺母 9—衬垫 10—盖 11—轴承锁紧螺母 12—锁紧螺母止动垫圈 13—调整螺母止动垫圈 14—前轮内油封总成 15—油封外圈 16—油封总成前轮油封内座圈

2. 前轮制动器的拆卸

（1）将汽车前桥支起，将后轮用木楔等顶住。

（2）拆卸前轮毂及制动鼓。其拆卸顺序为：松开轮毂盖的紧固螺栓，取下前轮毂盖、衬垫，剔平止动垫圈，依次拆下锁紧螺母、止动垫圈、调整螺母的锁紧垫圈和轮毂轴承调整螺母，从转向轴上拉出前轮毂及制动鼓组合件。

（3）拆卸制动器的固定部分、张开机构、定位调整机构各零件。

（4）将凸轮转到原始位置，拆下制动蹄复位弹簧，拆下开口销及制动蹄轴紧固螺母，取下制动蹄及制动蹄轴。

（5）拆下制动气室推杆连接叉锁销，拆下调整臂及前后配件。

（6）从制动气室支架承孔中取出凸轮轴。

（7）拆下制动气室。

（8）拆下钢丝锁线及支架紧固螺栓，将制动气室支架从制动板上拆下。

（9）松开紧固螺栓和螺母，从转向节上拆下制动底板。

3. 前轮制动器装配与调整

装配可按拆卸时的相反顺序进行，先安装制动底板，再依次装配制动气室支架、制动气室、凸轮轴和调整臂、制动蹄轴和制动蹄、复位弹簧，最后安装制动鼓前轮毂并调整蹄鼓间隙。

注意：

① 装配时，制动蹄轴和蹄片衬套的配合表面及蹄片平台表面应涂以少量润滑脂，摩擦片表面应干净，严禁沾上油脂。

② 装配时，制动气室支架紧固螺母和制动蹄轴紧固螺母暂时可不拧紧（待蹄鼓间隙调整好以后再拧紧）。制动蹄轴的偏心部分应对称，偏心标记应相对，如图 28-3 所示。

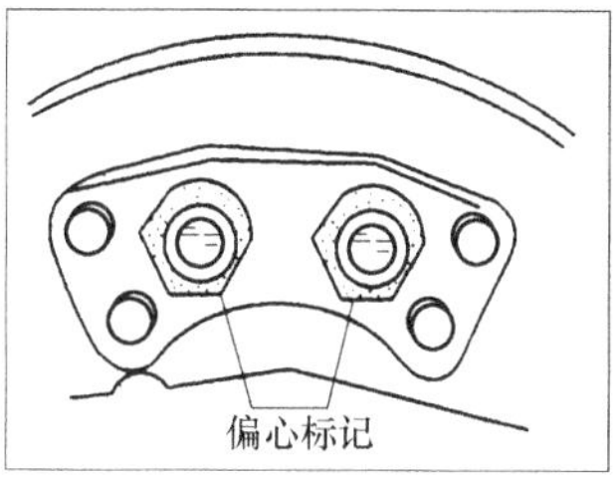

图 28-3　制动蹄的装配标记

③ 选装合适的凸轮轴调整垫片，保证凸轮轴既能自由转动，轴向窜动量又不大于 1mm。

④ 用旋转调整臂蜗杆轴、制动蹄轴和移动支架的方法，使制动鼓与摩擦片之间的间隙符合要求。靠近支撑轴端为 0.25～0.40mm，靠近凸轮轴端为 0.40～0.55mm，同一制动鼓内两蹄摩擦片相对应的间隙差不大于 0.10mm。最后拧紧制动蹄轴和支架的紧固螺母，同时应注意保持蹄轴和支架的位置不变（制动蹄轴紧固螺母拧紧力矩为 130～170N·m）。蹄鼓间隙调整好后，制动鼓应能转动自如，无卡滞现象。

⑤ 前制动底板紧固螺栓螺母的拧紧力矩为 140～170N·m。

⑥ 对于后轮制动器的拆装，可参照上述前轮拆装步骤进行。

4. 后轮制动器的拆装

可参照上述前轮拆装步骤进行。

28.2.3　东风 EQ1090 汽车驻车制动器的拆装与调整

1. 东风 EQ1090 汽车驻车制动器的结构认识

该车驻车制动器采用拉杆操纵、凸轮驱动的鼓式制动器，如图 28-4 和图 28-5 所示。

2. 驻车制动器的拆卸

（1）拆卸摇臂下端的平头销、摇臂下端拉杆、扇形齿板与变速器壳紧固螺栓，拆卸制动操纵杆及其上、下端连接件。

（2）拆下操纵杆摇臂上端平头销、摇臂及销轴、拉杆球面垫圈及调整锁紧螺母、拉杆及弹簧。

（3）从变速器第二轴后端拆下制动鼓及法兰（零件标号如图 28-5 所示）。

（4）拆下凸轮轴限位片、制动蹄复位弹簧、制动蹄轴弹性锁片、垫圈及另一端锁紧螺母、制动蹄带滚轮及蹄轴、制动底板支座与变速器第二轴后轴承盖紧固螺栓及制动底板支座与底板总成、摆臂固定螺栓及摆臂、凸轮轴弹性锁片及凸轮轴，分解制动底板与支座。

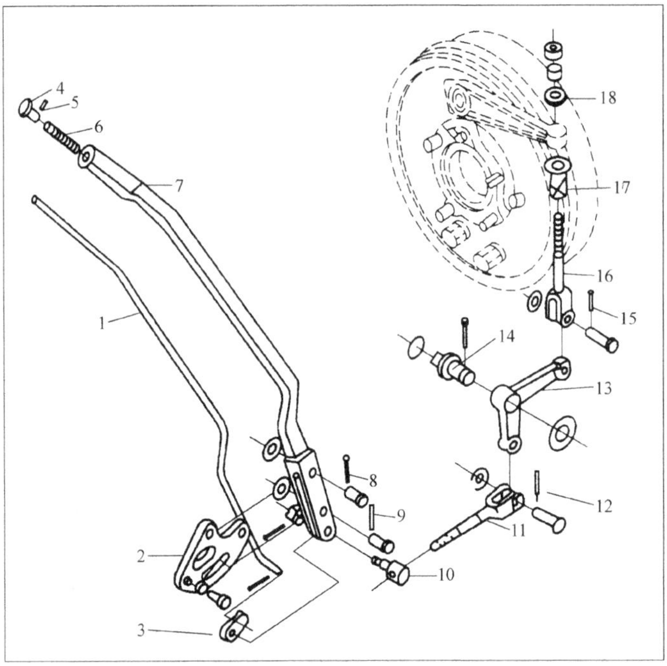

图 28-4　东风 EQ1090 汽车驻车制动器操纵机构

1—棘爪拉杆　2—扇形齿板　3—棘爪　4—操纵杆按钮　5—按钮销　6—复位弹簧　7—操纵杆　8、9、12、15—平头销　10—操纵杆销轴　11—拉杆总成　13—操纵杆摇臂　14—摇臂销轴　16—拉杆总成　17—拉杆压紧弹簧　18—拉杆球面垫圈

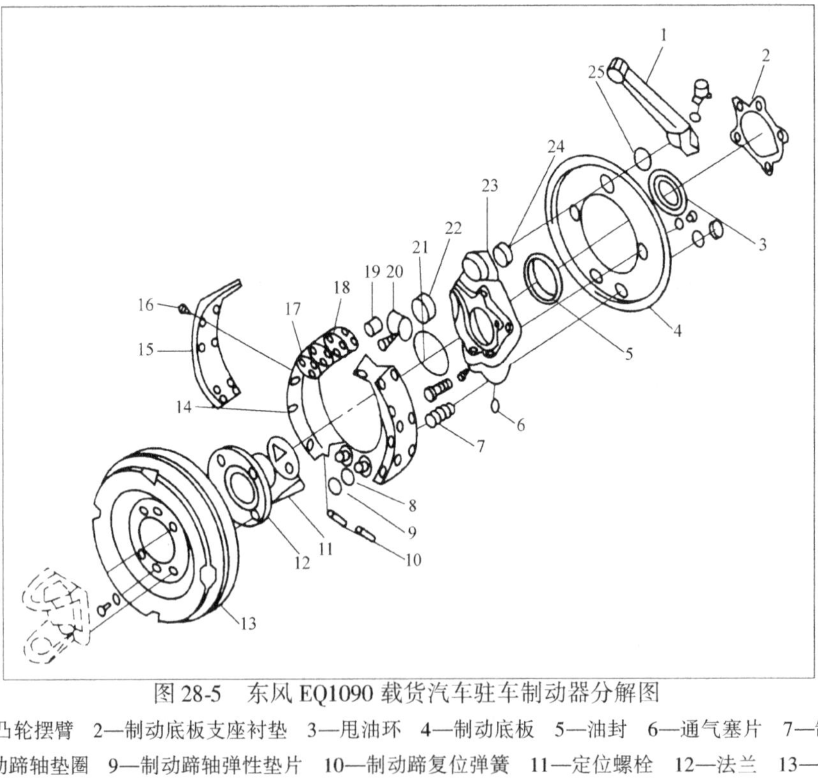

图 28-5　东风 EQ1090 载货汽车驻车制动器分解图

1—制动凸轮摆臂　2—制动底板支座衬垫　3—甩油环　4—制动底板　5—油封　6—通气塞片　7—制动蹄轴　8—制动蹄轴垫圈　9—制动蹄轴弹性垫片　10—制动蹄复位弹簧　11—定位螺栓　12—法兰　13—制动鼓　14—制动蹄总成　15—摩擦片　16—铆钉　17—轴用弹性挡圈　18—滚轮　19—滚轮轴　20—限位片　21—挡油盘　22—凸轮轴　23—制动盘支座　24—凸轮衬套　25—弹性锁片

3. 驻车制动器的装配

按拆卸时的相反顺序装复驻车制动器及其操纵机构。

注意：安装凸轮轴时，应在其支撑圆柱面及衬套内涂以润滑脂，凸轮轴装入并用弹性挡圈锁住之后，应能在承孔内自由转动。安装制动蹄及蹄轴时，蹄孔及蹄轴圆柱面应涂以润滑脂，蹄与蹄轴装合后，应能相对转动，将凸缘组合件装入变速器第二轴时，应保证甩油环进入挡油盘之内。装配中不允许用锤子随便敲击零件。

4. 蹄鼓间隙的调整

制动蹄轴重新装配后应对蹄鼓间隙进行全面调整，调整方法如下：

（1）拆开摇臂两端拉杆，松开制动蹄轴锁紧螺母，用扳手转动蹄片轴至扳动摆臂凸轮张开后，两蹄中间摩擦片中部同时与制动鼓接触，然后固定制动蹄轴并紧固锁紧螺母。

（2）装配摇臂两端拉杆并调整至符合驻车制动器装配调整后的技术要求。

5. 驻车制动器装配后的技术要求

（1）间隙为0.20～0.40mm。

（2）当棘爪与扇形棘轮最后一个齿啮合时，操纵杆摇臂后端与水平线夹角约为15°。

（3）当操纵杆从放松的极限位置移动3～5个齿时，用500mm长的撬棒应不能转动制动鼓。

（4）驻车制动操纵杆完全放松时，制动鼓应该能转动自如。

28.2.4　东风EQ1090汽车气压制动系统双腔并联制动阀的拆装与调整

1. 双腔并联制动阀的结构认识

东风EQ1090气压制动系统双腔并联制动阀的分解图如图28-6所示。

2. 双腔并联制动阀的拆卸

（1）取出卡圈，拆下轴及拉臂。

（2）松开上下体连接螺栓，分离上下阀体，取下橡胶垫圈、钢垫圈、平衡臂及钢球。

（3）解体下阀体。拆下阀门导向座、密封垫片、阀门复位弹簧及阀门等。

（4）分解膜片总成。取出膜片总成及复位弹簧，用弹簧钳拆下弹性挡圈并分解膜片总成。

3. 双腔并联制动阀的装配

在清洁零件熟悉其构造之后，按与拆卸相反的顺序装配制动阀。

注意：

① 零件应用煤油清洗。

② 装配时，阀门等运动件配合面应涂以润滑脂。

③ 制动阀装合后应进行排气间隙（即自由行程）、最大工作气压、两腔随动气压差的调整。

4. 排气间隙的调整

拆下前后腔柱塞座总成（或在未装配柱塞座总成时进行调整），旋动调整螺钉，用深度游标卡尺测量两腔的排气间隙，应均为1.5mm。

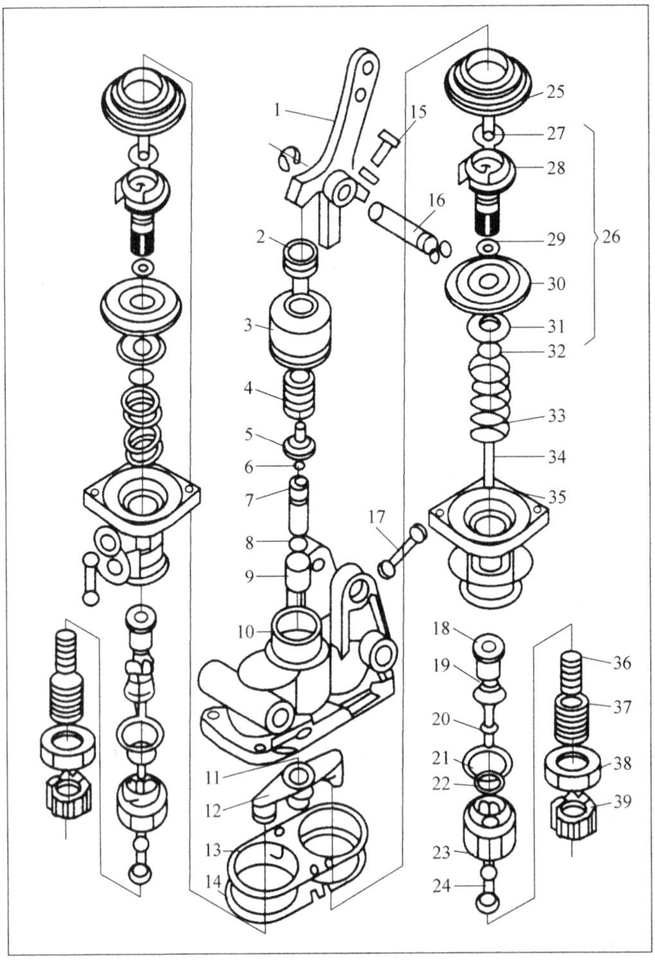

图 28-6　东风 EQ1090 气压制动系统双腔并联制动阀的分解图

1—拉臂　2—平衡弹簧上座　3—防尘罩　4—平衡弹簧　5—平衡弹簧下座　6、11—钢球　7—推杆　8—小活塞　9—衬套　10—上体　12—平衡臂　13—橡胶垫圈　14—钢垫片　15、17—调整螺钉　16—拉臂轴　18—进气阀门总成　19—进气阀复位弹簧　20、22、29—O 形密封圈　21—密封垫片　23—柱塞座　24—柱塞　25—膜片压紧圈　26—膜片总成　27—挺杆头　28—挺杆　30—膜片　31—夹片　32—轴用弹性挡圈　33—膜片复位弹簧　34—顶杆　35—下体　36—调整弹簧　37—调整螺栓　38—螺母　39—塑料罩

28. 2. 5　东风 EQ1090 汽车制动气室的拆装

1. 制动气室的结构认识

EQ1090 汽车采用膜片式制动气室，其分解图如图 28-7 所示。

2. 制动气室的车上拆卸

（1）把制动气室与双腔制动阀相连的空气通道松开。

（2）松开连杆的连接叉。

（3）松开紧固螺栓，取下制动气室。

注意：必须注意压缩空气管接头的位置。

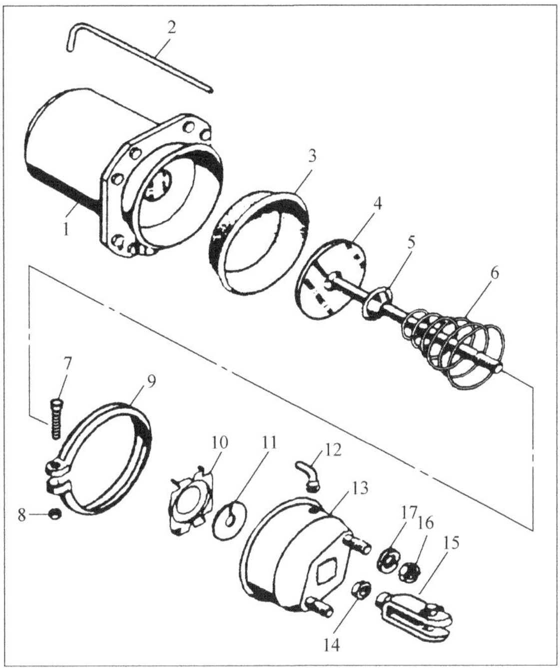

图 28-7　东风 EQ1090 汽车膜片式制动气室分解图

1—储能室　2—连通管　3—膜片　4—小活塞总成　5—弹簧座　6—锥弹簧　7—六角头螺栓　8、14、16—螺母　9—卡箍　10—衬垫　11—垫圈　12—橡胶管接头　13—下端盖总成　15—连接叉　17—弹簧座圈

3. 制动气室的分解

注意：为了事后装配方便，拆卸前请将各个零件的相应位置做好标记。

（1）将制动气室总成置于平台上，在橡胶管接头 12 处装一个带有充气管的接头，将弹簧储能室 1 用不小于 600kPa 的气压充气，然后将连通管 2 从橡胶管接头 12 中拔出。

（2）在充气状态下，用扳手松开六角头螺栓 7 和六角螺母 8，然后将卡箍 9 取下。

（3）将膜片室整个从弹簧储能室 1 上取下。

（4）通过橡胶管接头 12 将弹簧储能室 1 放气。

（5）用铜皮或软质垫片置于台虎钳口两侧，将连接叉 15 夹在台虎钳上。

（6）用扳手放松六角薄螺母 14，从连接叉 15 上旋出小活塞总成 4。

（7）从小活塞总成 4 上旋下六角薄螺母 14，再从小活塞总成 4 上取下下端盖总成 13、塑料垫圈 11、衬垫 10、锥弹簧 6 和弹簧座 5。

（8）从下端盖总成 13 的内侧拔出橡胶管接头 12，从弹簧储能室 1 上取下膜片 3。

注意：制动气室储能弹簧的拆装，必须在专用工具上进行，以防弹簧跳出伤人和制动失灵。

4. 制动气室的装配

（1）把弹簧套在推杆上，再把推杆插入壳的孔中，装回连接叉。

（2）按拆卸时所作的记号装合壳和盖，并分两次均匀对称的拧紧盖上的固定螺母，以防膜片变形而漏气。

(3) 把推杆叉拧到推杆螺纹底部时，推杆外露部分的长度应符合技术标准要求。

(4) 装合后用压力为882kPa的压缩空气试验时，不得有漏气现象。在以上过程中，橡胶膜片要放正，弹簧在推杆盘上也要放正，然后将卡箍装合，卡箍螺栓的拧紧力矩为15 N·m，再用螺母以20～30N·m的力矩锁紧。制动气室装合后，踩下和放松制动踏板进行检查，这时制动气室能迅速灵活移动，无卡滞现象。

注意：制动橡胶软管在长期使用后会老化、变质，可能导致漏气，因此必须每年更换一次制动软管或每行驶50000km后更换一次。前轮制动软管更换装复后，应检查车轮在任何转向位置时均不与制动软管擦碰。

5. 制动气室的车上安装

(1) 安装制动气室时，先按普通气室规范将连接叉调整到所需要的位置，然后分两次均匀对称地拧紧盖上的固定螺栓。

(2) 其余安装顺序与拆卸相反。

28.3 常见车型的比较

我国生产的中型以上货车或客车一般都采用气压制动系统，表28-1所示是CA1091型和EQ1090E型汽车气压制动系统结构的比较。

表28-1　CA1091型和EQ1090E型汽车气压制动系统结构的比较

车　型	特　点
共同点	都有空气压缩机、湿储气筒（放水阀、安全阀、放气阀）、气压调节阀、双针气压表、气喇叭和气喇叭开关、挂车分离开关和连接头、四个前后膜片式制动气室、挂车制动阀
CA1091	1个主储气筒（分前后腔，分别给前后轮制动器供气），串列双腔活塞式制动阀
EQ1090E	2个主储气筒（分别给前后轮制动器供气），并列双腔膜片式制动阀，另外还有快放阀、梭阀

项目二十九　ABS 和 ESP 的拆装

29.1　实训目标和准备

项目		要点
目标	知识目标	理解 ABS 和 ESP 的结构组成及工作情况 理解 ABS 控制器、ESP 泵总成、ESP 执行器的结构
	技能目标	学会 ABS 控制器、ESP 泵总成、ESP 执行器的拆装方法
设备和工具	配置 ABS 的轿车 1 辆，配置 ESP 的轿车 1 辆，底盘拆装工具 1 套，多媒体设备 1 套	
实训安排	实训课时：2 学时 实训组织：每组 3 ~5 位同学，老师指导，学生动手操作	

29.2　实训内容、方法及注意事项

29.2.1　桑塔纳 2000GSi 轿车 ABS 的结构认识

桑塔纳 2000GSi 轿车采用的是美国 ITT 公司的 MK20Gi 型 ABS，它是四轮速传感器、三通道 ABS 调节回路，前轮单独调节，后轮则以两轮中地面附着系数低的一侧为依据统一调节。ABS 主要由电控单元（ECU）、液压控制单元（HCU）、电动液压泵、4 个车轮转速传感器、ABS 故障警告灯、制动警告灯等组成（图 29-1）。

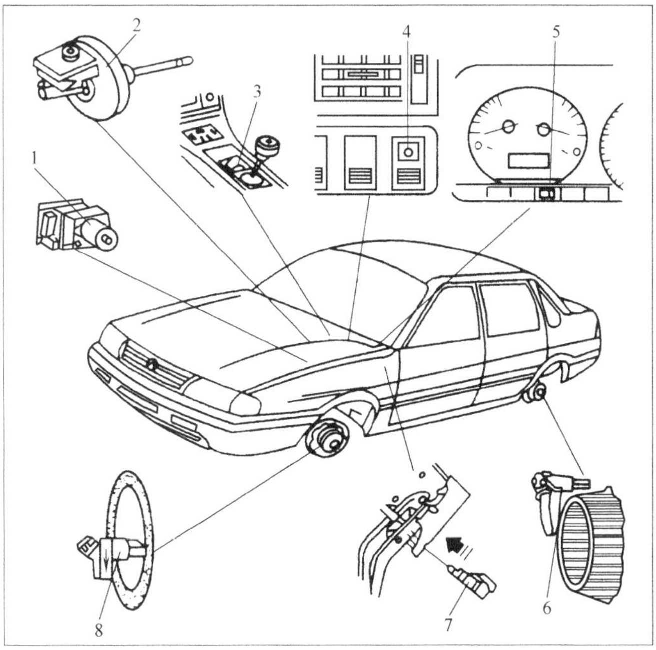

图 29-1　桑塔纳 2000GSi 轿车 ABS 部件位置图

1—ABS 控制器　2—制动主缸和真空助力器　3—自诊断接口　4—ABS 警告灯（K47）　5—制动警告灯（K118）
6—后轮转速传感器（G44/G46）　7—制动灯开关（F）　8—前轮转速传感器（G45/G47）

29.2.2　桑塔纳2000GSi轿车ABS组件的拆装

ABS机械部分与传统制动系统基本相同，在此主要介绍ABS控制器的拆装步骤与注意事项。ABS控制器及其附件分解图如图29-2所示。

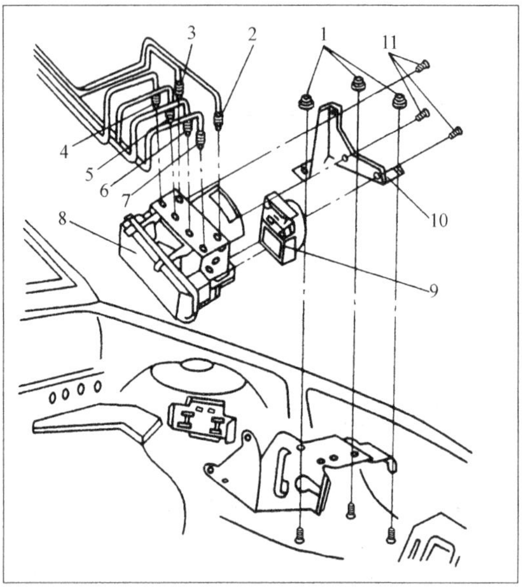

图29-2　ABS控制器及其附件分解图

1—ABS控制器支架紧固螺母（20N·m）　2—制动主缸前腔与HCU制动管接头（15 N·m）
3—制动主缸后腔与HCU的制动管接头（15 N·m）　4—HCU与右前制动轮缸的制动管接头（15 N·m）
5—HCU与左后制动轮缸的制动管接头（15 N·m）　6—HCU与右后制动轮缸的制动管接头（15 N·m）
7—HCU与左前制动轮缸的制动管接头（15 N·m）　8—ABS控制器　9—ABS控制器线束插头（25针插头）
10—ABS控制器支架　11—ABS控制器安装螺栓（10 N·m）

1. ABS控制器的拆装

（1）关闭点火开关，拆下蓄电池和蓄电池支架。

（2）从ABS ECU上拔下25针插头。

（3）踩下制动踏板，并用踏板架固定。

（4）在ABS控制器下垫一块抹布，用以吸附拆卸时流出的制动液。拆下制动主缸到HCU的制动油管A和B（图29-3），做好记号，立即用密封塞将开口部塞住。用软铁丝把制动油管A和B扎在一起，挂到高处，使开口处高于制动储液罐的油平面。

（5）拆下HCU通到各轮的制动油管，并做上记号，立即塞住（图29-4）。

注意：不要使制动液渗入到ABS ECU壳体中去，以免腐蚀、损坏系统。

（6）把ABS控制器从支架上拆下。

（7）按照与拆卸相反的步骤进行安装。

注意：ABS液压单元开口处的密封塞，只有在制动油管要装上去的时候才能拆下，以免异物进入系统。

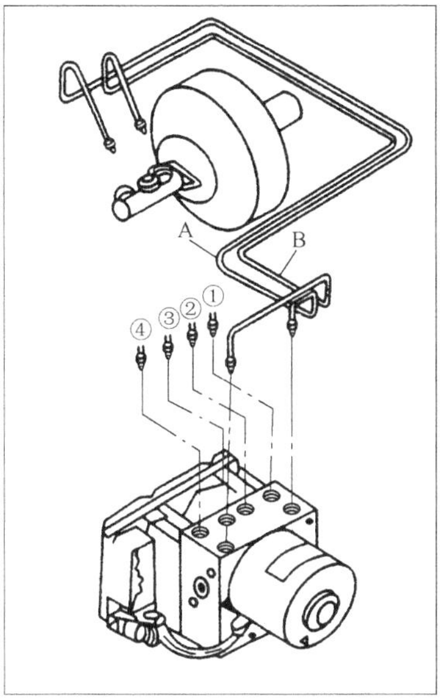

图 29-3　拆下制动油管 A 和 B

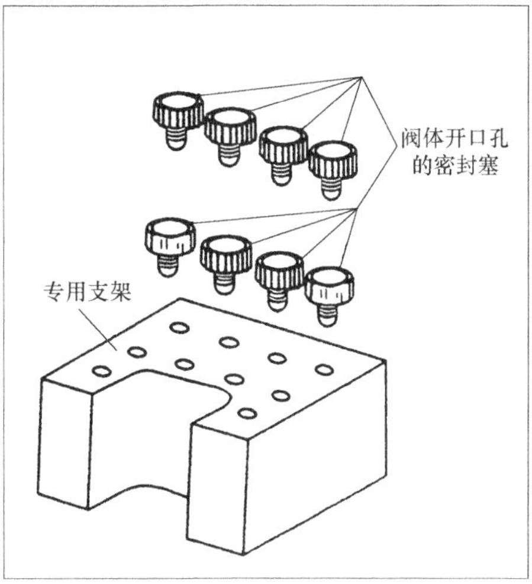

图 29-4　制动油管密封塞

安装完后，还需要做以下工作：

① 对 ABS 充制动液和放气。

② 如果 ABS ECU 是新更换的，必须对其重新编码。

③ 打开点火开关，ABS 故障警告灯必须亮 2s 后再熄灭。

④ 先清除故障码，再查询故障码，若仍存在故障码，则需排除故障。

⑤ 试车检测 ABS 功能，制动时应感到制动踏板有反弹。

2. ABS 控制器的分解与装配

（1）压下插头侧的锁止扣，拔下 ABS ECU 上的液压泵电线插头。

（2）用专用套筒扳手拆下 ABS ECU 与 HCU 的 4 个连接螺栓（图 29-5），将 ABS ECU 与 HCU 分离。

注意：

① 拆下 HCU 时要直拉，别碰坏阀体。

② 在 ABS ECU 电磁阀上盖一块不起毛的布，将 ABS HCU 和液压泵安放在专用支架上，以免在搬运时碰坏阀体。

（3）按照与分解相反的顺序进行装配。

注意：

① 把 ABS ECU 与 HCU 组装在一起时，力矩不得超过 4N · m。

② 线束插接器必须锁扣到位。

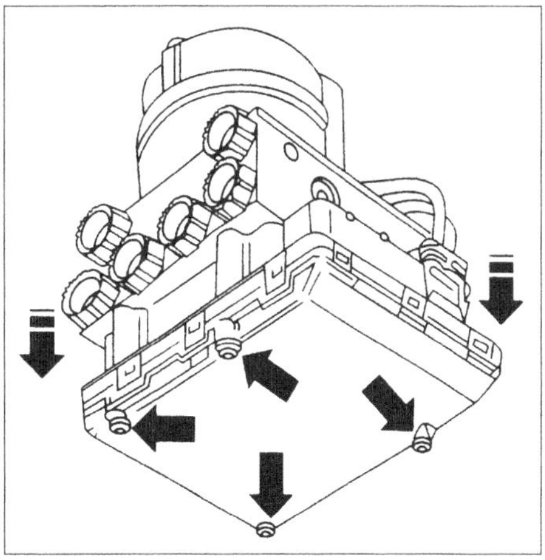

图 29-5　拆下 ABS ECU 与 HCU 的 4 个连接螺栓

3. 前轮转速传感器的拆装

（1）安装位置

前轮转速传感器和前轮轴承安装位置如图 29-6 所示。

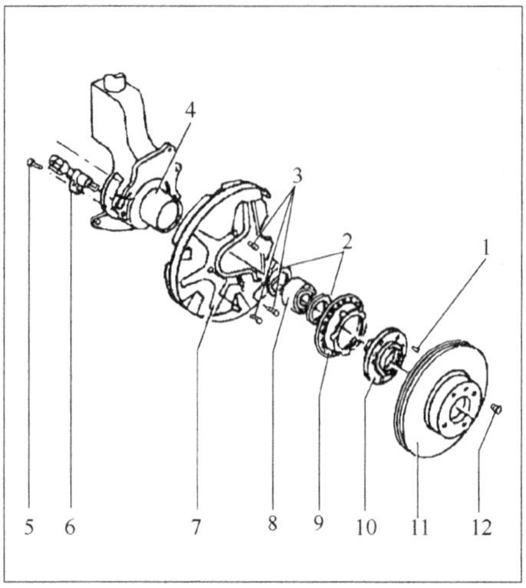

图 29-6　前轮转速传感器和前轮轴承安装位置

1—沉头螺钉　2—前轮轴承弹性挡圈　3、5—六角头螺栓（10N · m）　4—前轮轴承壳
6—转速传感器（右前 G45/左前 G47）　7—防尘板　8—前轮轴承　9—齿圈　10—轮毂　11—制动盘　12—十字槽螺栓

（2）前轮转速传感器的拆装

1）先拔下传感器导线插头，再拧下内六角紧固螺栓，拆下前轮转速传感器。

2）安装前轮转速传感器之前，先清洁传感器的安装孔内表面，并涂上固体润滑膏，然后装入，拧紧六角螺栓，最后插上导线插头。

注意：前轮转速传感器左、右不能互换，因为零件不同。

4. 后轮转速传感器的拆装

（1）安装位置

后轮转速传感器和后轮轴承安装位置如图 29-7 所示。

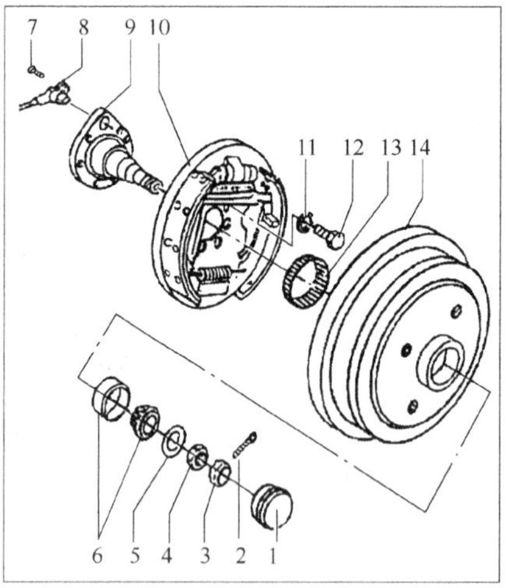

图 29-7　后轮转速传感器和后轮轴承安装位置

1—轮毂盖　2—开口销　3—螺母防松罩　4—六角螺母　5—止推垫片　6—车轮锥轴承　7—内六角螺栓（10N · m）
8—转速传感器（右后 G44/左后 G46）　9—车轮支承短轴　10—后轮制动器总成　11—弹簧垫圈
12—六角螺栓（60N · m）　13— 转速传感器齿圈　14—制动鼓

（2）后轮转速传感器的拆装

1）先翻起汽车后坐垫，分开要拆的后轮转速传感器的连接插头。

2）再拧下传感器的内六角紧固螺栓，拆下前轮转速传感器。

3）取下后梁上的转速传感器导线保护罩，拉出导线和导线插头。

4）安装后轮转速传感器之前，先清洁传感器的安装孔内表面，并涂上固体润滑膏，然后装入，拧紧六角螺栓。其余步骤与拆卸相反。

注意：前轮转速传感器左、右不能互换，因为零件不同。

29.2.3　奥迪 A6 轿车 ABS/ESP 的结构认识

奥迪 A6 轿车 ABS/ESP 电控元件位置图如图 29-8 所示，液压单元和制动管路如图 29-9 所示。

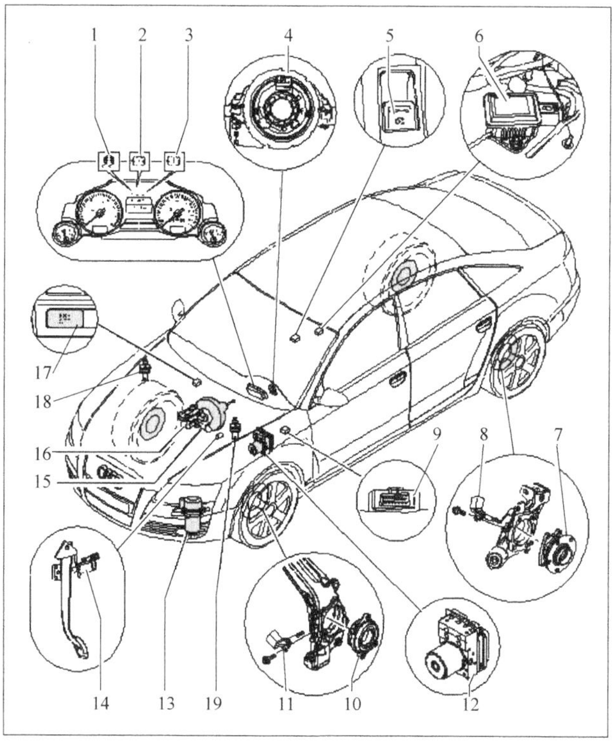

图 29-8　奥迪 A6 轿车 ABS/ESP 电控元件位置图

1—牵引力控制指示灯 K86　2—ABS 指示灯 K47　3—制动系统指示灯 K118　4—ESP 转向角传感器 G85
5—驻车制动器按键 F234　6—ESP 传感器单元 G419　7、10—车轮轴承/轮毂单元　8—后部右/左转速传感器 G44/G46
9—诊断接头　11—前部右/左转速传感器 G45/G47　12—ABS 液压单元 N55 及带 EDS 的 ABS 控制器 J104
13—电动制动器真空泵 V192　14—制动信号灯开关 F 和定速巡航装置的制动踏板 F47　15—串联式制动助力器
16—制动液液位报警信号触点 F34　17—ASR/ESP 按键 E256　18—ACC 的制动压力传感器 G519
19—ACC 的制动压力传感器 G518

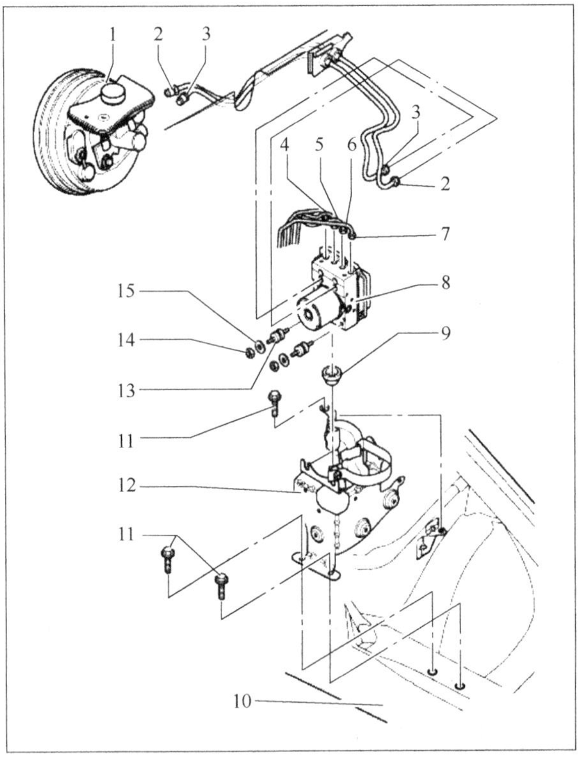

图 29-9 液压单元和制动管路

1—制动主缸和制动助力器 2、3、4、5、6、7—制动管 8—ABS 液压单元 N55 及带 EDS 的 ABS 控制器 J104 9—缓冲器 2 个 10—车身纵梁 11—组合螺母（10N · m） 12—ESP 支架 13—带橡胶支座的螺栓（10N · m） 14—组合螺母（8N · m） 15—垫圈

29.2.4 奥迪 A6 轿车 ESP 组件的拆装

1. 液压控制单元的拆装

（1）拆卸

提示：液压控制单元位于发动机舱内左侧。

1）断开蓄电池，拆卸密封橡胶件，拆下排水槽盖板。

2）拧下冷却液补偿罐的六角螺栓，脱开补偿罐的插头连接，将补偿罐放到旁边。

3）将制动踏板加载装置装在制动踏板和驾驶员座椅之间，压下制动踏板至少 60mm。

4）将排气瓶软管连接到左前和左后制动钳排气螺栓上，打开排气螺栓。卸除液压单元的压力。

5）关闭左前和左后排气螺栓。在控制器和液压单元下面的区域里铺放足够的不含纤维的抹布以防制动液溢出。

6）拆下制动主缸上的制动管路和其余液压单元制动管路。

7）用维修套件的螺塞锁闭制动管路和螺纹孔。将红色保险闸门 1 向上推，如图 29-10 所示。

注意：

① 不要让制动液进入控制器的插头壳，否则可能会腐蚀接点并由此引起系统故障。

② 小心地用压缩空气清洁变脏的插头壳。

8）松脱控制器上的插头连接，并将其拔出。沿图 29-10 所示箭头推动锁止把手并拔出插头。

9）拧出控制器固定螺栓，取出液压控制单元。

（2）安装

1）将液压控制单元插入支架中。

2）根据标记连接管路，如图 29-11 所示。**提示：不要完全拧紧螺栓，在液压单元上拧紧各制动管路更为容易。**

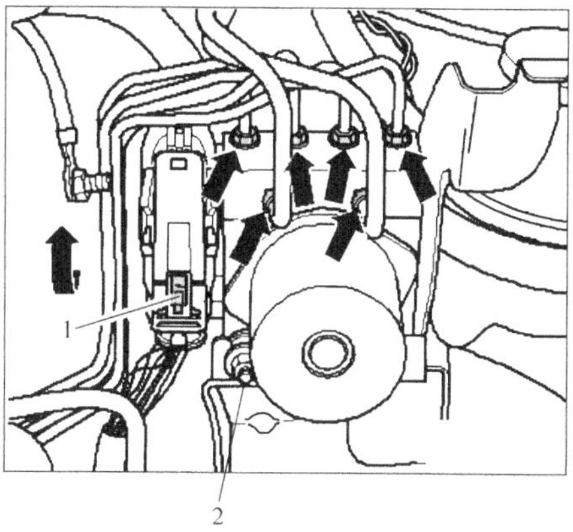

图 29-10　液压单元的拆装

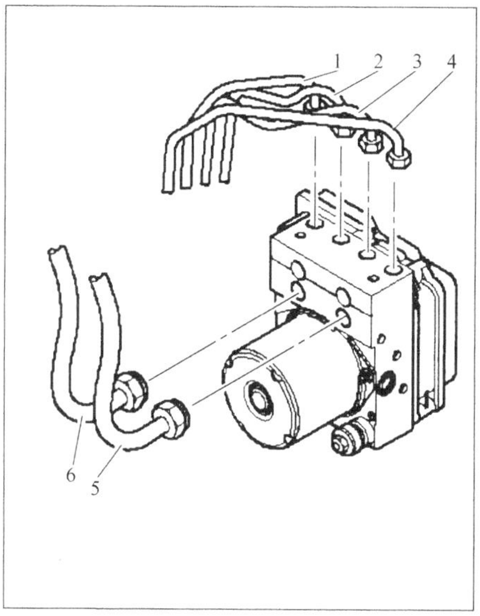

图 29-11　根据标记连接管路

1—连接至右前制动钳 VR　2—连接至左后制动钳 HL　3—连接至右后制动钳 HR　4—连接至左前制动钳 VL
5—连接至推杆活塞回路 HZ1　6—连接至浮动活塞回路 HZ2

3）连接液压系统控制器上的插头连接并锁止。

4）将红色保险闸向下压。

5）拧紧液压单元和制动主缸上的所有制动管路，然后拧紧液压单元。

6）取下制动踏板加载装置。

7）对制动系统进行排气。

8）对带 EDS 的 ABS 控制器 J104 进行设码。

9）固定住液压单元的制动管路后，进行执行机构诊断。

注意：

① 只有安装相应制动管时，才能去除新的液压单元上的密封塞。

② 如果先前已经从液压单元上拆除密封塞，那么制动液可能流出，从而不再确保有足够的加注量和排气。

③ 不允许弯折制动管路。

2. 制动信号灯开关的拆装

（1）拆卸

拆卸驾驶员杂物箱，脱开电插头，将制动灯开关左旋45°，然后拆下。

（2）安装

1）将制动灯开关的挺杆完全拉出，将开关及锁止凸耳装入装配开口预设的凹口中。

注意：

① 安装时不允许踩下制动踏板。

② 在装入制动开关时挺杆自动调整。

2）将开关穿过装配开口，压向踏板，并右旋45°固定。连接电插头安装驾驶员侧杂物箱。

3. 制动信号灯传感器的拆装

提示：① 拆卸后的制动信号灯传感器可以再次使用。② 制动信号灯传感器自动执行学习过程，安装后不需要校准。

（1）拆卸

1）拆下驾驶员侧杂物箱。

2）分开制动信号灯传感器的电插头。

3）用手指将制动信号灯传感器的推杆完全压入。

4）推杆压入后，将制动信号灯传感器上的彩色转锁向左转到底，以解锁传感器。

提示：将制动信号灯传感器开锁时，推杆必须保持压入状态。

5）开锁后松开制动信号灯传感器推杆。

6）将松脱工具插入制动信号灯传感器推杆与制动踏板之间。

注意：工具锥面必须指向驾驶员座椅方向。工具开口必须对准制动信号灯传感器上的凸起部位。

7）将松脱工具压向制动信号灯传感器，同时使制动信号灯传感器上的三个卡止凸耳松脱。

8）将制动信号灯传感器从固定支架中拉出。

（2）安装

按照拆卸相反的顺序进行安装。

注意：

① 安装期间制动踏板必须保持静止位置，不允许移动。

② 制动踏板必须已与制动助力器连接。

③ 必须听到制动信号灯传感器的所有三个卡止凸耳的卡止声。

④ 传感器不得在制动踏板上的固定支架内转动。

⑤ 在装入制动信号灯传感器时挺杆会自动调整。

⑥ 安装制动信号灯传感器后，在继续行驶时，必须检查制动信号灯传感器的功能。

4. ESP 传感器单元 G419 的拆装

提示：ESP 传感器单元 G419 位于空调器下的前侧通道上。

（1）拆卸

拆下中控台的加长件，将电插头从 ESP 传感器单元 G419 上拔下。拆下两个固定螺钉（10N · m），取出 ESP 传感器。

（2）安装

按照拆卸相反的顺序进行安装。

注意：① 必须保证正确无应力地安装在固定支架上。

② 绝对不允许用紧固螺栓强行安装。

5. 转向角传感器 G85 的拆装

提示：① 在转向柱电子装置控制器 J527 中内置了用于安全气囊和带滑环的复位环的卷簧 F138 和转向角传感器 G85。② 拆卸和安装用于安全气囊和带滑环的复位环的卷簧 F138 时，方向盘必须位于中间位置（车轮处于正前打直位置）。

（1）拆卸

将方向盘尽可能向后下方调整。拆卸驾驶员安全气囊，拆卸方向盘，拆卸转向柱开关饰板，将用于安全气囊和带滑环的复位环的卷簧 F138 2 从开关模块 3 上拆下，如图 29-12 所示。

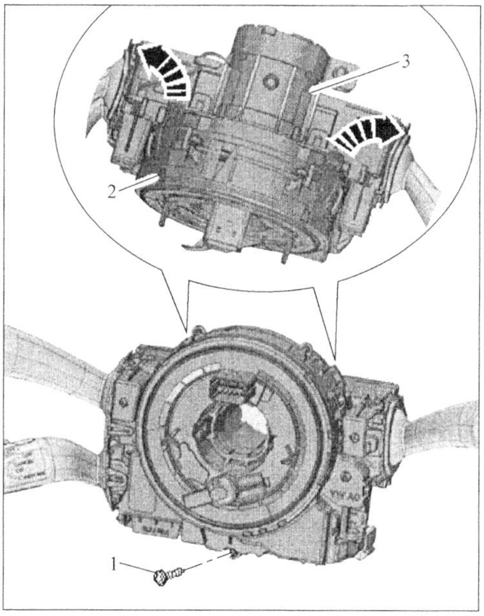

图 29-12　拆下复位环的卷簧 F138

1—螺钉　2—复位环的卷簧 F138　3—开关模块

（2）安装

按照拆卸相反的顺序进行安装。

注意：安装完毕后，必须进行转向角的零位匹配。

6. 驻车制动器开关 F321 的拆装

1）拆下后部的中控台，拆下 Climatronic 控制器 J255，拆下驻车制动开关 F321。

2）按照拆卸相反的顺序进行安装。

7. 制动压力传感器 G518 和 G519 的拆装

（1）拆卸

提示：① 制动压力传感器拧在制动管路分配器上，制动管路分配器位于发动机舱内左右侧。② 制动压力传感器可以单独更换。

1）升起汽车，拆下车轮，拧出钢板螺母，在侧面翻下盖板。

2）松开电缆束，打开塑料壳体盖。

3）拔下制动压力传感器上的插头连接，将传感器从分配器上松开并拧下。

（2）安装

按照拆卸相反的顺序进行安装。

注意：安装完成后，需要对制动系统进行排气。

29.3　常见车型的比较

现代轿车除了桑塔纳轿车的三通道（前轮轮控式，后轮轴控式）四轮防抱死制动系统外，很多汽车都采用四通道（轮控式）四轮防抱死制动系统。表 29-1 所示是电子控制制动系统新技术。

表 29-1　电子控制制动系统新技术

制动控制系统	特　点
防抱死制动系统（ABS）	ABS 防止制动时车轮出现抱死，使车辆具有方向性和稳定性，并缩短制动距离
制动力分配（EBD）	根据车辆的驱动状况，在制动防滑控制 ECU 的控制下，能精确地控制前后车轮、左右车轮制动力的分配
驱动防滑系统（ASR、TCS、ASR）	通过发动机管理系统干预及使车轮制动，防止驱动轮打滑。例如在沙石及冰面上
车辆稳定控制系统 VSC（ESP、VSA）	通过有选择性地轮缸制动及发动机管理系统干预，防止车辆滑移
上坡辅助系统（HAC）	车辆在陡坡或滑坡上起步时，驾驶人的脚由制动踏板转换到加速踏板时车辆将向后下沉，这样会使车辆很难起步。为防止这种情况发生，HAC 给 4 个车轮临时地（最长时间大约 5s）施加制动，以减小车辆的倒车速度
制动助力系统	与 ABS 结合使用有助于改善车辆制动性能。如该系统将急踩制动踏板视为紧急制动，此时，如果驾驶人不用力踩制动踏板，则系统也会产生制动力
电子差速锁 EDL	两驱动轮在附着系数不同的路面上，出现单侧车轮打滑时，使打滑车轮制动
发动机制动控制 EBC	防止在发动机制动（突然收加速踏板或挂入低档）时出现驱动轮抱死
丰田皇冠轿车	同时具有 ABS、VSC、EBD、ASR、HAC、制动助力功能
一汽大众宝来轿车	同时具有 ESP、TCS、EDL、ABS 功能
丰田普瑞斯混合动力轿车	同时具有 VSC、EBD、ABS、制动助力功能

（续）

制动控制系统	特　　点
丰田花冠轿车	同时具有 ABS、EBD、制动助力功能
上海通用雪佛兰科帕奇 SUV	同时具有 ABS、EBD、ESP、TCS 功能
东风本田 CR-V	同时具有 ABS、VSA、TCS 功能
广汽丰田汉兰达 SUV	同时具有 ABS、VSC、EBD、ASR、制动助力功能

第四篇

汽车车身、仪表、照明及附属装置篇

实训单元 14　汽车车身及附属装置拆装实训

项目三十　车身的拆装

30.1　实训目标和准备

项　　目		要　　点
目标	知识目标	理解车身的基本组成和结构
	技能目标	学会车身零部件的更换方法
设备和工具		桑塔纳 2000 轿车 1 辆，常用拆装工具 1 套，车身修理工具及设备 1 套，多媒体设备 1 套
实训安排		实训课时：2 学时 实训组织：每组 3 ~ 5 位同学，老师指导，学生动手操作

30.2　实训内容、方法及注意事项

30.2.1　桑塔纳轿车车身的结构认识

1. 桑塔纳 2000 型轿车车身整体认识

桑塔纳 2000 型轿车的车身（图 30-1）是四门折背式、全金属结构、承载式车身，具有中级轿车的特点。图 30-2 所示是车身前部零件分解图，图 30-3 所示是车身中部零件分解图，图 30-4 所示是车身后部零件分解图。

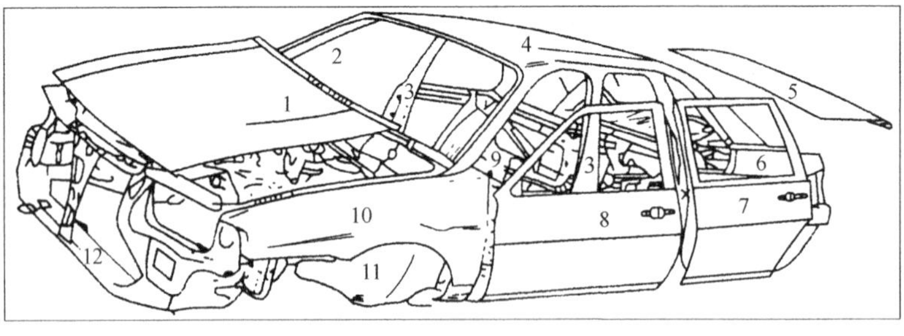

图 30-1　桑塔纳 2000 型轿车的车身组成

1—发动机舱盖　2—前柱　3—中柱　4—顶盖　5—行李舱盖　6—后翼子板　7—后车门
8—前车门　9—地板 10—前翼子板　11—挡泥板　12—前围

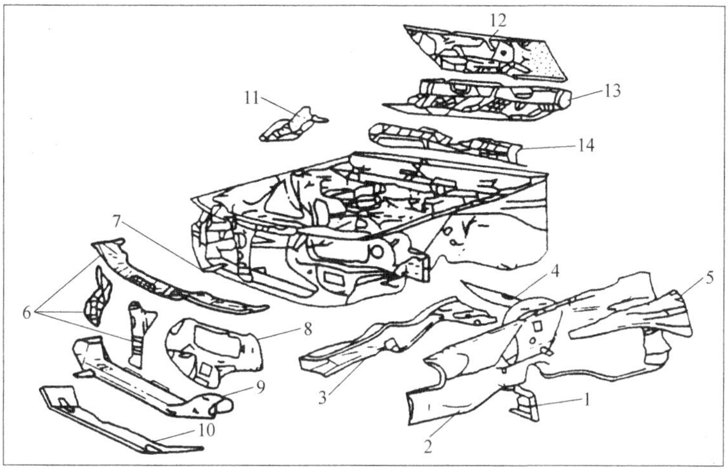

图 30-2　车身前部零件分解图

1—前保险杠支架　2—前轮罩　3—前车身纵梁　4—前围下板　5—前轮罩加强板　6—散热器框架　7—拖钩　8—前照灯底板　9—散热器框架下横梁　10—下横梁　11—蓄电池支架　12—前围板　13—前围上板　14—转向器支架横梁

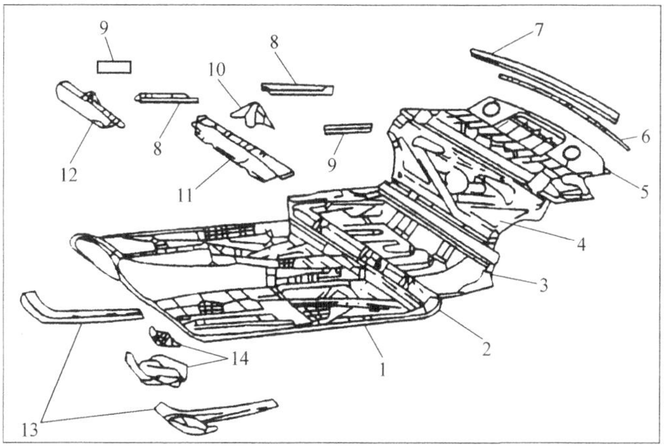

图 30-3　车身中部零件分解图

1—前地板　2—后地板加强板　3—后地板　4—后隔板　5—后隔板上板　6—后风窗下板　7—后隔板支撑板　8—前座椅导轨　9—前座椅滑槽　10—前座椅导向支架　11—前左座支架横梁　12—前右座支架横梁　13—纵梁　14—变速器托架

2. 桑塔纳 2000 型轿车车身附件结构认识

（1）外装饰件。车身的外装饰件主要是指装饰条、车轮装饰罩、标志等。散热器面罩、保险杠、灯具以及后视镜等附件亦具有明显的装饰性。

（2）内装饰件。车身内饰件包括仪表板、顶篷、侧壁、座椅表面装饰，以及窗帘和地毯。

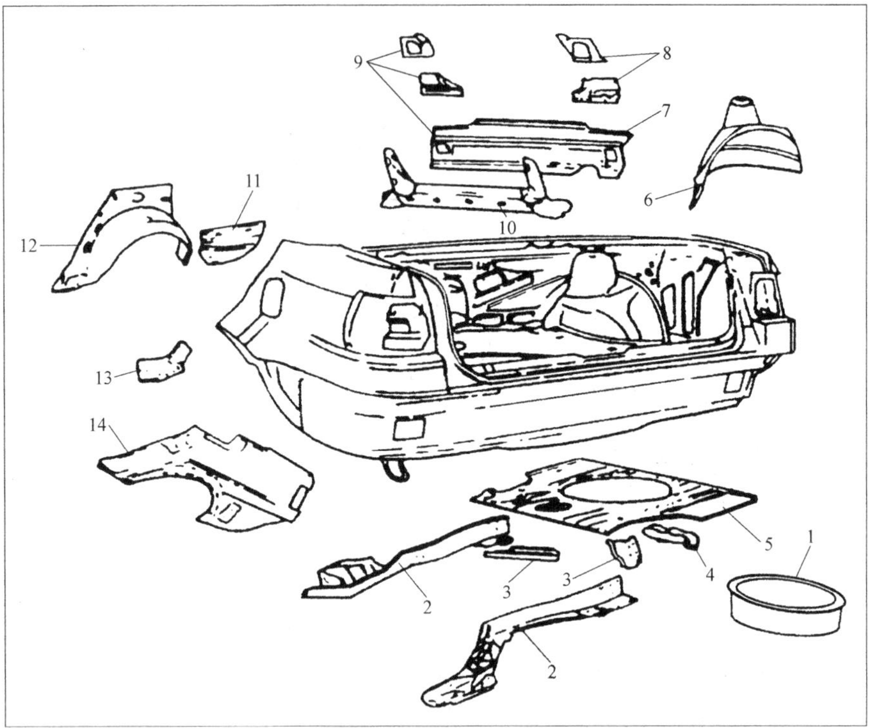

图 30-4　车身后部零件分解图

1—备胎座　2—后纵梁　3—备胎座支撑板　4—排气管支架　5—后舱地板　6—后轮罩内板　7—后围板下板　8—后围板边板　9—尾灯底板　10—后围板横梁　11—连接板　12—后轮罩外板　13—后门锁加强板　14—后翼子板

30.2.2　桑塔纳轿车车身零部件的更换

如果零部件损坏比较严重，已无法修复，则必须更换。更换分总成更换和钣金零件更换两大类。总成更换指可以拆卸的部件，如车门、保险杠、发动机舱盖、行李舱盖及门锁、玻璃升降器、座椅、内外装饰件等车身附件。钣金零件更换则指车身焊接总成中不可拆卸的部分，如车顶盖、翼子板、车轮罩、后围板等。

1. 总成更换

（1）发动机舱盖的更换

1）断开发动机舱照明电路，拆下固定导线的胶带。

2）拆下风窗玻璃洗涤器喷嘴和水管。

3）拆下固定发动机舱盖的螺母。

4）拆下发动机舱盖。

5）按照与拆卸相反的顺序更换发动机舱盖。

注意：更换后，注意调整发动机舱盖的位置，使其与挡泥板保持平直，最后再拧紧固定螺母。

（2）前车门的更换

1）拆下车门内饰板。

2）拆下车门内饰支架及门把手支架。

3）拆下密封膜固定胶带，撕下密封膜。

4）拆开导线连接。

5）拆下车门密封条。

6）撕下车门限位器密封垫。

7）拆下车门限位器螺栓垫圈和螺栓。

8）拧下车门铰链固定螺栓。

9）卸下车门。

10）按照与拆卸相反的顺序更换车门。

注意：更换后，应调整门锁搭扣，使门锁开关灵活，安全可靠，无卡死或松脱现象。

（3）前保险杠的更换

1）切断电源，拆开雾灯导线。

2）拆下保险杠固定于轮箱保护板的包边。

3）从发动机舱内拧下保险杠固定螺栓。

4）拆下前保险杠。

5）按照与拆卸相反的顺序更换前保险杠。

（4）后保险杠的更换

1）拆卸后车轮。

2）从后翼板轮罩内拆去固定铆钉

3）从行李舱内拧下后保险杠固定螺栓。

4）拆下后保险杠。

（5）行李舱盖的更换

1）断开行李舱照明灯导线。

2）拧下将行李舱盖固定在铰链上的螺母。

3）拆下行李舱盖。

4）按照与拆卸相反的顺序更换行李舱盖。

注意：更换后，应使行李舱盖与侧板、后板对齐，再拧紧固定螺母，最后调节行李舱盖搭扣。

2. 钣金零件的更换

如车身钣金零件损坏比较严重，已无法修复，则必须更换。下面以散热器框架和车顶盖的更换为例加以说明。

（1）散热器框架的更换

1）断开蓄电池搭铁电缆。拆除前照灯、散热器护栅板及饰条、发动机、发动机舱盖杆、发动机撑杆支架、发动机下锁头、发动机拉索、散热器、冷凝器、喇叭、前保险杠、前翼子板、线束等部件。

2）去除散热器框架与车身接合处的密封剂、填充剂，钻开各点焊点，拆下散热器框架。

3）用钢丝钳修去残余角板，清除毛口。将焊接后无法触及的部位涂冷锌漆。

4）将新件内侧涂油漆，磨光接合面。将焊接后无法触及的部位涂冷锌漆。

5）焊上散热器框架，将散热器框架用压力钳固定在车身上，校核安装尺寸。

6）用钢丝刷清除表面，在修理过的部位涂底漆并更换密封剂、填充剂，油漆框架表面并涂防锈剂。

7）按照与拆卸相反的顺序进行安装。

（2）车顶盖的更换

1）断开蓄电池搭铁电缆，并拆除相关零部件：全部座椅、车顶流水槽饰条、车顶内饰件、门窗柱内饰件、车顶线束。

2）清除车顶盖与侧围、前围风窗玻璃框架、后玻璃框架连接处的油漆。

3）用手电钻、手提砂轮机去除焊缝及焊点。

4）拆下车顶盖。

5）用钢丝刷、锉刀、手提砂轮机清理切割部位，并涂防锈底漆。

6）油漆顶盖内表面。

7）去除车顶盖与车身连接处的油漆。

8）用快速夹钳将新的车顶盖固定在车身上。

9）校核安装尺寸。

10）焊接

① 点焊车顶盖与前风窗玻璃框架连接处。

② 点焊车顶盖与侧围外板连接处。

③ 点焊车顶盖与后风窗玻璃框架连接处。

④ 在前、后窗框的点焊缝与侧围外板焊缝会合处应采用铜焊补漏。

11）清理焊缝，并重新涂密封剂或填充剂。

12）油漆。

13）按照与拆卸相反的顺序进行安装。

（3）后翼子板的更换

1）断开蓄电池搭铁电缆。拆除后保险杠、后行李舱、后行李舱衬里、后座椅、后车门、后柱上下饰板、后座保险杠、后盖铰链、后门饰件、尾灯、地板隔声垫、燃油箱与加油口、后座锁销、后部线束、后轮等部件。

2）去除连接区密封剂/填充剂，钻开下列连接处焊点：后翼子板外板与内板在燃油箱加油口处的连接处；后翼子板与内外门槛连接处；后翼子板与后轮壳及连接板连接处；后翼子板与后围板连接处；后翼子板与后围板在行李舱内部分连接处；后翼子板与尾灯连接处；后翼子板与行李舱盖边缘及顶框外侧板连接处；后翼子板与顶框外侧板连接处。拆下后翼子板。

3）用钢丝钳修去残余角板，清除毛口。将焊接后无法触及的部位涂冷锌漆。

4）去除将焊接处的油漆，将焊接后无法触及的部位涂上冷锌漆。

5）焊上新后翼子板，将后翼子板用压力钳固定在车身上。

6）用钢丝刷清除表面，在修理过的部位涂底漆并更换密封剂、填充剂，油漆后翼子板表面并涂防锈剂。

7）按照与拆卸相反的顺序进行安装。

项目三十一　汽车仪表、照明及信号装置的拆装

31.1　实训目标和准备

项　　目		要　　点
目标	知识目标	理解汽车仪表、照明、信号装置、刮水器、清洗器、电动后视镜、电动车窗等的基本结构和工作原理
	技能目标	学会汽车主要仪表、照明、信号装置、刮水器、清洗器、电动后视镜、电动车窗等的拆装方法
设备和工具	桑塔纳2000型轿车1辆，汽车仪表、灯光、喇叭、信号装置、刮水器、清洗器、电动后视镜、电动车窗等，常用拆装工具及设备1套，多媒体设备1套	
实训安排	实训课时：2学时 实训组织：每组3~5位同学，老师指导，学生动手操作	

31.2　实训内容、方法及注意事项

31.2.1　汽车仪表板的结构及拆装

1. 汽车仪表板的结构认识

桑塔纳2000型轿车仪表板采用薄膜印制电路板，仪表板上有燃油表、发动机转速表、车速里程表、冷却液温度表、机油压力表。另外，还布置其他指示灯、开关、警告灯，以及收放机、点烟器、杂物箱、电子钟、出风口等，具体布置如图31-1所示。

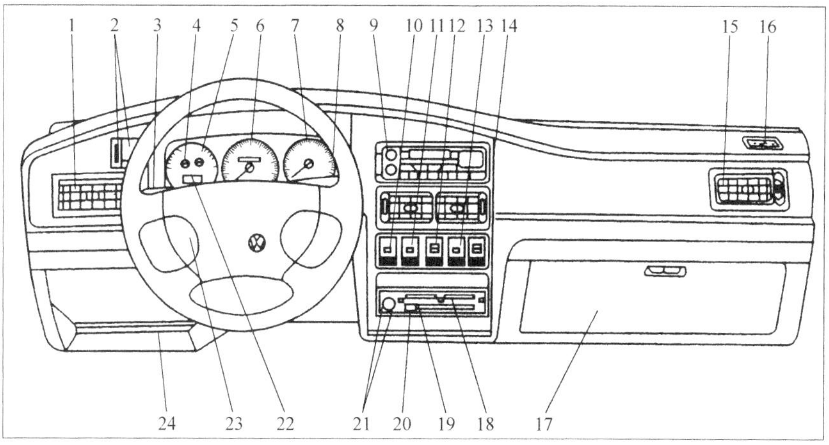

图31-1　桑塔纳2000型轿车仪表板布置

1、15—通风口　2—灯光及仪表照明开关　3—转向信号灯及前照灯变光杆开关　4—燃油表及信号灯　5—冷却液温度表及信号灯　6—车速里程表　7—发动机转速表　8—风窗刮水器及清洗拨杆开关　9—收放机　10—雾灯开关　11—后风窗电加热器开关　12—危险报警灯开关　13—防盗器指示灯　14—ABS指示灯　16—除霜风口　17—杂物箱　18—除霜风门控制键　19—通风方向控制键　20—温度调节控制键　21—空调开关及风量旋钮　22—数字时钟　23—喇叭按钮　24—小杂物箱

2. 汽车仪表板的拆装

（1）关闭点火开关，拆去蓄电池的搭铁电缆。

（2）拆下转向盘。

（3）依次拆下各种开关、警告灯、侧面出风口、通风调节机构饰板、通风调节机构固定螺钉，断开喇叭线路。

（4）拆下仪表板侧面饰板，拧下仪表板固定螺钉，移出仪表盘。

（5）将仪表板背面线束连接插头上的拨杆向左推至极限位置，拔下线束插头。

（6）取出仪表板。

（7）分解仪表板，如图 31-2 所示。

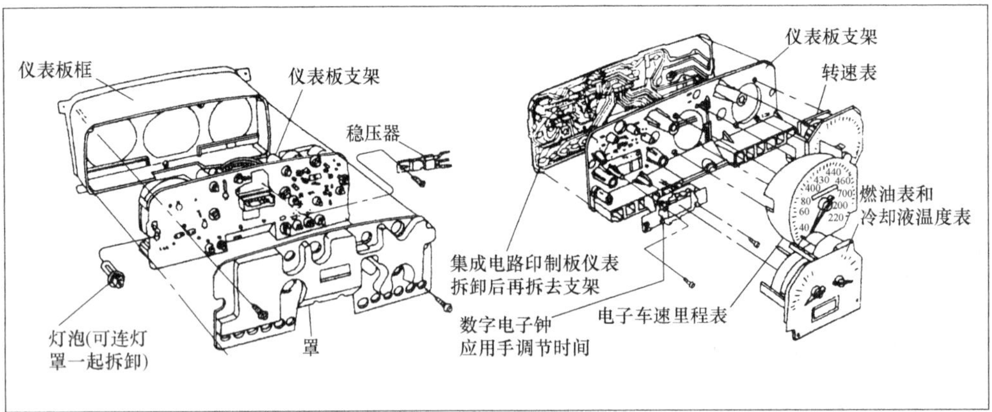

图 31-2 仪表板的分解

（8）按照拆卸相反的顺序进行安装。

注意：

① 拆卸转向盘固定螺钉和取下仪表板总成时需要两个人配合。

② 拆卸各灯光开关时切不可用螺钉旋具强行撬压，应按相应顺序拆卸。

③ 初学者在拆卸线束插头时，可在插头上作上标记，以防错乱。

3. 收放机的拆装

（1）关闭点火开关，拆去蓄电池的搭铁线。

（2）将专用工具插入收放机两边的四个孔中，拉出收放机。

（3）拔下收放机背后天线、喇叭及电源插头。

（4）取出收放机。

（5）按照拆卸相反的顺序进行安装。

31.2.2 汽车照明及信号装置的拆装

汽车上所采用的照明装置分车外照明装置和车内照明装置两部分。车外照明装置包括前照灯、雾灯、尾灯、牌照灯等。车内照明包括顶灯、仪表灯、车门灯、阅读灯和工作灯。汽车上所采用的信号装置包括转向信号装置、制动信号装置、倒车信号装置、汽车喇叭等。

桑塔纳 2000 型轿车的前照灯为远、近光双丝灯泡，既可用卤素灯泡也可用白炽灯泡。

雾灯则设有前雾灯和后雾灯，后雾灯只有一个，安装在左后方。桑塔纳 2000 型轿车的前照灯和雾灯的结构图如图 31-3 所示。

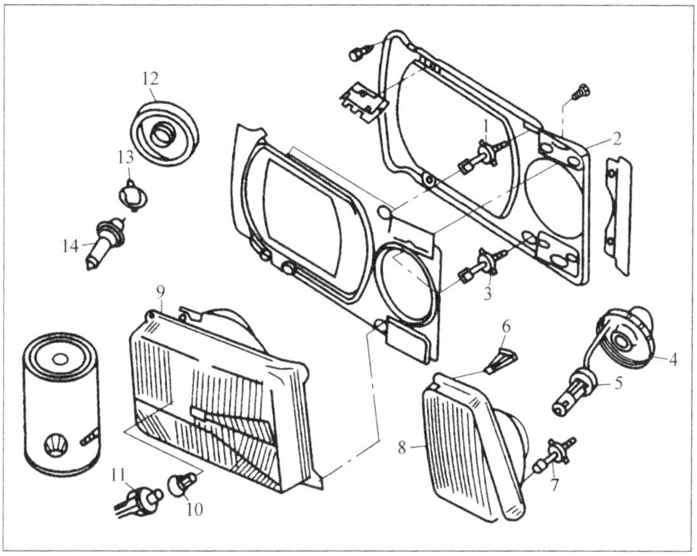

图 31-3　桑塔纳 2000 型轿车的前照灯和雾灯的结构图

1—光束水平方向调整螺钉　2—灯架　3—光束垂直方向调整螺钉　4—雾灯座　5—雾灯灯泡　6—插接器　7—雾灯调整螺钉　8—雾灯罩　9—前照灯灯座　10—示宽灯灯泡　11—示宽灯灯座　12—护盖　13—夹紧弹簧　14—前照灯灯泡

1. 汽车前照灯的拆装

汽车前照灯的拆装以桑塔纳 2000 型轿车为例，如图 31-4 所示。

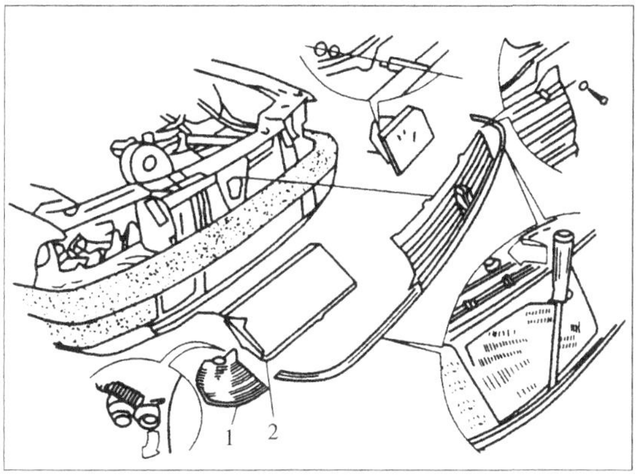

图 31-4　桑塔纳 2000 型轿车的前照灯拆装图

1—转向灯　2—前照灯

（1）将发动机熄火，拆下蓄电池正负极电缆，取下蓄电池及其支架。拔下左前照灯后面的线束插头。

（2）用小棘轮套筒扳手加接长接杆旋下前照灯后面的 4 个小螺母。将左前照灯由后到前取下。

（3）拆下发动机空气滤清器壳体，拔下右前照灯后部的线束插接器。

（4）用同样的工具同样的方法拆下右前照灯。

（5）按照拆卸相反的顺序进行安装。

2. 雾灯的拆装

桑塔纳 2000 型轿车的雾灯安装在保险杠上，由单个螺钉固定，其拆卸步骤如下：

（1）用举升机将汽车举起。

（2）拔下左右前雾灯的线束插头。

（3）用棘轮扳手旋下其后的 3 个固定螺栓，取下左右前雾灯即可。

（4）按照拆卸相反的顺序进行安装。

31.2.3　汽车其他电气设备的拆装

1. 汽车刮水器和洗涤器装置的拆装

桑塔纳 2000 型轿车的刮水器和洗涤器的结构图分别如图 31-5 和图 31-6 所示。

（1）刮水器橡胶条的更换。汽车刮水器橡胶条是要经常更换的。桑塔纳 2000 型轿车刮水器橡胶条的更换方法如下：

1）刮水器橡胶条的一端被两个钢片紧固，用鲤鱼钳将其夹住，从上面的夹子中取出。

2）夹住脱开的一端，将橡胶条连同钢片从其余几个夹子中拉出。

3）更换新的橡胶条时，要把新橡胶条塞进刮水片下的夹子中，加以紧固。把两块钢片插入橡胶条的第一道槽口，并使钢片进入槽内的橡胶条凸缘内。

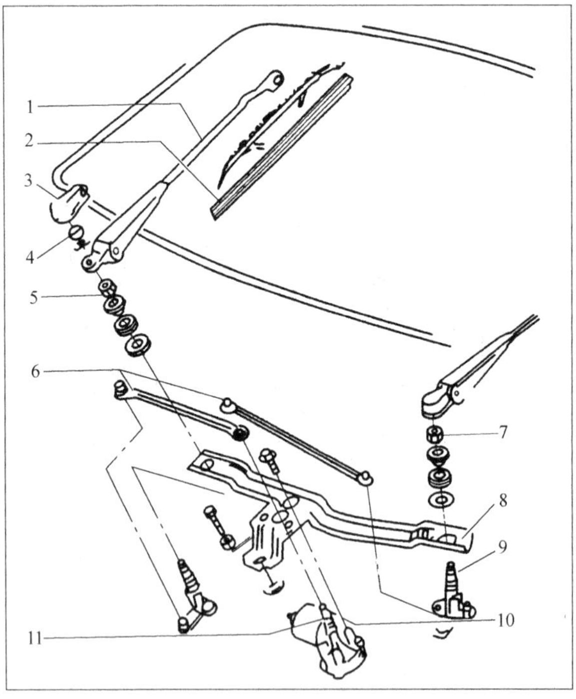

图 31-5　桑塔纳 2000 型轿车刮水器的结构图

1—刮水臂　2—刮水器橡胶条　3—防护罩　4、5、7—螺母　6—摆杆　8—支座　9—轴颈　10—电动机　11—曲柄

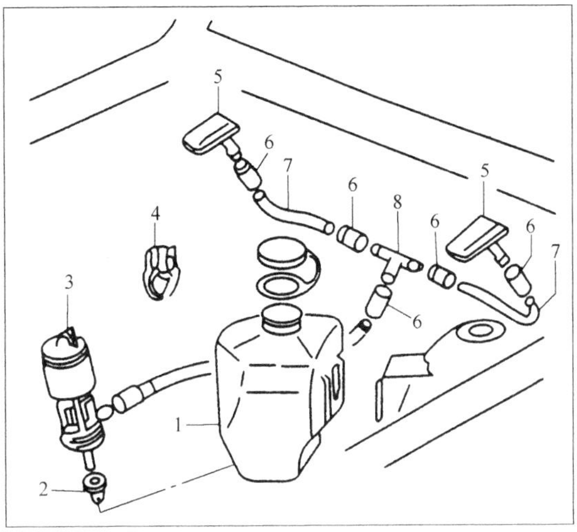

图 31-6　桑塔纳 2000 型轿车洗涤器的结构图

1—储液罐　2—密封垫　3—喷水泵　4—软管夹子　5—喷嘴　6—橡胶管具　7—塑料管　8—三通接头

4）用鲤鱼钳将两钢片和橡胶条夹紧，插入上端夹子中，并使夹子两端的凸缘都嵌入橡胶条的限位槽内。

（2）汽车刮水器曲柄定位位置的调整

1）打开刮水器电源，使其刮水电动机转到极限位置。

2）装上曲柄，调整到能看到管内螺纹为止。

2. 汽车电动后视镜的拆装

桑塔纳 2000 型轿车电动后视镜总成由 4 个螺钉固定在车身外侧，其线束经过后视镜支座内的空腔连接到驾驶室内的控制开关上，控制开关一般安装在左前门内侧把手附近，由旋转开关、摇动开关和线束等组成。其结构如图 31-7 所示。

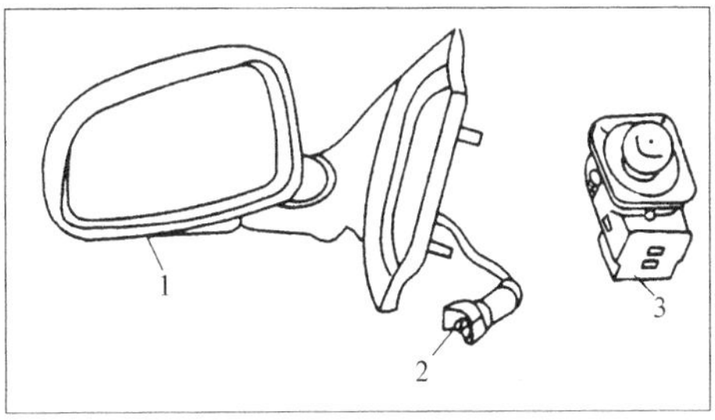

图 31-7　电动后视镜

1—左电动后视镜总成　2—导线插头　3—控制开关

电动后视镜的拆装步骤如下：

（1）拆下车门内饰板。

（2）在后视镜安装位置处有一个三角形护板，将其用手取下。

（3）用十字槽螺钉旋具拆下固定后视镜的 3 个螺钉。

（4）从车身后部将后视镜拉出，其线束插头拔下即可。

注意：从车身后部拉出后视镜时不可用力过大，以防拉断其连接导线。

（5）按照拆卸相反的顺序进行安装。

3. 汽车组合开关的拆装

汽车组合开关安装在转向柱上，桑塔纳 2000 型轿车的组合开关结构图如图 31-8 所示。

（1）关闭点火开关，拆掉蓄电池负极电缆。

（2）打开转向盘上的盖板，拔掉喇叭开关插头。

（3）用棘轮扳手卸下转向盘中心的六角紧固螺母，取下转向盘及其垫片、压紧弹簧和

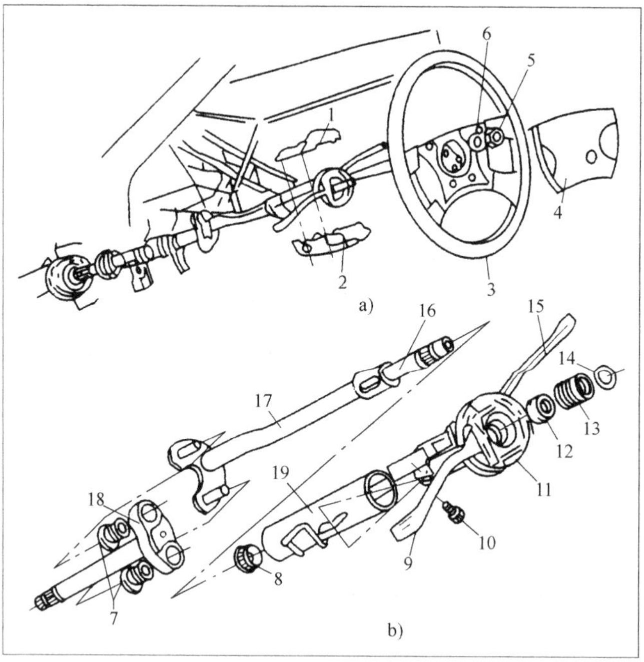

图 31-8　组合开关

1—上装饰罩　2—下装饰罩　3—转向盘　4—盖板　5—六角螺母　6—弹簧垫片　7—衬套　8—支撑环
9—转向灯开关　10—圆头螺栓　11—喇叭簧片　12—接触环　13—压紧弹簧　14—垫片　15—刮水器清洗开关
16—转向管柱上端　17—转向管柱中部　18—转向管柱下端　19—套管

接触环。

(4) 拆下组合开关的上下护罩，拔下组合开关的线束插头。

(5) 拆下固定组合开关的圆头螺栓，取下组合开关。

(6) 按照拆卸相反的顺序进行安装。

4. 汽车喇叭的拆装

桑塔纳 2000 型轿车采用高低音电子喇叭，其结构图如图 31-9 所示。

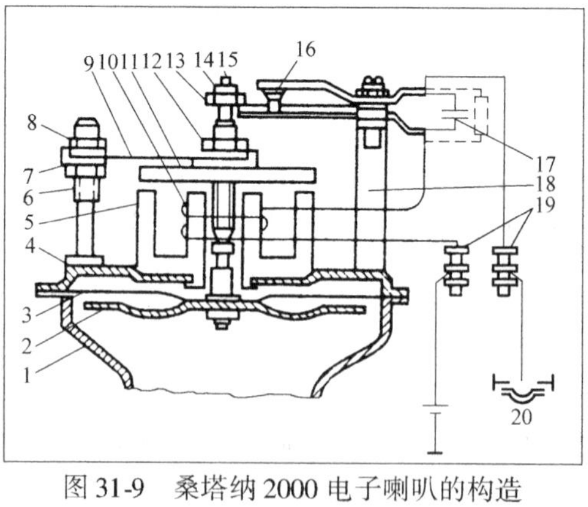

图 31-9　桑塔纳 2000 电子喇叭的构造

1—喇叭筒　2—共鸣板　3—振动膜片　4—底板　5—山形铁心　6—螺柱　7、13—调整螺母　8、12、14—锁紧螺母
9—弹簧片　10—衔铁　11—线圈　15—中心杆　16—触点　17—电容器　18—导线　19—接线柱　20—按钮

（1）用举升机举起车辆，高度在1.6～1.7m。

（2）站在车辆下面，拔掉喇叭线束插头。

（3）用13mm的呆扳手拆下喇叭支架固定螺钉，取下高低音喇叭。

（4）按照拆卸相反的顺序进行安装。

5. 汽车电动车窗的拆装

电动车窗一般由车窗玻璃、升降器及其电动机、控制开关及其线束组成。桑塔纳2000型轿车电动车窗玻璃升降器的结构图如图31-10所示。

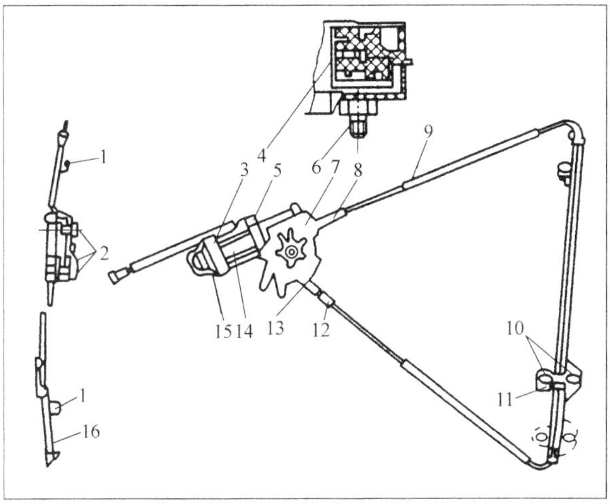

图31-10　电动车窗玻璃升降器

1—支架安装位置　2—电动机安装位置　3—固定架　4—联轴缓冲器　5—电动机　6—卷丝筒　7—盖板　8—调整弹簧　9—绳索结构　10—玻璃安装位置　11—滑动支架　12—弹簧套筒　13—安装缓冲器　14—铭牌　15—均压孔　16—支架结构

（1）拆下车门内饰板边缘的4个固定螺钉，用十字槽螺钉旋具旋下车门内把手中间的固定螺钉，取下各控制开关的内饰边框并取下各线束插头，取下整个车门内饰板。

（2）拆下滑动支架的固定螺钉，将滑动支架下压，取出车窗玻璃。

（3）分别拆下电动机固定架、联轴缓冲器等附件上的固定螺钉，取下玻璃升降机总成。

（4）按照拆卸相反的顺序进行安装。

项目三十二　汽车空调系统的拆装与制冷剂的充注

32.1　实训目标和准备

项目		要点
目标	知识目标	理解汽车空调系统的结构组成与工作原理
	技能目标	学会汽车空调系统主要部件的拆装方法 学会汽车空调系统制冷剂的排放、抽真空和充注
设备和工具	桑塔纳2000GSi轿车1辆，空调系统零部件1套，汽车空调实验台架1台，汽车空调真空泵、压力表、加注阀、制冷剂等，常规维修工具与专用工具1套，多媒体设备1套	
实训安排	实训课时：2学时 实训组织：每组3~5位同学，老师指导，学生动手操作	

32.2　实训内容、方法及注意事项

32.2.1　空调系统的组成认识

汽车空调系统由制冷系统、供暖系统、通风、空气净化装置及控制系统组成，用于对车厢内空气进行制冷、加热、换气和空气净化。桑塔纳2000GSi轿车空调制冷系统在车上的布置如图32-1所示。

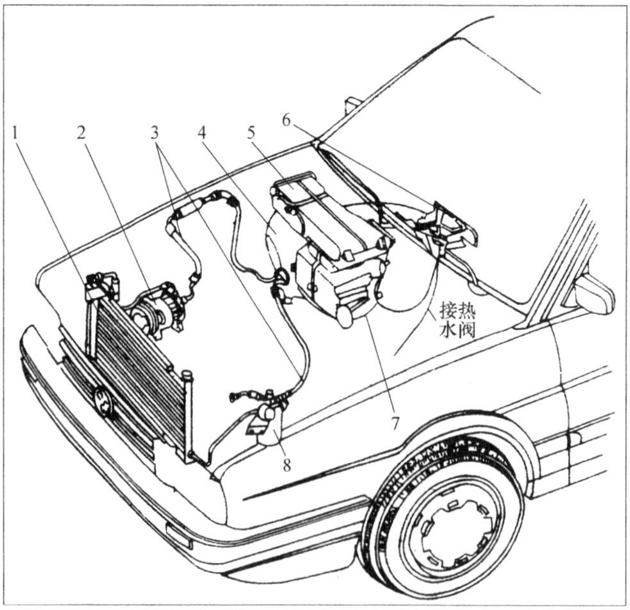

图32-1　空调系统在车上的布置

1—冷凝器　2—压缩机　3—制冷剂管路　4—蒸发器箱　5—进风罩　6—空调控制装置　7—加热器　8—储液干燥器

32.2.2　制冷系统主要零部件的拆装

1. 空调压缩机的拆装与分解

（1）空调压缩机的车上拆卸

1）拔下蓄电池负极电缆。

2）排放制冷剂。

3）拆卸高、低压管，封闭管口，防止异物侵入。

4）拆开电磁离合器导线插接器。

5）拆下皮带，拆卸压缩机固定螺栓。

6）拆下压缩机。

（2）空调压缩机的车上安装

1）安装压缩机时，必须使离合器带轮、发动机带轮的带槽对称面处在同一平面内。

2）以规定力矩拧紧固定螺栓。

3）冷凝器与风扇之间应保持一定间隙，一般不少于20mm，压缩机及其托架和软管之间的间隙为15mm。

注意：应更换高、低压管密封圈，检查发动机供油系统及冷却系统，防止渗漏。

（3）空调压缩机的分解（图32-2）

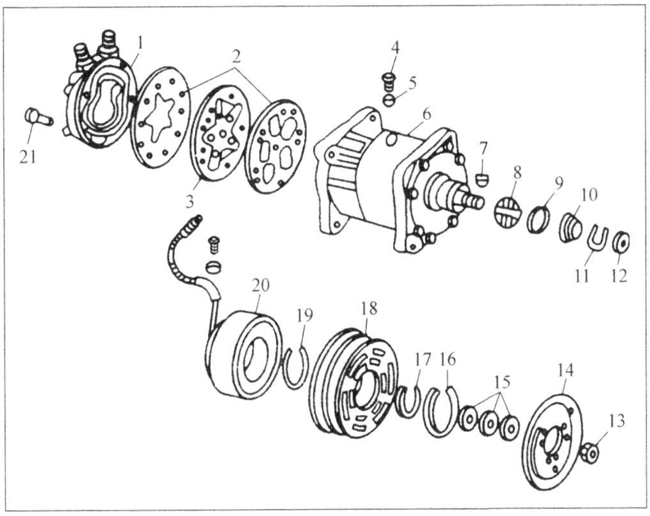

图32-2　空调压缩机的分解图

1—缸盖　2—密封垫　3—阀板　4—注油孔塞　5、9—O形密封圈　6—压缩机　7—键　8—油封　10—油封座　11、19—卡环（挡圈）　12—毡环　13—螺母　14—前板　15—垫圈　16—卡环　17—轴用弹性挡圈　18—转子V带轮　20—离合器总成　21—螺栓

注意：先拆卸电磁离合器总成20，再拆卸缸盖1，然后分解压缩机6。

1）用专用工具固定住离合器前板14，再用扳手旋下主轴的六角螺母13，用顶拔器取下前板14。

2）用一字槽螺钉旋具撬下半圆键，再用尖嘴钳拆下弹性挡圈17。

3）用顶拔器将带轮 18 拆下。

4）拆卸磁场电磁线圈。

5）用尖嘴钳拆下弹性挡圈 19、11，再用专用轴油封座拆卸器取下油封座 10。

6）拆卸缸盖。旋下全部螺栓后，用小锤和衬垫刮刀轻撬缸盖 1 的周边，直至缸盖与阀板 3 脱开，再从缸体上取下阀板及密封圈。

（4）空调压缩机的组装。压缩机的组装按照分解相反的顺序进行。

注意：

① 安装缸盖与阀板要使用新的密封垫，并在密封垫上涂上冷冻机油。装上定位销阀板和缸盖后，按照图 32-3 所示的顺序旋紧缸盖螺栓（30 ~ 33N · m）。

② 安装压缩机油封时，先彻底清理密封槽的冷却润滑油和杂物，并用压缩空气吹干。再在油封的接触面上涂上冷却润滑油，用油封装卸工具将油封总成牢固地装入压缩机的密封槽中。装上 O 形密封圈，在轴油封座上涂上冷却润滑油，并用专用工具压入压缩机轴上，直到轻轻地与油封接触为止。再安装弹性挡圈和离合器调整垫片和新毡环。

③ 安装电磁离合器线圈时，如图 32-4 所示，旋紧前板 1 的固定螺母 2（34 ~ 44 N · m）；用塞尺 3 检查前板 1 与带轮 4 的间隙，应在 0.45 ~ 0.75mm 之间，必要时用垫片进行调整。

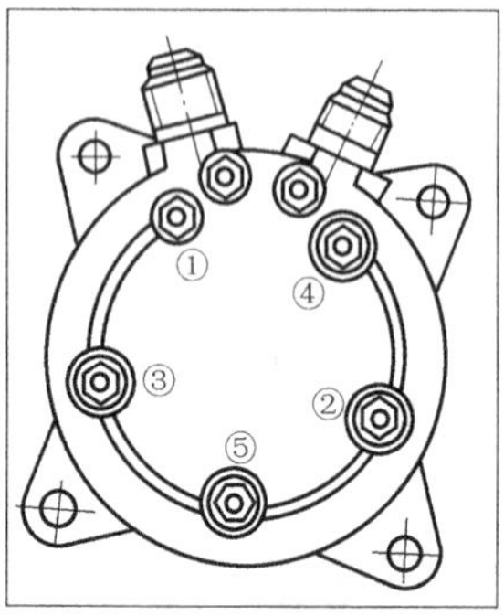

图 32-3　缸盖螺栓的拧紧顺序

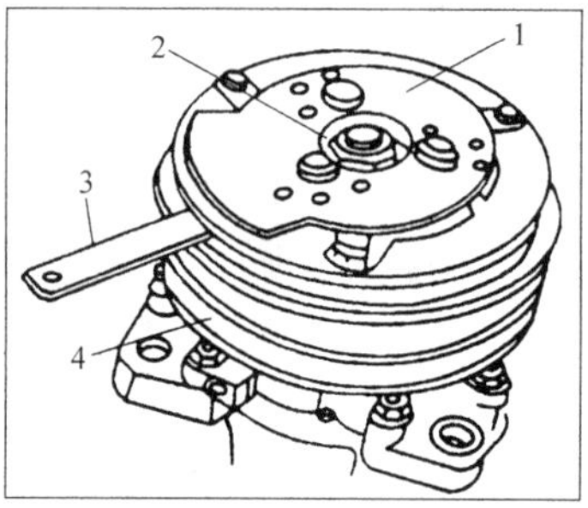

图 32-4　前板和带轮间隙的检查

1—前板　2—固定螺母　3—塞尺　4—带轮

2. 冷凝器的拆装

（1）排放制冷系统的制冷剂。

（2）拆下散热器。

（3）拆下冷凝器进口管和出口管。

（4）拧下固定螺栓，拆下冷凝器。

（5）按照拆卸相反的顺序进行安装。

注意：

① 安装前应充分清洗冷凝器，确保有足够的空气流经冷凝器盘管，使其充分散热。

② 安装时注意冷凝器下部的正确位置，上端与发动机舱盖的间隙不得小于 5mm。

3. 蒸发器的拆装

（1）排放并回收制冷系统的制冷剂。

（2）拆下新鲜空气风箱盖。

（3）拆下低压管固定件及压缩机管路，并封住已拆下管子的端部口。

（4）拆下高压管固定件及储液罐，并封住已拆下管子的端部口。

（5）依次拆下仪表板右侧下部挡板及网罩。

（6）拆下蒸发器口的感应管。

（7）拆下蒸发盘，抽出蒸发器。

（8）拆下蒸发器、连同低压管、高压管和横向盘网。

（9）按照拆卸相反的顺序安装蒸发器。

注意：

① 确认横向盘网排泄沟畅通。

② 安装蒸发器盘时，应将边缘安置在横向盘网的凸缘上。

③ 连接电线与发动机机体之间的距离至少为50mm，与燃油管的间隙最小为100mm。

④ 将感应管插入蒸发器时，切勿将感应管扭曲或折叠。

4. 储液罐的拆装

（1）拔下蓄电池负极电缆。

（2）排放制冷系统的制冷剂。

（3）拆下管路接头，封住管子端部。

（4）拔下储液罐。

（5）按照拆卸相反的顺序安装储液罐。

注意：

① 储液罐应垂直安装，冷凝器的出口接储液罐的入口。

② 在抽真空之前，方可将导管接至储液罐入口。

③ 主要部件拧紧力矩。高压开关：27N·m；低压开关：18 N·m；压紧螺母：45N·m；易熔塞：30N·m。

32.2.3　制冷系统制冷剂的充注

1. 制冷剂的排放

除了压缩机拆卸时，可以通过使用维修阀与制冷系统隔离，不必排放制冷剂。其他部件拆卸前必须将制冷剂放掉。其卸压步骤如下：

（1）安装歧管压力表，如图32-5所示。

注意：先关闭歧管压力表的高、低压手动阀，不要起动发动机。

（2）慢慢打开高压手动阀，缓慢排放制冷剂，如果有冷冻润滑油一起流出，就要减小高压手动阀的开度。

（3）当高压表的压力降到340kPa时，再慢慢打开低压手动阀，开度不要太大。此时制冷剂从系统的高低压两侧同时排出，当高、低压侧压力表的指示值下降到0时，制冷剂排放结束，此时应关闭歧管压力表的高、低压手动阀。

（4）在排放过程中，如有不慎，使冷冻润滑油大量流出，则在充注制冷剂之前，应根据流出的冷冻润滑油量，加等量的新的冷冻润滑油。

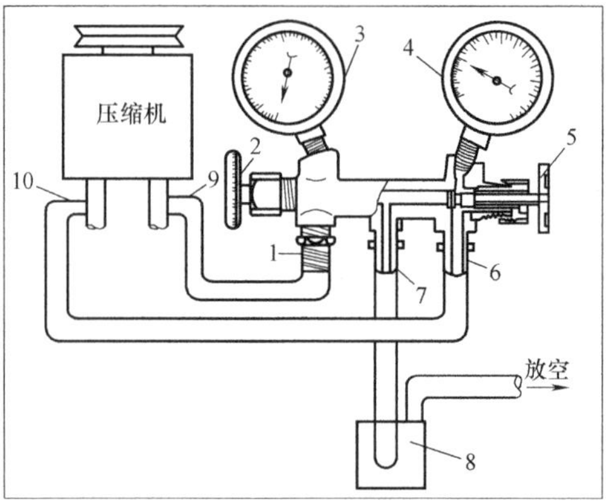

图 32-5　制冷系统制冷剂的排放

1—低压管　2—低压手动阀　3—低压表　4—高压表　5—高压手动阀　6—高压管　7—中间管　8—量杯　9—低压侧检修阀　10—高压侧检修阀

注意：

① 在打开制冷系统时，必须戴手套及防护眼罩，以免制冷剂冻伤皮肤。一旦皮肤上溅到制冷剂，要立刻用大量冷水清洗，千万不可用手搓。

② 排空作业要在通风良好的场所进行，以免造成窒息危险。制冷剂不要靠近火源，以免产生对人体有害的物质。

③ 制冷剂排放时不得过于迅速，以免系统里的冷冻润滑油被制冷剂一起带出。

2. 制冷系统抽真空

制冷系统抽真空即排除系统内的空气和水分的过程。在安装、检修、更换制冷系统部件时，会有一定数量的空气进入系统中。这些空气是含有微量水分的，如不及时抽真空排出水分，这些水分将会降低热交换率，使水蒸气在膨胀过程中凝结，腐蚀制冷系统的金属部件。因此，在安装、检修后或在系统未注入制冷剂之前，都应对系统抽真空。

(1) 连接歧管压力表、真空泵。分别将高压表连接管接入储油罐上的高压维修阀，将低压表接入自蒸发器至空调压缩机低压管路上的维修阀上，中间注入软管安装于真空泵接口上（图 32-6）。

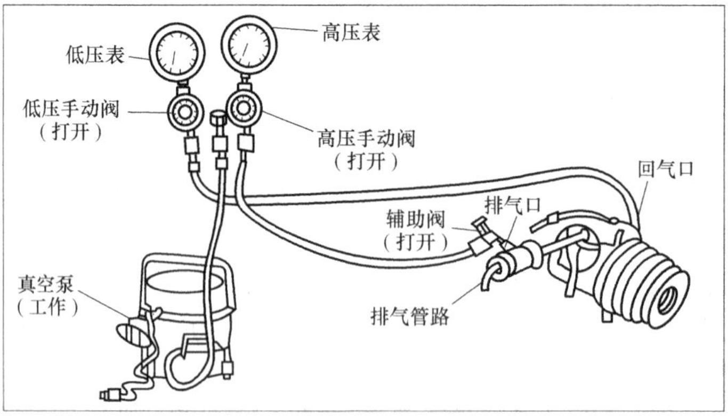

图 32-6　制冷系统抽真空

（2）开动真空泵，打开歧管压力表的高、低压手动阀。对系统抽真空，使其真空度达到100Pa左右（低压表指示）。抽真空时间5～6min，若达不到该真空值，应关闭高、低压手动阀，停止抽真空，检查泄漏处。

（3）关闭压力表的高、低压手动阀，静止5min，观察压力表指示，若真空度下降，则表明有泄漏处。此时，可从低压端注入少量制冷剂，当压力达到100kPa左右时，迅速关闭制冷剂瓶和低压手动阀。用肥皂水或电子检测仪检查漏点并消除漏点。若系统正常，则可继续下面步骤。

（4）继续抽真空20～30min，因为水分的蒸发需要一定的时间，抽真空结束时，应先将高、低压手动阀关闭，然后关闭真空泵。从真空泵的接口拆下中间注入软管，为后面向系统充注制冷剂做好准备。

3. 制冷剂充注

在制冷系统抽真空和检漏以后，便可向系统充注制冷剂，其步骤如下：

（1）在对制冷系统检漏、再次抽真空后，关闭歧管压力表的高、低压手动阀，断开真空泵，将注入阀连接在制冷剂罐上，将中间软管安装在注入阀接口上，顺时针拧紧注入阀手柄，使阀上的顶针将制冷剂罐顶开1个小孔。逆时针旋松注入阀手柄，退出顶针，使制冷剂进入软管。如1罐用完，再用第2、3罐时，仍应先关闭压力表的手动阀（图32-7）。

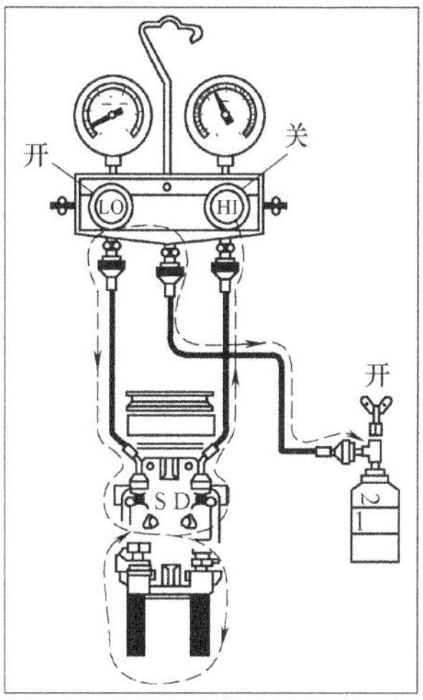

图32-7　从制冷系统低压侧充入气态制冷剂

（2）打开制冷剂罐，拧松中间注入软管歧管压力表侧的螺母，如果看到白色制冷剂气体外溢，或听到嘶嘶声，说明注入软管中的气体已排出，可以拧紧该螺母。

（3）旋开高压表侧手动阀，将制冷剂罐倒立，使制冷剂以液态注入制冷系统。在充注时不得起动发动机和打开空调，以防制冷剂倒灌，这次应注入制冷剂200g以上，加注后用手转动压缩机若干次。

（4）关上高压手动阀，打开低压手动阀，让制冷剂罐正立使制冷剂以气态的形式进入制冷系统的低压侧（正立时罐的上部为气态，下部为液态，以防止液态制冷剂进入制冷系统的低压侧对空调压缩机的进、排气阀造成“液击”）。当低压侧的制冷剂压力不再增加时，关闭歧管压力表的低压侧手动阀。

（5）起动发动机，打开空调开关，将鼓风机开关拨到高速档，同时将车门打开。再次打开歧管压力表的低压手动阀，让制冷剂继续进入制冷系统。达到规定压力后，关闭歧管压力表的低压手动阀和制冷剂罐。

在注入制冷剂时，可以将制冷剂罐放在热水中（最高温度为50℃左右），以减少充注时间。在注入制冷剂缓慢时，起动发动机，使压缩机在最大制冷状态下运转，以便加速充注制冷剂。

（6）加注完毕后，发动机熄火，首先关闭歧管压力表的高、低压手动阀以及注入阀，拆下与低压维修阀连接的软管，当高压侧压力下降后，再拆下与高压维修阀连接的软管。

注意：

①起动发动机加注制冷剂绝对不能旋开高压手动阀，否则会引起爆炸。

② 加入制冷剂过多或不足时，都会使制冷效果变差，可采用以下方法确定制冷剂的加注量是否符合规定。

起动发动机，调整发动机的转速为1340～1500r/min。打开空调系统，将风速置于高档。当充至预定数量时，关掉低压手动阀，观察视液镜制冷剂情况及吸、排气压力（低压侧的压力应为147～192kPa，高压侧的压力应为1373～1668kPa，此值随不同车型、不同环境温度而略有不同）。通过观察干燥剂的观察窗，若有气泡出现，则说明制冷剂不足，需要继续加注制冷剂，直到气泡消失才说明制冷剂的加注量符合规定。

32.3 常见车型的比较

轿车发动机空调系统组成结构的比较见表32-1。

表32-1 轿车发动机空调系统组成结构的比较

部件		特点
压缩机和冷凝器		压缩机通过带轮由发动机带动，带轮与压缩机主轴之间装有电磁离合器；冷凝器布置在发动机散热器前面
蒸发器	仪表板式	也称前送式，蒸发器装在车厢前部仪表板下，冷气通过中间及两侧的送风口向斜上方吹出，经车顶至后排座。轿车上广泛采用，如桑塔纳、捷达、雪铁龙轿车
	后行李舱式	也称后送式，即蒸发器装在车厢后部，冷气从后部送出吹向前排。这种送风方式效果较好，多用于排量大的轿车
	一体式空调器	空调器尺寸紧凑，车内布置美观，与车身融为一体，出风分布均匀，可以调整新风量，冷暖合用一个鼓风机和一套操纵结构。冷暖调节可各自分开，也有一种可混合同时供冷暖，后者为实现高精度的温湿度自动调节提供了基础
	空气调节式	也称前后置式，在车厢前部、后部均有蒸发器，而暖风器只装于车厢前部。用于豪华轿车